natürlich oekom!

Mit diesem Buch halten Sie ein echtes Stück Nachhaltigkeit in den Händen. Durch Ihren Kauf unterstützen Sie eine Produktion mit hohen ökologischen Ansprüchen:

- 100 % Recyclingpapier
- mineralölfreie Druckfarben
- Verzicht auf Plastikfolie
- Kompensation aller CO_2-Emissionen
- kurze Transportwege – in Deutschland gedruckt

Weitere Informationen unter www.natürlich-oekom.de und #natürlichoekom

natürlich oekom · nachhaltig seit 1989

Der interdisziplinäre Forschungsverbund LILAS (Lineare Infrastrukturlandschaften im Wandel) wurde von Oktober 2020 bis Dezember 2023 aus Mitteln der Landesforschungsförderung Hamburg von der Behörde für Wissenschaft, Forschung, Gleichstellung und Bezirke (BWFGB) gefördert.

Bibliografische Information der Deutschen Nationalbibliothek:
Die Deutsche Nationalbibliothek verzeichnet diese Publikation in der Deutschen Nationalbibliografie; detaillierte bibliografische Daten sind im Internet über www.dnb.de abrufbar.

oekom – Gesellschaft für ökologische Kommunikation mbH
Goethestraße 28, 80336 München

Layout und Satz: Reihs Satzstudio, Lohmar
Korrektur: Maike Specht
Umschlaggestaltung: Laura Denke, oekom verlag
Druck: Elanders Waiblingen GmbH, Waiblingen

ISBN 978-3-98726-080-3
E-ISBN 978-3-98726-318-7
https://doi.org/10.14512/9783987263187

RECYCLED
Papier aus Recyclingmaterial
FSC® C016368

Stefan Kreutz, Antje Stokman
(Hrsg.)

Transformation urbaner linearer Infrastrukturlandschaften

Wie Straßen und Gewässer zu attraktiven und klimaangepassten Stadträumen werden können

forschen
veröffentlichen
transformieren

oekom
science

Inhaltsverzeichnis

Einführung und Überblick

Stefan Kreutz, Antje Stokman

Straßen und Gewässer prägen als lineare Infrastrukturen und Lebensadern seit Jahrhunderten räumlich und funktional unsere Städte. Die zunehmende Reduzierung ihrer ursprünglich vielfältigen Funktionen auf den Verkehr und die Mobilität sowie das technisch-dominierte Verständnis bei Planung, Bau und Unterhaltung dieser Infrastrukturen haben sie im Laufe der Zeit zu trennenden monofunktionalen Schneisen und lebensfeindlichen Räumen in der Stadt werden lassen. Doch seit einigen Jahren beschäftigen sich Forschungsvorhaben und Praxisprojekte unterschiedlicher Disziplinen mit den Möglichkeiten einer Transformation dieser Flächen zu attraktiven und klimaangepassten Stadträumen für ganz unterschiedliche Nutzungen.

Es gibt verschiedene Auslöser dafür, dass die linearen Infrastrukturen wie Straßen, Gewässer und Gleisanlagen mittlerweile in den Fokus der Stadtentwicklung rücken. Hierzu zählt insbesondere die Flächenknappheit in den wachsenden Städten im Klimawandel. Wegen zunehmender Verdichtung, steigenden Nutzungsdrucks und wachsender Flächenkonkurrenzen bzw. konkurrierender Nutzungsansprüche sowie der erforderlichen Ressourceneffizienz mit der endlichen Ressource Boden (Stichworte sind hier zum Beispiel das 30-Hektar-Ziel oder die Doppelte bzw. Dreifache Innenentwicklung) müssen die vielfältigen Potenziale von Flächen gezielter und effizienter genutzt werden als bisher. Gerade in den Innenbereichen der Städte müssen Flächen zukünftig vielfältiger und flexibler genutzt werden, als dies in der Vergangenheit mit einer ausgeprägten Funktionstrennung der Fall gewesen ist. Dabei gilt es, neben der technischen Perspektive insbesondere auch die potenziellen ökologischen Wirkungen (z. B. Ökosystemleistungen) und die sozialen Funktionen (z. B. Aufenthalt und Begegnung) in die Planung und Gestaltung, den Bau und die Nutzung dieser Flächen und Räume einzubeziehen.

Ein weiterer Treiber der unterschiedlichen Diskussionen über veränderte städtische Flächennutzungen ist die Mobilitätswende, die zunehmend zum politischen Ziel erklärt wird und gerade in urbanen Ballungsräumen an Bedeutung, aber auch an Brisanz gewinnt. In städtischen (Teil-)Räumen sollen andere Verkehrsmittel und Mobilitätsformen als der individuelle Pkw-Besitz gefördert werden. Diese Entwicklung muss entsprechend auch planerisch und gestalterisch unterstützt werden.

Auch die Folgen des Klimawandels werden in den Städten gerade an bzw. in den linearen Infrastrukturräumen deutlich sichtbar: Hochwasser, Starkregen und Hitzestress wirken stark auf die blauen, grauen und grünen Infrastrukturen – dies sind besonders vulnerable städtische Räume. Gleichzeitig haben aber gerade die blauen und grünen Infrastrukturen eine wichtige Relevanz für die Klimaanpassung, insbesondere mit ihren potenziell großen Wirkungen auf das Mikroklima an den jeweiligen Standorten bzw. in den städtischen Teilgebieten, aber bei linearen Infrastrukturen durch ihre Vernetzung auch auf die Gesamtstadt (Grünzüge/Landschaftsachsen, Flüsse und Kanäle).

Vor diesem Hintergrund hat sich in Hamburg der kooperative Forschungsverbund LILAS (Lineare Infrastrukturlandschaften im Wandel) gebildet, der aus Mitgliedern von drei Fachgebieten der HafenCity Universität Hamburg (HCU) und einem Institut der Technischen Universität Hamburg (TUHH) besteht. Der interdisziplinäre Verbund wurde von Oktober 2020 bis Dezember 2023 aus Mitteln der Landesforschungsförderung Hamburg von der Behörde für Wissenschaft, Forschung, Gleichstellung und Bezirke (BWFGB) gefördert (Förderkennzeichen LFF-FV80). Die Projektleitung von LILAS lag beim Fachgebiet Landschaftsarchitektur und Landschaftsplanung von Prof. Antje Stokman an der HCU. Die Verbundpartner kamen aus den Fachgebieten Umweltgerechte Stadt- und Infrastrukturplanung (Prof. Wolfgang Dickhaut) sowie Stadtplanung und Regionalentwicklung (Prof. Jörg Knieling) und dem Institut für Verkehrsplanung und Logistik (Prof. Carsten Gertz) an der TUHH.

In der interdisziplinären Zusammenarbeit des Forschungsverbundes mit Mitgliedern aus den Disziplinen Landschaftsarchitektur, Stadtplanung, Verkehrsplanung, Stadtökologie, Sozialwissenschaften und Bauingenieurwesen entwickelte LILAS aus der Auseinandersetzung mit den linearen Infrastrukturtypologien kanalisierter urbaner Gewässer und Stadtstraßen einen theoretischen Rahmen sowie interdisziplinäre Perspektiven und konzeptionelle Planungsansätze für eine integrierte und zukunftsfähige Transformation auf der Basis einer ausgewogenen Berücksichtigung der verschiedenen Nutzungsansprüche an die Infrastrukturen und ihr Umfeld. Gemeinsam wurde folgendes Zielbild für die Forschungsarbeit formuliert:

> »Multifunktionale Stadtstraßen und kanalisierte Gewässer führen soziale, ökologische und technische Belange zusammen. Durch eine entsprechende Transformation können sie wichtige Beiträge zur Anpassung an den Klimawandel, zur Mobilitätswende, zur Förderung eines naturnahen Wasserkreislaufs, zur Steigerung der urbanen Biodiversität sowie zur Verbesserung der urbanen Lebensqualität leisten. Die multicodierten Prozesse der Planung, Gestaltung und Unterhaltung entsprechender Stadtstraßen und kanalisierter Gewässer legen einen besonderen Fokus darauf, die unterschiedlichen sektoralen, fachlichen und gesellschaftlichen Anforderungen und Rahmenbedingungen an die bestehenden Infrastrukturen zu berücksichtigen und zu integrieren« (LILAS 2022, S. 18).

Die Ziele und das Vorgehen im LILAS-Forschungsvorhaben werden im folgenden Kapitel näher dargestellt. In weiteren Beiträgen in diesem Sammelband werden außerdem die Erkenntnisse aus den vertiefenden Untersuchungen der Mitglieder des Verbundes vorgestellt.

Überblick über die Beiträge im Sammelband

Zum Projektabschluss von LILAS vereint dieser Sammelband interdisziplinäre Perspektiven aus dem Hamburger Forschungsverbund mit weiteren Beiträgen aus Forschung und Praxis auf die linearen Infrastrukturlandschaften und ihre Potenziale für die Stadt von morgen. 28 Autorinnen und Autoren berichten in 16 Beiträgen über ihre Erkenntnisse. Der Sammelband ist in vier inhaltliche Teile gegliedert. Neben den Governance- und Planungsprozessen sowie den Anpassungsmöglichkeiten an den Klimawandel werden vor allem die Möglichkeiten einer sozioökologischen Transformation von urbanen Straßen- und Gewässerräumen vorgestellt und diskutiert. Das räumliche Spektrum der betrachteten linearen Infrastrukturen reicht dabei von übergeordneten Hauptstraßen, wie den Hamburger Magistralen, und Bundeswasserstraßen, wie dem Neckar in Stuttgart, bis hin zu Stadt- und Quartiersstraßen sowie kanalisierten urbanen Gewässern. Die Bandbreite der dargestellten Forschungen und Praxisprojekte reicht von Klimamodellierungen auf Quartiers- und Straßenebene über Literaturanalysen zu weltweit diskutierten Straßenkonzepten und Erhebungen von Flächenpotenzialen im Straßenraum für neue Nutzungen bis hin zu Modellprojekten für ökologische Trittsteine in kanalisierten Gewässern und beispielhaften Planungsprozessen zur Umgestaltung von Straßenräumen. Die Autorinnen und Autoren kommen aus verschiedenen Forschungseinrichtungen in Deutschland und in Wien und vertreten unterschiedliche Fachdisziplinen. Hinzu kommen Perspektiven aus der kommunalen und regionalen Planungspraxis. Bei einem LILAS-Symposium im Juni 2023 an der HafenCity Universität in Hamburg wurden viele dieser Beiträge von den Autor:innen vorgestellt und gemeinsam interdisziplinär diskutiert.

Im Folgenden wird ein Überblick über die Beiträge des Sammelbandes gegeben.

Zum Einstieg stellt das Team der wissenschaftlich Mitarbeitenden im LILAS-Forschungsverbund das Vorhaben vor: »Interdisziplinäre Perspektiven auf lineare Infrastrukturen. Das LILAS-Forschungsvorhaben«. **Katarina Bajc, Judith Gollata, Stefan Kreutz, Christoph Meyer** und **Justus Alexander Quanz** beschreiben das integrierte LILAS-Verständnis von linearen Infrastrukturen als sozio-ökologisch-technische Systeme (SETS). Dargestellt werden die drei räumlichen Transformationsansätze, die in der Forschungsarbeit herausgearbeitet wurden: punktuelle Maßnahmen im Infrastrukturkorridor, räumliche Neuordnung von bestehenden Funktionen sowie grundlegende Funktionsveränderungen. Die vier Hamburger Fokusräume bzw. Vertiefungsthemen, die im Rahmen von LILAS bearbeitet wurden, werden abschließend kurz dargestellt. Die Erkenntnisse aus diesen Untersuchungen werden in den Einzelbeiträgen der LILAS-Mitglieder in diesem Sammelband ausführlich vorgestellt.

Der erste Teil des Sammelbandes beschäftigt sich in drei Beiträgen mit den Governance- und Planungsprozessen für die Transformation linearer städtischer Infrastrukturlandschaften.

Der Beitrag »Von Hauptverkehrsstraßen zu neuen Stadträumen – Eine Governance-Analyse der Hamburger Magistralenentwicklung 2017–2023« von **Judith Gollata** und **Jörg Knieling** von der HafenCity Universität Hamburg präsentiert die Erkenntnisse einer explorativ-qualitativen Untersuchung der jüngeren Prozesse der Magistralenentwicklung in Hamburg. Im Fokus der Analyse standen Governance-Ansätze der Planung, um Treiber und Hemmnisse für eine nachhaltige Transformation dieser Straßenräume zu identifizieren. Die Ergebnisse unterstreichen die Notwendigkeit einer transformativen Planungspraxis zur Erreichung der anvisierten Ziele.

Claudia Hohmann und **Susanne Bieker** vom Fraunhofer-Institut für System- und Innovationsforschung in Karlsruhe stellen mit dem Infrastructure-Transition-Canvas (ITC) einen Ansatz der Gestaltung von Prozessen zur Umsetzung blau-grüner Infrastrukturen vor. Ihr Beitrag »Nachhaltigkeitstransformation der urbanen Infrastruktur in Deutschland. Das Infrastructure-Transition-Canvas als Hilfsmittel für die Klimafolgenanpassung durch blau-grüne Infrastrukturen in der Stadtentwässerung« beschreibt die veränderten Anforderungen an die Zusammenarbeit verschiedener Disziplinen und Fachverantwortlichkeiten bei der Planung und Umsetzung sowie im Betrieb von blau-grünen Infrastrukturen. Mit dem ITC können die unterschiedlichen Perspektiven und Belange der Beteiligten transparenter werden.

Stephan Treuke von der Emschergenossenschaft beschreibt in seinem Beitrag »Der Emscher-Umbau als Impulsgeber für die ökologische und sozioökonomische Transformation des Ruhrgebietes« die umfassende Transformation der Emscher und ihrer Nebengewässer im Ruhrgebiet. Der Wandel vom industriellen Abwasserkanal zu einer naturnahen Landschaft zeigt, welche Potenziale in der integrierten Transformation einer linearen wasserwirtschaftlichen Infrastruktur für die ökologische und die sozioökonomische Transformation einer ganzen Region liegen, aber auch welche administrativen, planerischen und finanziellen Herausforderungen dieser Wandel bedeutet. Das Leitbild einer integrierten Wasserwirtschaft als Motor der Stadt- und Freiraumentwicklung durch die Nutzung von Synergien mit Hochwasserschutz, Biodiversität, Klimawandelanpassung, Freizeit, Wohnen, Tourismus und Mobilität ist dabei genauso von besonderer Bedeutung wie eine koordinierende und integrierende Institution für den Gesamtprozess.

Der **zweite Teil** des Sammelbandes fokussiert in drei Beiträgen auf die Potenziale und Herausforderungen bei der Anpassung linearer städtischer Infrastrukturlandschaften an den Klimawandel und extreme Wetterereignisse.

Justus Alexander Quanz und **Wolfgang Dickhaut** von der HafenCity Universität Hamburg stellen in ihrem Beitrag »Transformation von Straßenräumen zur Klimaanpassung. Wirkungsanalysen an der Hamburger Altstadtküste« die Erkenntnisse einer Wirkungsanalyse von Anpassungsmaßnahmen in einem konkreten Hamburger Stadtraum vor. Mit einer Mikroklima-Simulationssoftware wurde anhand von Szenariosimulationen untersucht, welche Auswirkungen bereits kleinteilige, in den Bestand integrierte Maßnahmen zur Hitzevorsorge haben können, ohne die vorhandenen Raumaufteilungen der linearen Infrastrukturen neu zu ordnen. Die Ergebnisse zeigen, dass es nicht ausreicht, nur kleinteilige Maßnahmen in den Straßenraum zu integrieren. Um effektiv eine Anpassung an den zunehmenden Hitzestress zu erzielen, sind vielmehr umfassendere Anpassungsmaßnahmen und eine Neuordnung des öffentlichen Raumes erforderlich.

In ihrem Beitrag »Berechnungsverfahren und App zur Ermittlung von Verdunstung und Trockenstress von Stadtbäumen« stellen **Björn Kluge** und **Gerd Wessolek** von der TU Berlin eine einfach zu nutzende Anwendung zur Vorhersage der Wasserversorgung, zur Berechnung der Verdunstung und zur Risikoabschätzung von Trockenstress bei Stadtbäumen vor. Die entwickelte App soll dazu beitragen, die Vitalität von Stadtbäumen unter teilweise extremen Klima- und Standortbedingungen zu verbessern, um ihre positiven Einflüsse auf das Mikroklima, die biologische Vielfalt und die Lebensqualität im urbanen Raum zu sichern. Deutlich wird dabei, dass die Umgestaltung des Straßenraumes, zum Beispiel durch Veränderungen der Oberflächen sowie die Schaffung von temporären Wasserspeichern, das Risiko von Trockenstress bei Stadtbäumen deutlich vermindern kann.

Ein Autorenteam aus der Landeshauptstadt München und der TU München – **Kira Rehfeldt**, **Teresa Zölch**, **Sabrina Erlwein**, **Stephan Pauleit** und **Simone Linke** – betrachtet die »Potenziale und Wirkungen grüner Infrastruktur für Klimaresilienz am Beispiel von zwei ausgewählten Münchner Stadtquartieren«. Grundlage sind die Erkenntnisse aus gemeinsamen Forschungsprojekten. In zwei Münchner Stadtquartieren mit unterschiedlichen Siedlungsstrukturtypen (Block- und Zeilenbebauung) wurden Simulationen durchgeführt, um die Wirkung von Bäumen sowie Fassaden- und Dachbegrünungen im Quartier zu quantifizieren. Die Ergebnisse zeigen die große Bedeutung der Altbaumbestände mit ihrer Verschattung und Verdunstungskühlung. Daher sind der Baumerhalt und strategisch platzierte Baumneupflanzungen relevante Maßnahmen, um den Auswirkungen des Klimawandels entgegenzuwirken und zum Beispiel Hitzestress zu mindern.

Im **dritten Teil** des Sammelbandes steht mit den Planungs- und Gestaltungsstrategien einer sozioökologisch-technischen Transformation urbaner Straßenräume der erste räumliche Fokus im Mittelpunkt, der in vier Beiträgen näher betrachtet wird.

Christoph Meyer von der TU Hamburg hat eine umfassende Literaturanalyse zu Straßenkonzepten durchgeführt. In seinem Beitrag »Sozial, ökologisch oder technisch-verkehrlich? Straßenkonzepte als Ansatzpunkt für multifunktionale Straßenräume« geht er der Frage nach, welche Konzepte für neue Typologien von urbanen Straßenräumen in der Fachliteratur weltweit diskutiert werden. Herausgearbeitet werden in der Analyse insbesondere die unterschiedlichen Zielstellungen der verschiedenen Konzepte sowie die jeweiligen räumlichen Gestaltungsmöglichkeiten. Die Erkenntnisse dieser Untersuchung leisten einen Beitrag zur Diskussion in Deutschland über die Entwicklung multifunktionaler Straßen mit Berücksichtigung sozialer, ökologischer und verkehrlich-technischer Belange.

Steven März vom Wuppertal-Institut liefert einen Beitrag über »Die Rolle von Zukunftsbildern und Straßenexperimenten für eine kollaborative Planung und Transformation urbaner Quartiersstraßen«. Als Fallbeispiel dient ein dreistufiger kollaborativer Beteiligungs- und Planungsprozess mit Zivilgesellschaft,

Verwaltung und Politik für den Umbau einer Quartiersstraße in Dortmund. Die Erkenntnisse zeigen, dass eine frühzeitige Visualisierung durch verschiedene Zukunftsbilder und die temporäre Durchführung von Straßenexperimenten wesentlich für einen gelingenden Planungsprozess sein können. Im Idealfall kann ein Verfahren mit diesen Elementen zu größerer Akzeptanz der Planungen vor Ort und damit letztlich auch zu einer Beschleunigung des Transformationsprozesses beitragen.

Jürgen Furchtlehner, **Daniela Lehner** und **Lilli Lička** von der Universität für Bodenkultur in Wien stellen die Erkenntnisse aus zwei Forschungsvorhaben vor: »Nachbarschaftsparks gehen auf die Straße. Wie der Anspruch auf eine gerechte öffentliche Grünraumversorgung erfüllt werden kann«. Dargestellt wird das ermittelte große Flächenpotenzial für Erweiterungsmöglichkeiten vorhandener Nachbarschafts- und Quartierparks in Wien durch die Einbeziehung angrenzender Straßen. Dieses Flächenpotenzial für die Verbesserung der Grünversorgung liegt also zum großen Teil auf der Straße. Wesentlich hierfür sind veränderte Flächennutzungen sowie verkehrsberuhigende Maßnahmen in den Straßen. Darauf aufbauend, wird mit dem »Straßenpark« eine neue räumliche Kategorie entwickelt und mit Qualitätskriterien beschrieben.

Julia Matullat von der TU Hamburg beschäftigt sich in ihrem Beitrag mit dem Flächenbedarf des ruhenden Verkehrs und dessen Potenzialen für die Transformation linearer städtischer Straßeninfrastrukturen: »Vom Parkplatz zum Mobilitätsspeicher. Vorschlag zur Transformation einer monofunktionalen Nutzung linearer Infrastrukturen«. Vorgestellt werden Erkenntnisse aus ihrem laufenden Promotionsvorhaben, das sich der aktuellen und zukünftigen Flächenverteilung in Straßenräumen widmet – mit einem Schwerpunkt auf den (bisherigen) Flächen für das Pkw-Parken. Mit der Idee des Mobilitätsspeichers präsentiert sie einen konzeptionellen Vorschlag, um Platz im Straßenraum für erforderliche Aufenthalts- und Klimaanpassungsflächen zu schaffen.

Der vierte Teil des Sammelbandes widmet sich mit den Planungs- und Gestaltungsstrategien der sozioökologisch-technischen Transformation urbaner Gewässerräume dem zweiten räumlichen Betrachtungsschwerpunkt.

Stefan Kreutz, Antje Stokman

Katarina Bajc von der HafenCity Universität Hamburg beschäftigt sich mit der »Transformation der urbanen Gewässerkorridore zur blau-grünen Infrastruktur der Stadt«. Dabei stellt sie die verschiedenen Herausforderungen und Rahmenbedingungen einer ökologischen und sozialen Revitalisierung kanalisierter Gewässer in den Städten dar und diskutiert mögliche Synergien zwischen den Belangen unterschiedlicher Stakeholdergruppen an urbanen Gewässern. Für eine sozioökologische Transformation dieser Räume müssen multifunktionale und integrierte Planungsansätze entwickelt werden, die über die in der sektoralen Planung vorgeschriebenen Verfahren hinausgehen. Nur wenn urbane kanalisierte Gewässerkorridore fachübergreifend als blau-grüne Infrastruktur entwickelt werden, können sie als neue Freiraumtypologie zeitgemäße Lösungen zur Anpassung an den Klimawandel, zur Förderung eines naturnahen Wasserkreislaufs, zur Steigerung der Biodiversität sowie zur Verbesserung der urbanen Lebensqualität beitragen.

Antje Stokman von der HafenCity Universität schreibt über »Hamburgs urbane Gewässer als flüssiger Freiraum für alle«. Am Beispiel der historisch »amphibischen Stadt« Hamburg, deren Stadtentwicklung schon immer stark vom Umgang mit dem Wasser geprägt war, werden die Potenziale und Herausforderungen der Entwicklung der urbanen Gewässer als flüssige Freiräume für alle menschlichen und nicht menschlichen Lebewesen im Wandel der Zeit nachgezeichnet und diskutiert. Darauf aufbauend, werden neue und integrierte Perspektiven auf die Zukunft der Hamburger Gewässer aufgezeigt. Dabei geht es um die Beiträge aktueller Projekte, Planungsprozesse und neuer Akteurskonstellationen, um die mentalen, organisatorischen, regulatorischen und räumlichen Barrieren zu überwinden und die verschiedenen zivilgesellschaftlichen und fachspezifischen Erfahrungs- und Wissensfelder in einem kooperativen Planungsprozess zu integrieren.

Christian Wolter und **Rosanna Wiebe** vom Leibniz-Institut für Gewässerökologie und Binnenfischerei in Berlin berichten über »Trittsteinhabitate zur ökologischen Aufwertung urbaner Gewässer«. Sie beschreiben die strukturellen Merkmale und Defizite von urbanen Fließgewässern, insbesondere als Lebensräume von Fischen. Dabei greifen sie auf umfangreiche Untersuchungen zurück, die deutlich zeigen, dass sich die Lebensbedingungen aquatischer Lebewesen in urbanen Fließgewässern gravierend verschlechtern, zum Beispiel aufgrund der eingeschränkten Durchwanderbarkeit. Der Beitrag stellt dar, wie mit vorhandenen und zusätzlichen Trittsteinen, zum Beispiel den sogenannten »Vertical Wetlands«, die lineare Verbindung wieder hergestellt bzw. verbessert werden kann.

Ute Meyer von urbanes.land gGmbH und **Andreas Krüger** von Belius berichten in ihrem Beitrag über »fluss.land. Ein Beispiel für die Rückeroberung von Flüssen und ihren Ufern«. Das 2022 gestartete Stuttgarter Projekt zielt darauf ab, die etablierte eindimensionale Definition des Neckars als funktionale Wasserstraße aufzubrechen. Vielmehr soll der Fluss in seiner vielfältigen Bedeutung als blaue Infrastruktur für die Stadt und die Region wieder wahrgenommen und gestärkt werden, zum Beispiel als Freizeit- und Naherholungsraum. Hierfür sollen die Teilräume am Neckar kurz- und mittelfristig wieder so in Wert gesetzt werden, dass sie die Zugänglichkeit der Landschaftsräume entlang des Gewässers für viele langfristig sichern. fluss.land adressiert diese Zielsetzung und die damit verbundenen Herausforderungen mit unterschiedlichen Formaten.

Zum Abschluss des Sammelbandes formulieren **Wolfgang Dickhaut**, **Carsten Gertz**, **Jörg Knieling**, **Stefan Kreutz** und **Antje Stokman** aus Sicht des LILAS-Forschungsverbundes in ihrem Beitrag »Transformation urbaner linearer Infrastrukturlandschaften. Erfahrungen, Herausforderungen und Forschungsbedarf« eine Synthese der Erkenntnisse aus den verschiedenen Beiträgen dieses Sammelbandes. Als Ausblick formulieren sie Überlegungen, wie Forschung und Praxis zu einer nachhaltigen Transformation linearer Infrastrukturen und der sie umgebenden städtischen bzw. stadt-regionalen Räume beitragen können.

Interdisziplinäre Perspektiven auf lineare Infrastrukturen

Das LILAS-Forschungsvorhaben

Katarina Bajc, Judith Gollata, Stefan Kreutz, Christoph Meyer, Justus Alexander Quanz

Das LILAS-Forschungsvorhaben (Lineare Infrastrukturlandschaften als Freiräume für die Stadt im Klimawandel) wurde durch einen kooperativen und interdisziplinären Forschungsverbund in Hamburg bearbeitet. Mitglieder waren die Fachgebiete Landschaftsarchitektur und Landschaftsplanung (Prof. Antje Stokman), Umweltgerechte Stadt- und Infrastrukturplanung (Prof. Wolfgang Dickhaut) sowie Stadtplanung und Regionalentwicklung (Prof. Jörg Knieling) der HafenCity Universität Hamburg und das Institut für Verkehrsplanung und Logistik (Prof. Carsten Gertz) der Technischen Universität Hamburg. Der Verbund wurde von Oktober 2020 bis Dezember 2023 aus Mitteln der Landesforschungsförderung Hamburg von der Behörde für Wissenschaft, Forschung, Gleichstellung und Bezirke gefördert (Förderkennzeichen LFF-FV80).

Ziele des explorativen Projektes waren die interdisziplinäre Erarbeitung von Grundlagen sowie die exemplarische Bearbeitung von Teilräumen und thematischen Schwerpunkten zu diesem räumlichen Handlungsfeld der Stadtentwicklung. Durch die Zusammenarbeit von Mitgliedern aus den Disziplinen Landschaftsarchitektur, Stadtökologie, Stadtplanung, Verkehrsplanung, Sozial- und Politikwissenschaften sowie Bauingenieurwesen im Forschungsverbund wurde in der Auseinandersetzung mit realen Hamburger Fokusräumen eine interdisziplinäre Perspektive auf die Transformation linearer Infrastrukturlandschaften entwickelt – mit einem räumlichen Fokus auf kanalisierte urbane Gewässer und Stadtstraßen.

Aus der dreijährigen Zusammenarbeit sind neue Forschungsprojekte und Anträge für vertiefende Forschungen entstanden – insbesondere zu den Themen der klimasensiblen bzw. klimaangepassten Straßenplanung mit blau-grünen Infrastrukturen, der Stadtentwicklung an Bundeswasserstraßen, der grünen

Infrastruktur an Bundesfernstraßen und Bundesschienenwegen sowie zur naturnahen Transformation kanalisierter Gewässerabschnitte.

In einem ersten Schritt hat der Forschungsverbund eine gemeinsame konzeptionelle LILAS-Perspektive entwickelt, die Transformationsprozesse und deren räumliche Umsetzung in linearen Infrastrukturen näher beschreibt und untersucht. Das gemeinsame Grundverständnis ist in einem Working Paper des Forschungsverbundes (LILAS 2022) ausführlich beschrieben. Bei der Erarbeitung des gemeinsamen Verständnisses stand das Team wiederholt vor der Herausforderung, sich der unterschiedlichen disziplinären Zugänge zum Forschungsfeld bewusst zu werden, um sich im nächsten Schritt auf eine für alle gültige Beschreibung zu verständigen. Dieses Verständnis erforderte eine allgemeine Betrachtung von städtischen Infrastrukturen in ihren Netzen, die auch immaterielle Infrastrukturen einschließt. Für ein räumlich verankertes Verständnis des Begriffes waren die exemplarische Betrachtung bereits erfolgter Transformationen in der Praxis sowie die räumliche Analyse linearer Infrastrukturlandschaften in Hamburg hilfreich. Im weiteren Projektverlauf wurde der Fokus der Untersuchungen auf großräumige, die Stadtlandschaft prägende Infrastrukturen, wie kanalisierte Gewässer und Stadtstraßen, gelegt. In ihrer Vielfalt bilden lineare Infrastrukturen die Grundlage des städtischen Lebens und erzeugen ein zusammenhängendes Grundgerüst, das durch eine hohe Stabilität und Beständigkeit geprägt ist und die Stadtentwicklung maßgeblich bestimmt.

Infrastrukturen als sozioökologische und technische Systeme

Angesichts wachsender und zunehmend baulich verdichteter Städte, des steigenden Flächenanspruchs des Verkehrs und der erforderlichen Maßnahmen zur Anpassung von Flächennutzungen und Infrastruktursystemen an die Folgen des Klimawandels wächst der Transformationsdruck auf Straßen und Gewässer im urbanen Raum (BBSR 2020; Deutscher Städtetag 2019; Böhm et al. 2016). Die Planung und Entwicklung kanalisierter Gewässer und Stadtstraßen versteht der Forschungsverbund in erster Linie als systemische und integrierte Aufgabe, da Infrastrukturen soziale, ökologische und technische Funktionen aufweisen und aus den jeweiligen Perspektiven geplant und entwickelt werden. Städtische Infrastrukturen sind somit komplexe, dynamische sozioökologische und technologische Systeme (SETS), in denen zahlreiche Akteure und Prozesse voneinander abhängig über geografische, institutionelle und administrative Grenzen hinweg interagieren und so urbane Muster und Prozesse bedingen (McPhearson et al. 2021a; Grabowski et al. 2017; Grimm et al. 2015).

Die verschiedenen SETS-Dimensionen (sozial, ökologisch und technisch) und ihre Interaktionen sind in Abbildung 1 schematisch dargestellt. Zukunftsfähige Infrastruktursysteme müssen als »hybride« bzw. multifunktionale Strukturen geplant und entwickelt werden und alle relevanten Belange bedienen (Grimm et al. 2015), um das Risiko eines Systemversagens der Infrastrukturen zu reduzieren. Eine multicodierte Planung und multifunktionale Gestaltung ermöglicht, dass Anpassungen an neue Herausforderungen, wie zum Beispiel den Klimawandel, umgesetzt und gleichzeitig die verschiedenartigen Ansprüche von diversen Medien an Infrastrukturen berücksichtigt werden (siehe z. B. BGS 2022). Als Medien werden in diesem Kontext unterschiedliche soziale (z. B. Menschengruppen), ökologische (z. B. Wasser, Nährstoffe, Organismen) oder technische (z. B. Fahrzeuge) Elemente verstanden, die sich durch die linearen Infrastrukturkorridore wie Straßen oder lineare Gewässer bewegen (vgl. LILAS 2022).

Da bisher nur wenige Studien urbane Infrastrukturen aus einer integrierten SETS-Perspektive betrachten, möchte der vorliegende Sammelband hierzu einen Beitrag leisten und verschiedene Perspektiven aus Forschung und Praxis auf das Themenfeld der multifunktionalen Transformation von linearen Infrastrukturen aufzeigen.

Im Kontext einer nachhaltigen Transformation linearer Infrastrukturen bildet auf konzeptioneller Ebene das »Multi-Level-Perspective-Modell« für die Transformation soziotechnischer Systeme (Geels und Schot 2010; Geels 2002) den Rahmen für die im LILAS-Projekt betrachteten Transformationen von Infrastrukturlandschaften. Dabei wird unter Einbezug der drei funktionell-konzeptionellen Strukturebenen der Landscape, des soziotechnischen Regimes und der Nische der Wirkzusammenhang zwischen der (In-)Stabilität von soziotechnischen Strukturen, exogenen Entwicklungseinflüssen und Innovationen integriert betrachtet. Die Herausforderungen des Klimawandels und gesell-

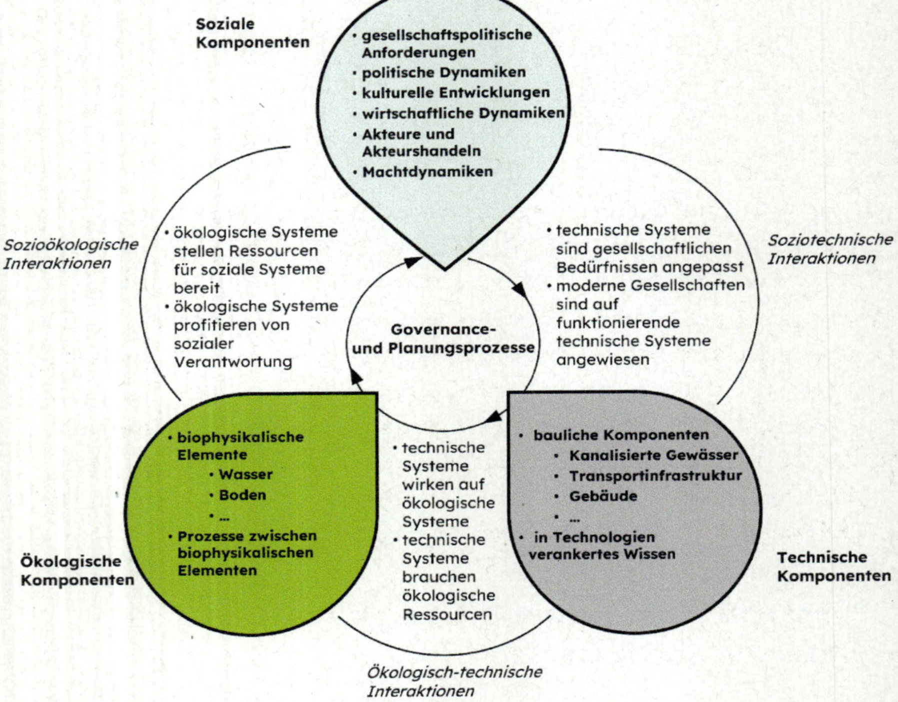

Abbildung 1: Konzept der sozioökologisch-technischen Systeme (SETS).
Quelle: eigene Darstellung nach Markolf et al. (2018); McPhearson et al. (2021); Kim et al. (2021); Übersetzung durch LILAS.

schaftlicher Wandlungsprozesse führen zu einer Veränderung von Entscheidungskontexten auf der Umwelt- bzw. Makroebene des Systems. Durch diese Veränderung eröffnet sich ein Gelegenheitsfenster auf der Regime- bzw. Mesoebene für die Integration sozialer und ökologischer Nischeninnovationen auf der Mikroebene. Dadurch kann eine Transformation bisher vorwiegend technischer Infrastrukturen hin zu multifunktionalen, sozioökologisch-technischen Infrastrukturen gelingen (LILAS 2022).

Die leitende Forschungsfrage des LILAS-Projektes lautete daher wie folgt:

> Wie lassen sich soziale und ökologische (sowie ggf. auch technische) Innovationen in bestehende, vorwiegend technisch geprägte Infrastruktursysteme integrieren, um diese bedarfsgerecht, zukunftsfähig und multifunktional umzugestalten?

Bestehende graue und blaue lineare Infrastrukturen sollen zukünftig ihre Funktionen als leistungsfähige und sichere Fließräume für den Transport unterschiedlicher Medien beibehalten, aber zusätzlich in verdichteten Stadtregionen auch neue Funktionen übernehmen. Hierzu zählen insbesondere Raum für Maßnahmen zur Klimafolgenanpassung (BGS 2022) sowie vielfältige und naturnahe Lebens- und Aufenthaltsräume für alle Lebewesen in der dichten Stadt. Eine solche multifunktionale Transformation kann wesentliche Beiträge zur Anpassung an den Klimawandel, zur Mobilitätswende, zur Förderung eines naturnahen Wasserkreislaufs, zur Steigerung der urbanen Biodiversität sowie zur Verbesserung der urbanen Lebensqualität leisten (LILAS 2022).

Typologisierung linearer Infrastrukturen und Transformationsansätze

Neben der beschriebenen stärker sozialwissenschaftlichen Perspektive auf den Forschungsgegenstand wurde zur räumlichen Konkretisierung eine übergreifende Typologisierung von urbanen Infrastrukturkorridoren erarbeitet, die auf deren Funktionen und Aufbau basiert. Die Infrastrukturtypen der kanalisierten, urbanen Gewässer und der Stadtstraßen erschließen unsere Stadtlandschaften für viele unterschiedliche Medien und ermöglichen den Austausch zwischen verschiedenen Orten. Zudem dienen die Infrastrukturen den Medien in funktionaler Hinsicht als temporäre Aufenthalts- oder langfristige Habitaträume und ermöglichen mit der Verbindung und Erschließung die Interaktion mit umliegenden Infrastrukturen sowie den Umfeldflächen. Infrastrukturlandschaften weisen eine räumliche Trassierung auf, die jeweils einen Infrastrukturkorridor bildet. Dieser verläuft linear von einem Ausgangspunkt zu einem Zielpunkt und enthält innerhalb des Korridors jeweils funktionale Teilräume der oben

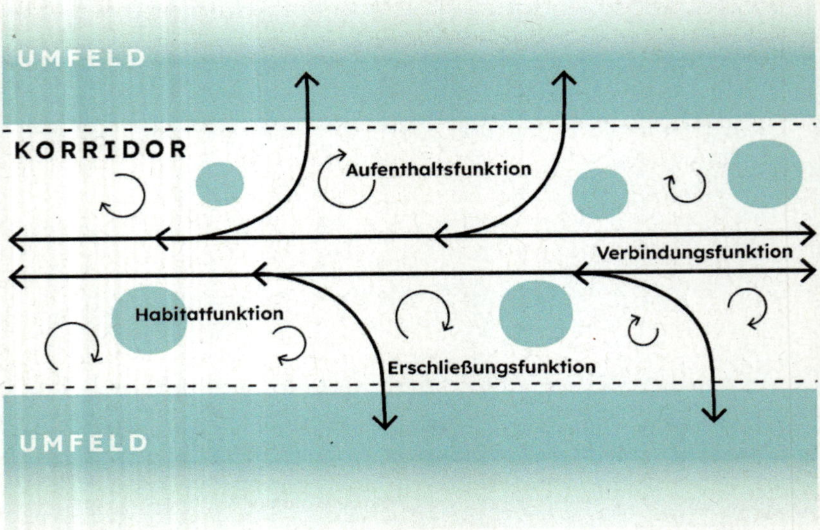

Abbildung 2: Schematische Darstellung der Funktionen im Infrastrukturkorridor.
Quelle: LILAS 2022.

genannten Funktionen (siehe Abbildung 2). Diese Teilräume können sowohl ökologische, soziale als auch technische Anforderungen übernehmen und diese zum Teil gleichzeitig auf derselben Fläche erfüllen. In der bisherigen Praxis werden diese Ansprüche jedoch noch räumlich und planerisch getrennt und sektoral separiert gelöst, sodass oftmals relativ monofunktionale lineare Infrastrukturkorridore entstehen.

Um die Infrastrukturkorridore im Kontext des klimaresilienten und nachhaltigen Stadtumbaus zu multifunktionalen Infrastrukturkorridoren zu transformieren, wurden im LILAS-Projekt drei räumliche Transformationsansätze identifiziert und mit Beispielen aus der Praxis illustriert (LILAS 2022):

- Durch eine Anreicherung des Infrastrukturkorridors mit punktuellen Maßnahmen (Modulen) kann die monofunktionale Gestaltung der Infrastrukturlandschaft aufgelockert werden und zumindest an einzelnen Orten der Raum für weitere Funktionen anderer Medien geschaffen werden (Ansatz 1).

- Durch eine neue räumliche Aufteilung der Funktionen im Infrastrukturkorridor erhalten die schon vorhandenen Funktionen eine neue Gewichtung und einen veränderten Flächenanspruch (Ansatz 2).
- Wenn die vorhandene Hauptfunktion des Infrastrukturkorridors ersetzt wird und eine neue Funktion mit entsprechenden Medien den Raum dominiert, entspricht dies der weitgehendsten Transformation (Ansatz 3).

LILAS-Fokusthemen und -Fokusräume in Hamburg

Um die konzeptuellen Überlegungen in einem anwendungsorientierten Kontext zu überprüfen, wurden Fokusthemen und -räume in und für Hamburg identifiziert, in denen bereits Umbauten diskutiert, geplant oder konkret vorbereitet wurden. Dadurch ergab sich die Möglichkeit, die Anforderungen an eine multicodierte Planung und die multifunktionale Gestaltung von Infrastrukturkorridoren an realen Planungsprozessen zu untersuchen. Durch die unterschiedlichen fachlichen Hintergründe der Mitglieder im Forschungsverbund wurden verschiedene Perspektiven und methodische Herangehensweisen in die Untersuchung der ausgewählten Fokusräume eingebracht, um sich den multifunktionalen Transformationsmöglichkeiten der Infrastrukturen durch fachspezifische Fragestellungen anzunähern.

Das LILAS-Team setzte in vier ausgewählten Räumen einen Untersuchungsschwerpunkt zur vertiefenden Analyse. Die betrachteten Fokusräume werden im Folgenden kurz beschrieben. Ausführlich werden die Erkenntnisse aus diesen Untersuchungen in den Beiträgen der LILAS-Mitglieder in diesem Sammelband dargestellt.

Die Hamburger Magistralenentwicklung

Grundlage für die Entwicklung der Hamburger Magistralen ist die historische Entwicklung der Stadt nördlich der Elbe. Die heutigen Hauptverkehrsstraßen verlaufen strahlenförmig nach Osten, Norden und Westen in das Hamburger Umland. In jüngster Zeit sind in Hamburg verstärkt politisch motivierte Bestrebungen zur Entwicklung der städtischen Magistralen zu beobachten. Standen zunächst die Innenentwicklungspotenziale zur baulichen Nachverdichtung im Vordergrund, fokussieren neuere Projekte die Potenziale einer dreifachen Innenentwicklung mit dem Ziel einer multifunktionalen und flächeneffizienten Siedlungs-, Verkehrs-, Frei- und Grünraumplanung. Im Vergleich zu anderen deutschen Städten sind die Straßenräume in Hamburg jedoch relativ eng bebaut, was Umbauprozesse erschwert. Auf Basis eines explorativ-qualitativen Forschungsdesigns wurden die bisherigen Prozesse der Magistralenentwicklung in Hamburg seit 2017 untersucht. Mithilfe leitfadengestützter Interviews mit Akteur:innen aus den Bereichen Stadt- und Regionalentwicklung, Verkehrsentwicklungsplanung, Straßenplanung sowie Freiraum- und Landschaftsplanung, die auf regionaler, gesamtstädtischer oder bezirklicher Ebene an der Magistralenentwicklung beteiligt sind, wurde die Hamburger Planungspraxis zur Magistralenentwicklung analysiert. Die Erkenntnisse aus dieser Analyse werden im Beitrag von Judith Gollata und Jörg Knieling dargestellt.

Die Hamburger Altstadtküste

Die Altstadtküste ist dominiert durch eine Vielzahl an unterschiedlichen linearen Infrastrukturen wie Hauptstraßen und Erschließungsstraßen, Fleeten und Kanälen. Durch die Lage im Stadtzentrum und den sehr geringen Anteil an Grünstrukturen ist der Stadtraum als hitzebelastet gekennzeichnet. Zudem befindet sich das Gebiet direkt hinter der Hochwasserschutzmauer am nördlichen Elbufer, die im Rahmen der Klimaanpassungen in den kommenden Jahrzehnten weiter erhöht wird. Im Fokusraum wurde in verschiedenen Formaten zu den Herausforderungen und Bedürfnissen mit verschiedenen Personen gesprochen. Zudem wurde eine Mikroklimaanalyse durchgeführt, um unterschiedliche Maßnahmen zur Reduzierung des Hitzestresses in ihrer Wirksamkeit zu bewerten. In einer Studierendenarbeit wurden zudem die Wirksamkeit und die Potenziale von unterschiedlichen Maßnahmen zur dezentralen Regenwasserbewirtschaftung untersucht. Die Ergebnisse dieser Wirkungsanalysen werden im Beitrag von Justus Alexander Quanz und Wolfgang Dickhaut näher beschrieben.

Die Lindenallee

Die Lindenallee ist eine 350 Meter lange Wohnstraße im Westen Hamburgs, die zuletzt in den 1980er-Jahren saniert wurde. Die damals geschaffene Charakteristik einer begrünten Stadtstraße ist bis heute erhalten geblieben. Allerdings stellt sich heute die Notwendigkeit, den bestehenden Straßenraum an den Klimawandel und die damit einhergehenden Umweltveränderungen in Form von Hitzeperioden und Starkregenereignissen anzupassen. Gleichzeitig wird die bestehende Aufteilung der Verkehrsflächen zwischen den verschiedenen Verkehrsmitteln zunehmend durch die Flächenansprüche parkender Pkw infrage gestellt. Ausgehend von den Ansprüchen der Anwohnenden, wurden im Rahmen eines umfangreichen Literaturreviews verschiedenste Straßenkonzepte und Maßnahmen herausgearbeitet, die sowohl soziale, ökologische und technische als auch ganzheitliche, lineare und punktuelle Ansatzpunkte für den Straßenumbau liefern. Ausführlich werden die Erkenntnisse des Reviews im Beitrag von Christoph Meyer dargestellt.

Die Kanäle und Fleete in der Hamburger Innenstadt

Künstliche oder stark veränderte Gewässer innerhalb der dicht bebauten innerstädtischen Gebiete unterliegen zunehmend einem drastischen Funktionswandel. Dabei wird ihre historische Bedeutung für Transport, Abwasser und Energiegewinnung immer stärker durch ihre Nutzung zu Erholungs- und Freizeitzwecken, aber auch durch die Rückführung der Gewässer in ihr naturräumliches System und die Erfüllung der Erfordernisse des Hochwasserschutzes abgelöst. Die Multifunktionalität der linearen Gewässer wird zu einer strategischen Leitlinie, um die Zielsetzungen von Wasserwirtschaft, Naturschutz, Landschaftsplanung, Stadtplanung inklusive Denkmalschutz sowie Sport und Freizeit miteinander zu verknüpfen, die jedoch in der Praxis häufig zu gravierenden Zielkonflikten führen. Diese Problemstellung wurde am Beispiel der Kanäle an der Bille (Hochwasserbassin, Mittelkanal, Südkanal, Billekanal, Billbrookkanal) sowie der Alsterkanäle und -fleete (Goldbekkanal, Nikolaifleet) untersucht. Bauliche Merkmale der Uferzonen sowie Nutzungen, Akteurskonstellationen, Zielarten und administrative Zuständigkeiten wurden an diesen Gewässern kartiert und dokumentiert, um Synergiepotenziale und Konfliktsituationen zu identifizieren. Dabei konnten konkrete Potenziale für Lebensräume und ökologische Durchgängigkeit an den Kanälen sowie andere Belange wie Freizeit und Sport sowie nachhaltige Regenwasserbewirtschaftung abgeleitet werden. Zudem wurden bestehende planerische Instrumente (Leitbildentwicklung, Pflege- und Entwicklungsplanung) und Richtlinien (WRRL, LAWA), die diese Gewässer betreffen, unter dem Gesichtspunkt ihrer Eignung für integrierte Lösungsansätze und eine Einbeziehung der Belange unterschiedlicher Fachdisziplinen analysiert. Erkenntnisse aus dieser Untersuchung werden im Beitrag von Katarina Bajc dargestellt.

Fazit

Neben den räumlich und thematisch sehr verschiedenen Problemstellungen haben auch die unterschiedlichen fachlichen Zugänge der Mitarbeiter:innen aus dem LILAS-Forschungsprojekt dazu geführt, dass die Bearbeitung der Forschungsthemen und -räume disziplinspezifisch erfolgte. Aber die Erkenntnisse zeigen, dass in einer Transformation der linearen Infrastrukturlandschaften der Stadt ein Potenzial zur Bewältigung der aktuellen und zukünftigen Herausforderungen liegt. Im Ergebnis wurden neben den Potenzialen auch zentrale Herausforderungen und Konfliktlinien bei der Transformation linearer Infrastrukturen herausgearbeitet, welche insbesondere aus den unterschiedlichen Flächenansprüchen erwachsen und nur in Teilen durch eine multifunktionale Flächennutzung gelöst werden können. Vielmehr bedarf es neben Pilotprojekten und beispielhaften Lösungen insbesondere struktureller Anpassungen in Form von Normen, Regeln und Abwägungshierarchien, die kontextspezifische Anpassungen an den Klimawandel ermöglichen und nicht von vorneherein zugunsten einzelner Ansprüche, wie zum Beispiel des Verkehrs, ausgelegt sind.

Im Rahmen dieses Sammelbandes bieten die Erkenntnisse aus dem LILAS-Projekt und die Perspektiven der Gastbeiträge aus weiteren Perspektiven und Disziplinen verschiedene Ansätze für räumliche Lösungen, die Ausgestaltung von Prozessen, strukturelle Anpassungen sowie für lokalspezifische Projekte mit dem Ziel einer multifunktionalen Gestaltung von Stadtstraßen und kanalisierten Gewässern, wodurch deren Transformation auf unterschiedlichen Ebenen angestoßen oder vorangetrieben werden kann. Es bedarf hierzu jedoch besonderer Formate, Instrumente und Methoden, um die fachübergreifende und interdisziplinäre Zusammenarbeit und Kooperationen zu fördern und zum Standard zu machen.

Literatur

BlueGreenStreets (BGS) (Hrsg.) (2020): BlueGreen-Streets als multicodierte Strategie zur Klimafolgenanpassung – Wissensstand 2020, April 2020, Hamburg. Statusbericht im Rahmen der BMBF-Fördermaßnahme »Ressourceneffiziente Stadtquartiere für die Zukunft« (RES:Z), [https://repos.hcu-hamburg.de/handle/hcu/522].

BlueGreenStreets (BGS) (Hrsg.) (2022): BlueGreen-Streets Toolbox – Teil A. Multifunktionale Straßenraumgestaltung urbaner Quartiere, März 2022, Hamburg. Erstellt im Rahmen der BMBF-Fördermaßnahme »Ressourceneffiziente Stadtquartiere für die Zukunft« (RES:Z), [https://repos.hcu-hamburg.de/handle/hcu/638].

Böhm, J.; Böhme, C.; Bunzel, A.; Kühnau, C.; Landua, M.; Reinke, M. (2016): Urbanes Grün in der doppelten Innenentwicklung. Bundesamt für Naturschutz (BfN) (Hrsg.), BfN Schriften 444, Bonn.

Bundesinstitut für Bau-, Stadt- und Raumforschung (BBSR) (Hrsg.) (2020): Vom Stadtumbau zur städtischen Transformationsstrategie. BBSR-Online-Publikation 09/2020, Bonn.

Deutscher Städtetag (2019): Anpassung an den Klimawandel in den Städten. Forderungen, Hinweise und Anregungen. Deutscher Städtetag, Berlin und Köln.

Geels, F. W. (2002): Technological transitions as evolutionary reconfiguration processes. A multi-level perspective and a case-study. Research Policy, 31 (8–9), S. 1257–1274.

Geels, F. W.; Schot, J. (2010): The Dynamics of Transitions: A Socio-Technical Perspective. In: Grin, J.; Rotmans, J.; Schot, J. (Hrsg.): Transitions to Sustainable Development. New Directions in the Study of Long Term Transformative Change. New York/London, S. 9–101.

Grabowski, Z. J.; Matsler, A. M.; Thiel, C.; McPhillips, L.; Hum, R.; Bradshaw, A.; Miller, T.; Redman, C. (2017): Infrastructures as Socio-Eco-Technical Systems: five considerations for interdisciplinary dialogue. Journal of Infrastructure Systems, December 2017, [https://doi.org/10.1061/(ASCE)IS.1943-555X.0000383].

Grimm, N. B.; Cook, E. M.; Hale, R. L.; Iwaniec, D. M. (2015): A broader framing of ecosystem services in cities: Benefits and challenges of built, natural or hybrid system function. In: The Routledge handbook of urbanization and global environmental change. Routledge, S. 227–236.

Kim, Y.; Mannetti, L. M.; Iwaniec, D. M.; Grimm, N. B.; Berbés-Blázquez, M.; Markolf, S. (2021): Social, Ecological and Technological Strategies for Climate Adaptation. In: Hamstead, Z. A.; Iwaniec, D. A.; McPhearson, T.; Berbés-Blázquez, M.; Cook, E. M.; Muñoz-Erickson, T. A. (Hrsg.): Resilient Urban Futures. Cham: Springer International Publishing, S. 29–45.

LILAS 2022: Bajc, K.; Gollata, J.; Kreutz, S.; Matullat, J.; Meyer, C.; Quanz, J.; Stokman, A.; Dickhaut, W.; Gertz, C.; Knieling, J. (2022): Lineare Infrastrukturlandschaften im Wandel. Perspektiven für eine blau-grüne Transformation von Stadtstraßen und kanalisierten Gewässern. Herausgegeben von Stokman, A.; Dickhaut, W.; Gertz, C.; Knieling, J. Diskussionspapier / Working Paper, entstanden im Rahmen des Forschungsverbundes LILAS, gefördert aus Mitteln der Landesforschungsförderung Hamburg von der Behörde für Wissenschaft, Forschung, Gleichstellung und Bezirke (BWFGB). Mai 2022, HafenCity Universität Hamburg, Hamburg, [https://doi.org/10.34712/142.31].

Markolf, S. A.; Chester, M. V.; Eisenberg, D. A.; Iwaniec, D. M.; Davidson, C. I.; Zimmerman, R.; Miller, T. R.; Ruddell, B. L.; Chang, H. (2018): Interdependent Infrastructure as Linked Social, Ecological and Technological Systems (SETSs) to Address Lock-In and Enhance Resilience. Earth's Future 6, S. 1638–1659, [https://doi.org/10.1029/2018EF000926].

McPhearson, T.; Raymond, C.; Gulsrud, N. et al. (2021): Radical changes are needed for transformations to a good Anthropocene. npj Urban Sustainability 1, 5, [https://doi.org/10.1038/s42949-021-00017-x].

Governance- und Planungsprozesse für die Transformation linearer städtischer Infrastrukturlandschaften

Von Hauptverkehrsstraßen zu neuen Stadträumen

Eine Governance-Analyse der Hamburger Magistralenentwicklung 2017–2023

Judith Gollata, Jörg Knieling

Abstract

Seit einigen Jahren sind in Hamburg im Kontext der Stadtentwicklung und Wohnungspolitik verstärkt Bestrebungen zur Entwicklung der Hauptverkehrsstraßen (Magistralen) zu beobachten. Stand zunächst die Innenentwicklung durch bauliche Nachverdichtung im Vordergrund der Wohnungspolitik, zielen neuere Strategien auf eine dreifache Innenentwicklung mit dem Ziel, integrierte Lösungen für eine nachhaltige Siedlungs-, Verkehrs- und Freiraumplanung zu finden, die unter anderem durch Multifunktionalität und Flächeneffizienz charakterisiert ist. Auf Basis eines explorativ-qualitativen Forschungsdesigns wurden die bisherigen Prozesse der Magistralenentwicklung in Hamburg untersucht. Im Mittelpunkt der Analyse standen planungsbezogene Governance-Strukturen, um Treiber und Hemmnisse für die Transformation dieser Straßenräume zu identifizieren. Die Ergebnisse unterstreichen die Notwendigkeit einer transformativen Planungspraxis zur Erreichung der anvisierten Ziele. Dieser Beitrag stellt eine Zusammenfassung der ausführlichen Analyse der Hamburger Magistralenentwicklung dar (Gollata, Knieling o. J.).

1 Einleitung

In verdichteten und wachsenden Stadtregionen steigen die gesellschaftlichen und politischen Ansprüche an die vorhandenen Flächennutzungen, um sich an sich verändernde Rahmenbedingungen und Anforderungen anpassen zu können. Im Straßenraum und auf den angrenzenden Flächen nimmt die Nutzungskonkurrenz durch unterschiedliche Verkehrsteilnehmende und Mobilitätsformen zu. Dem gegenüber stehen das Potenzial dieser Räume für die Umsetzung von Wohnbauzielen und die steigenden Ansprüche an die Aufenthaltsqualität öffentlicher Räume sowie die Anforderungen an die Umsetzung von Maßnahmen des Klimaschutzes und der Anpassung an die Folgen des Klimawandels (»blau-grüne Infrastruktur«) sowie der Qualifizierung der Stadtökologie bzw. Biodiversität (BBSR 2016).

Die Entwicklung städtischer Magistralen ist in den vergangenen Jahren verstärkt in den Fokus stadtplanerischer Bemühungen im nationalen und internationalen Raum gerückt. Städte wie Montréal, Warschau, Brüssel und Helsinki haben bereits Planungen zu einer nachhaltigen Transformation von Magistralen entwickelt und teilweise umgesetzt (L'Institut Paris Region 2023). Magistralen, aus stadtplanerischer Sicht häufig vernachlässigt, versprechen Potenziale für die Flächenentwicklung als Beitrag für eine nachhaltige Stadtentwicklung. Als lineare bauliche Infrastrukturen bilden sie die zentralen Achsen des gesamtstädtischen Verkehrs, indem sie große Verkehrsmengen aufnehmen und einen zügigen Güter- und Personenverkehr innerhalb der Stadt und in der funktionalen Verknüpfung mit der Stadtregion gewährleisten. Als bauliche Infrastruktur schaffen sie aber zugleich auch physische Barrieren innerhalb der Stadt und an ihren Rändern. Sie schränken die Bewegungsfreiheit von Fuß- und Radverkehr ein und erschweren den Zugang zu städtischen Grün- und Wasserflächen. Sie verstärken die soziale Benachteiligung von Wohnquartieren an Straßenrändern und erzeugen durch das hohe Verkehrsaufkommen Lärm- und Luftbelastungen, die zu gesundheitlichen und sozialen Problemlagen beitragen. Ausgedehnte Straßennetze fördern durch die scheinbar leichte Erreichbarkeit von Stadträumen durch den motorisierten Individualverkehr (MIV) MIV-orientierte Lebensstile, eine Zersiedelung der Stadtlandschaft und monofunktionale Raumnutzungen (Apel 1992; Schreckenberg 1999).

Stadtentwicklung orientiert und formt sich nach bestimmten Mustern und Logiken des Wandels, in denen neue Trends entstehen, während andere materielle, infrastrukturelle, ökonomische und soziale Strukturen bestehen bleiben (Bernhardt 2020). Diese Beständigkeit ist insbesondere bei großen Infrastrukturen zu beobachten. Gründe hierfür sind ihre Einbettung in spezifische physische Gegebenheiten und soziale Vereinbarungen, verbunden mit einer großen räumlichen Ausdehnung und langen zeitlichen Persistenz, ihrem hohen Standardisierungsgrad und ihrer (Weiter-)Entwicklung aus bestehenden Strukturen (Star 1999). Für eine nachhaltige Transformation von Magistralen steht die Planung und Gestaltung der Straßeninfrastrukturen folglich vor komplexen Anforderungen, um die verschiedenen fachlichen Belange (wie zum Beispiel soziale, ökologische und technische) zu integrieren.

Dieser Beitrag stellt eine Zusammenfassung der ausführlichen Analyse der Hamburger Magistralenentwicklung dar (Gollata, Knieling o. J.) und zielt darauf ab abzuschätzen, inwieweit die Planung der Magistralenentwicklung die Vielzahl relevanter Akteure und divergierender sektoraler Anforderungen über Governance-Ansätze in Planungsprozesse integriert und welche Instrumente eingesetzt werden, um eine integrierte, auf multifunktionale Raumnutzung ausgerichtete Transformation zu unterstützen.

2 Hamburger Magistralenentwicklung

In jüngster Zeit gab es in Hamburg verstärkt politisch motivierte Bestrebungen zur Entwicklung städtischer Hauptverkehrsstraßen sowie der an sie angrenzenden Räume (vgl. Abbildung 1). Während zunächst vor allem die Innenentwicklung durch bauliche Verdichtung entlang der Magistralen im Vordergrund stand, zielen neuere Strategien und Projekte auf eine dreifache Innenentwicklung mit dem Ziel einer integrierten Siedlungs-, Verkehrs- und Freiraumplanung, die

Abbildung 1: Zeitliche Übersicht der jüngeren Hamburger Magistralenentwicklung.
Quelle: eigene Darstellung.

unter anderem durch Flächeneffizienz und Multifunktionalität charakterisiert ist. Hierzu zählen die folgenden planerischen Vorüberlegungen:

- Der Bezirk Altona untersuchte im Rahmen des Wohnungsbauprogramms Altona 2017 das Sonderthema »Städtebauliche Entwicklungsmöglichkeiten entlang viel befahrener Straßen/Magistralen« und wurde damit im Rahmen eines ExWoSt-Forschungsfeldes des BBSR als Modellvorhaben ausgewählt. Dabei analysierte der Bezirk Altona die Bestandssituation in verschiedenen Fokusräumen entlang der Altonaer Magistralen und bewertete deren Potenziale zur Nachverdichtung mit Schwerpunkt Wohnungsbau.

- Ebenfalls 2017 entstand ein gemeinsamer Antrag der Koalitionsfraktionen SPD und Bündnis 90/Die Grünen der Hamburger Bürgerschaft zur Aktivierung von Innenentwicklungspotenzialen an Magistralen – verbunden mit dem Auftrag, gemeinsam mit den Bezirken zu prüfen, inwieweit sich die Magistralenentwicklung ähnlich dem Vorhaben Altonas auf andere Bezirke übertragen lässt.

- Von Juni 2017 bis Januar 2018 veranlasste das Fachamt Stadt- und Landschaftsplanung des Bezirks Hamburg-Nord eine stadträumliche Untersuchung der »Magistrale-Nord« (Nr. 6 in Abbildung 2), die für die Zukunft verbindliche Entwicklungsziele und Spielregeln für die Magistrale und ihre Verknüpfungspunkte festlegte, um eine nachhaltige Entwicklung des Stadtraumes und seiner Nutzungsansprüche zu lenken. Dabei stand das politische Ziel der Nachverdichtung für das Fachamt weniger im Vordergrund.

- 2019 veranstaltete die Behörde für Stadtentwicklung und Wohnen (BSW) ein internationales Bauforum, in dem 14 Expertenteams Entwicklungsideen für sieben Magistralen erarbeiteten. Die resultierenden Hypothesen zur Magistralenentwicklung priorisieren die Wohnraumversorgung, Themen der Mobilitätswende und ökonomische Aspekte, während Themen der Grün- und Freiraumqualität oder der Klimaanpassung eine eher untergeordnete Rolle spielen.

- Das Fachamt Stadt- und Landschaftsplanung des Bezirks Wandsbek erarbeitete 2019–2022 ein Gutachten zur Untersuchung der Magistralenräume in Hamburg-Wandsbek. Schwerpunkte bildeten in diesem Rahmen die Neuordnung der Verkehrs- und Nebenflächen, die Aktivierung der vorhandenen baulichen Potenziale und die Qualifizierung des Stadtraums.

- Die BSW entwickelt seit 2020 einen Masterplan Magistralen, der Aussagen zu den Themen Städtebau und Stadtbild, Mobilität, öffentlicher Raum, Klima und blau-grüne Infrastruktur, urbanes Wohnen und Arbeiten, Partizipation, Steuerung und Organisation in einem gesamtstädtischen Strategie- und Maßnahmenplan zusammenfassen soll.

- 2022 informierte der Bezirk Altona im Rahmen einer frühzeitigen Beteiligung in den betroffenen Stadtteilen entlang der Magistralen über den aktuellen Stand der Magistralenentwicklung und trat mit Anwohnerinnen und Anwohnern und weiteren Interessierten in den Dialog.

Grundlage für die Entwicklung der Hamburger Magistralen ist die historische Entwicklung des Stadtraums nördlich der Elbe. Die meisten der heutigen Hauptverkehrsstraßen verlaufen strahlenförmig nach Osten, Norden und Westen in das Hamburger Umland. Dabei orientierte sich die Hamburger Stadtentwicklung in den Nachkriegsjahren an der im Rahmen der Charta von Athen (1933) proklamierten Trennung der Funktionen Wohnen, Arbeiten, Erholung, Verwaltung, Ernährung und Versorgung sowie an der Ausrichtung der Straßenplanung auf den sich verstärkenden Autoverkehr. Viele der heute für Hamburg charakteristischen Straßenraumgestaltungen sind in den Jahren des Wiederaufbaus nach 1945 entstanden und in den folgenden Jahrzehnten unter dem Leitbild der »autogerechten Stadt« stetig erweitert worden, wodurch die besondere Bedeutung der Verkehrsbänder festgeschrieben wurde. Im Vergleich zu anderen deutschen Städten sind die Straßenräume in Hamburg zugleich relativ eng bebaut, was Transformationsprozesse und einen Umbau erschwert.

Entsprechend der Charakteristik europäischer Stadtstrukturen (Schubert 2018) weisen alle Hamburger Magistralen eine abnehmende Dichte und zuneh-

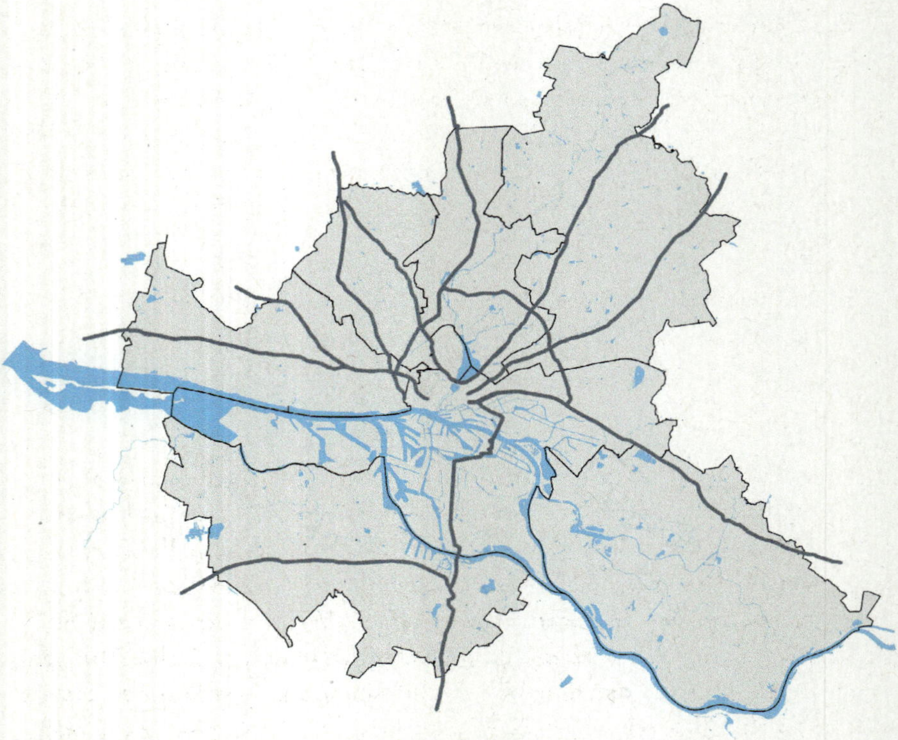

Abbildung 2: Übersicht der Hamburger Bezirke und Magistralen. *Quelle: eigene Darstellung (kartografische Bearbeitung: Lea Schwab). Grundlage: Geofabrik GmbH & OpenStreetMap Contributors 2018, ArcGis HUB 2022, Freie und Hansestadt Hamburg – Behörde für Stadtentwicklung und Wohnen.*

mende Motorisierung der Wohngebiete zum Stadtrand hin sowie einen dynamischen Wechsel von überwiegender Wohnnutzung zu gewerblich-industriellen, freizeit- und verkehrsbezogenen Randnutzungen (bspw. großflächiger Einzelhandel o. Ä.) auf (Bardua, Kähler 2012). Da die Magistralen in ihrer historischen Entwicklung in erster Linie eine Verkehrsfunktion erfüllen, ist die Verkehrsdichte dieser Räume ein entscheidender Indikator für eine mögliche Transformation. Historisch betrachtet, hat der Ausbau der städtischen Hauptverkehrsstraßen zu einer Mobilitätspraxis geführt, welche die Automobilität nicht nur in sozialräumlichen, verhaltensbezogenen und kulturellen Dimensionen wie Konsumnormen, Lebensstilen und räumlich verteilten Netzwerken verankert hat, sondern auch in Sachzwängen, politischen Strategien und ökonomischen Kräften (ebd.; Manderscheid 2014). Diese MIV-zentrierte Charakteristik prägt auch die entsprechenden Governance-Institutionen und Instrumentarien, deren primäre Aufgabe es ist, die Verkehrsfunktion der städtischen Straßen zu gewährleisten.

3 Untersuchungsrahmen und Methodik

Die Analyse der Hamburger Magistralenentwicklung erfolgte im Rahmen von fünf forschungsleitenden Annahmen:

(1) Für eine nachhaltige Transformation muss die Planung und Gestaltung der Straßeninfrastruktur im Zusammenspiel von sozialen, ökologischen und technischen Anforderungen erfolgen und kann nur systemisch verstanden werden. Straßen werden in diesem Zusammenhang als komplexe und dynamische Systeme verstanden, in denen eine Vielzahl von Akteuren und Prozessen über geografische, institutionelle und administrative Grenzen hinweg interagieren und durch soziokulturell-ökonomische Governance-Systeme (sozial), klimatisch-biophysikalisch-ökologische Systeme (ökologisch) und technische Infrastruktursysteme (technisch) miteinander verbunden sind (McPhearson et al. 2021; Grabowski et al. 2017; Grimm et al. 2015) (siehe dazu SETS-Ansatz in Bajc et al. 2024).

(2) Die Kopplung der verschiedenen Interaktionen in einem städtischen (oder stadtregionalen) System stellt eine Reihe von besonderen Herausforderungen an die Governance, die vertikal über mehrere Politikebenen und horizontal über Politikfelder und Sektoren hinweg integriert werden müssen. Solche Governance-Prozesse basieren auf Referenzrahmen und kulturellen Praktiken in ihrem historischen Kontext (Healey et al. 2003; Inness, Booher 1999), die im Rahmen von Pfadabhängigkeitskonzepten betrachtet werden, die die Historizität von Institutionen betonen, deren Arbeit auf in der Vergangenheit getroffenen Entscheidungen beruht, die gegenwärtige und

zukünftige Entscheidungsprozesse beeinflussen (Nunn, Smith, Elrick-Barr 2021; Mahoney 2000; Mayntz 2002; Mayntz 2009).

(3) Zur Planung und Umsetzung einer Infrastrukturtransformation tragen entsprechende sowohl formelle und informelle Policy- und Planungsinstrumente als auch Veränderungen der institutionellen und gesetzlichen Rahmenbedingungen, die bei der Transformation zur Anwendung kommen, bei.

(4) Diese Anwendung erfolgt in heterogenen Akteursnetzwerken, die durch unterschiedliche Interessen und Ressourcenzugänge gekennzeichnet sind und über institutionelle Strukturen hinweg kollaborativ zusammenarbeiten.

(5) Um die Transformation von Straßeninfrastruktur voranzutreiben, können Ansätze des Transition Management die Geschwindigkeit und Richtung einer solchen Entwicklungsdynamik beeinflussen. Transition Management als praxisorientierter Governance-Ansatz zur Gestaltung von Nachhaltigkeitstransitionen nimmt eine langfristige und systemische Perspektive ein, knüpft an bestehende Dynamiken an und betont die Bedeutung innovativer Praktiken (Hölscher et al. 2017; Loorbach 2009).

Die Prozesse der Hamburger Magistralenentwicklung wurden auf der Basis eines explorativ-qualitativen Forschungsdesigns untersucht, indem Sekundärliteratur und öffentlich zugängliche Dokumente, das heißt Pläne und Publikationen der Öffentlichkeitsarbeit, aus dem Zeitraum 2017 bis 2023 analysiert wurden. Darüber hinaus wurden 13 leitfadengestützte Interviews mit Akteuren aus den Bereichen Stadt- und Regionalentwicklung, Verkehrsentwicklungsplanung, Straßenplanung sowie Freiraum- und Landschaftsplanung geführt, die auf regionaler, gesamtstädtischer oder bezirklicher Ebene an den Planungen zur Magistralenentwicklung beteiligt sind.

4 Governance der Hamburger Magistralenentwicklung

Vor dem Hintergrund der forschungsleitenden Hypothesen zeigen die Ergebnisse der Analyse Hemmnisse und Lösungsansätze für eine nachhaltige Transformation großer Straßeninfrastrukturlandschaften auf.

Aus einer systemischen Perspektive (siehe Annahme [1]) wird deutlich, dass eine integrierte Entwicklung von Magistralen als besonderem Raumtyp bisher institutionell nicht zugeordnet ist. Dies liegt vor allem an der Dominanz eines soziotechnischen Verständnisses von Magistralen, an der thematischen und disziplinären Fokussierung der jeweils beteiligten Fachinstitutionen, an den unterschiedlichen, sich teilweise überschneidenden administrativen Zuständigkeiten für den Raum sowie an den regulativen und operativen Rahmenbedingungen, die im Kontext der Magistralenentwicklung einen vor allem technisch geprägten Charakter haben. Soziotechnische Aspekte dominieren in den untersuchten Prozessen und beziehen sich insbesondere auf die Frage der Vereinbarkeit der Funktionen Arbeiten und Wohnen mit den Herausforderungen der Verkehrsbelastung von Magistralen. Dabei steht häufig eine technische Perspektive im Vordergrund, die zwar anerkennt, dass technische Systeme Einfluss auf ökologische und soziale Systeme haben, gleichzeitig aber verkennt, dass umgekehrt technische Systeme auch ökologische Ressourcen benötigen, um zum Beispiel Starkregen- oder Hitzeextremereignisse abfedern zu können.

Die Betrachtung der Magistralenentwicklung im Rahmen von Konzepten der Pfadabhängigkeit (siehe [2]) ordnet die Hamburger Magistralen in ihrer heutigen Ausprägung als Resultat jahrzehntelanger Aushandlungsprozesse ein, deren Ergebnisse die Entwicklungsmöglichkeiten dieser Räume stark beeinflussen. Relevant sind in diesem Zusammenhang zum einen die langlebige ober- und unterirdische Straßeninfrastruktur, die als technisches System zur Erzeugung einer Pfadabhängigkeit beiträgt, sowie die damit verbundenen institutionalisierten Governance-Strukturen. Dabei ist die Realisierung großer Straßeninfrastrukturen mit hohen Planungs- und Baukosten verbunden, die sich im Laufe der Zeit zwar ausgleichen, aber aufgrund der hohen Investitionsmittel den Anreiz zur Aufrechterhaltung des Systems erhöhen. Hinzu kommt, dass im

Laufe der Zeit Lerneffekte hinsichtlich der Erhaltung, Instandsetzung und Nutzung auftreten, welche die Effizienz der Infrastruktur erhöhen. Schließlich ist die breite gesellschaftliche Akzeptanz der bestehenden Straßeninfrastruktur ein weiterer Faktor, der Investitionen in den Bestand begünstigt und zugleich alternative Konzepte erschwert. Darüber hinaus ist die zeitliche Dimension politischer Prozesse für die Entwicklung von Straßenräumen relevant. Dies zeigt sich insbesondere in der Abhängigkeit von politischen Strukturen wie Legislaturperioden oder Planungsverfahren und der damit verbundenen Abwägung politischer Prioritäten. Dabei sind sowohl die Festlegung von Zielen als auch deren Entwicklung und Umsetzung sowie Aspekte der Finanzierung Gegenstand von Abwägungen, die von unterschiedlichen und teils widerstreitenden Interessen geprägt sind.

Die Leitung der Hamburger Senatsbehörden obliegt den Mitgliedern der Landesregierung, die während der fünfjährigen Legislaturperiode politische Ziele formulieren, umsetzen und kontrollieren. In diesen sequenziellen Prozessen ändern sich nicht nur die politischen Ziele, sondern es sind teilweise auch institutionelle Umstrukturierungen zu deren Umsetzung erforderlich, die auf etablierte Verwaltungsstrukturen treffen. Ein Beispiel für das Aufeinandertreffen von politisch eingebrachten Vorhaben und Verwaltungsroutinen ist das in der Hamburger Verkehrsentwicklungsplanung verankerte Ziel eines Modal-Split-Anteils von 80 Prozent für den Umweltverbund und 20 Prozent für den motorisierten Individualverkehr bis zum Jahr 2030 (BVM Hamburg 2022). Dem stehen langwierige Abstimmungsprozesse zur Beteiligung der Träger öffentlicher Belange gegenüber, die im Rahmen von Straßenplanungsverfahren sehr umfangreich sind.

Die Transformation von Straßenräumen hängt von der Verfügbarkeit und Anwendung spezifischer politischer und planerischer Instrumente ab (siehe [3]). Dabei stehen die Instrumente als Handlungsrahmen der Verkehrs- und Flächenentwicklung sowie der Stadtentwicklung nebeneinander. Die Entwicklung der Hamburger Magistralen erfolgt instrumentenseitig vorrangig auf der informellen Ebene prozeduraler und konzeptioneller Instrumente, wie Gutachten, teilräumliche Stadtentwicklungskonzepte und öffentliche Beteiligungsformate, die nicht an formale Verfahrensschritte gebunden sind und keine rechtliche Verbindlichkeit erlangen. Zeitgleich novelliert die BVM den Verkehrsentwicklungsplan, wobei Schnittstellen zu Konzepten der Magistralenentwicklung bestehen. Hinzu kommen neuere Planungen im Rahmen des Naturschutzgroßprojektes »Natürlich Hamburg«, die teilräumlich die Rolle von Grünzügen entlang von Magistralen thematisieren. Diese informellen Instrumente dienen in erster Linie dazu, politische Entscheidungsträger:innen für Themen der nachhaltigen Stadtentwicklung zu sensibilisieren, Akteure zu vernetzen, Formate der Öffentlichkeitsbeteiligung durchzuführen und ein Leitbild für die zukünftige räumliche Entwicklung zu erarbeiten. Gleichzeitig wird bei der Analyse der Hamburger Magistralenentwicklung deutlich, dass der Wirkung informeller Planung Grenzen gesetzt sind, da bisher kaum Ziele abgeschlossener Projekte zur Magistralenentwicklung, beispielsweise des Magistralengutachtens des Bezirks Hamburg-Nord, umgesetzt worden sind. Darüber hinaus zeigt sich eine »Übermacht« der rechtlichen Verbindlichkeit der Verkehrsplanung und -sicherung, die für die Umsetzung vieler Planungen prägend ist. So begrenzen beispielsweise die engen Vorgaben der Straßenverkehrsordnung bestimmte planerische Vorschläge zu einer nachhaltigen Straßenraumgestaltung oder zur Umnutzung oder Entsiegelung ausgewählter Flächen, etwa von Parkplätzen.

Mit der baulichen Infrastruktur verbunden sind Governance-Institutionen für Bau, Management und Erhaltung, die sowohl die Funktion, den Bestand und (Um-)Bau, die Finanzierung, aber auch die Umsetzung und Weiterentwicklung der rechtlichen Grundlagen für Planung, Bau und Nutzung von Straßen bereitstellen und in kollaborativer Zusammenarbeit das Handeln der Akteure bestimmen (siehe [4]). Neben den Hamburger Senatsbehörden, wie der Behörde für Verkehr und Mobilität (BVM), der Behörde für Inneres und Sport (BIS) und den entsprechenden Unterabteilungen (hier insbesondere der Obersten Straßenverkehrsbehörde), gehören dazu zum Beispiel auch die Organisationen der ausführenden Planung (z. B. Landesbetrieb Straßen, Brücken und Gewässer) sowie die entsprechenden Verwaltungseinheiten auf Bezirksebene. Die Zuständigkeit für die Hauptverkehrsstraßen liegt bei der BVM, während die Bezirksämter für die Planung, den Bau und die Unterhaltung aller nachgeordneten Straßen im Stadtgebiet zuständig sind. In Hamburg sind die unteren Straßenverkehrsbehörden als Vollzugsbehörden der Straßenverkehrsordnung bei den Polizeikommissariaten angesiedelt, was eine Besonderheit in der deutschen Verwaltungslandschaft darstellt. Dies ist im Zusammenhang mit der Magistralenentwicklung relevant, da jede Straßenplanung im Rahmen einer straßenverkehrsbehördlichen Anordnung von der unteren Straßenverkehrsbehörde genehmigt werden muss und somit Entscheidungen der Bezirks- oder Landesebene durch die Polizeikommissariate genehmigt und umgesetzt werden. In der Praxis wird bemängelt, dass Ermessensspielräume unterschiedlich ausgelegt und Beschlüsse der Bezirksversammlungen häufig nicht oder nur unzureichend umgesetzt werden (BV Hamburg-Mitte 2022).

Auf den verschiedenen Zuständigkeitsebenen für Bau, Management und Erhaltung strukturieren unterschiedliche inhaltliche Zielsetzungen und Finanzierungsquellen die Priorisierung bestimmter Themen. Während zum Beispiel die Arbeit der Senatsbehörden von den politischen Zielen des Senats und der jeweiligen Behördenleitung geprägt ist, sind die ausführenden Planungsorganisationen häufig primär auf den Funktionserhalt der Straßeninfrastruktur ausgerichtet. Dieser Funktionserhalt der Hamburger Straßen wird durch das Bauprogramm Erhaltungsmanagement Hamburger Straßen finanziert, welches »das grundsätzliche Ziel verfolgt, den fortschreitenden Substanzverlust der Infrastruktur nachhaltig zu stoppen und die Verkehrswege in einem für die Nutzer bedarfsgerechten Zustand zu erhalten« (Hamburger Bürgerschaft 2016). Zuletzt wurde das Programm unter anderem zur Umsetzung der Radverkehrsstrategie und der Busbeschleunigung genutzt. Kritisiert wird in diesem Zusammenhang die mangelnde Verzahnung der Projektebene des Infrastrukturerhalts mit den sektoralen Fachplanungen und den übergeordneten politischen Zielen.

Im Rahmen der Analyse stellte sich heraus, dass die Einsicht in die Notwendigkeit integrierter Lösungen für die Entwicklung und Gestaltung linearer Straßenräume auf allen Ebenen der Fachbehörden vorhanden ist, wenngleich sich die Abwägung der Partikularinteressen und die Erarbeitung von Kompromissen als schwierig erweisen. Dies liegt zum einen an den unterschiedlichen Prioritäten der beteiligten Organisationen und zum anderen an fehlenden Ressourcen wie Finanzmitteln und Fachpersonal. Die Flächen entlang der Magistralen befinden sich oft in Privatbesitz, und sowohl auf städtischer als auch auf Bezirksebene fehlen Mittel, beispielsweise in Form von Zugang zu Förderungen, um diese Flächen einer langfristigen Nutzung, etwa im Rahmen einer Überplanung, zugänglich zu machen.

Städtische Magistralenräume sind auch deshalb besondere Räume, weil sie über die Stadtgrenzen hinaus in die Umlandgemeinden hineinreichen. Die Beteiligung der Umlandgemeinden an Fragen der Verkehrsplanung erfolgt über verschiedene informelle Gremien, etwa den Arbeitskreis Verflechtungsraum, in dem Planungsthemen, Strategien und Projekte der Raumentwicklung um Hamburg diskutiert und abgestimmt werden. Die unterschiedlichen administrativen Zuständigkeitsebenen über kommunale und Landesgrenzen hinweg erschweren jedoch ein abgestimmtes Vorgehen. Im Rahmen der Hamburger Magistralenentwicklung wird die regionale Ebene (bisher) nur am Rande beteiligt, indem in dem Arbeitskreis Verflechtungsraum und den etablierten Nachbarschaftsforen, wie Nachbarschaftsforum Niedersachsen/Hamburg, Nachbarschaftsforum Südholstein/Hamburg oder Nachbarschaftsforum An Bille und Glinder Au, über die Bemühungen informiert wird.

Während die Gestaltung linearer Infrastrukturen das Ergebnis institutionalisierter Aushandlungsprozesse ist, muss ihre Entwicklung im Sinne einer nachhaltigen Transformation zugleich das Ergebnis zukunftsorientierter, mehrdimensionaler Szenarien sein (siehe [5]). Dazu wurde im Rahmen der untersuchten Prozesse zur Magistralenentwicklung vor allem auf der strategischen Ebene gearbeitet, indem zum Beispiel Verkehrsprognosen und -szenarien entwickelt wurden, welche die Flächenverteilung einzelner Funktionen in den untersuchten Räumen bewerten. Dabei wird deutlich, dass eine Reduktion der Verkehrsdichte notwendig ist, die sich in der aktuellen Entwicklung des Pkw-Bestandes allerdings noch nicht widerspiegelt (Statista 2023).

Weitere Governance-Ansätze, die eine nachhaltige Transformation der Magistralenräume befördern könnten, finden auf der taktischen und operativen Ebene noch nicht statt, sind aber beispielsweise mit dem integrierten Umbau einzelner Magistralen(-abschnitte) im Rahmen der Umsetzung des Masterplans Magistralen angedacht.

5 Fazit

Die Bemühungen zur Transformation der Hamburger Magistralen finden bisher vorwiegend noch auf sektoral getrennten Ebenen statt. Zwar ist ein gemeinsames Ziel- und Problemverständnis zu beobachten, entsprechende Umsetzungsschritte finden sich jedoch eher in sektoral verantworteten Planwerken (Masterplan Magistralen, Verkehrsentwicklungsplan, Magistralengutachten). Auf einer übergeordneten Governance-Ebene fehlt es hingegen an einer übergreifenden Koordination, was auf die sich überschneidenden administrativen Zuständigkeiten für den Raum und die ordnungspolitischen Rahmenbedingungen zurückzuführen sein dürfte.

Die Untersuchung der Hamburger Magistralenentwicklung dient dazu, einzelne Elemente des politischen und planerischen Prozesses der Umgestaltung von Straßenräumen herauszuarbeiten und zu analysieren, um Hemmnisse und Hebel für eine nachhaltige Transformation zu identifizieren. Es zeigt sich, dass die Anforderungen an eine nachhaltige Transformation von Straßenräumen schwer vereinbar sind mit der administrativen Aufbau- und Ablauforganisation der sektoral gegliederten Fachplanungen, den divergierenden räumlichen Zuständigkeiten, der Diskrepanz zwischen Einzelmaßnahmen oder kleinteiligen Projekten und der großräumigen linearen Infrastruktur aufgrund der lokalspezifisch abzuwägenden Maßnahmen, den überwiegend informellen Planungsinstrumenten, der rechtlich stärker reglementierten Verkehrsplanung und der fehlenden taktischen und operativen Umsetzung strategischer Visionen. Die Entwicklung der Straßeninfrastruktur mit ihren jeweiligen institutionellen Governance-Strukturen ist noch nicht ausreichend mit umfassenderen Stadtentwicklungs- und Stadtumbauprozessen, wie einer Stärkung der Innenstädte, der Vermeidung zersiedelter Stadtstrukturen oder der Schaffung eines bedarfsgerechten Wohnraumangebots, verknüpft. In diesem Sinne muss anerkannt werden, dass mehrere Transformationen in verschiedenen gesellschaftlichen Bereichen, wie gesellschaftspolitischen, verkehrspolitischen oder umweltpolitischen Teilbereichen, gleichzeitig stattfinden, die durch divergierende institutionelle Arrangements geprägt sind und bei denen sich komplexe Wechselwirkungen ergeben.

Damit bestätigt sich am Beispiel der Magistralenentwicklung das generelle Problem der planerischen Umsetzung von Querschnittsthemen der Stadtentwicklung. Der jahrzehntelang vorherrschende inkrementelle Ansatz in der Infrastrukturplanung ist nach wie vor in der Planungspraxis verankert und beschränkt den Spielraum für Alternativen eher auf die Optimierung des Status quo (Malekpour, Brown, de Haan 2015; Carroli 2018). Damit steht dieser Ansatz im Widerspruch zu den Bemühungen um einen Übergang zu einer gesamtstädtischen nachhaltigen Entwicklung, weil weitreichende Systemänderungen nicht Gegenstand inkrementeller Infrastrukturplanung sind. Um diesen Widerspruch zu überwinden, bedarf es einer Abkehr von einer reaktiven hin zu einer transformativen Planungspraxis. Ein transformatives Planungsverständnis wird derzeit in der Planungstheorie diskutiert und baut auf den Prämissen verschiedener bestehender planungstheoretischer Ansätze auf (Buchan und Holland 2022). Ein solches Verständnis ist in der Hamburger Magistralenentwicklung bereits in Ansätzen in Form von Visionen und Strategien und einer verstärkten Bereitschaft zur intersektoralen und sektorübergreifenden Zusammenarbeit erkennbar, stößt aber bei der Umsetzung des Wandels der Infrastruktursysteme noch auf Hindernisse durch etablierte inkrementelle, administrative und rechtliche Strukturen und Vorgehensweisen.

Literatur

Apel, D. (1992): Verkehrskonzepte in europäischen Städten. Erfahrungen mit Strategien zur Beeinflussung der Verkehrsmittelwahl, DIFU-Beiträge zur Stadtforschung (4), Berlin.

Bardua, S., Kähler, G. (2012): Die Stadt und das Auto. Wie der Verkehr Hamburg veränderte, Schriftenreihe des Hamburgischen Architekturarchivs, Hamburg: Dölling und Galtz Verlag.

Behörde für Verkehr und Mobilitätswende Hamburg (2022): Ziele für die Mobilität, [https://www.hamburg.de/bvm/verkehrsentwicklungsplanung/12917548/mobilitaet-in-hamburg/].

Bernhardt, C. (2020): Stadt als gebaute Form – Dynamiken des historischen Wandels, Persistenzen und Entwicklungspfade. In: Breckner, I.; Göschel, A.; Matthiesen, U. (Hrsg.): Stadtsoziologie und Stadtentwicklung: Handbuch für Wissenschaft und Praxis, Nomos. S. 655–666, [https://doi.org/10.5771/9783845276779].

Buchan, R.; Holland, M. (2022): Transformative Incrementalism. Implications for Transformative Planning Practice. In: Silver, C.; Frank, A. (Hrsg.), Transformative Planning. Smarter, Greener and More Inclusive Practices, New York: Routledge, S. 15–28, [https://doi.org/10.4324/9781003178545].

Bundesinstitut für Bau-, Stadt- und Raumforschung (BBSR) (Hrsg.) (2016): Anpassung an den Klimawandel in Stadt und Region. BBSR-Online-Publikation 04/2016, Bonn.

BV Hamburg-Mitte (2022): Untere Straßenverkehrsbehörde in den Bezirksämtern ansiedeln, Antrag der GRÜNEN-Fraktion, Drs. 22-0673, [https://bv-hh.de/hamburg-mitte/documents/untere-strassenverkehrsbehoerde-in-den-bezirksaemtern-ansiedeln-antrag-der-gruenen-fraktion-10537].

Carroli, L. (2018): Planning roles in infrastructure system transitions: A review of research bridging socio-technical transitions and planning, Environmental Innovation and Societal Transitions, Volume 29, S. 81–89, [https://doi.org/10.1016/j.eist.2018.06.001].

Gollata, J.; Knieling, J. (o. J.): Von stark befahrenen Straßen zu lebenswerten Räumen in der Stadt? Eine Analyse der Hamburger Magistralenentwicklung (unveröffentlichtes Manuskript, erhältlich auf Anfrage), HafenCity Universität Hamburg.

Grabowski, Z. J.; Matsler, A. M.; Thiel, C.; McPhillips, L.; Hum, R.; Bradshaw, A.; Miller, T.; Redman, C. (2017): Infrastructures as Socio-Eco-Technical Systems: five considerations for interdisciplinary dialogue. Journal of Infrastructure Systems, Volume 23, Issue 4, [https://doi.org/10.1061/(ASCE)IS.1943-555X.0000383].

Grimm, N. B.; Cook, E. M.; Hale, R. L.; Iwaniec, D. M. (2015): A broader framing of ecosystem services in cities: Benefits and challenges of built, natural or hybrid system function. In: The Routledge handbook of urbanization and global environmental change. Routledge, S. 227–236, [https://asu.elsevierpure.com/en/publications/a-broader-framing-of-ecosystem-services-in-cities-benefits-and-ch].

Hamburger Bürgerschaft (2016): Straßenzustandsbericht zum Erhaltungsmanagementsystem für Hamburgs Straßen (EMS-HH), Mitteilung des Senats an die Bürgerschaft, Drs. 21/5922, [https://www.buergerschaft-hh.de/parldok/dokument/54399/strassenzustandsbericht_zum_erhaltungsmanagementsystem_fuer_hamburgs_strassen_ems_hh.pdf].

Healey, P.; Magalhaes, C. de; Madanipour, A.; Pendlebury, J. (2003): Place, identity and local politics: Analysing partnership initiatives. In: Hajer, M.; Wagenaar, H. (Eds.), Deliberative policy analysis: Understanding governance in the network society. Cambridge: Cambridge University Press, S. 60–87, [https://doi.org/10.1017/CBO9780511490934.004].

Hölscher, K.; Wittmayer, J. M.; Maschmeyer, S.; Frantzeskaki, N. (2017): Transition Management als Meta-Governance-Rahmenwerk zur Gestaltung von Nachhaltigkeitstransitionen. Analyse von Governance-Kapazitäten durch Transition-Management-Interventionen in Gent und Montreuil. In: Kleinfeld, R.; Hafkesbrink, J.; Stuhldreier, J.

(Hrsg.) Innovatives Regionalmanagement im demografischen Wandel. Stadtforschung aktuell, Springer VS, Wiesbaden, S. 27–57, [https://doi.org/10.1007/978-3-658-14957-4_2].

Innes, J.; Booher, D. (1999): Consensus-building and complex adaptive systems: A framework for evaluating collaborative planning. Journal of the American Planning Association, Volume 65, Issue 4, S. 412–423, [https://doi.org/10.1080/01944369908976071].

L'institut Paris Region (2023): From Expressways to Boulevards. Converting Highways, Rethinking Cities and Regions, [https://en.institutparisregion.fr/international/from-expressways-to-boulevards/].

Loorbach, D. (2009): Transition Management for Sustainable Development: A Prescriptive, Complexity-Based Governance Framework, Governance, Volume 23, Issue 1, S. 161–183, [https://doi.org/10.1111/j.1468-0491.2009.01471.x].

Mahoney, J. (2000): Path dependence in historical sociology, Theory and Society, Volume 29, S. 507–548.

Malekpour, S.; Brown, R. R.; Haan, F. J. de (2015): Strategic planning of urban infrastructure for environmental sustainability: Understanding the past to intervene for the future, Cities, Volume 46, S. 67–75, [https://doi.org/10.1016/j.cities.2015.05.003].

Manderscheid, F. (2014): The Movement Problem, the Car and Future Mobility Regimes: Automobility as Dispositif and Mode of Regulation. Mobilities, Volume 9, Issue 4, S. 604–626, [https://doi.org/10.1080/17450101.2014.961257].

Mayntz, R. (2002): Zur Theoriefähigkeit makro-sozialer Analysen. In: Mayntz, R. (Hrsg.) Akteure – Mechanismen – Modelle. Zur Theoriefähigkeit makro-sozialer Analysen. Schriften aus dem Max-Planck- Institut für Gesellschaftsforschung. Frankfurt am Main: Campus Verlag, S. 7–43.

Mayntz, R. (2009): The changing governance of large technical infrastructure systems. In: Mayntz, R. (Hrsg.) Über Governance. Institutionen und Prozesse politischer Regelung, Schriften aus dem Max-Planck-Institut für Gesellschaftsforschung (62), Frankfurt am Main, New York: Campus, S. 121–150.

McPhearson, T.; Raymond, C. M.; Gulsrud, N. et al. (2021): Radical changes are needed for transformations to a good Anthropocene. npj Urban Sustainability, Volume 1, Issue 5, [https://doi.org/10.1038/s42949-021-00017-x].

Nunn, P. D.; Smith, T. F.; Elrick-Barr, C. (2021): Path Dependency and Future Adaptation of Coastal Cities: Examples from the Asia-Pacific. Frontiers in Environmental Sciences, Volume 9, 642385, [https://doi.org/10.3389/fenvs.2021.642385].

Schreckenberg, W. (1999): Siedlungsstrukturen der kurzen Wege. Ansätze für eine nachhaltige Stadt-, Regional- und Verkehrsentwicklung. In: BBR (Hrsg.) Werkstatt: Praxis, 1, Bonn.

Schubert, D. (2018): Europäische Stadt. In: ARL (Hrsg.) Handwörterbuch der Stadt- und Raumentwicklung, Hannover: Verlag der ARL, S. 601–610.

Star, S. L. (1999): The Ethnography of Infrastructure. American Behavioral Scientist, Volume 43, Issue 3, S. 377–391, [https://doi.org/10.1177/00027649921955326].

Statista (2023): Anzahl der Personenkraftwagen in Hamburg von 2013 bis 2023. [https://de.statista.com/statistik/daten/studie/255132/umfrage/bestand-an-pkw-in-hamburg/].

Nachhaltigkeitstransformation der urbanen Infrastruktur in Deutschland

Das Infrastructure-Transition-Canvas als Hilfsmittel für die Klimafolgenanpassung durch blau-grüne Infrastrukturen in der Stadtentwässerung

Claudia Hohmann, Susanne Bieker

Abstract

Die Umsetzung blau-grüner Infrastrukturen (BGI) als Ergänzung konventioneller Stadtentwässserungsmaßnahmen gilt als vielversprechend für die urbane Anpassung an Klimafolgen. BGI umfassen unterschiedliche Maßnahmen, beispielsweise Gründächer, Mulden oder Rigolen. Je nach Maßnahme ist die Umsetzung unterschiedlich komplex. Durch die Integration von BGI verändern sich oftmals die Rollen von Akteur:innen aufgrund von neuen Schlüsselaufgaben, Ressourcen, Möglichkeiten der Wertgenerierung und Kostenentstehung, und es können neue Anforderungen an die Art der Zusammenarbeit zwischen den Akteur:innen entstehen. Diese Veränderungen müssen bei der Planung und Implementierung sowie im Betrieb von BGI frühzeitig berücksichtigt werden, um Umsetzungshemmnissen aufgrund dieser Veränderungen vorzugreifen. Dafür bietet das Infrastructure-Transition-Canvas wertvolle Unterstützung.

1 Einleitung

Starkregenereignisse, städtische Hitzeinseleffekte und andere Folgen des Klimawandels nehmen in ihrer Häufigkeit und Intensität zu (z. B. Revi et al. 2014; BBSR 2016; Thieken et al. 2022). Von diesen Folgen sind insbesondere Räume mit hoher Flächenversiegelung und Siedlungsdichte (»urbane Räume«) betroffen. Durch diese Herausforderungen und die daraus resultierenden Anforderungen entsteht ein zunehmender Transformationsdruck für die betroffenen

Akteur:innen, und die Auseinandersetzung mit Erfordernissen und Möglichkeiten der Anpassung an den Klimawandel gewinnt an Bedeutung. Bei der Klimafolgenanpassung von urbanen Räumen spielt die Gestaltung der urbanen, leitungsgebundenen Infrastrukturen eine wichtige Rolle (Hiessl et al. 2012; BBSR 2016; Trapp, Kerber, Schramm 2017).

Konventionelle urbane Infrastrukturen sind in vielen OECD-Ländern durch ein behördlich gesteuertes Management gekennzeichnet, das in »funktionalen Silos« (Graaf, van der Brugge 2010) ausgeführt wird. Das bedeutet, dass die Zuständigkeiten für die verschiedenen Infrastruktursektoren, zum Beispiel Stadtentwässerung, Grünflächenbewirtschaftung oder Verkehr, einzelnen kommunalen Fachabteilungen zugewiesen sind. Die Rollen der Akteur:innen sowie die Schnittstellen zwischen den Fachabteilungen sind im bestehenden System klar definiert. Als eine Folge dieser Silostrukturen werden die verschiedenen Teile und Aufgabenbereiche urbaner Infrastruktur weitestgehend unabhängig voneinander in getrennten Abteilungen und Verantwortungsbereichen bearbeitet und optimiert (Wong 2006; Trapp, Winker 2020). Dadurch wird einerseits Fachwissen in den einzelnen Fachabteilungen gebündelt, allerdings verhindern diese Strukturen teilweise den Austausch und die Vernetzung zwischen den Fachabteilungen. Bei der Gestaltung und Planung urbaner Infrastrukturen im Kontext des Klimawandels handelt es sich jedoch häufig um Herausforderungen, die diverse Verantwortungsbereiche und Akteur:innen betreffen. Langfristig erfolgreiche Lösungen erfordern es, die gesamte Struktur urbaner Infrastrukturen in den Blick zu nehmen und die Zusammenarbeit und das Engagement aller relevanten Akteur:innen und Anspruchsgruppen mit ihren teilweise widersprüchlichen Werten und Zielen zu ermöglichen (Waddock et al. 2015; Waddell 2016; Frantzeskaki 2019).

Ausgangslage und empirisches Untersuchungsgebiet dieses Beitrages ist die Siedlungswasserwirtschaft, insbesondere die Stadtentwässerung in Deutschland. Sie steht beispielhaft für ein pfadabhängiges und rigides Infrastruktursystem, welches mit großen Herausforderungen durch Klima- und Umweltveränderungen konfrontiert ist. Für die Stadtentwässerung in urbanen Räumen bestimmen Gebietseigenschaften wie Versiegelungsgrad und Flächennutzung, aber auch Entwässerungsmöglichkeiten sowie Art und Zustand der Infrastrukturen, inwieweit Klimafolgen beispielsweise in Form von Starkregenereignissen zu Überlastungen führen können (Umweltbundesamt 2021).

In Deutschland wird die Stadtentwässerung in den meisten Fällen über eine leitungsgebundene gemischte oder getrennte Kanalisation organisiert. Dabei werden Schmutz- und Regenwasser in einem Misch- oder Trennkanal zu einer zentralen Kläranlage transportiert. Die Einführung dieses leitungsgebundenen Systems ist historisch begründet. Zu Beginn des 20. Jahrhunderts war aus hygienischen Gründen eine schnelle Ableitung des Abwassers, inklusive des Regenwassers, aus der Stadt erforderlich (Geels 2006). Aus heutiger Sicht, unter anderem als Folge des Klimawandels, werden weitergehende Anforderungen an die Siedlungswasserwirtschaft gestellt, zum Beispiel die Schonung von Wasserressourcen, Energieeffizienz oder die Anpassung der leitungsgebundenen Wasserinfrastruktur an sich verändernde Rahmenbedingungen. Die zunehmenden Herausforderungen erfordern radikale und systemische Innovationen in der bestehenden Infrastruktur. In diesem Zusammenhang werden blau-grüne Infrastrukturen (BGI) als potenziell nachhaltige und multifunktionale Lösungen diskutiert (Eggermont et al. 2015; Europäische Kommission 2014).

Durch BGI ist die Entkopplung des Regenwassers vom zentralen Abwassersystem im Rahmen einer dezentralen Regenwasserbewirtschaftung möglich. Formen von BGI als Maßnahmen der Regenwasserbewirtschaftung sind vielfältig, zum Beispiel in Form von Speicherung und Versickerung in Mulden und Rigolen, in multifunktionalen Wasserrückhalteflächen oder auf Gründächern. Diese ermöglichen eine Annäherung an den natürlichen Wasserkreislauf, indem Niederschlagswasser vor Ort zwischengespeichert wird und zeitverzögert genutzt werden, verdunsten oder versickern kann. Durch BGI als Ergänzung oder Alternative zur bisherigen Form der linearen und leitungsgebundenen Stadtentwässerungen können Belastungsspitzen bei Starkregenereignissen abgefangen und die Menge an Regenwasser, die bei Starkregen abfließt und nicht von der Kanalisation aufgenommen werden muss, reduziert werden. Dies reduziert auch die Volumina, die in Kläranlagen kosten- und energieintensiv behandelt werden müssen.

BGI haben weitere Vorteile im Vergleich zu der vorherrschenden grauen Infrastruktur, zum Beispiel erbringen sie eine Vielzahl zusätzlicher Ökosystemleistungen. Diese umfassen etwa die Verbesserung des Mikroklimas, die mögliche Steigerung der Biodiversität (BMUB 2017) oder die Steigerung der Aufenthaltsqualität in Städten. Konkrete Beispiele für BGI in urbanen Räumen sind Gründächer (Schmauck 2019), die in Form extensiver oder intensiver Bepflanzung konzipiert werden können, dadurch Regenwasser zurückhalten, Filterwirkungen für Luftschadstoffe bieten und einen Beitrag zum Biodiversitätserhalt leisten können. Ein anderes Beispiel sind Baumrigolen (Embrén 2017), die Stadtgrün in Form von Bäumen bereitstellen und gleichzeitig über Rigolenkörper Versickerungs- und Speicherflächen für Wasser vorhalten. Blau-grüne Infrastrukturen können in das bestehende »graue« Infrastruktursystem integriert werden und auf diese Weise zu Entlastungen führen und ergänzende Mehrwerte bieten (Dickhaut et al. 2020).

Trotz der weithin anerkannten Vorteile von BGI ist deren Übernahme aufgrund von Umsetzungsbarrieren auf lokaler Ebene nur langsam zu beobachten (Jerome, Mell, Shaw 2017). Die Komplexität der Umsetzung unterscheidet sich je nach Maßnahme. In diesem Beitrag fokussieren wir insbesondere auf die organisatorischen Rahmenbedingungen für eine gelingende Klimaanpassung der linearen urbanen Infrastrukturen in der Siedlungswasserwirtschaft. Dabei spielen unterschiedliche Akteur:innen eine wichtige Rolle, zum Beispiel kommunale Verwaltungen und Versorgungsunternehmen oder private Wohnungswirtschaftsunternehmen. Die Akteur:innen müssen im Rahmen der zukünftigen Infrastrukturgestaltung die oben genannten Herausforderungen antizipieren und sie in Planung, Implementierung und Betrieb umsetzen. Dabei muss idealerweise das gesamte Spektrum der für Klimafolgenanpassungsprojekte durch BGI relevanten Akteur:innen mit ihren Interessen und Wertüberlegungen frühzeitig in die Prozesse der Entscheidungsfindung einbezogen werden, um so möglichen hemmenden Einflüssen vorzubeugen und Verzögerungen oder das Scheitern von Klimafolgenanpassungsprojekten durch blau-grüne Infrastruktur abzuwenden. Die relevanten Akteur:innen variieren abhängig von BGI-Maßnahmen und lokalen organisatorischen Rahmenbedingungen.

2 Infrastructure-Transition-Canvas

Dieser Beitrag führt das von Hohmann und Truffer (2022) entwickelte »Infrastructure-Transition-Canvas« (ITC) ein. Das ITC wurde entwickelt, um eine Heuristik bereitzustellen, die es ermöglicht, nachhaltige Transformationspfade urbaner Infrastrukturen durch einen erweiterten Blick auf Planung, Implementierung und Betrieb zu unterstützen. Das ITC (vgl. Abbildung 1) soll direkt und indirekt beteiligten Akteur:innen die Orientierung im Vorhaben erleichtern, gemeinsames Handeln ermöglichen und als vorbereitende Grundlage für die Formalisierung neuer Beziehungen sowie dem Interessensausgleich dienen. Das ITC basiert konzeptionell auf dem »Business Model Canvas« (Osterwalder, Pigneur 2010) und wurde um Elemente aus der Nachhaltigkeitsforschung und infrastrukturbezogene Herausforderungen ergänzt (Bocken et al. 2013; Breuer, Lüdeke-Freund 2017; Foxon et al. 2015). Das ITC ermöglicht es, die Kernanforderungen für Kooperationen zu identifizieren, das heißt die wichtigsten Akteur:innen und Stakeholder, ihre Wertevorstellungen, Kosten und

Abbildung 1: **Das »Infrastructure-Transition-Canvas« für die strategische Planung der städtischen Infrastruktur. Ebene 1 (orange): akteurs- und wertorientierte Komponenten; Ebene 2 (grün): Koordinierungsstruktur.** *Quelle: angepasst und übersetzt aus Hohmann und Truffer (2022).*

Risiken sowie relevante Schlüsselaktivitäten und Ressourcen. Im Unterschied zur klassischen Geschäftsmodelllogik fokussiert der Ansatz des ITC nicht ausschließlich auf Wertschöpfungsketten und Gewinngenerierungsmechanismen, sondern identifiziert die akteurs- und wertebasierten Komponenten des breiteren soziotechnischen Systems (Hohmann, Truffer 2022). Dies ermöglicht den Anwender:innen des Tools bereits in frühen Planungsphasen einen Gesamtüberblick über Klimafolgenanpassungsprojekte durch BGI, um die Wirkungen und Abhängigkeiten auf und zwischen verschiedenen direkt und indirekt beteiligten Akteur:innen zu identifizieren und, darauf aufbauend, eine Koordinations- und Kooperationsstruktur für Planung, Implementierung und Betrieb zu erstellen.

2.1 Methodik

Das ITC unterstützt die Planung komplexer Infrastrukturprojekte, die vom bisherigen Status quo abweichen und damit neue Akteur:innenrollen implizieren. Das ITC ist in zwei Ebenen untergliedert (vgl. Abbildung 1). Die orangefarbene Ebene umfasst alle Elemente, die sich auf einzelne Schlüsselakteur:innen und Anspruchsgruppen beziehen (oberer Teil), sowie mit diesen verbundene Wertströme, Kosten und Risiken (unterer Teil). Die grüne Ebene stellt die Koordinationsstruktur auf Systemebene dar, wie zum Beispiel Intermediäre und Anreiz- und Ausgleichsmechanismen.

Innerhalb der orangefarbenen Ebene umfasst die »Wertschöpfungspartnerschaft« alle Schlüsselakteur:innen, Schlüsselaktivitäten und Schlüsselressourcen, die direkt in das Projekt und die damit verbundenen Wertschöpfungsprozesse involviert sind und die eine aktive Rolle bei der Planung, der Umsetzung und/oder dem Betrieb im Rahmen von Klimafolgenanpassungsprojekten durch BGI einnehmen. Schlüsselaktivitäten und Schlüsselressourcen umfassen die wichtigsten Handlungen und Vermögenswerte, die für eine erfolgreiche Planung, Implementierung und den Betrieb erforderlich sind. Zu den Schlüsselressourcen gehören materielle und immaterielle physische, intellektuelle, menschliche oder finanzielle Ressourcen.

»Ansprüche und Betroffenheiten« umfassen die Anspruchsgruppen, die eine indirekte Rolle in Klimafolgenanpassungsprojekten durch BGI einnehmen. Anspruchsgruppen umfassen all diejenigen, die Projekte beeinflussen können oder von solchen betroffen sind. Sie sind jedoch nicht selbst aktiv am Wertschöpfungsprozess beteiligt. Das ITC betrachtet alle Arten von relevanten Anspruchsgruppen und nicht nur Kund:innen und Nutzer:innen wie im Business-Model-Canvas-Konzept. Relevante Anspruchsgruppen können beispielsweise Genehmigungsbehörden, Politiker:innen und Bürger:innen sein. Außerdem können über das ITC die Beziehungen und Kommunikationskanäle zu diesen Anspruchsgruppen festgehalten werden. Die Beziehungen beschreiben die gezielten Kommunikations- und Interaktionsformen, die die Schlüsselakteur:innen mit den Anspruchsgruppen aufbauen. Die Kommunikationskanäle geben an, wie die Schlüsselakteur:innen die Anspruchsgruppen erreichen und mit ihnen interagieren.

Im ITC wird zwischen dem Wertstrom für die Schlüsselakteur:innen (einschließlich des Umsatzstroms) und dem Nutzenversprechen für die Anspruchsgruppen unterschieden. Wertströme und Nutzenversprechen enthalten neben ökonomischen auch ökologische und soziale (oder andere) Werte und Nutzen. Sie können auch mögliche positive externe Effekte beinhalten. Darüber hinaus erfasst das ITC die wichtigsten Kosten, Risiken und negativen externen Effekte, mit denen die Schlüsselakteur:innen und Stakeholder umgehen müssen (»Kosten und Risiken«).

Die grüne Ebene umfasst die Koordinationsstruktur, das heißt Intermediäre sowie Anreiz- und Ausgleichsmechanismen. Intermediäre können in diesem Zusammenhang verschiedene Formen annehmen, zum Beispiel Individuen, Organisationen oder Netzwerke von Organisationen, Institutionen, Prozesse oder sogar Technologien (Guy 2012; Kivimaa et al. 2019). Kivimaa et al. (2019) definieren Intermediäre unter anderem als Akteur:innen und andere Plattformen, die Transformationsprozesse positiv beeinflussen, indem sie Akteur:innen und Aktivitäten und die damit verbundenen Fähigkeiten und Ressourcen miteinander verbinden. Darüber hinaus stuft das ITC Anreiz- und Ausgleichsmechanismen als essenziell ein, um die unterschiedlichen Interessen und Bedürfnisse im Kontext von neuen, alternativen Infrastrukturen auszugleichen. Anreiz- und Ausgleichsmechanismen umfassen Maßnahmen, die darauf abzielen, eine ungleiche Verteilung von Werten, Kosten und Risiken zwischen den verschiedenen Schlüsselakteur:innen und Anspruchsgruppen auszugleichen.

Beispiele hierfür können finanzielle Entschädigungen an Schlüsselakteur:innen oder Anspruchsgruppen sein, die besonders hohe Kosten tragen, ohne einen angemessenen Nutzen oder Anreize für eine Beteiligung an Klimafolgenanpassungsprojekten durch BGI zu haben, oder steuerliche Anreize. Die konkrete Ausgestaltung von Anreiz- und Ausgleichsmechanismen ist allerdings ein komplexer Prozess. Das ITC kann hierfür Informationen aufbereiten, jedoch keine konkreten Maßnahmen ausarbeiten und vorbereiten (Hohmann, Truffer 2022).

2.2 Projekte der Klimafolgenanpassung in der Stadtentwässerung als Anwendungsgebiet für das ITC

Das ITC wurde als Prototyp über eine Literaturrecherche und neun semistrukturierte Expert:inneninterviews in Deutschland mit Expert:innen aus Industrie, Wissenschaft und Politik entwickelt. Anschließend kam der Prototyp post hoc in Analysen für Klimafolgenanpassungsprojekte durch BGI in der Stadtentwässerung in Bremen, Bochum und Ostfildern zum Einsatz. Dabei wurde das ITC als analytischer Rahmen für die Strukturierung von Interviewleitfäden und als Grundlage für einen Expert:innenworkshop verwendet. Ziel dabei war jeweils, durch das ITC zu erfassen, welche akteurs- und wertbezogenen Rahmenbedingungen sich durch den Einsatz von BGI (im Vergleich zum Status quo) geändert haben bzw. ändern mussten, um die Projekte zum Erfolg zu bringen.

Für diese Analysen wurden insgesamt 15 Expert:inneninterviews mit in den Projekten identifizierten Schlüsselakteur:innen geführt. In Bochum kam das Tool zudem in einem Expert:innenworkshop zum Einsatz, in welchem die einzelnen ITC-Bestandteile des Projektes gemeinsam mit Schlüsselakteur:innen diskutiert wurden. Die Projekte unterschieden sich insbesondere im Hinblick auf Projektziel und -umfang, die Zusammensetzung von Schlüsselakteur:innen und Anspruchsgruppen und das Ausmaß an Wertekonflikten zwischen den Schlüsselakteur:innen und Anspruchsgruppen sowie in der zeitlichen Dauer.

In Bremen wurde ein Teilbereich des Strategieprozesses für die Klimafolgenanpassung für den Bereich der wassersensiblen Stadtentwicklung durch BGI betrachtet. Wir konnten feststellen, dass zum Zeitpunkt der Analyse in 2020 eine Diskrepanz zwischen Strategieentwicklung auf Stadtverwaltungsebene und Projektumsetzung in konkreten Quartieren bestand. Hier könnten beispielsweise von der Stadtverwaltung eingesetzte, sogenannte Prozessintermediäre (siehe Kivimaa 2019) weiterhelfen, das notwendige Fachwissen für die Umsetzung von BGI auf konkreter Projektebene in Quartieren zu vermitteln und dadurch die Umsetzung von BGI zu fördern (Hohmann, Truffer 2022).

In Ostfildern lag der Betrachtungsschwerpunkt auf einem Umsetzungsprojekt für BGI im Stadtteil Scharnhauser Park, bei dem im Rahmen einer großflächigen Oberflächenentwässerung im gesamten Stadtteil durch Mulden, Rigolen und Gründächer das Regenwasser von der Kanalisation abgekoppelt wurde. Es handelte sich dabei um ein Neubauprojekt, dessen Quartiersflächen sich zu Beginn der Planungen im Eigentum der Stadt Ostfildern befanden. Sowohl die Neubausituation als auch die einheitliche Vorgabe für die Gesamtflächenentwicklung unterstützte die Umsetzung der BGI. Die Stadt konnte für das gesamte Quartier Vorgaben für zusammenhängende BGI machen, die nicht in bereits bestehende Strukturen integriert werden mussten. Die Vorgaben für die Oberflächenentwässerung wurden einheitlich an die Wohnungswirtschaftsunternehmen weitergegeben, die die Grundstücke erwarben. Weitere Erfolgsfaktoren in Ostfildern waren die enge Zusammenarbeit der verschiedenen Abteilungen innerhalb der Stadtverwaltung und die Nähe der relevanten Schlüsselakteur:innen zueinander.

In Bochum standen die Planung, Implementierung und der Betrieb von BGI in Form von vernetzten Baumrigolen nach dem Stockholmer Modell (Embrén 2017) in einzelnen öffentlichen Straßenabschnitten im Fokus der Analyse, hier insbesondere eines der ersten Projekte in der Wasserstraße. In Bochum ist bei konventionellen Infrastrukturprojekten das Tiefbauamt/Abteilung »Entwässerung« als Abteilung der Stadtverwaltung für die Abwasserableitung (einschließlich des Regenwassers) über den Mischwasserkanal zuständig. Die Schnittstellen zu anderen Akteur:innen sowie die Finanzierung der Stadtentwässerung über die Abwassergebühr sind in konventionellen Projekten klar geregelt. Für die Umsetzung der BGI wurde deutlich, dass die Planungsleistungen und Implementierungskosten zwar vom Tiefbauamt/Abteilung »Entwässerung« übernommen werden konnten, die Betriebskosten und der Betrieb an sich jedoch nicht alleine vom Tiefbauamt/Abteilung »Entwässerung« erbracht werden konnten (Hohmann, Bieker 2023). Für die Bäume in den Baumrigolen musste das Umwelt- und Grünflächenamt als notwendiger Partner in das Verfahren eingebunden werden. Die Kooperation zwischen Tiefbauamt/Abteilung »Entwässerung« und Umwelt- und Grünflächenamt in der Stadtentwässerung musste dafür neu aufgesetzt werden. Eine wichtige Voraussetzung für die Zusammenarbeit, die Finanzierung und den Betrieb der Baumrigolen ist die eindeutige Definition entweder als »wasserwirtschaftliche Anlage«, als »Teil des Baumstandortes« oder als »Straßenbegleitgrün«. Hierfür gibt es in Deutschland bisher keine einheitliche Regelung. Die Entscheidung muss von Fall zu Fall getroffen werden, hat aber weitreichende Auswirkungen auf die Finanzierung und den Betrieb von Baumrigolen. In der Stadt Bochum wurde folgende Lösung gefunden: Die Rigole (exklusive Baum) ist als »wasserwirtschaftliche Anlage« definiert und fällt somit in den Bereich des Tiefbauamts/Abteilung »Entwässerung«. Der Baum selbst fällt in den Verantwortungsbereich des Umwelt- und Grünflächenamtes.

Zusammenfassend lässt sich festhalten, dass mit zunehmender Anzahl von Wirkungsebenen, Schlüsselakteur:innen und Anspruchsgruppen innerhalb eines Projektes die Komplexität exponentiell zunimmt – und mit ihr der Bedarf der Ermittlung von Rollen, Werten, Kosten und Risiken für Schlüsselakteur:innen, Anspruchsgruppen und Intermediäre. Das ITC kann hier als Grundlage für die Identifizierung potenzieller Rollen von Akteur:innen, Quellen von Wertkonflikten und optionaler Lösungen dieser Konflikte dienen. Post hoc untersuchte Vorhaben zeigen, dass dies im untersuchten Komplexitätsgrad von Projekten möglich und hilfreich ist. Je spezifischer und klarer das Projektziel und der Projektumfang definiert sind, zum Beispiel konkrete Teilbereiche der Strategieentwicklung (Bremen) oder spezifische Projekte zur Bereitstellung von BGI (Ostfildern und Bochum), desto anschaulicher und hilfreicher sind die Ergebnisse der ITC-Anwendung für die Beteiligten und Betroffenen.

Die Anwendung des ITC ist in verschiedenen Prozessschritten möglich, also im Rahmen der Planung, Implementierung und im Betrieb von BGI, um Veränderungen in Akteur:innenkonstellationen oder Wertüberlegungen zu beleuchten. Besonders wichtig sind diese Überlegungen zu Projektbeginn und in frühen Planungsphasen, um die relevanten Schlüsselakteur:innen und Anspruchsgruppen möglichst früh zu identifizieren und bedarfsgerecht in das Projekt einzubinden (Hohmann, Truffer 2022).

3 Fazit

Wie dargestellt, ist zur Bewältigung der Klimafolgen in Deutschland eine Transformation der leitungsgebundenen Wasserinfrastruktur notwendig. In diesem Zusammenhang können BGI einen wichtigen Beitrag leisten, um beispielsweise bei Starkregenereignissen Abflussspitzen zu reduzieren oder Regenwasser für die Bewässerung von urbanen Grünflächen rückzuhalten und zwischenzuspeichern. Das Potenzial von BGI wird zunehmend erkannt, in der Praxis besteht allerdings noch ein erhebliches Umsetzungsdefizit – und eine breite Anwendung ist bislang nicht in Sicht.

Gründe dafür sind unter anderem die beschriebenen organisatorischen Rahmenbedingungen und die konventionelle strategische Planung urbaner Infrastrukturen. Bestehende (silozentrierte) Planungsprozesse erschweren die für BGI notwendigen integrierten Planungsaktivitäten zwischen den verschiedenen betroffenen Abteilungen und Behörden. Grund dafür ist, dass die Zuständigkeiten für die verschiedenen Infrastruktursektoren, zum Beispiel Stadtentwässerung, Grünflächenbewirtschaftung oder Verkehr, in verschiedenen kommunalen Fachabteilungen gebündelt sind und es bisher zu wenig Möglichkeiten der Vernetzung gibt. Außerdem spielen für eine flächendeckende Umsetzung von BGI neben Kommunen und kommunalen Unternehmen die Perspektiven und Möglichkeiten privater und privatwirtschaftlicher Akteur:innen eine wichtige Rolle – diese werden jedoch noch zu selten berücksichtigt.

Das ITC kann dazu beitragen, die bestehende Umsetzungslücke zu schließen, indem es die Schlüsselakteur:innen und Anspruchsgruppen sowie ihre Rollen in und Anforderungen an Klimafolgenanpassungsprojekte durch BGI identifiziert und bei der Entwicklung geeigneter organisatorischer Rahmenbedingungen unterstützt. Das ITC bietet in diesem Rahmen die Möglichkeit, projektspezifisch

- die Schlüsselakteur:innen und Anspruchsgruppen zu identifizieren,
- die erforderlichen, teilweise grundlegend neuen Rollen und Verantwortlichkeiten der Beteiligten und Betroffenen abzuleiten,
- Zielkonflikte in Form einer ungleich verteilten Kosten-Nutzen-Relation über die Schlüsselakteur:innen und Anspruchsgruppen hinweg festzustellen,
- die Ableitung von übergreifenden Koordinationsstrukturen zu unterstützen.

Das ITC bietet hierfür einen strukturierenden Rahmen und kann in der Planung von Klimafolgenanpassungsprojekten durch BGI, aber auch bei der Implementierung und im Betrieb eingesetzt werden, um die akteurs- und wertebasierten Faktoren frühzeitig zu ermitteln und einzubinden. In der Praxis zeigt sich, dass dieser frühzeitige, umfassende Überblick über sämtliche zu involvierende Schlüsselakteur:innen und Anspruchsgruppen sowie deren Werte, Kosten und (gefühlte) Risiken einen kritischen Erfolgsfaktor darstellt. An diesem Punkt setzt das Infrastructure-Transition-Canvas an und bietet neue Chancen einer erfolgreichen Implementierung blau-grüner Infrastrukturen zur Anpassung an den Klimawandel.

Literatur

Bocken, N.; Short, S.; Rana, P.; Evans, S. (2013): A value mapping tool for sustainable business modelling. Corporate Governance, Volume 13, Issue 5, S. 482–497, [https://doi.org/10.1108/CG-06-2013-0078].

Breuer, H.; Lüdeke-Freund, F. (2017): Values-based network and business model innovation. In: International Journal of Innovation Management, Volume 21, Issue 03, S. 1–35, [https://doi.org/10.1142/S1363919617500281].

Bundesinstitut für Bau-, Stadt- und Raumforschung (BBSR) im Bundesamt für Bauwesen und Raumordnung (BBR) (Hrsg.) (2016): Klimaschutz und Klimaanpassung im Stadtumbau Ost und West. BBSR-Online-Publikation 11/2016, Bonn, November 2016, [https://www.staedtebaufoerderung.info/SharedDocs/downloads/DE/ProgrammeVor2020/Stadtumbau/klimaschutz-klimaanpassung.pdf?__blob=publicationFile&v=2].

Bundesministerium für Umwelt, Naturschutz, Bau und Reaktorsicherheit (BMUB) (2017): Weißbuch Stadtgrün. Grün in der Stadt. Für eine lebenswerte Zukunft. [https://www.bmwsb.bund.de/SharedDocs/downloads/Webs/BMWSB/DE/publikationen/wohnen/weissbuch-stadtgruen.pdf?__blob=publicationFile&v=3].

Dickhaut, W.; Knoop, L.; Richter, M.; Voß, T.; Becker, C. W.; Flamm, L.; Hübner, S.; Sieker, H.; Sommer, H.; Pallasch, M.; Neidhart, N.; Eckart, J.; Stöckner, M.; Fesser, J.; Zwernemann, P.; Büter, B.; Caase, J.; Tils, R. von; Barjenbruch, M.; Geisler, D.; Kluge, B.; Nehls, T.; Paton, E.; Hirschfeld, J.; Jean-Louis, G. (2020): BlueGreenStreets als multicodierte Strategie zur Klimafolgenanpassung. Wissensstand 2020: im Rahmen der BMBF-Fördermaßnahme »Ressourceneffiziente Stadtquartiere für die Zukunft« (RES:Z). Hamburg: HafenCity Universität Hamburg, [https://repos.hcu-hamburg.de/handle/hcu/522].

Eggermont, H.; Balian, E.; Azevedo, J. M. N.; Beumer, V.; Brodin, T.; Claudet, J.; Fady, B.; Grube, M.; Keune, H.; Lamarque, P.; Reuter, K.; Smith, M.; van Ham, C.; Weisser, W. W.; Le Roux, X. (2015): Nature-based Solutions. New Influence for Environmental Management and Research in Europe. GAIA – Ecological Perspectives for Science and Society, Volume 24, Issue 4, S. 243–248, [https://doi.org/10.14512/gaia.24.4.9].

Embrén, B. (2017): Pflanzgruben in der Stadt Stockholm. Ein Handbuch. Stockholm: Stadt Stockholm, [https://www.urbanevegetation.de/downloads/Pflanzgruben_Stockholm_deutsch.pdf].

Europäische Kommission (2014): Eine grüne Infrastruktur für Europa. Luxembourg: Publications Office.

Foxon, T. J.; Bale, C. S. E.; Busch, J.; Bush, R.; Hall, S.; Roelich, K. (2015): Low carbon infrastructure investment. Extending business models for sustainability. Infrastructure Complexity, Volume 2, Issue 1, S. 1–13, [https://doi.org/10.1186/s40551-015-0009-4].

Frantzeskaki, N. (2019): Seven lessons for planning nature-based solutions in cities. Environmental Science & Policy, Volume 93, S. 101–111, [https://doi.org/10.1016/j.envsci.2018.12.033].

Geels, F. W. (2006): The hygienic transition from cesspools to sewer systems (1840–1930). The dynamics of regime transformation. Research Policy, Volume 35, Issue 7, S. 1069–1082, [https://doi.org/10.1016/j.respol.2006.06.001].

Graaf, R. de; van der Brugge, R. (2010): Transforming water infrastructure by linking water management and urban renewal in Rotterdam. Technological Forecasting and Social Change, Volume 77, Issue 8, S. 1282–1291, [https://doi.org/10.1016/j.techfore.2010.03.011].

Guy, S. (2012): Shaping Urban Infrastructures. Intermediaries and the Governance of Socio-Technical Networks. London: Routledge.

Hiessl, H.; Hillenbrand, T.; Klug, S.; Lange, M.; Vöcklinghaus, S.; Flores, C.; Weilandt, M. (2012): Nachhaltige Weiterentwicklung kommunaler Wasserinfrastrukturen. Strategischer Planungsprozess unter Einbindung aller wesentlichen Akteure. Energie-, Wasser-Praxis, Volume 63, Issue 4, S. 13–16.

Hohmann, C.; Bieker, S. (2023): Klimaanpassung mittels blaugrüner Infrastrukturen. Beschleunigung von Nachhaltigkeitstransformationen mit dem Infrastructure-Transition-Canvas (ITC). Transforming Cities, Volume 3, S. 71–75.

Hohmann, C.; Truffer, B. (2022): The infrastructure transition canvas: A tool for strategic urban infrastructure planning. Nature-Based Solutions, Volume 2, S. 100039, [https://doi.org/10.1016/j.nbsj.2022.100039].

Jerome, G.; Mell, I.; Shaw, D. (2017): Re-defining the characteristics of environmental volunteering: Creating a typology of community-scale green infrastructure. Environmental Research, Volume 158, S. 399–408, [https://doi.org/10.1016/j.envres.2017.05.037].

Kivimaa, P.; Boon, W.; Hyysalo, S.; Klerkx, L. (2019): Towards a typology of intermediaries in sustainability transitions. A systematic review and a research agenda. Research Policy, Volume 48, Issue 4, S. 1062–1075, [https://doi.org/10.1016/j.respol.2018.10.006].

Osterwalder, A.; Pigneur, Y. (2010): Business model generation. A handbook for visionaries, game changers, and challengers. New York: John Wiley & Sons.

Revi, A.; Satterthwaite, D. E.; Aragón-Durand, F.; Corfee-Morlot, J.; Kiunsi, R. B. R.; Pelling, M.; Roberts, D. C.; Solecki, W. (2014): Urban areas. In: Climate Change 2014: Impacts, Adaptation, and Vulnerability. Part A: Global and Sectoral Aspects. Contribution of Working Group II to the Fifth Assessment Report of the Intergovernmental Panel on Climate Change (Field, C. B.; Barros, V. R.; Dokken, D. J.; Mach, K. J.; Mastrandrea, M. D.; Bilir, T. E.; Chatterjee, M.; Ebi, K. L.; Estrada, Y. O.; Genova, R. C.; Girma, B.; Kissel, E. S.; Levy, A. N.; MacCracken, S.; Mastrandrea, P. R.; White, L. L. [Hrsg.]). Cambridge University Press, Cambridge, United Kingdom and New York, NY, USA, S. 535–612.

Schmauck, S. (2019): Dach- und Fassadenbegrünung. Neue Lebensräume im Siedlungsbereich. Fakten, Argumente und Empfehlungen. Bonn: Bundesamt für Naturschutz (BfN-Skripten, 538).

Thieken, A.; Otto, A.; Haupt, W.; Eckersley, P.; Kern, K.; Ullrich, S.; Hautz, T.; Rocker, P.; Schulz, R.; Sausen, H.; Dillenardt, L.; Rose, C.; Schmidt, K.; Huber, B.; Sterzel, T.; Marken, M.; Miechielsen, M. (2022): Urbane Resilienz gegenüber extremen Wetterereignissen. Gemeinsamer Verbundabschlussbericht des Forschungsprojektes ExTrass.

Trapp, J. H.; Kerber, H.; Schramm, E. (2017): Implementation and diffusion of innovative water infrastructures. Obstacles, stakeholder networks and strategic opportunities for utilities. Environmental Earth Sciences, Volume 76, Issue 4, S. 3, [https://doi.org/10.1007/s12665-017-6461-8].

Trapp, J. H.; Winker, M. (Hrsg.) (2020): Blau-grün-graue Infrastrukturen vernetzt planen und umsetzen. Ein Beitrag zur Klimaanpassung in Kommunen. Berlin: Deutsches Institut für Urbanistik (Difu).

Umweltbundesamt (2021): Klimawirkungs- und Risikoanalyse 2021 für Deutschland. Teilbericht 3: Risiken und Anpassung im Cluster Wasser. Climate Change 22/2021. Dessau-Roßlau: Umweltbundesamt.

Waddell, S. (2016): Societal Change Systems. The Journal of Applied Behavioral Science, Volume 52, Issue 4, S. 422–449, [https://doi.org/10.1177/0021886316666374].

Waddock, S.; Meszoely, G. M.; Waddell, S.; Dentoni, D. (2015): The complexity of wicked problems in large scale change. Journal of Organizational Change Management, Volume 28, Issue 6, S. 993–1012, [https://doi.org/10.1108/JOCM-08-2014-0146].

Wong, T. H. F. (2006): An Overview of Water Sensitive Urban Design Practices in Australia. In: Water Practice and Technology, Volume 1, Issue 1, [https://doi.org/10.2166/wpt.2006.018].

Der Emscher-Umbau als Impulsgeber für die ökologische und sozioökonomische Transformation des Ruhrgebietes

Stephan Treuke

Abstract

Die durch die Industrialisierung stark überprägte Emscher-Region erlebt seit den 1990er-Jahren einen intensiven Wandel, der durch die Internationale Bauausstellung (IBA) Emscher Park angestoßen wurde. Ein Grundstein der Transformation der Emscher-Region und zugleich Ausgangspunkt weiterer nachhaltiger Transformationsprozesse ist der im Rahmen der IBA beschlossene Umbau der Emscher und ihrer Nebengewässer. Eine moderne wasserwirtschaftliche Infrastruktur ist Grundlage dafür, dass sich die Gewässer des Emscher-Systems, vom Abwasser befreit, wieder zu naturnahen Bächen und Flüssen entwickeln können. Die im Jahr 2022 erreichte Abwasserfreiheit markiert in diesem Zusammenhang nicht den Abschluss, sondern vielmehr den Auftakt für die Entwicklung einer nachhaltigen regionalen Strategie, deren Ziel es ist, die Quartiere links und rechts der Emscher und ihrer Nebengewässer weiter aufzuwerten, die Lebensqualität der Anwohner:innen zu verbessern und Folgeimpulse für eine ganzheitliche ökologische und sozioökonomische Transformation der Region zu geben. Einen ersten gewässerbezogenen Planungsansatz für die Entwicklung von Leitprojekten entlang des Emscher-Hauptlaufes, die den Mehrwert des Abwasserkanals Emscher für die Bewohner:innen der Region erfahrbar machen, lieferte in diesem Zusammenhang der partizipativ konzipierte »Masterplan Emscher-Zukunft«. Die ganzheitliche Betrachtung der Wasserwirtschaft als Katalysator für die blaue und grüne Transformation der Emscher-Region wurde zuletzt um das wichtige Thema des klimafesten Umbaus der Städte erweitert, wobei hier ebenfalls der Hochwasserschutz und regionale Hitzeaktionspläne eine zentrale

Abbildung 1: Die renaturierte Emscher in Dortmund-Aplerbeck.
Quelle: Klaus Baumers/EGLV.

Rolle spielen. In diesem Zusammenhang setzt das mit einem Gesamtbudget von einer Viertelmilliarde Euro geförderte Projekt »Klimaresiliente Region mit internationaler Strahlkraft« (KRIS) eine Vielzahl von Einzel- und Verbundprojekten zur Klimaanpassung in den Kommunen der Emscher-Region um und leistet damit einen Beitrag zur Steigerung der Klimaresilienz und Lebensqualität der Städte.

Der Emscher-Umbau als Rückgrat der blau-grünen Transformation

Der Emscher-Umbau gilt als infrastrukturelles Kernstück der gewässerbezogenen Transformation des Ruhrgebietes: Seit im Jahr 1992 der Umbau des Emscher-Systems beschlossen wurde, haben sich die Gewässer in ihren Strukturen grundlegend verändert: Jedes Gewässer, das ehemals als offener Abwasserkanal durch die Region verlief, hat nun einen Kanal als unterirdisches Pendant erhalten, der das Schmutzwasser aufnimmt. Auf einer Gesamtlänge von 51 Kilometern nimmt er die Abwässer von rund 2,26 Millionen Einwohner:innen sowie umfangreiche Abwassermengen von Industrie und Gewerbe auf und leitet sie der Kläranlage Bottrop und dem Klärwerk Emscher-Mündung zu. Für dieses infrastrukturelle Großprojekt wurden innerhalb von 30 Jahren vier moderne Großkläranlagen errichtet und über 430 Kilometer an neuen unterirdischen Abwasserkanälen verlegt, welche den Transport des Abwassers zu den Kläranlagen ermöglichen. Bisher wurden bereits 430 von 439 Kanalkilometern unterirdisch verlegt (MHKBG 2021). Dies ist Voraussetzung für die sogenannte ökologische Verbesserung der Gewässer, bei welcher die nun abwasserfreien oberirdischen Bäche aus ihrem Betonkorsett befreit und naturnah umgebaut werden können (Sommerhäuser, Stemplewski 2016). Einen Eindruck über die positiven Ergebnisse der Flussrevitalisierung geben die knapp 170 Kilometer bereits ökologisch umgestalteten Gewässerläufe, die sukzessiv zu neuen Lebensadern für Menschen, Tiere und Pflanzen umgewandelt werden. Für den Gesamtkontext des Ruhrgebietes handelt es sich somit um eine umfangreiche Transformation linearer Strukturen, insbesondere was den infrastrukturellen Umbau des Abwassersystems, aber auch die Gewässerrevitalisierung betrifft.

Integrierte Hochwasserschutzkonzepte

Die ökologische Entwicklung der Gewässer geht einher mit einer stetigen Verbesserung des Hochwasserschutzes in der Region, insbesondere vor dem Hintergrund zunehmender Starkregenereignisse. Dabei dient die ökologische Verbesserung der Gewässer gleichermaßen als natürliche Maßnahme zum Schutz der anliegenden Siedlungen und Flächen, da sich das Wasser bei Starkregen insbesondere in den neu entstandenen Auenflächen ausbreiten kann. Die Erfahrungen der vergangenen Jahre haben dabei verdeutlicht, dass Hochwasser nicht vor Verwaltungsgrenzen haltmacht und somit Zuständigkeiten ganzheitlich für die

Abbildung 2: Das Hochwasserrückhaltebecken Emscher-Auen.
Quelle: Michael Kemper/EGLV.

Gewässer betrachtet werden müssen. Zu diesem Zweck müssen somit für alle Flüsse integrale Hochwasserschutzkonzepte »von der Quelle bis zur Mündung« entwickelt werden. Neben der ökologischen Verbesserung und dem Schaffen von Auenflächen spielen hierbei die insgesamt 55 Hochwasserrückhaltebecken von Emschergenossenschaft und Lippeverband eine zentrale Rolle. Mit einem Gesamtrückhaltevolumen von fünf Millionen Kubikmetern konnten sie in den vergangenen Jahren bei Starkregenereignissen die anliegenden Kommunen vor stärkeren Schäden schützen. Ein Beispiel für den integralen Hochwasserschutz ist das Hochwasserrückhaltebecken »Emscher-Auen« in Dortmund-Mengede. Die Bedeutung für den Hochwasserschutz begreift man, wenn man das Becken nach einem Starkregenereignis bis an die Grenze seiner Kapazitäten gefüllt erlebt, wie es im Sommer 2021 der Fall war. Die großen Dimensionen ermöglichen es, im Ernstfall 1,1 Millionen Kubikmeter Wasser zurückzuhalten.

Die originär technische Funktion des Hochwasserrückhaltebeckens wird bei einem ersten Betrachten nicht direkt ersichtlich: Direkt am Emscher-Radweg an der Stadtgrenze von Dortmund-Mengede und Castrop-Rauxel-Ickern gelegen, eröffnet sich den Besucher:innen ein weiter Blick über die circa 33 Hektar große Gewässerfläche und die angrenzende Naturlandschaft. Das Rückhaltebecken schafft somit neue Aufenthalts- und Freizeitfunktionen für die Region, während der zentral auf der Fläche gelegene Hof Emscher-Auen zahlreiche Möglichkeiten bietet, sich mit dem Thema Bildung für nachhaltige Entwicklung zusammen mit ortsansässigen Partnern auseinanderzusetzen.

Aber nicht nur der Mensch profitiert von dieser im Rahmen des Emscher-Umbaus zwischen den Jahren 2011 und 2018 angelegten Gewässerlandschaft. Schon während seiner baulichen Umsetzung hat sich das Rückhaltebecken zu einem Reservat für viele Vogelarten entwickelt. Das Rückhaltebecken zeigt somit exemplarisch, wie wasserwirtschaftliche Infrastruktur zusammengedacht werden kann mit den Themen Biodiversität, Bildung, Erholung und Freizeit/Tourismus.

Die Impulse des Emscher-Umbaus für die nachhaltige Stadtentwicklung

Einen ersten gewässerbezogenen Planungsansatz für die Entwicklung von baulichen Leitprojekten entlang des Emscher-Hauptlaufes lieferte der partizipativ konzipierte »Masterplan Emscher-Zukunft«. Er bietet einen Orientierungsrahmen für das Zusammenwirken von Wasserwirtschaft und Stadt- und Freiraumentwicklung und beinhaltet Projektentwürfe, die von Städten, Grundeigentümern und Unternehmen an der Emscher in das Gesamtkonzept eingesteuert wurden (Masterplan Emscher-Zukunft 2023). Gleichzeitig liefert er Leitbilder für die räumliche und städtebauliche Entwicklung der Emscher-Region und leistet somit einen vorbereitenden Beitrag zur Weiterentwicklung der Landschaft für die regionale Standortpolitik.

Die Funktion des Emscher-Umbaus als Impulsgeber für eine nachhaltige und wassersensible Stadtentwicklung lässt sich am Beispiel des Phoenixsees in Dortmund gut verdeutlichen. Nach über 160 Jahren der industriellen Stahlproduktion wurde das Gelände um den Phoenixsee im Jahr 2001 zur Industriebrache (MHKBD 2021). Damals floss die Emscher kanalisiert unter dem Werksgelände. Seit 2009 fließt die neue Emscher am nördlichen Ufer des Sees. Der ebenfalls abwasserfreie und ökologisch entwickelte Hörder Bach fließt das südliche Ufer entlang. Im Frühjahr 2011 wurden der Projektraum und der See selbst als Naherholungsanlage für die Menschen eröffnet. Mehr als drei Kilometer neue Wege rund um den See laden zur Beobachtung der Natur und zur sportlichen Betätigung ein. Auch der See selbst bietet Wassersportler:innen Möglichkeiten zum Segeln, Rudern und Paddeln. Während im Hafenbereich moderne Dienstleistungen und Gastronomie neue Arbeitsplätze in Dortmund-Hörde geschaffen haben, bieten rund 2.000 Wohneinheiten Wohnraum in ruhiger Lage. Darüber hinaus fungiert der Phoenixsee als Hochwasserrückhaltebecken und schützt somit vor Starkregenereignissen.

Während im Fall des Phoenixsees die Themen Hochwasserschutz, Wohnen und Freizeit/Tourismus im Vordergrund stehen, zielt das Projekt »Emscherland« auf die Schaffung neuer Aufenthalts- und Freizeitflächen entlang der naturnah gestalteten Emscher ab. In diesem Zusammenhang stellt »Emscherland« derzeit

Abbildung 3: Der Phoenixsee in Dortmund. *Quelle: Andreas Fritsche/EGLV.*

einen der investiven Schwerpunkte der Gewässerrevitalisierung dar und dient zugleich als Blaupause für weitere Abschnitte entlang der Emscher und ihrer Nebengewässer, die in den kommenden Jahren naturnah umgestaltet werden. Das Gesamtprojekt besteht aus den drei Bausteinen »Natur- und Wasser-Erlebnis-Park«, »Emscher-Promenade« und »Sprung über die Emscher«.

Der im Mai 2023 eröffnete und rund 30 Hektar große »Natur- und Wasser-Erlebnis-Park« beherbergt den Gewässer-Lernort und die Emscher-Terrassen. Am Gewässer-Lernort können Kinder und Jugendliche sich spielerisch mit dem Thema Wasser am revitalisierten Suderwicher Bach auseinandersetzen, während die aus dem Aushub der Emscher-Auenerweiterung entstandenen Emscher-Terrassen als Aussichtspunkt über die Emscher und den Rhein-Herne-Kanal dienen. Ursprünglich war »Emscherland« konzipiert für die Bewerbung auf die Landesgartenschau 2020, jedoch fiel die Entscheidung über die Austragung der Landesgartenschau auf die Stadt Kamp-Lintfort. Im Anschluss an das Bewerbungsverfahren für die Landesgartenschau erfolgte eine Anpassung der Projektskizze mit dem Ziel der Beantragung von Fördermitteln aus dem Europäischen Fonds für Regionale Entwicklung (EFRE) im Fall des »Natur- und Wasser-Erlebnis-Parks« und der »Emscher-Promenade« bzw. von Fördermitteln aus dem Programm »Nationale Projekte des Städtebaus« im Fall des Projekts

Abbildung 4: Natur- und Wasser-Erlebnis-Park. *Quelle: Andreas Fritsche/EGLV.*

»Sprung über die Emscher«. Die Beantragung verlief erfolgreich, sodass eine Gesamtfördersumme von knapp 7,4 Millionen Euro für den »Natur- und Wasser-Erlebnis-Park« (inklusive der Projektteilbausteine Emscher-Terrassen und Gewässer-Lernort) und von knapp 6,5 Millionen Euro für die »Emscher-Promenade« bewilligt wurde. Die Förderung des Projektes »Sprung über die Emscher« beläuft sich auf acht Millionen Euro.

Bei Emscherland handelt es sich um ein sogenanntes integriertes interkommunales Handlungskonzept, bei welchem die Emschergenossenschaft federführend ist und die baulichen Maßnahmen für die Kommunen umsetzt. Kooperationspartner sind hier die vier beteiligten Kommunen Castrop-Rauxel, Recklinghausen, Herne und Herten sowie der Regionalverband Ruhr (Emscherland 2020 2016). Neben den Fördermaßnahmen stehen der Emscher-Umbau und die ökologische Verbesserung im Vordergrund: Durch die Flussrevitalisierung der Emscher und ihres Nebenflusses, des Suderwicher Bachs, werden im Rahmen des Projektes Emscherland links und rechts beider Gewässer neue Aufenthalts- und Freizeitqualitäten geschaffen. Darüber hinaus leistet das Projekt einen substanziellen Beitrag zur Steigerung der Artenvielfalt, insbesondere durch die Auenerweiterung und Gewässerrevitalisierung aber auch zum natürlichen Hochwasserschutz. Neben dem Fokus auf dem Gewässerumbau liegt der Schwerpunkt von Emscherland auf den vier Themen

(1) »Bildung für nachhaltige Entwicklung« (BNE) im Natur- und Wasser-Erlebnis-Park und entlang der Emscher-Promenade,

(2) soziale Teilhabe über die Bewirtschaftung von Teilflächen durch externe Akteure im Natur- und Wasser-Erlebnis-Park, zum Beispiel durch ortsansässige Kleingärtnervereine, Biobauern,

(3) Arbeitsmarktintegration durch Beschäftigungs- und Qualifizierungsmaßnahmen bei der baulichen Umsetzung und beim späteren Betrieb des Natur- und Wasser-Erlebnis-Parks und

(4) nachhaltige Flächenbewirtschaftung auf Teilflächen des Natur- und Wasser-Erlebnis-Parks.

Direkt an den Natur- und Wasser-Erlebnis-Park angeschlossen entstehen bis Sommer 2024 auf 18 Kilometern blau-grüne Erlebnis- und Erholungsräume für die Emscher-Promenade. Sie verbindet Menschen und Städte und bietet Raum zur Erholung, Naturerkundung und Begegnung. Zwischen dem Schellenbruchgraben in Herten und der Ickerner Straße in Castrop-Rauxel entsteht dieser besondere Fuß- und Radweg. Seit Juni 2022 werden dort Landschafts- und Ingenieurbauarbeiten an rund 25 Einzelorten durchgeführt. Diese bestehen einerseits aus dem Anlegen eines neuen Blühstreifens entlang des Weges, aus Bankplätzen und Aufenthaltsterrassen mit Ausblick auf die Emscher und andererseits aus dem Errichten von Rad- und Fußwegebrücken sowie von Wegeunterführungen.

Im Anschluss an den Natur- und Wasser-Erlebnis-Park entsteht in Castrop-Rauxel ein eindrucksvolles Brückenbauwerk: Am Wasserkreuz können Radfahrende und Spazierende die Emscher und den Rhein-Herne-Kanal zukünftig über den »Sprung über die Emscher« überqueren. Als neue Landmarke der Region stellt die Brücke eine neue Verbindung der Castrop-Rauxeler Stadtteile Henrichenburg und Habinghorst mit der Stadt Recklinghausen her. Nach ihrer Fertigstellung voraussichtlich im Frühjahr 2024 wird die Brücke 412 Meter lang sein und in doppelter S-Form über die Gewässer führen. Angeschlossen an die Brücke sind die beiden begleitenden Freianlagen, der »Platz der Schichten« und der »Brückenvorplatz West«.

Mit seinem integralen Ansatz, bei welchem die Gewässerrevitalisierung zusammengedacht wird mit den Themen Biodiversität, Hochwasserschutz, Bildung für nachhaltige Entwicklung und Tourismus, gibt das Projekt Emscherland eine Vielzahl von Impulsen für die ökologische Verbesserung der Emscher und ihrer Nebengewässer an anderen Stellen der Emscher. Gleichzeitig wird Emscherland einer der Zukunftsgärten der Internationalen Gartenausstellung 2027 werden, wodurch der Standort auch überregionale Aufmerksamkeit erhalten wird.

Der klimafeste Umbau des Ruhrgebiets

Zur Implementierung eines neuen strategischen Ansatzes zur Transformation des Ruhrgebietes wurde anlässlich der Ruhrkonferenz 2019 die Entwicklung neuer strategischer Leitprojekte für die Region beschlossen. Ein zentrales Augenmerk liegt dabei auf dem klimafesten Umbau der Städte. In diesem Zusammenhang hat sich das Projekt »Klimaresiliente Region mit internationaler Strahlkraft« (KRIS) zum Ziel gesetzt, mithilfe einer Förderung durch das Umweltministerium NRW in Höhe von 250 Millionen Euro den klimagerechten Umbau der 53 Kommunen des Ruhrgebietes voranzutreiben (MULNV 2022). In diesem Kontext fungiert die sogenannte Serviceorganisation als zentrale Koordinierungsstelle bei der Emschergenossenschaft im Hinblick auf die operative Umsetzung des regionalen Großprojektes. Eine der größten Herausforderungen des Projektes, insbesondere vor dem Hintergrund der komplexen Verwaltungsarchitektur und der polyzentrischen Stadtstruktur des Ruhrgebietes, besteht im Aufbau von geeigneten Organisationsstrukturen und Prozessabläufen, um eine effiziente Projektabwicklung in enger Abstimmung mit den Kommunen, Wasserverbänden und den weiteren beteiligten Stakeholdern sicherzustellen (Treuke 2022). Bis 2040 sollen 25 Prozent der befestigten Flächen abgekoppelt und die Verdunstungsrate um zehn Prozentpunkte gesteigert werden. Unter dem gemeinsamen Dach des »Klima-Werks«, welches gleichermaßen das Förderprojekt KRIS als auch weitere Förderprojekte der Klimawandelfolgenanpassung subsumiert, werden auch künftig, wie schon bisher, Dächer und Fassaden begrünt, Flächen entsiegelt, Versickerungs- und Rückhalteflächen geschaffen, natürliche Gewässerläufe gestärkt und Regenabflusssysteme von der Kanalisation abgekoppelt. Ein weiterer Fokus liegt auf der Entwicklung multifunktionaler Flächen, die gleichzeitig die Funktion von Freizeit- und Erholungsflächen wie auch die Funktion von kleinen Retentionsflächen übernehmen.

Ab Januar 2024 soll die Förderung der Klimawandelanpassungsmaßnahmen innerhalb sogenannter Betrachtungsräume in den teilnehmenden Kommunen erfolgen. Ähnlich wie bei Programmen der Städtebauförderung, den Integrierten Handlungskonzepten, sind diese als räumlich abgegrenzte, zusammenhängende Bereiche zu verstehen, in denen bestimmte Defizite einen dringlichen Handlungsbedarf veranlassen. Dabei geht es insbesondere um Gebiete, die sowohl eine starke Gefährdung durch Überflutungen als auch durch Hitzeentwicklung aufweisen. Durch den integralen Ansatz der Betrachtungsräume soll eine erhebliche Verbesserung des Mikroklimas, des natürlichen Wasserhaushaltes sowie der Gewässergüte angestrebt werden.

Abbildung 5: Multifunktionale Sport- und Freizeitfläche Bochum-Riemke.
Quelle: Zukunftsinitiative Klima.Werk/EGLV.

Neue Ansätze regionaler Governance

Aus dem Emscher-Umbau konnten wichtige Erkenntnisse für die regionale Zusammenarbeit zwischen verschiedenen Akteuren der Emscher-Region gewonnen werden. Als Quintessenz aus 30 Jahren Emscher-Umbau lässt sich die zentrale Botschaft ableiten, dass Gewässersysteme integral »von der Quelle bis zur Mündung« zu betrachten sind, ob es um die technische Modernisierung der Abwasserleitungen, den Hochwasserschutz oder das übergreifende Thema der Gewässerqualität geht. Dies setzt einen kontinuierlichen und interdisziplinären Austausch auf fachlicher Ebene voraus, welcher wiederum ein Umdenken bei der Arbeitsweise insbesondere in der öffentlichen Verwaltung voraussetzt (BBSR 2020). Dabei spielt das Thema Wissensorganisation vor dem Hintergrund der spezifischen Systemlogiken der Kommunalverwaltungen eine entscheidende Rolle. Hierbei bedarf es der Etablierung von Organisationsstrukturen und Formaten, welche Transformationen auf einer praktisch-methodischen Ebene ermöglichen.

In diesem Zusammenhang hat die Emschergenossenschaft in den vergangenen Jahren eine sogenannte Spiegelorganisation mit drei Pilotkommunen im Rahmen des KRIS-Projektes aufgebaut. Diese soll die Zusammenarbeit und Vernetzung zwischen der Emschergenossenschaft und den beteiligten kommunalen Partnern verbessern und die Umsetzung von integralen Projekten in der öffentlichen Verwaltung beschleunigen.

Die Spiegelorganisation setzt sich aus emergenten Teams mit personell unterschiedlichen Kompetenzen und Ressourcen in den Verwaltungen zusammen, welche sich je nach Interessen, Themen und Querschnittsbereichen zusammenfinden und als überzeugte Projektbeteiligte und Multiplikator:innen auf der Grundlage einer gemeinsamen Vision zusammenarbeiten (Treuke, Schecke, Kroos 2021). Dabei sollen einerseits Synergien aus dem fachspezifischen Wissen verschiedener Abteilungen der kommunalen Verwaltungen gehoben und andererseits eine Beteiligung in der Wissensorganisation des Projektes KlimaWerk über die jeweilige Zuständigkeit hinaus ermöglicht werden. Das Bindeglied zwischen der Emschergenossenschaft und den beteiligten Kommunen bildet dabei je eine Mitarbeiterin/ein Mitarbeiter der Serviceorganisation, die/der mit dem Aufbau der Spiegelorganisation und der intensiven Vernetzung untereinander beauftragt ist.

Bei der Projektarbeit kommen innovative Arbeitsformate zum Einsatz, die auf die Verbesserung von Projektmanagementabläufen, Verwaltungsprozessen und Organisationsformen abzielen, wie zum Beispiel die Methodik »Projekttisch«. Der Projekttisch wird dazu genutzt, den Fokus der integralen Betrachtung weit über das Einzelprojekt hinaus zu erweitern und das ganze umgebende Quartier – und damit auch das hydrologische Einzugsgebiet des Kanals – in eine Gesamtbetrachtung einzubeziehen.

Fazit und Ausblick

Emschergenossenschaft und Lippe-Verband haben in den vergangenen Jahren einen entscheidenden Wandel vollzogen: Ging es ursprünglich schwerpunktmäßig um die Modernisierung der technischen Infrastruktur der Abwasserkanäle, wird gegenwärtig das Thema Wasserwirtschaft integral, das heißt in Synergie mit einer Vielzahl weiterer gewässerbezogener Themen, wie zum Beispiel Hochwasserschutz, Biodiversität, Klimawandelanpassung, Freizeit, Wohnen, Tourismus und Mobilität, betrachtet. Für die zukünftige Entwicklung der Region müssen die nachhaltige Gewässerentwicklung und der Einsatz moderner Abwasser- und Hochwasserschutzinfrastruktur zusammengedacht werden mit der sozialökonomischen Transformation der Emscher-Region. So sollen mithilfe einer überkommunalen Standortpolitik neue wirtschaftliche Wachstumsimpulse ausgelöst werden. In diesem Zusammenhang konnten auf der Grundlage der ursprünglichen Investitionen für den Emscher-Umbau in Höhe von 5,5 Milliarden Euro Sekundärinvestitionen von über 13 Milliarden Euro für die Region verzeichnet werden, was unter anderem zur Schaffung einer Vielzahl von Arbeitsplätzen in direktem Zusammenhang mit der Modernisierung der Wasserwirtschaftsinfrastruktur und der Gewässerrevitalisierung geführt hat (Emschergenossenschaft 2021).

Das Konzept des Masterplans von 2006 hat sich in den vergangenen Jahren in vielerlei Hinsicht als Arbeitsgrundlage bewährt. Jetzt gilt es, die Erfahrungen aus den bereits realisierten Projekten zu bündeln und mit den aktuellen Herausforderungen in Übereinstimmung zu bringen, beispielsweise dem demografischen Wandel, dem Klimawandel oder den sich verändernden Ansprüchen der Menschen an ihre Mobilität und ihr Lebensumfeld.

Die Weiterentwicklung regionaler Lösungsansätze folgt dabei dem Leitbild der integralen Wasserwirtschaft als Motor der Stadt- und Freiraumentwicklung. Die Erarbeitung einer gemeinsamen Vision für diese nachhaltige Transformation erfordert in diesem Zusammenhang ein Neudenken der regionalen Governance, bei welcher kommunal übergreifende Zukunftsthemen im Rahmen integraler Handlungsstrategien gemeinsam gedacht und in intensiver Zusammenarbeit mit der Zivilgesellschaft entwickelt werden müssen. Dieser prozesshafte Planungsprozess setzt – neben der Umsetzung verschiedener Einzelprojekte und der Voraussetzung finanzieller Mittel – eine umfassende Transformation auf der Ebene der Arbeits- und Kommunikationsformate voraus.

In diesem Kontext können die im Rahmen des Projektes Emscher-Umbau konsolidierten Netzwerkstrukturen und Organisationsabläufe weiterentwickelt werden, um die ökologische und sozioökonomische Transformation der Region auf verschiedenen Handlungsebenen wie Klimaschutz, Hochwasserschutz, Mobilität und nachhaltige Flächenbewirtschaftung im Rahmen neuer regionaler Handlungskonzepte zu beschleunigen.

Literatur

Bajc, K.; Gollata, J.; Kreutz, S.; Meyer, C.; Quanz, J. A. (2024): Interdisziplinäre Perspektiven auf lineare Infrastrukturen: das LILAS-Forschungsvorhaben. In: Kreutz, S.; Stokman, A. (Hrsg.): Transformation urbaner linearer Infrastrukturlandschaften. Wie Straßen und Gewässer zu attraktiven und klimaangepassten Stadträumen werden können. S. 19–30, oekom, [https://doi.org/10.14512/9783987263187].

Bundesinstitut für Bau-, Stadt- und Raumforschung (BBSR) im Bundesamt für Bauwesen und Raumordnung (BBR) (Hrsg.) (2020): Vom Stadtumbau zur städtischen Transformationsstrategie. BBSR-Online-Publikation 09/2020, Bonn, [https://www.bbsr.bund.de/BBSR/DE/veroeffentlichungen/bbsr-online/2020/bbsr-online-09-2020.html].

Emschergenossenschaft (2021): Mehrwerte des Emscher-Umbaus. Analyse aus planerischer und gesamtwirtschaftlicher Sicht. Dortmund.

Emscherland 2020 (2016): Integriertes Handlungskonzept. Emschergenossenschaft, Dortmund/Essen.

Masterplan Emscher-Zukunft, [https://www.eglv.de/emscher/masterplan/].

Ministerium für Heimat, Kommunales, Bau und Gleichstellung des Landes Nordrhein-Westfalen MULNV (2021): Die Region gemeinsam verändern. Erfolgreiche Projekte der Städtebauförderung an der umgestalteten Emscher.

Ministerium für Umwelt, Landwirtschaft, Natur- und Verbraucherschutz (2022): Richtlinie zur Förderung des Vorhabens »Klimaresiliente Region mit internationaler Strahlkraft« (Förderrichtlinie Klimaresiliente Region mit internationaler Strahlkraft – FöRL KRiS).

Nellen, D.; Treuke, S. (2022): Konzepte und Formate für die Emscher. In: Emscher 20|21+: Die neue Emscher kommt. Sozial-ökologischer Umbau einer regionalen Stadtlandschaft, S. 54–61.

Sommerhäuser, M. M.; Stemplewski, J. (2016): Ökologische Revitalisierung urbaner Gewässer am Beispiel des Emschersystems. Rahmenbedingungen, aktueller Stand und Erfolgsbewertung. Wasserwirtschaft, 105(12), S. 36–40.

Treuke, S. (2022): Grüne Transformationsprozesse in der Emscher-Region. Ansätze einer wassersensiblen und klimagerechten Stadt und Raumentwicklung. In: Emscher 20|21+: Die neue Emscher kommt. Sozial-ökologischer Umbau einer regionalen Stadtlandschaft, S. 144–163.

Treuke, S.; Schecke, N.; Kroos, A. (2021): Die Zukunftsinitiative: Wasser in der Stadt von morgen. Blau-grüne Transformationsprozesse in der Emscher-Lippe-Region. Transforming Cities, 3, S. 52–56.

Anpassung linearer städtischer Infrastrukturlandschaften an den Klimawandel und extreme Wetterereignisse

Transformation von Straßenräumen zur Klimaanpassung

Wirkungsanalysen an der Hamburger Altstadtküste

Justus Alexander Quanz, Wolfgang Dickhaut

Abstract

Vor dem Hintergrund des Klimawandels sind Vulnerabilitätsbetrachtungen zu extremen Hitze- und Überflutungsereignissen für die räumliche Planung relevant, um vorhandene Infrastrukturen an die bevorstehenden Herausforderungen anzupassen. Eine gezielte und abgestimmte Planung ist zwingend notwendig, um die Resilienz der bestehenden Infrastrukturen und der Stadtbevölkerung zu steigern. Mit einer 3-D-Mikroklima-Simulationssoftware (ENVI-met) wurde anhand von Szenariosimulationen untersucht, welche Auswirkungen bereits kleinteilige, in den Bestand integrierte Maßnahmen zur Hitzevorsorge haben können, ohne die vorhandenen Raumaufteilungen der linearen Infrastrukturen neu zu ordnen. Der Fokus der Studie lag auf der Wirkungsanalyse von Anpassungsmaßnahmen zur Senkung der Physiologisch Äquivalenten Temperatur (PET) während eines Hitzeereignisses. Die betrachteten Maßnahmen waren Begrünung, Entsiegelung und Elemente der dezentralen Regenwasserbewirtschaftung. Die Wirkungen solcher Maßnahmen zu quantifizieren, um die Vulnerabilität mit entsprechenden Maßnahmen zu reduzieren, war Gegenstand der Simulationen und der Analyse. Die Ergebnisse liefern Hinweise für eine zukünftige klimasensible Straßenraumgestaltung an der Hamburger Altstadtküste.

1 Einleitung

Die dem urbanen Zeitalter vorausgegangenen Jahrhunderte waren durch stabile Umweltbedingungen in Hinblick auf externe Faktoren wie Klima und geomorphologische Prozesse gekennzeichnet (Steffen, Crutzen, McNeill 2021). Unsere heutigen Städte als Produkte von jahrhundertelanger Raum- und Bauentwicklung stehen dagegen vor gewaltigen Herausforderungen, sich an die stetig wandelnden Umweltbedingungen mit neuen, extremeren Umweltfaktoren anzupassen. Bereits heute ist klar sichtbar, dass gerade in Städten mit hoher Bevölkerungsdichte die Folgen des Klimawandels für den Menschen besonders spürbar sind und sich auch zukünftig durch steigende Lufttemperaturen, extremere Hitzewellen und Niederschlagsereignisse sowie den Meeresspiegelanstieg bemerkbar machen werden. Wird auf diese Herausforderungen nicht durch einen Umbau der städtischen Infrastrukturen, etwa durch die Umsetzung von Klimaanpassungsmaßnahmen wie Begrünung, Entsiegelung und Verwendung anderer Materialien, reagiert und dadurch die Vulnerabilität der Städte und ihrer Bevölkerungen reduziert, kommt es dort zukünftig vermehrt zu schadhaften Ereignissen, und die Lebensqualität in Städten verschlechtert sich. Zur Beschreibung der Vulnerabilität ist nach dem Intergovernmental Panel on Climate Change (IPCC) eine Betrachtung des Risikos, der Exposition und der Sensitivität der Bevölkerung durchzuführen (Murray, Ebi 2012). Anschließend sollen entsprechende Maßnahmen zur Reduzierung der Vulnerabilität für die Bevölkerung und die Stadträume identifiziert und umgesetzt werden. Die Exposition lässt sich reduzieren, indem zum Beispiel Maßnahmen zur Anpassung des Stadtraums umgesetzt werden. Solche Maßnahmen mildern die Auswirkungen von Extremereignissen ab, können aber deren Wiederkehrwahrscheinlichkeit nicht beeinflussen. Somit sind diese Ereignisse dann zumindest weniger gefährdend für Menschen und Infrastrukturen.

Wie sich die aus dem Klimawandel resultierenden Herausforderungen in den Städten bemerkbar machen, hängt von unterschiedlichen Faktoren der Stadtstrukturen ab. Hier spielen zum Beispiel die geografische Lage, die Nähe zu großen Wasserkörpern, die Topografie und vor allem die durch Menschen geschaffene gebaute Umwelt eine wesentliche Rolle (z. B. Kuttler 2004). Bereits heute ist das Stadtklima durch die besonderen Oberflächeneigenschaften stark verändert und weist zum Beispiel im Vergleich zum Umland eine erhöhte Tagestiefsttemperatur, niedrigere mittlere Windgeschwindigkeiten und stärkere Windböen auf (Oke et al. 2017). Zu diesen urbanen Veränderungen des lokalen Klimas kommen in Zukunft die Auswirkungen des Klimawandels hinzu. Für die Metropolregion Hamburg sind die Auswirkungen auf die Lufttemperatur und die Niederschlagsereignisse für verschiedene Szenarien in Tabelle 1 dargestellt. Sie lassen sich in drei Punkten zusammenfassen:

- ein Meeresspiegelanstieg (inklusive höherer Sturmfluten),
- eine Veränderung der Niederschlagsverteilung (Anstieg der Niederschlagssumme mit einer Zunahme im Winter und einer Abnahme im Sommer) sowie
- eine Veränderung der Lufttemperatur (bereits ein Anstieg um 1,4 °C seit 1881) mit mehr heißen Tagen und sehr warmen Nächten.

Das Untersuchungsgebiet der Hamburger Altstadtküste ist eine städtische Hitzeinsel in einem stark durch Verkehrsflächen geprägten Teil in der Hamburger Innenstadt (Quanz et al. 2022). Der Raum ist charakterisiert durch eine bauliche Mischung aus verschiedenen Gebäudeensembles aus unterschiedlichen

Tabelle 1: **Auswirkungen des Klimawandels in Hamburg im Vergleich zur Referenzperiode von 1971 bis 2000 (RCP: Representative Concentration Pathway; T_{max}: maximale Tageslufttemperatur; T_{min}: minimale Tageslufttemperatur und Starkregen sowie Jahresmittel).** *Quelle: Pfeifer, Rechid, Bathiany 2020.*

	Kurzfristige (2036–2065) und *langfristige (2070–2099)* Auswirkungen in Hamburg:				
	Änderung der …				
Anstieg der globalen Lufttemperatur/ Szenario	**Jahresmitteltemperatur**	**Jahresniederschlagssumme**	**Anzahl heißer Tage (T_{max}>30 °C)**	**Anzahl Tage mit Starkregen (>20 l/m²)**	**Anzahl Tropische Nächte (T_{min} >20 °C)**
+1,5 °C (RCP 2.6)	**+1,2 °C** *+1,2 °C*	**+2,8 %** *+1,4 %*	**+1** *+1*	**+0,2** *+0,1*	**0** *0*
+2,0 °C (RCP 8.5)	**+1,9 °C** *+3,4 °C*	**+5,5 %** *+9,9 %*	**+2** *+6*	**+0,9** *+1,7*	**+1** *+4*

Epochen. Dies führt unter anderem zu einer heterogenen Gebäudehöhe (durchschnittlich 21 Meter über Grund) sowie einer breiten Mischung verwendeter Baumaterialien. Der öffentliche Raum ist durch Straßen und deren verkehrliche Nutzung sowie durch Kanäle und Fleete dominiert. Die Materialzusammensetzung aus überwiegend künstlich hergestellten Materialien und die zentrale Lage in der Innenstadt machen die Altstadtküste zu einer Hitzeinsel, die nach der Stadtklimaanalyse für die Stadt Hamburg, basierend auf einer Modellsimulation, zu einer nächtlichen (4:00 Uhr) Überwärmung von 1,7 K gegenüber dem stadtweiten Mittel führt (GEO-NET 2017).

2 Fragestellungen der Untersuchung

Dieser Beitrag untersucht die Wirksamkeit unterschiedlicher Anpassungsmaßnahmen zum Umgang mit Hitzestress als eine Folge des Klimawandels für einen hochverdichteten Stadtraum. Gerade in bestehenden Stadtstrukturen sind die Möglichkeiten für Anpassungsmaßnahmen aufgrund von unterschiedlichen Restriktionen und etablierten Flächennutzungen begrenzt. Folglich wurden vorwiegend punktuelle Anpassungsmaßnahmen ausgewählt, die sich in den vorhandenen Stadtraum integrieren lassen und gleichzeitig die aktuellen Nutzungen weiterhin ermöglichen. Um realistische Aussagen zur Wirksamkeit nach der Umsetzung zu erhalten, wurden die Simulationen mit jungen Straßenbäumen durchgeführt, obwohl diese erst über Jahre zu großen Stadtbäumen mit größerer Wirksamkeit für die Klimafolgenanpassung heranwachsen. Da aber für diese ferne Zukunft keine Aussagen über andere Entwicklungen im Stadtraum getroffen werden können (z. B. Umbauten oder Entwicklung der Bestandsbäume), bezieht sich die Wirkungsanalyse auf kleine Nachpflanzungen in Kombination mit den Bestandsbäumen. Diese und andere relativ kleinteilige Maßnahmen werden durch einen Szenarienvergleich hinsichtlich ihrer Wirksamkeit zur Absenkung des Hitzestresslevels in Bodennähe bewertet.

Der Beitrag zeigt die Ergebnisse und schätzt ab, ob bereits durch punktuelle Maßnahmen (erster LILAS-Transformationsansatz – vergleiche Bajc et al. 2024 und Bajc et al. 2022) eine Reduzierung des Hitzestresses erzielt werden kann oder ob durch eine Aktivierung von weiteren Flächen im Infrastrukturkorridor neuen Funktionen (hier: Klimaanpassungsmaßnahmen) als flächigere Maßnahmen umgesetzt werden müssen (zweiter LILAS-Transformationsansatz). Untersucht wird durch den Vergleich, ob die vorgeschlagenen Anpassungsmaßnahmen im Bestand dazu beitragen, den Hitzestress für Menschen im Straßenraum zu mindern und den Untersuchungsraum auch während eines Hitzeereignisses als einen nutzbaren und lebenswerten Bereich der Hamburger Innenstadt zu erhalten.

3 Methodisches Vorgehen

Die Anpassungsmaßnahmen wurden hinsichtlich ihrer Wirksamkeit bewertet, indem verschiedene Begrünungsszenarien mit der Software ENVI-met simuliert und die Ergebnisse ausgewertet wurden. Vergleichbare Untersuchungen wurden bereits in anderen Städten durchgeführt, um lokalspezifische Aussagen hinsichtlich der Klimaanpassung zu treffen (Tsoka, Tsikaloudaki, Theodosiou 2018). Das Mikroklima-Modell ENVI-met hat sich in anderen Studien als geeignet für die Beantwortung entsprechender Fragestellungen erwiesen (z. B. Wai, Tariq, Muttil 2022; Yilmaz, Mutlu, Yilmaz 2018). Diese Studien verwenden, wie auch die vorliegende, die Methode der Untersuchung einer Referenzsituation (Istzustand) mit mindestens einer um unterschiedliche Anpassungsmaßnahmen ergänzten Situation (mögliches alternatives Entwicklungsszenario). Aus dem Vergleich lässt sich die Wirksamkeit der Anpassungsmaßnahmen, in diesem Fall hinsichtlich der Reduzierung des Hitzestresses, ableiten.

Die notwendigen Inputdaten für die Modellbeschreibung des Istzustandes im Untersuchungsgebiet entstammen dem Geoportal der Stadt Hamburg (z. B. Starkregenhinweiskarte; Geo-Online 2021) sowie einer intensiven Ortsbegehung mit anschließender Digitalisierung der erhobenen Daten (Materialien und Farben von Oberflächen und Fassaden, Begrünungen und tatsächliche Nutzung von Flächen). Alle Informationen wurden in einem Geoinformationssystem (Q-GIS 3.10.3) digitalisiert und in das mikroklimatische Modell ENVI-met (V5.0.2 Summer22) mit einer 2×2-Meter-Auflösung überführt. Auf gleiche Weise wurden auch die unterschiedlichen Anpassungsszenarien für den gleichen Gebietsausschnitt erstellt.

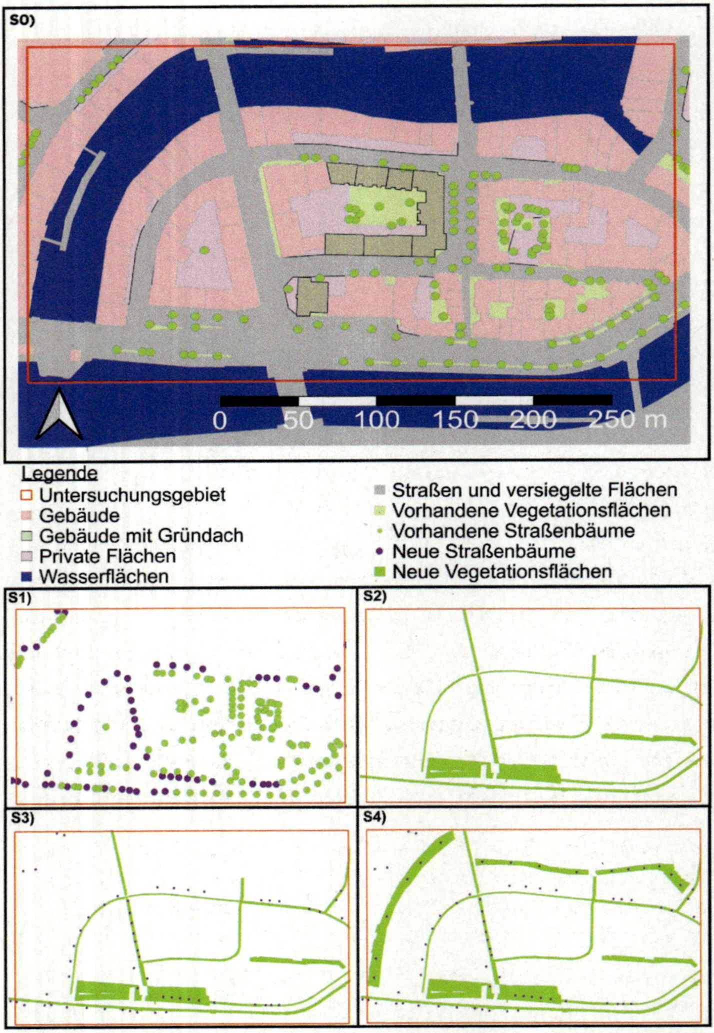

Abbildung 1: Übersicht der Szenarien, die in ENVI-met simuliert werden.
S0) Istzustand mit allen grundlegenden flächenhaften Informationen,
S1) Szenario mit ausschließlich höherer Anzahl von Straßenbäumen,
S2) Szenario mit mehr flächenhaften Grünstrukturen (Rasenflächen),
S3) Szenario mit mehr flächenhaften Grünflächen und punktuellen Maßnahmen (Straßenbäumen), S4) wie S3 mit zusätzlich flächenhaften und punktuellen Begrünungsmaßnahmen auf den vorhandenen Wasserflächen.
Quelle: eigene Darstellung. Als Datengrundlage dienen angepasste Informationen aus dem Geoportal der Stadt Hamburg (Straßenbaumkataster, ALKIS Datensatz, Wasserflächen, Straßenflächen – Feinkartierung).

Die jeweiligen Szenarien (S0 bis S4) wurden mit den gleichen meteorologischen Modellantriebsdaten simuliert. Die Simulation beginnt am 16. 6. 2021 um 00:00 Uhr und simuliert das Klima im Untersuchungsraum bis zum 17. 6. 2021 um 23:59 Uhr (lokale Zeit), wobei die ersten 24 Stunden als Vorlaufzeit für das Modell verwendet wurden und nicht in der Analyse berücksichtigt werden. Dieser Zeitraum wurde ausgewählt, da es sich um eine Hitzewelle mit für Hamburg verhältnismäßig ruhigen Austauschbedingungen handelte. Die notwendigen Antriebsdaten für das Klimamodell wie Lufttemperatur (2,0 Meter über Grund [ü. G.]), relative Luftfeuchtigkeit (2,0 Meter ü. G.), Windrichtung (8,0 Meter ü. G.), Windgeschwindigkeit (8,0 Meter ü. G.) sowie kurzwellige und langwellige Strahlung (1,8 Meter ü. G.) stammen von der DWD-Klimastation Flughafen Fuhlsbüttel und wurden als 30-Minuten-Mittelwerte in das Modell übergeben.

Um die Anpassungsmaßnahmen in Bezug auf die Hitzebelastung zu untersuchen, wurden verschiedene Begrünungen auf den linearen Infrastrukturen, hier den Straßen und Gewässerkörpern, innerhalb verschiedener Szenarien in die Modellumgebung implementiert. Die sich dadurch ergebende neue Flächennutzung und deren Anteile im Gebiet sind in Tabelle 2 und Abbildung 1 nachzuvollziehen. Die jeweilige Lage der zusätzlichen Bäume und Vegetationsflächen orientiert sich an dem bisherigen Baumbestand, der vorhandenen Straßenbreite sowie der aktuellen Nutzung. Das Szenario S3 stellt dabei eine Kom-

Tabelle 2: Flächennutzung im Gebiet für die unterschiedlichen Szenarien (Fläche der Gebäude (34.500 m²/34 %) und private versiegelte Flächen (7.500 m²/7 %) in allen Szenarien gleich). *Quelle: Eigene Darstellung. Als Datengrundlage dienen angepasste Informationen aus dem Geoportal der Stadt Hamburg (Straßenbaumkataster, ALKIS Datensatz, Wasserflächen, Straßenflächen – Feinkartierung).*

Szenario	Fläche der Wege und Straßen	Wasserflächen	Vegetationsflächen	Anzahl Straßenbäume
S0	30.100 m² (30 %)	25.900 m² (25 %)	4.000 m² (4 %)	133
S1	29.600 m² (29 %)	25.900 m² (25 %)	4.500 m² (5 %)	189
S2	22.000 m² (22 %)	25.900 m² (25 %)	12.100 m² (12 %)	133
S3	21.500 m² (21 %)	25.900 m² (25 %)	12.100 m² (12 %)	189
S4	21.500 m² (21 %)	21.300 m² (21 %)	17.300 m² (17 %)	205

bination der punktuellen Maßnahmen aus S1 (Straßenbäume) und flächigen linearen Begrünungen im Straßenraum (S2) dar. Im Szenario S4 werden zusätzlich zu den Maßnahmen aus S3 Vegetationsflächen auf den Gewässerflächen als schwimmende Vegetationsflächen mit Gras und 16 Ulmen integriert. Eine Betrachtung der technischen Umsetzbarkeit, zum Beispiel aufgrund von unterirdisch geführten Leitungen, Restriktionen gegenüber schwimmenden Vegetationselementen oder Ähnlichem, wurde nicht durchgeführt.

Zur Bewertung der Wirksamkeit wurde aus den Ergebnissen der jeweiligen Simulation mit dem Bio-met-Package der ENVI-met-Software die Physiologisch Äquivalente Temperatur (PET) für verschiedene Uhrzeiten berechnet. Die PET ist ein weitverbreiteter Indikator für die Beschreibung des Hitzestresses und berücksichtigt dabei Lufttemperatur, relative Luftfeuchte, Strahlungstemperatur sowie Windgeschwindigkeit und -richtung (Höppe 1999). Die notwendigen Werte zur Berechnung der PET werden flächendeckend von ENVI-met simuliert. Die PET-Werte werden als Indikator für die menschliche Hitzebelastung

Tabelle 3: Physiologisch Äquivalente Temperatur (PET) in °C sowie die thermische Wahrnehmung und die zugehörige physiologische Belastung.
Quelle: eigene Darstellung, angepasst nach Matzarakis, Amelung 2008.

Farbe	PET	Thermische Wahrnehmung	Grad der physiologischen Belastung
	<4 °C	sehr kalt	extremer Kältestress
	>4 °C	kalt	starker Kältestress
	>8 °C	kühl	moderater Kältestress
	>13 °C	leicht kühl	leichter Kältestress
	>18 °C	angenehm	kein thermischer Stress
	>23 °C	leicht warm	leichter Hitzestress
	>29 °C	warm	moderater Hitzestress
	>35 °C	heiß	starker Hitzestress
	>41 °C	sehr heiß	extremer Hitzestress
	>47 °C	extrem heiß	sehr extremer Hitzestress

herangezogen, wobei die PET-Bewertung den Hitzestress einer Referenzperson widerspiegelt (Standard PET-Referenzperson). Die errechneten PET-Werte lassen sich unterschiedlichen Klassen von Hitzestress zuordnen (siehe Tabelle 3). Anders als die Lufttemperatur drückt die PET die Wirksamkeit der Anpassungsmaßnahme auf das Wärmeempfinden einer Referenzperson im Untersuchungsgebiet aus. Die Wirkung der Klimaanpassungsmaßnahme führt zu Veränderungen der unterschiedlichen meteorologischen Größen, die für die PET-Berechnung verwendet werden, sodass eine Änderung der PET auf die Wirkung der Anpassungsmaßnahmen zurückgeführt werden kann.

Für die Bewertung wurde ein Teilbereich aus dem simulierten Gebiet ausgewählt und einzeln analysiert. Dadurch werden mögliche Randeffekte des Modells minimiert, und die Analyse kann sich auf diejenigen Bereiche konzentrieren, in denen Maßnahmen ergriffen wurden. Die Analyse umfasste die Bewertung der PET in zwei Meter ü. G. um 04:00 Uhr (Nachtsituation) und um 14:00 Uhr (Tagessituation) am 17. 6. 2021, da die Maximal- bzw. Minimaltemperaturen im Gebiet unmittelbar vor bzw. nach diesen Uhrzeiten erreicht werden.

4 Wirkungsanalyse der Anpassungsmaßnahmen

Nachtsituation

In der Nacht (04:00 Uhr) ist das Untersuchungsgebiet im Istzustand (S0) relativ homogen hinsichtlich der PET-Verteilung (min. 13,6 °C, max. 19,7 °C). Es tritt an keiner Stelle im Gebiet Hitzestress auf, es lässt sich sogar ein leichter Kältestress beobachten (siehe Abbildung 2 a). Die zentral gelegenen Hinterhöfe zeigen die höchsten PET-Werte. Im Gegensatz dazu bewirkt die kühlende Wirkung des leichten Südostwindes (3,3 Meter pro Sekunde), dass entlang der nur auf einer Seite bebauten Straße »Bei den Mühren« die PET-Werte niedriger ausfallen.

Im Umfeld der neu eingefügten Baumkronen zeigen sich wärmere Situationen in den Anpassungsszenarien und führen auch in den gesamten Straßenverläufen, in denen neue Bäume eingefügt wurden, zu einem leichten flächenhaften Anstieg der PET um circa 0,3 Kelvin gegenüber dem Istzustand (siehe Abbil-

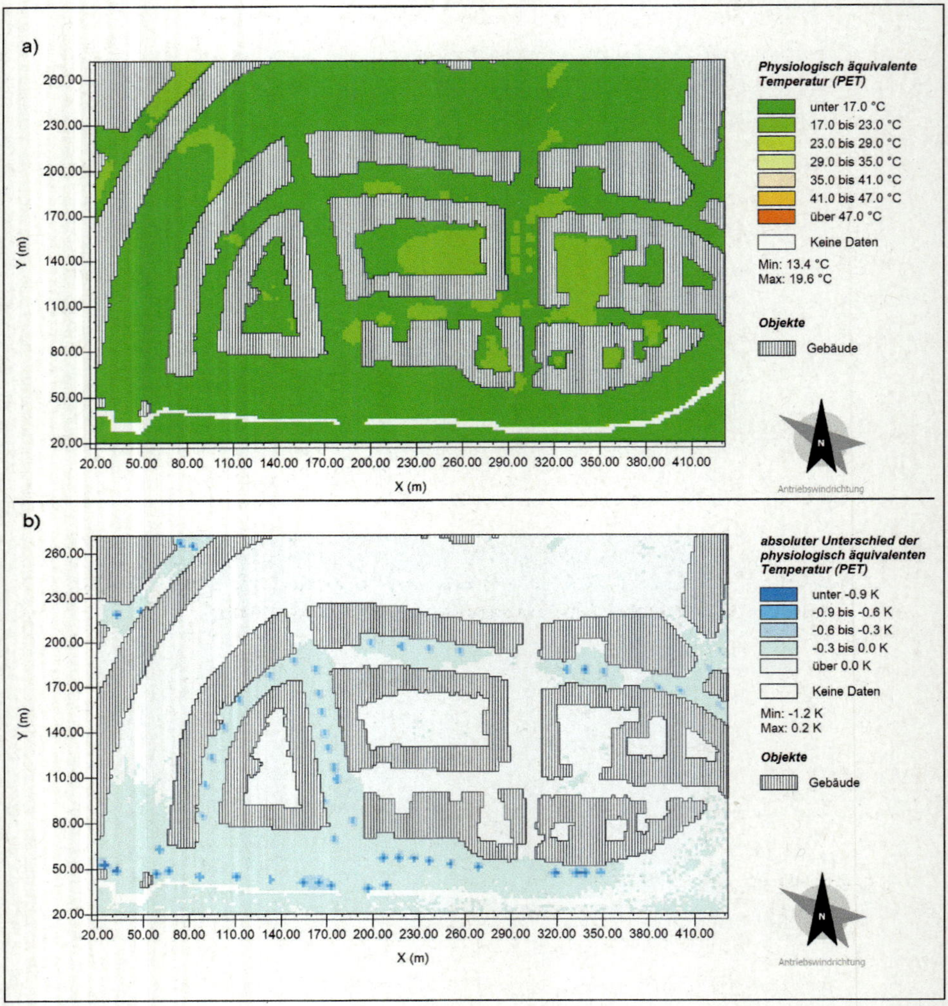

Abbildung 2:

a) Physiologisch Äquivalente Temperatur (PET) in Grad Celsius (°C) während der Nachtsituation (04:00 Uhr) im Istzustand (S0) zwei Meter über Grund.

b) Unterschied der PET während der Nachtsituation (04:00 Uhr) zwei Meter über Grund zwischen dem Szenario mit mehr Bäumen (S1) und dem Istzustand (S0).

Quelle: eigene Darstellung.

dung 2 b). Daher fällt im Szenario S2 der Unterschied der maximalen PET nur sehr gering aus, da in diesem Szenario keine neuen Bäume in das Gebiet integriert wurden. In allen Anpassungsszenarien sinkt die maximale PET um bis zu 0,25 Kelvin (S4) unter die Werte des Istzustandes (S0) (siehe Tabelle 4).

Für die Angabe von Temperaturunterschieden wird im Folgenden Kelvin (K) als Einheit verwendet, wobei sowohl Kelvin als auch Grad Celsius auf dem gleichen Temperaturskalasystem basieren (1 K = 1 °C). Die Mittelwerte, die für jedes Szenario über das gesamte Gebiet gebildet wurden, zeigen nur sehr geringe Unterschiede (<0,1 K). Die Unterschiede der absoluten maximalen PET zwischen S0 und den Anpassungsszenarien liegen dagegen zwischen 1,3 K (S1, S3, S4) und 0,4 K (S2; siehe Tabelle 4).

Tabelle 4: Statistische Werte (Min.: minimal; Max.: maximal; mean: Mittelwert; median: Medianwert) der in ENVI-met simulierten Physiologisch Äquivalenten Temperatur (PET) zwei Meter über Grund. *Quelle: eigene Darstellung.*

Szenario	Min. PET (°C)	Max. PET (°C)	Mittlere PET (°C) (mean/median)	Max. PET-Unterschied (K) (S0-Sx)
a) Statistische Werte der ENVI-met-Simulation der Nachtsituation (4:00 Uhr) am 17. 6. 2021				
S0	13,40	19,65	15,86/15,76	—
S1	13,40	19,55	15,89/15,80	−1,28
S2	13,40	19,53	15,78/15,68	−0,40
S3	13,40	19,47	15,82/15,73	−1,16
S4	13,40	19,40	15,81/15,72	−1,30
b) Statistische Werte der ENVI-met-Simulation der Tagessituation (14:00 Uhr) am 17. 6. 2021				
S0	31,80	49,74	37,48/38,25	—
S1	31,80	49,52	37,28/38,08	12,04
S2	31,80	49,32	37,07/37,80	8,25
S3	31,80	49,18	36,91/37,66	12,36
S4	31,80	49,14	37,03/37,80	12,22

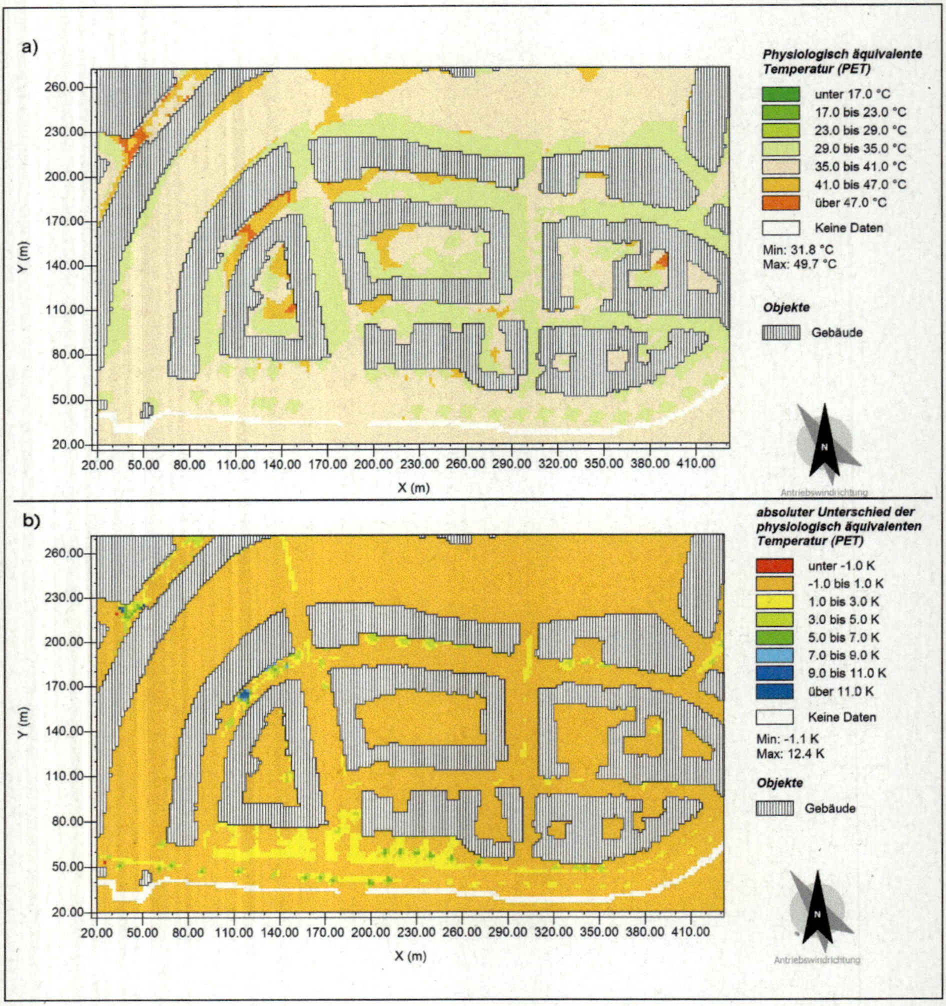

Abbildung 3:
a) Physiologisch Äquivalente Temperatur (PET) in Grad Celsius (°C) während der Tagessituation (14:00 Uhr) im Istzustand (S0) zwei Meter über Grund.
b) Unterschied der PET in Kelvin (K) während der Tagessituation (14:00 Uhr) zwei Meter über Grund zwischen dem Istzustand (S0) und dem Szenario mit mehr Bäumen und Grasflächen (S3). *Quelle: eigene Darstellung.*

Tagessituation

Um 14:00 Uhr ist beim Istzustand im gesamten Untersuchungsgebiet Hitzestress zu beobachten (min. PET 31,8 °C, siehe Abbildung 3 a). Da für die Berechnung der PET auch die Strahlungsenergie eine relevante Rolle spielt, führen die Schatten der Gebäude und Bäume während der Tagessituation zu einer heterogenen Verteilung der PET im Gebiet.

In den verschatteten Bereichen ist die PET deutlich niedriger als in den nicht verschatteten und wenig durchlüfteten Bereichen. Vor allem die Windschatten von Gebäuden führen dazu, dass sich die Luft staut und es hier zu einer weiteren Steigerung der PET kommt. Es bilden sich Hotspots aus, die sich in unmittelbarer Nähe zu Orten mit deutlich niedrigerer PET befinden können, zum Beispiel im Schatten von Gebäuden (z. B. Abbildung 3 a; Umfeld von x = 37 und y = 225). Wie in der Nachtsituation bleibt auch während der Tagessituation die minimale PET im gesamten Gebiet in allen Szenarien gleich. Im Vergleich dazu sinkt durch die Anpassungsmaßnahmen die maximale PET um durchschnittlich 0,6 K (S4; siehe Tabelle 4 b).

Die Maßnahmen führen zudem dazu, dass auch die über das Gebiet gemittelte PET am Tag um circa 0,5 K sinkt. Der größte Unterschied des Gebietsmittelwertes ist zwischen dem Istzustand (S0) und der flächigen Begrünung auf Straßen in Kombination mit punktuellen Pflanzungen von Bäumen (S3) festzustellen (0,56 K). Auch die absolut größte Differenz findet sich im Vergleich zwischen dem Istzustand (S0) und dem Szenario S3 und beträgt punktuell 12,35 K (siehe Abbildung 3 b; x = 37 und y = 221). Solche großen PET-Unterschiede (>10 K) sind nur sehr kleinräumig ausgeprägt (auf circa 30 Quadratmeter) und lassen sich in allen Szenarien mit mehr Bäumen (S1, S3, S4) in gleicher Häufigkeit finden. Auch die Flächen mit einer Absenkung der PET um mehr als 5 K sind in allen Szenarien verhältnismäßig klein, steigern sich aber durch die Kombination der punktuellen Bäume mit flächigen Begrünungen mit Gras von 148 Quadratmetern in S1 (0,2 Prozent der PET-Werte im Untersuchungsgebiet) auf 252 Quadratmeter in S3 (0,4 Prozent der PET-Werte). Das Szenario mit nur einer Begrünung mit Gras als Maßnahme (S2) hat hingegen auf nur 24 Quadratmetern eine PET-senkende Wirkung um >5 K (0,03 Prozent der PET-Werte).

Vergleichbares gilt auch für den Bereich, in dem die PET um mehr als 2 K gesenkt wird (S1: 2,1 Prozent; S2: 0,8 Prozent; S3: 3,1 Prozent; S4: 3,0 Prozent).

Die Simulation von weiteren Begrünungsmaßnahmen auf den Wasserflächen (S4) führt insgesamt nur zu einer geringfügigen Veränderung der PET-Verteilung. Die zusätzliche Vegetation führt zwar zur niedrigsten maximalen PET im Gebiet im Vergleich zu den anderen Szenarien, aber die PET-Mittelwerte gegenüber dem Istzustand (S0) und dem Szenario S4 unterscheiden sich nur um 0,45 K (0,30 K median) und liegen unter der Differenz zwischen S3 und S0 (siehe Abbildung 4). Die zusätzlichen Bäume auf der Wasserfläche führen durch den zusätzlichen Schattenwurf zu weiteren kleinen kälteren Flächen, in denen die PET deutlich niedriger ist (36,3 °C in S4 gegenüber 40,1 °C in S0). Die niedrige Vegetation auf den Wasserflächen führt dagegen zu keiner direkten Absenkung der PET (nicht gezeigt).

Die bodennahe Lufttemperatur wird durch diese Maßnahmen ebenfalls nur sehr geringfügig verändert und war nicht Gegenstand vertiefender Untersuchungen. Es lässt sich im Mittel nur eine Absenkung der Lufttemperatur im Untersuchungsgebiet (in 2 Meter ü. G.) von 19,19 °C in S3 auf 19,15 °C in S3 während der Nacht (04:00 Uhr) und von 33,67 °C (S0) auf 33,62 °C (S3) am Tag (14:00 Uhr) beobachten.

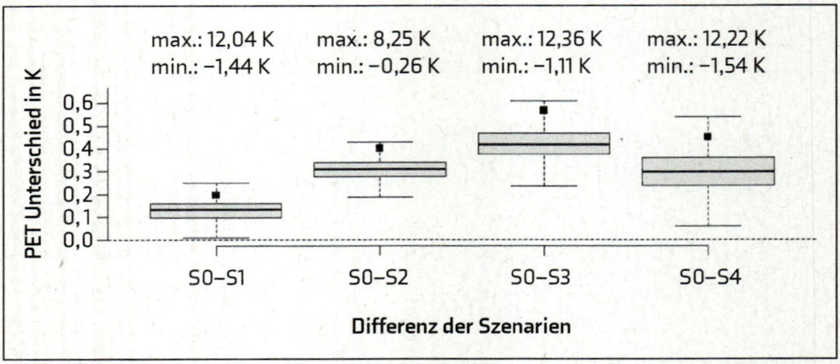

Abbildung 4: Boxplot der Differenz der Physiologisch Äquivalenten Temperatur (PET) am Tag (14:00 Uhr am 17.6.2021) zwischen den Szenarien S1 bis S4 und dem Istzustand (S0) in Kelvin (K). *Quelle: eigene Darstellung.*

5 Einordnung der Ergebnisse

Die Ergebnisse der ENVI-met-Simulation für den Hitzestress an der Hamburger Altstadtküste zeigen Orte mit deutlichem Hitzestress während des Tages und keinen Hitzestress für die Nachtsituation. Die simulierten Anpassungsmaßnahmen führen dazu, dass der Hitzestress am Tag von lokal sehr extremem Hitzestress auf starken Hitzestress gesenkt werden kann. Ob es durch die vorgeschlagenen Anpassungsmaßnahmen zu einer Absenkung des Hitzestresses für den gesamten Raum und darüber hinaus kommt, kann das Modell nicht wiedergeben. Die Mittelwerte der PET zeigen allerdings nur eine sehr geringe Absenkung im Vergleich zwischen dem Istzustand und den unterschiedlichen Anpassungsmaßnahmen. Die sehr kleinräumigen Effekte der punktuellen Anpassungsmaßnahmen werden dagegen deutlich sichtbarer und lassen sich durch die Kombination mit linearen Maßnahmen weiter steigern. Da die Untersuchung als Ziel hatte, die Wirkung von Maßnahmen zur Absenkung des Hitzestresses zu bewerten, wurde vorwiegend die PET-Verteilung betrachtet.

Anders als in der Studie von Zölch et al. (2019) wird in der vorliegenden Studie nur eine sehr geringe Wirkung auf die Absenkung der PET im Straßenraum durch die unterschiedlichen Begrünungsmaßnahmen festgestellt. Zölch et al. konnten im Vergleich der Gebietsmittelwerte Unterschiede von >1,7 K in unterschiedlichen Bebauungssituationen und Begrünungsszenarien feststellen. Es wurde in der Studie allerdings nur ein kleiner Untersuchungsraum betrachtet, in dem verhältnismäßig viele Bäume und Begrünungsmaßnahmen integriert wurden. Weiterhin wurde in dem Modell die Wirkung von bereits adulten Bäumen (20 Meter hohe Linden) simuliert. Die geringen Unterschiede in der vorliegenden Studie lassen sich daher zum Teil durch die kleinteiligen Maßnahmen (junge elf Meter hohe Linden) und eine nur kleinflächige Integration von Vegetation erklären. Zölch et al. führten dagegen fast im kompletten Straßenraum Begrünungsmaßnahmen durch. Die methodische Fokussierung auf kleinteilige Maßnahmen wurde gewählt, um zu prüfen, ob diese Maßnahmen schon eine Wirkung auf das Hitzestresslevel haben. Zwar sind die Bäume zum Beginn der Maßnahmenumsetzung sehr klein, und somit fällt auch ihre das Mikroklima regulierende Wirkung gering aus, andere Studien zeigen aber, dass mit dem

Wachstum des Baumes der Wirkumfang ansteigt (Wang, Zacharias 2015). Schon zusätzliche Pflanzungen von kleineren Bäumen zeigen hohe, aber kleinräumige Absenkungen der PET von bis zu 12 K im Vergleich zum Istzustand. Dass die Wirkungen der Maßnahmen in der Ergebnisbetrachtung dennoch gering ausfallen, liegt wahrscheinlich auch an dem großen Untersuchungsraum, in dem nur auf 13 Prozent der Fläche (13.270 Quadratmetern) verhältnismäßig wenige Maßnahmen umgesetzt wurden. Dass die niedrige Vegetation (Gras) keine PET-senkende Wirkung für das Gebiet hatte (S2 und S4), wurde auch in der Untersuchung von Cohen, Potchter und Matzarakis (2012) gezeigt. Dies ist auf die niedrige Wasserverfügbarkeit für die Pflanzen im Boden während der heißen Stunden des Tages zurückzuführen. Die Vorteile von Grasflächen machen sich vor allem nach Sonnenuntergang bemerkbar, wenn sich zeigt, dass sie während der Tagesstunden weniger Wärmeenergie gespeichert haben als versiegelte Flächen aus festen bzw. künstlichen Materialien (Cohen, Potchter, Matzarakis 2012). Die Implementierung eines dichten Netzes aus kleinteiligen Grünflächen wurde in dieser wie auch in anderen Studien (z. B. Li et al. 2012; Lin et al. 2015), als eine wirksame Maßnahme zur Hitzevorsorge nachgewiesen.

Die Untersuchung an der Altstadtküste zeigt, dass die punktuellen Maßnahmen sehr lokale Effekte haben, die sich durch die Kombination mit großflächigeren Maßnahmen steigern lassen. Müller, Kuttler und Barlag (2014) stellten ebenfalls anhand einer ENVI-met-Simulation fest, dass die Kombination aus Maßnahmen zur Verschattung und Elementen zur Verdunstung am effektivsten für die PET-Reduktion in einem Untersuchungsgebiet in Oberhausen war. Diese Wirksamkeit wurde nach Tsoka, Tsikaloudaki und Theodosiou (2018) ebenfalls in unterschiedlichen ENVI-met-Studien ermittelt. In der vorliegenden Studie wurden nur Maßnahmen betrachtet, die sich im öffentlichen Raum, dem Straßen- und Gewässerraum, integrieren lassen, da diese Flächen aufgrund der Eigentumsverhältnisse von den städtischen Behörden in eigener Verantwortung umgestaltet werden können. Dass es für die Umsetzung der Maßnahmen einer Neuordnung der Flächen bedarf, um sie für Klimaanpassungsmaßnahmen zu aktivieren, macht die vorliegende Studie deutlich und steht damit im Einklang mit den Ergebnissen der Studie von Wang und Zacharias (2015). In einer Untersuchung in Peking zeigten sie, dass eine Neuaufteilung der Flächen im Straßenraum Platz für Klimaanpassungsmaßnahmen schaffen kann und durch die Umsetzung von Begrünungsmaßnahmen die lokale Lufttemperatur um 0,5 K gesenkt werden könnte.

Dass zudem auch andere flächenhafte Maßnahmen, wie zum Beispiel Fassadenbegrünungen, als Anpassungsmaßnahmen einen relevanten Beitrag zur Minderung des Hitzestresses im öffentlichen Raum leisten können, wurde bereits nachgewiesen und ist auch für diesen Untersuchungsraum anzunehmen (z. B. Zölch et al. 2016). Allerdings ist die Umsetzung von Gebäudebegrünungen an der Altstadtküste nicht nur wegen der Eigentumsverhältnisse, sondern insbesondere wegen des Denkmalschutzes nur schwer zu realisieren und wurde daher nicht betrachtet.

Um mit den Anpassungsmaßnahmen gegen Hitzestress im Straßenraum einen effektiven Beitrag leisten zu können, genügt es allerdings nicht, nur kleinteilige Maßnahmen in den Straßenraum zu integrieren. Die ENVI-met-Simulation an der Altstadtküste zeigt, dass diese nur eine geringe Wirkung auf die Reduzierung des Hitzestresses haben, da sie nur sehr kleinräumig einen Abkühlungseffekt erzielen. Es sind daher neben diesen hier simulierten Maßnahmen andere, weiterreichende Anpassungsmaßnahmen und eine Neuordnung des öffentlichen Raumes erforderlich, um effektiv eine Anpassung an Hitzestress zu erzielen. Erst eine solche Neuordnung schafft den Platz, um Anpassungsmaßnahmen umzusetzen, die über die Nachpflanzung von Bäumen hinausgehen. Dafür bieten sich zum Beispiel Ansätze wie die Integration von blau-grünen Korridoren in den Straßenraum als effektive Maßnahmen an (BGS 2022). Die regelhafte Berücksichtigung und Integration von blau-grünen Infrastrukturen in der Verkehrsplanung ist daher im Kontext der Klimaanpassung eine Schlussfolgerung aus dieser Wirkungsuntersuchung. Daneben steht die Erkenntnis, dass gerade für die Reduzierung des Hitzestresses am Tag noch weitere Maßnahmen erforderlich sind, die hier noch nicht berücksichtigt wurden. Außer den Möglichkeiten zur Anpassung und somit zur Reduzierung der Exposition gilt es, die Bevölkerung und besonders sensible Gruppen über ein richtiges Verhalten während Hitzewellen aufzuklären, um dadurch deren Sensitivität zu reduzieren.

Exkurs: Dezentrale Regenwasserbewirtschaftung in den Bestand der Altstadtküste integrieren

Eine weitere für Hamburg relevante Klimafolgenanpassung stellt der nachhaltige Umgang mit Regenwasser dar. Um die Möglichkeiten hierfür im Untersuchungsgebiet zu identifizieren, wurden in einer Studienarbeit von Hannah Schönettin (M. Sc. Wasser- und Umweltingenieurwesen) an der Technischen Universität Hamburg die Potenziale für eine dezentrale naturnahe Regenwasserbewirtschaftung (dRWB), verbunden mit einer Stärkung des natürlichen Wasserkreislaufs, durchgeführt. Bei der dRWB wird das Niederschlagswasser nicht direkt in das Kanalnetz eingeleitet, sondern wird zurückgehalten, versickert, verdunstet, genutzt und nur, wenn nicht anders möglich, gedrosselt abgeleitet.

In der Studienarbeit wurde im ersten Schritt in einer Gebietsanalyse der Status quo erhoben, um die nötigen Daten für die Berechnung des Oberflächenabflusses und der Wasserbilanz zu ermitteln. Auf Grundlage einer Gefährdungs- und Potenzialanalyse, ausgehend von der Starkregenhinweiskarte (Geo-Online 2021) und dem Versickerungspotenzial des Untergrundes (Geo-Online 2018), wurden anschließend Flächen definiert, für die eine Umgestaltung mit dRWB-Elementen möglich wäre. Abschließend wurden die Effekte dieser Maßnahmen auf den lokalen Wasserhaushalt quantifiziert und mit den berechneten Werten des Status quo verglichen.

Als Maßnahmen zur dRWB wurden Elemente zur oberflächigen Versickerung, Mulden (inklusive Sonderform der Tiefbeete), Elemente zur unterirdischen Versickerung (z. B. Rigolenversickerung und Schächte) sowie Straßenbäume mit Skeletterde (sogenannte Stockholmer Straßenbäume; Embrém et al. 2009) und Dachbegrünungen vorgeschlagen.

Grundsätzlich kommen alle Flächen im Untersuchungsgebiet für Maßnahmen infrage, die eine »wahrscheinliche« (77 Prozent des Gebietes) oder »eingeschränkte« (sechs Prozent des Gebietes) Versickerungsfähigkeit besitzen. Es wurden in der Folge aber nur Flächen für Maßnahmen ausgesucht, die sich in Senken befinden.

Insgesamt wurden im Verkehrsraum circa 1.800 m² mit Rasengitter- und Sickersteinen versehen und zusätzlich 222 m² der Parkplatzflächen als Tiefbeet-Rigolen umgeplant. Weitere 65 m² Mulden wurden zwischen Bestandsbäumen platziert, da die Versickerung in der Nähe von Bäumen eine positive Auswirkung auf deren Wasserfügbarkeit hat. Von den verbliebenen sonstigen Flächen, die weder Fahrbahn, Parkplatz noch Gehweg sind, wurden 448 m² durch Sickersteine entsiegelt. Unter Berücksichtigung von limitierenden Faktoren (Wasserqualität und Versickerungsfähigkeit des Untergrundes) werden zudem insgesamt 55 bestehende Straßenbäume mit dem Konzept der Stockholmer Straßenbäume ausgestattet. Neben der Verortung von Maßnahmen im öffentlichen Raum werden zudem 49.007 m² Dachfläche von Gebäuden begrünt.

Durch all diese Maßnahmen wurde der Oberflächenabfluss bei einem mittleren Regenereignis (hN: 15 mm) um 28 Prozent und bei einem starken Regenereignis (hN: 35 mm) um 21 Prozent reduziert. Das Regenereignis hN = 15 mm entspricht nach dem Starkregenindex von Schmitt et al. (2018) bei einer Dauerstufe von 30 Minuten und einer Wiederkehrzeit von zwei Jahren einem Starkregen der Kategorie 1, wohingegen sich das stärkere Regenereignis (hN = 35 mm) für eine Dauerstufe von 30 Minuten und eine Wiederkehrzeit von 50 Jahren als Starkregen der Kategorie 6 (außergewöhnlicher Starkregen) definiert.

Um den Einfluss der Maßnahmen auf die gesamte Wasserhaushaltsbilanz für das Gebiet zu erhalten, wurde ein Vergleich zwischen dem Istzustand und dem Zustand mit den Maßnahmen im WABILA-Tool gerechnet (Wasserbilanz-Software vom DWA). Auch hier zeigte sich eine Reduzierung des Direktabflusses um circa 20 Prozent. Besonders die Gründächer führen zu einer Reduzierung und einem Anstieg der Verdunstungsleistung um 30 Prozent. Zudem führt die Umsetzung von Schächten, aber auch von anderen bodengebundenen Maßnahmen fast zu einer Verfünffachung der Versickerung im Gebiet (siehe Abbildung 5).

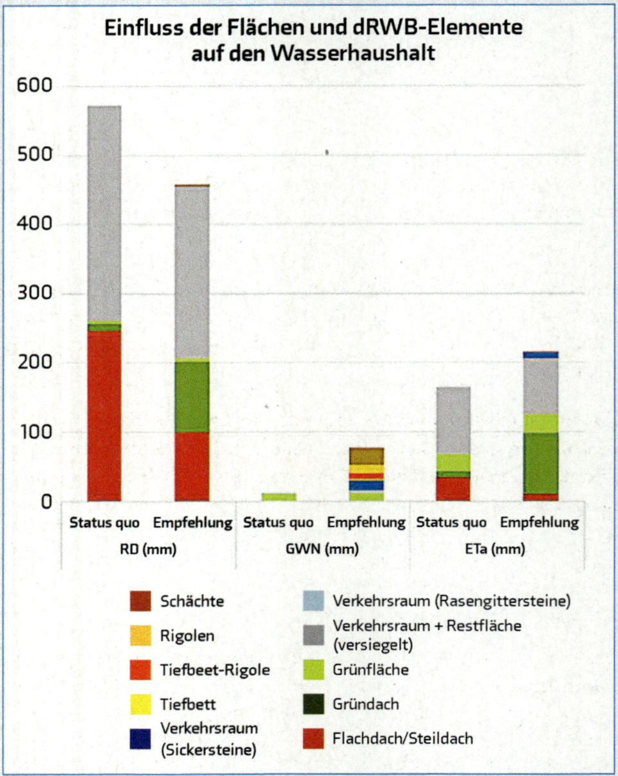

Abbildung 5: **Relevanz der dRWB-Maßnahmen für die Optimierung des Wasserhaushaltes im Untersuchungsgebiet im Vergleich zwischen dem Istzustand (Status quo) und der Empfehlung mit dem Direktabfluss (RD), der Grundwasserneubildung (GWN) und der Verdunstung (Eta).**
Quelle: eigene Darstellung.

Literatur

Bajc, K.; Gollata, J.; Kreutz, S.; Matullat, J.; Meyer, C.; Quanz, J. A.; Stokman, A.; Dickhaut, W.; Gertz, C.; Knieling, J. (2022): Lineare Infrastrukturlandschaften im Wandel. Perspektiven für eine blau-grüne Transformation von Stadtstraßen und kanalisierten Gewässern. Herausgegeben von Stokman, A.; Dickhaut, W.; Gertz, C.; Knieling, J. Diskussionspapier/Working Paper entstanden im Rahmen des Forschungsverbundes LILAS, gefördert aus Mitteln der Landesforschungsförderung Hamburg von der Behörde für Wissenschaft, Forschung, Gleichstellung und Bezirke (BWFGB), [https://doi.org/10.34712/142.31].

Bajc, K.; Gollata, J.; Kreutz, S.; Meyer, C.; Quanz, J. A. (2024): Interdisziplinäre Perspektiven auf lineare Infrastrukturen: das LILAS-Forschungsvorhaben. In: Kreutz, S.; Stokman, A. (Hrsg.): Transformation urbaner linearer Infrastrukturlandschaften. Wie Straßen und Gewässer zu attraktiven und klimaangepassten Stadträumen werden können. S. 19–30, oekom, [https://doi.org/10.14512/9783987263187].

BlueGreenStreets (BGS) (Hrsg.) (2022a): BlueGreen-Streets Toolbox. Teil A. Multifunktionale Straßenraumgestaltung urbaner Quartiere, März 2022, Hamburg. Erstellt im Rahmen der BMBF-Fördermaßnahme »Ressourceneffiziente Stadtquartiere für die Zukunft« (RES:Z).

Cohen, P.; Potchter, O.; Matzarakis, A. (2012): Daily and seasonal climatic conditions of green urban open spaces in the Mediterranean climate and their impact on human comfort. Building and Environment, Volume 51, S. 285–295, [https://doi.org/10.1016/j.buildenv.2011.11.020].

Embrém, B.; Alvem B. M.; Stahl O.; Orvesten A. (2009): Pflanzgruben in der Stadt Stockholm. Ein Handbuch. Stockholm.

GEO-NET Umweltconsulting GmbH (2017): Analyse der klimaökologischen Funktionen und Prozesse für die Freie und Hansestadt Hamburg. Aktualisierte Klimaanalyse 2017. Dokumentation. Hrsg. von der Freien und Hansestadt Hamburg Behörde für Umwelt und Energie (BUE). Hannover.

Geo-Online (2018): Versickerungspotentialkarte, [https://geoportal-hamburg.de/geo-online/?Map/layerIds=12883,12884,16101,19969,23075,23079,5149&visibility=true,true,true,true,false,false,true&transparency=0,0,0,0,0,0,30&Map/center=[565417.1156203519,5933486.111731074]&Map/zoomLevel=8].

Geo-Online (2021): Starkregenhinweiskarte, [https://geoportal-hamburg.de/geo-online/?Map/layerIds=12883,12884,16101,19969,23075,23079,15623,9880,9879,15615,15610&visibility=true,true,true,true,true,true,false,false,false,false,false&transparency=0,0,0,0,0,0,0,0,0,0,0&Map/center=[565858.5405594283,5933546.256167976]&Map/zoomLevel=8].

Höppe, P. (1999): The physiological equivalent temperature – a universal index for the biometeorological assessment of the thermal environment. International journal of Biometeorology, Volume 43, S. 71–75, [https://doi.org/10.1007/s004840050118].

Kuttler, W. (2013): Klimatologie. 2., aktualisierte und erg. Aufl.: Schöningh (UTB: Grundriss Allgemeine Geographie), [https://elibrary.utb.de/doi/book/10.36198/9783838540597].

Li, X.; Zhou, W.; Ouyang, Z.; Xu, W.; Zheng, H. (2012): Spatial pattern of greenspace affects land surface temperature: evidence from the heavily urbanized Beijing metropolitan area, China. Landscape ecology, Volume 27, S. 887–898, [https://doi.org/10.1007/s10980-012-9731-6].

Lin, W.; Yu, T.; Chang, X.; Wu, W.; Zhang, Y. (2015): Calculating cooling extents of green parks using remote sensing: Method and test. Landscape and Urban Planning, Volume 134, S. 66–75, [https://doi.org/10.1016/j.landurbplan.2014.10.012].

Matzarakis, A.; Amelung, B. (2008): Physiological equivalent temperature as indicator for impacts of climate change on thermal comfort of humans. Seasonal forecasts, climatic change and human health: health and climate. S. 161–172, [https://doi.org/10.1007/978-1-4020-6877-5_10].

Müller, N.; Kuttler, W.; Barlag, A.-B. (2014): Counteracting urban climate change: adaptation measures and their effect on thermal comfort. Theoretical and Applied Climatology, Volume 115, Issue 1, S. 243–257, [https://doi.org/10.1007/s00704-013-0890-4].

Murray, V.; Ebi, K. L. (2012): IPCC Special Report on Managing the Risks of Extreme Events and Disasters to Advance Climate Change Adaptation (SREX). Journal of Epidemiology and Community Health, Volume 66, Issue 9, S. 759–760, [https://doi.org/10.1136/jech-2012-201045].

Oke, T. R.; Mills, G.; Christen, A.; Voogt, J. A. (2017): Urban climates. Cambridge: Cambridge University Press.

Pfeifer, S.; Rechid, D.; Bathiany, S. (2020): Klimaausblick Hamburg. Climate Service Center Germany (GERICS), [https://gerics.de/products_and_publications/fact_sheets/index.php.de].

Quanz, J. A.; Kreutz, S.; Meyer, C.; Bajc, K.; Dickhaut, W.; Gollata, J. (2022): Transformation von Straßenräumen zur Hitzevorsorge. Analyse der Flächenpotentiale zur Hitzeanpassung an der Altstadtküste in Hamburg. Transforming Cities, Heft 3, S. 37–41.

Schmitt, T. G.; Krüger, M.; Pfister, A.; Becker, M.; Mudersbach, C.; Fuchs, L.; Hoppe, H.; Lakes, I. (2018): Einheitliches Konzept zur Bewertung von Starkregenereignissen mittels Starkregenindex. Korrespondenz Abwasser, Abfall, Volume 65, S. 113–120.

Steffen, W. P.; Crutzen, P. J.; McNeill, J. R. (2021): The Anthropocene: Are Humans Now Overwhelming the Great Forces of Nature? (2007). In: Benner, S.; Lax, G.;

Crutzen, P. J.; Pöschl, U.; Lelieveld, J.; Brauch, H. G. (Hrsg.): Paul J. Crutzen and the Anthropocene: A New Epoch in Earth's History. Cham: Springer International Publishing, S. 103–121.

Tsoka, S.; Tsikaloudaki, A.; Theodosiou, T. (2018): Analyzing the ENVI-met microclimate model's performance and assessing cool materials and urban vegetation applications. A review. Sustainable Cities and Society, Volume 43, S. 55–76, [https://doi.org/10.1016/j.scs.2018.08.009].

Wai, C. Y.; Tariq, M. A. Ur R.; Muttil, N. (2022): A Systematic Review on the Existing Research, Practices, and Prospects Regarding Urban Green Infrastructure for Thermal Comfort in a High-Density Urban Context. Water, Volume 14, Issue 16, S. 2496 [https://doi.org/10.3390/w14162496].

Wang, Y.; Zacharias, J. (2015): Landscape modification for ambient environmental improvement in central business districts. A case from Beijing. Urban Forestry & Urban Greening, Volume 14, Issue 1, S. 8–18, [https://doi.org/10.1016/j.ufug.2014.11.005].

Yilmaz, S.; Mutlu, E.; Yilmaz, H. (2018): Alternative scenarios for ecological urbanizations using ENVI-met model. Environmental science and pollution research international, Volume 25, Issue 26, S. 26307–26321, [https://doi.org/10.1007/s11356-018-2590-1].

Zölch, T.; Maderspacher, J.; Wamsler, C.; Pauleit, S. (2016): Using green infrastructure for urban climate-proofing: An evaluation of heat mitigation measures at the micro-scale. Urban Forestry & Urban Greening, Volume 20, S. 305–316, [https://doi.org/10.1016/j.ufug.2016.09.011].

Zölch, T.; Rahman, M. A.; Pfleiderer, E.; Wagner, G.; Pauleit, S. (2019): Designing public squares with green infrastructure to optimize human thermal comfort. Building and environment, Volume 149, S. 640–654, [https://doi.org/10.1016/j.buildenv.2018.12.051].

Berechnungsverfahren und App zur Ermittlung von Verdunstung (ET) und Trockenstress von Stadtbäumen (STADTBAUM ET)

Björn Kluge, Gerd Wessolek

Abstract

Städtische Bäume üben einen positiven Einfluss auf das Mikroklima aus und erhöhen die biologische Vielfalt und die Lebensqualität im urbanen Raum. Das Wachstum, die Vitalität und die Kühlleistung von Straßenbäumen sind abhängig von der Baumart, dem Alter, den Klimabedingungen, den Nährstoffverhältnissen, den Bodeneigenschaften und der Wasserversorgung.

Aufgrund des Klimawandels verändert sich die Wasserverfügbarkeit in den Städten und im Straßenraum. In der Praxis stellt sich die Frage, wie die Stadtvegetation unter trockenen und teilweise extremen Klima- und Standortbedingungen ausreichend mit Wasser versorgt werden kann. Die Berechnung des Wasserbedarfes und die Ableitung von möglichem Wasserstress von Stadtbäumen erweist sich in der Praxis aufgrund der sehr heterogenen Standorteigenschaften und -ansprüche häufig als schwierig. Die Erarbeitung einer einfachen, aber flexibel anwendbaren Berechnungsgrundlage ist daher die Hauptmotivation für diesen Beitrag.

Im Folgenden werden zuerst das Konzept, die Methodik und das Berechnungsverfahren in einer stark verkürzten Form dargestellt. Das vollständige Verfahren wird in unserer Publikation »Predicting Water Supply and Evapotranspiration of Street Trees Using Hydro-Pedo-Transfer Functions (HPTFs)« (Wessolek, Kluge 2021) beschrieben und ist frei verfügbar.

Anschließend wird die aus dem Verfahren entwickelte App zur Vorhersage der Wasserversorgung, der Berechnung der Verdunstung und Risikoabschätzung von Trockenstress dargestellt. Diese ist einfach zu verwenden, und die erforderlichen Eingabeparameter können leicht bestimmt und in vielen Fällen digital abgerufen werden. Die App ermöglicht neben der Berechnung der tatsächlichen Verdunstung und der Ableitung des Risikos des Wasserstresses für Straßenbäume am vorliegenden Standort, die Randbedingungen nachträglich zu verändern. Dies beinhaltet zum Beispiel die Änderung von Straßenbelägen, die Vergrößerung des Einzugsgebietes oder eine zusätzliche Bewässerung. Somit können Szenarien entwickelt werden, die eine klimaangepasste Transformation des Straßenraumes ermöglichen.

1 Einführung

Im städtischen Raum variieren die Standorteigenschaften für Straßenbäume, wie Klimafaktoren, Bodeneigenschaften, Grundwassertiefe und Versiegelungsgrad, häufig sehr stark und auf engem Raum. Dies führt zu unterschiedlichen Wachstumsbedingungen und differenzierter Vitalität der Bäume. Hier spielt vor allem die Wasserversorgung eine entscheidende Rolle. Im Zuge des Klimawandels wird sich die Verfügbarkeit von Wasser in den Städten in den nächsten Jahrzehnten weiter stark verändern (Gaffin, Rosenzweig, Kong 2012). Höhere Temperaturen, instabile Übergangsperioden und eine Zunahme extremer Wetterereignisse werden weltweit für viele Regionen prognostiziert (Solomon et al. 2007; Allen et al. 2018). Bereits jetzt zeichnet sich ein deutliches Muster ab: längere sommerliche Trocken- und Hitzephasen und das Auftreten von Starkniederschlägen (Nowak, Kuroda, Crane 2004; Gaffin, Rosenzweig, Kong 2012; Hanel et al. 2018).

Die Auswirkungen dieses Trends konnten in den vergangenen Jahren in vielen Städten in Deutschland und in Regionen weltweit beobachtet werden. Als Reaktion auf die überdurchschnittlich trockenen Jahre oder Phasen zeigten viele Straßenbäume mit besonders schwierigen Standortbedingungen (kleine Baumscheiben, stark versiegelte Einzugsgebiete, eingeschränktes Wurzelwachstum, mittleres Bestandsalter, Südausrichtung im Straßenraum) bereits in frühen Sommermonaten gelblich braunes Laub und vertrocknete, kahle Äste im Kronenraum. Diese Form der Abreife ist im Allgemeinen erst im Spätherbst zu beobachten.

In Berlin kam es infolge der Trockenjahre bereits zu starken Schäden am Baumbestand: Eine massive Totholzentwicklung, eine grundlegende Verschlechterung der Vitalität und eine Zunahme der individuellen Baumsterblichkeit werden seit Jahren beobachtet (Abgeordnetenhaus von Berlin 2019a). Um Schäden abzumildern, hat das Land Berlin in den Jahren 2018 und 2019 zusätzlich etwa 2,3 Millionen Euro in dringend nötige Bewässerungsmaßnahmen von Stadtbäumen investiert (Abgeordnetenhaus von Berlin 2019b). Aktuell gibt die Stadt jährlich etwa 37 Millionen Euro für die Pflege bestehender Straßenbäume (circa 450.000) und rund 2.500 Euro pro Baum für die Pflege neu gepflanzter Bäume in den ersten drei Jahren aus (Pflanzenschutzamt Berlin 2021).

In der Praxis und im Zuge des notwendigen klimaresilienten Stadtumbaus stellt sich die Frage, wie die Wasserversorgung der Straßenbäume besser abgeschätzt und unter schwierigen Klima- und Standortbedingungen ausreichend sichergestellt werden kann. Eine Möglichkeit bietet die Transformation der linearen Infrastrukturen wie Stadtstraßen in biohydrologische Einheiten. In Bezug auf die Stadtbäume bedeutet dies vor allem die Vergrößerung der Wassereinzugsgebiete im Bestand und bei Neuanpflanzungen. Dies kann zum Beispiel durch eine Wahl von Straßenbelägen wie Kleinpflaster mit hohem Fugenanteil im Einzugsgebiet der Bäume erreicht werden.

Welche Maßnahmen für einzelne Einzugsgebiete und Bäume wirksam sind und die tatsächliche Wasserversorgung verbessern können, ist aufgrund der heterogenen Standortbedingungen und -ansprüche der jeweiligen Bäume bislang schwer kalkulierbar. Eine einfache Berechnungsgrundlage zu schaffen war daher eine Hauptmotivation für die Entwicklung des folgenden Verfahrens und der App. Neben der Berechnung der Wasserversorgung sowie der jährlichen und durchschnittlichen Verdunstung am Standort ermöglichen diese mit veränderten Rahmenbedingungen, zum Beispiel Änderung der Straßenbeläge, Vergrößerung des Einzugsgebietes oder zusätzliche Bewässerung, Szenarien zu entwickeln, die eine klimaangepasste Transformation des Straßenraumes fördern und kalkulierbar werden lassen.

2 Material und Methoden

2.1 Prinzipien der Wasser-Boden-Transfer-Funktionen (Hydro-Pedo-Transfer-Funktionen HPTF)

Die Kernidee hinter der Entwicklung der Funktionen war, anhand von leicht verfügbaren Kennwerten und einfach zu handhabenden Gleichungen komplexe Zielgrößen wie die tatsächliche Verdunstung von Straßenbäumen hinreichend genau berechnen zu können. Hierzu wurden Funktionen eines HPTF-Berechnungsverfahrens weiterentwickelt und an verschiedene Straßenverhältnisse angepasst. Die HPTF wurden ursprünglich für die Berechnung der Verdunstung von Ackerland, Grünland und Wald entwickelt. Sie gelten als Standardberechnungsverfahren für die Lösung der Wasserhaushaltsgleichung und werden zum Beispiel zur Berechnung der Wasserhaushaltskomponenten im Rahmen des Hydrologischen Atlas von Deutschland (HAD) verwendet (Wessolek, Duijnisveld, Trinks 2008).

Die Weiterentwicklung, Anpassung und Kalibrierung des Verfahrens umfasste zwei Hauptschritte. Im ersten Schritt wurde ein Boden-Vegetation-Atmosphäre-Transfer-Modell (SVAT) parametrisiert und auf Tagesbasis die Verdunstung für Laubbäume mit folgenden Daten und Eingabeparametern berechnet:

I) Klimadaten: Niederschlag, Windgeschwindigkeit, mittlere Lufttemperatur, mittlere Luftfeuchtigkeit, Nettostrahlung auf täglicher Basis;

II) bodenhydraulische Bedingungen: Wasserverfügbarkeit und Wasserleitfähigkeit im Boden sowie Tiefe des Grundwasserspiegels;

III) Pflanzendaten: Bodenbedeckungsgrad, Wurzeltiefe, Pflanzenhöhe und Stomata-Widerstände für verschiedene Bodenfeuchtebedingungen.

Mit diesen Eingabeparametern wurde die tatsächliche Verdunstung nach dem Penman-Monteith-Ansatz in der von Rijtema angepassten Form (1968) berechnet. Die Ableitung der notwendigen bodenhydraulischen Funktionen erfolgte nach dem Verfahren von Plagge (1991). Um das Modell zu kalibrieren, wurden Verdunstungsmessungen in Lysimetern durchgeführt und Abflussmengen definierter Einzugsgebiete erfasst (Wessolek, Duijnisveld, Trinks 2008; Wessolek, Kluge 2021).

Die Simulationsläufe wurden für verschiedene Kombinationen und spezifische Bedingungen durchgeführt:

a) Böden mit unterschiedlich pflanzenverfügbarem Wasser (von niedrig bis hoch),

b) für Laub- und Nadelbäume, Ackerkulturen und Grünland,

c) Grundwasseramplituden mit einer Tiefe von 0,9 bis 2,8 Meter Tiefe und für

d) 16 Klimastationen innerhalb Deutschlands.

Im zweiten Schritt wurden die Ergebnisse der jährlichen Verdunstung der vielfältigen Simulationen mittels nichtlinearer, multipler Regressionsanalysen ausgewertet. Jeder Verdunstungswert wurde hierbei nichtlinear mit der FAO-Gras-Referenzverdunstung (ET0) nach Allen et al. 1994 und der standortspezifischen jährlichen Wasserversorgung (Sw) korreliert. Zur Anpassung an stadthydrologische Bedingungen wurde das Verfahren modifiziert und um Verdunstungsraten und Interzeption von Stadtbäumen, abweichende Standortbedingungen, wie Bodeneigenschaften, Versiegelungsgrade, Beschattung sowie Zu- und Abläufe von Niederschlagswasser im Einzugsgebiet der Bäume, erweitert (Abbildung 1).

Abbildung 1: Beispiele für Baumeinzugsgebiete von Straßenbäumen, wie sie in Mexiko-Stadt, Paris, New York City, Sydney und Berlin zu finden sind.
Quelle: Wessolek und Kluge 2021.

2.2 Wasserversorgung von Straßenbäumen

Die Wasserversorgung des Baumes (Sw) wird durch die am Standort verfügbaren Wasserressourcen definiert. Es gilt:

$$Sw = Ps + W + Q \pm Ro \quad (1)$$

Dabei beschreibt Sw die Wasserversorgung des Baumes im Baumeinzugsgebiet (mm), Ps ist die Summe der Sommerniederschläge vom 1. April bis zum 30. September (mm) und gegebenenfalls eine zusätzliche Bewässerung, W ist das pflanzenverfügbare Bodenwasser im effektiven Wurzelraum (mm), Q der kapillare Aufstieg aus dem Grundwasser (mm), und Ro ist der Oberflächenabfluss oder -zufluss (mm), je nachdem, wie die Neigung und Entwässerungsrichtung zur Baumscheibe ausgerichtet sind.

2.3 Konzeptioneller Ansatz und Ableitung von Eingabeparametern

Faktoren wie Exposition, Lage und Straßentyp, Baumart, Alter, Bodeneigenschaften, Versiegelungsgrad und Klima werden im Modell berücksichtigt. Alle erforderlichen Eingabeparameter können entweder durch Kartierung oder über digitale Umweltdaten abgeleitet werden. Die Abbildung 2 zeigt schematisch, wie

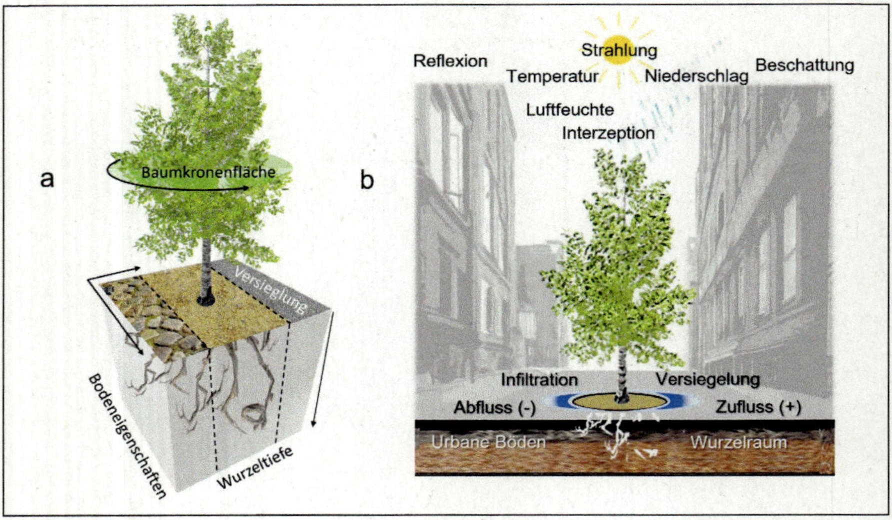

Abbildung 2: a) Schema zur Charakterisierung des Einzugsgebietes eines Straßenbaumes zur Ableitung der Wasserversorgung im Modell und b) Standortbedingungen und Einflussparameter der Verdunstung im urbanen Raum.
Quelle: links: Tams, Paton und Kluge 2023, verändert; rechts: eigene Abbildung.

Tabelle 1: Erforderliche Standortinformationen für die Berechnung der Wasserversorgung und Verdunstung von Straßenbäumen. *Quelle: Wessolek und Kluge 2021.*

Informationen	Verwendung	Quellen
Klima		
Jährliche Niederschläge (mm) Sommerniederschlag (mm) vom 1. April bis 30. September	Wasserbilanz Wasserversorgung (Sw)	Regionale oder nationale sowie private Wetterdienste und Bundesbehörden (Beispiele siehe unten) DWD (Deutscher Wetterdienst) WEK (Wetterkontor) BfG (Hydrologischer Atlas)
Potenzielle Verdunstung Gras (ET0) nach FAO	Tatsächliche Verdunstung (ETI_a)	
Straßenbaum		
Baumarten Baumkronenfläche	Wasserbedarf = Einzugsgebiet (CA) Wasserversorgung (S_w)	Literaturdaten, Kartierung und/oder digitale Informationen von Umweltagenturen
Straßentypus/Umgebung	Urbane potenzielle Verdunstung (ET0u), Advektion (A) und Sky-View-Faktor-(SVF-)Koeffizienten	Kartierung der Lichtverhältnisse, Ableitung über Sky-View-Faktoren, zum Beispiel nach Gong et al. (2018) oder Software UMEP
Standortbedingungen Baumscheibe/Einzugsgebiet		
Bodenart Versiegelung	Wasserspeicher und -verfügbarkeit	Geologische Dienste Bodenphysikalische Kennwerte (Renger, Bohne, Wessolek 2014); KA5 (Eckelmann et al. 2005) Luftbilder, Umweltbehörden
Grundwasser	Kapillarer Aufstieg (Q_a)	Geologische Dienste und Umweltbehörden
Baumeinzugsgebiet	Abfluss (R_o), ß-Koeffizienten Versiegelungsgrad Einzugsgebiet	Literaturdaten; Kartierung und/oder Information der lokalen Umweltbehörden

DWD (Deutscher Wetterdienst): https://www.dwd.de/DE/leistungen/klimadatendeutschland/vielj_mittelwerte.html

WEK (Wetterkontor): https://www.wetterkontor.de/de/wetter/deutschland/monatswerte-station.asp?id=10381&yr=2022&mo=-1

BfG (Hydrologischer Atlas): https://geoportal.bafg.de/mapapps/resources/apps/HAD/index.html?lang=de&vm=2D&s=4611050.472275329&r=0&c=563594.9039036152%2C5676998.40659268

Straßenbaumstandorte durch (i) die Baumkrone, die im Modell das Wassereinzugsgebiet definiert, (ii) die Boden- und Oberflächenverhältnisse und (iii) die effektive Durchwurzelungstiefe charakterisiert werden können. Die Baumkronenfläche hängt vom Baumalter und von der Baumart ab.

Das Modell geht davon aus, dass die Baumkronenfläche (CA = crown area) 1:1 das Einzugsgebiet des Baumes beschreibt (Grundannahme). Diese wird berechnet nach Gleichung 2:

$$\mathbf{CA = \pi \times r^2} \tag{2}$$

Der Oberflächenabfluss (Ro) von versiegelten Flächen fließt entweder zur Baumscheibe hin, wodurch die Wasserversorgung verbessert wird, oder aber das Wasserdargebot wird durch Abflussbildung und/oder Einleitung in die Kanalisation vermindert. Neben dem Radius der Krone werden im Verfahren verschiedene Baumarten berücksichtigt, da sie sich im Wasserbedarf unterscheiden.

Die erforderlichen Standortinformationen, wie Niederschlag, Bodenart und Grundwassertiefe, sind häufig bei lokalen Umweltbehörden bzw. nationalen Wetterdiensten verfüg- und abrufbar (Tabelle 1). Baumspezifische Informationen wie Alter, Baumart, Kronendurchmesser und Versiegelungsgrad müssen entweder kartiert werden oder sind, wie am Beispiel Berlin, digital bei der Verwaltung verfügbar (Senatsverwaltung für Stadtentwicklung und Wohnen 2023).

2.4 Berechnung der Verdunstung von Straßenbäumen

Zur Berechnung der tatsächlichen Verdunstung von Straßenbäumen werden im Rahmen des Verfahrens grundsätzlich zwei Standortbedingungen unterschieden:

a) Standorte, die keine ausreichende Wasserversorgung besitzen, um eine potenzielle Verdunstung zu erreichen (Sw < 800 mm, siehe Gleichung 3) und
b) Standorte mit einer hohen Wasserversorgung, die eine potenzielle Verdunstung erreichen können (Sw > 800 mm, siehe Gleichung 4).

Die Gleichungen unterscheiden sich im Rahmen der Verdunstung durch die sogenannte kritische Wasserversorgung. In Deutschland liegt diese nutzungsabhängige kritische Wasserversorgung (Sw) für Ackerland und Grünland bei

700 mm und erhöht sich aufgrund des höheren Wasserbedarfs von Bäumen auf 800 mm (Costello, Matheny, Clark 2011).

Bei limitierter Wasserversorgung (Sw = ≤ 800 mm) wird die tatsächliche Verdunstung der Bäume mit Bezug auf das Einzugsgebiet (mm) mit der Gleichung 3 wie folgt berechnet:

$$\mathbf{ETIa = Tr \times ET0u\ [1{,}61\ log\ (Sw) - 3{,}39] \times [0{,}865\ log\ (1/ET0u) + 3{,}36]} \quad (3)$$

Wenn die Wasserversorgung (Sw) unbegrenzt ist, das heißt > 800 mm, wird die tatsächliche Verdunstung (ETIa) mit Bezug auf das Einzugsgebiet mit folgender Gleichung (4) berechnet:

$$\mathbf{ETIa = Tr \times 1{,}25 \times ET0u\ [0{,}865\ log\ (1/ET0u) + 3{,}36]} \quad (4)$$

dabei sind ETIa = reale Verdunstung des Baumes (mm/a), Tr = relativer baumspezifischer Wasserbedarf (-), ET0u = potenzielle städtische Verdunstung (mm/a) und Sw = Wasserversorgung des Baumes.

Die Gleichung 4 gilt für Regionen mit hohen sommerlichen Niederschlägen und/oder Gebiete mit einem hohen Grundwasserstand (Grundwasserspiegel < 2,5 – 2,0 Meter). Die erforderlichen Daten können häufig online abgerufen werden (siehe Tabelle 1).

Wasserknappheit (Trockenstress) für Bäume im Einzugsgebiet tritt dann auf, wenn die tatsächliche Verdunstung des Baumes (ETIa) deutlich kleiner ist als die potenzielle Verdunstung (ET0u). Das Verhältnis ETIa/ET0u wird im Verfahren verwendet, um vier Fälle unterschiedlicher Wasserversorgung (Wassermangel- bzw. -stress des Baumeinzugsgebietes) zu charakterisieren:

- ETIa/ET0u > 0,8 = gute Wasserversorgung,
- ETIa/ET0u < 0,8 – 0,6 = geringer Wasserstress,
- ETIa/ET0u < 0,6 – 0,4 = moderater Wasserstress,
- ETIa/ET0u < 0,4 = hoher Wasserstress.

3 Kalibrierung und Validierung des Verfahrens und der App

Um das Verfahren zu kalibrieren, wurden in den Jahren 2017 bis 2020 Verdunstungsmessungen an mehreren Lindenbäumen (*Tilia cordata* sp.) unterschiedlichsten Alters sowie vielfältige Standortkartierungen an Baumstandorten durchgeführt. Die Linde wurde hierbei als Hauptuntersuchungsobjekt gewählt, da sie die häufigste Baumart in der Berliner Innenstadt ist. Die Ergebnisse wurden zudem mit Saftflussmessungen von etwa 35 Jahre alten Lindenbäumen verglichen, die im Jahr 2017 von Rahman et al. (2019) in München ermittelt worden waren (Details siehe Wessolek, Kluge 2021).

Die mit dem Modell ermittelten Verdunstungswerte der jüngeren Lindenbäume fielen für das Jahr 2019 etwas höher aus als die gemessenen Daten, im Jahr 2020 war es umgekehrt. Die Abweichungen lagen in beiden Fällen zwischen sechs und sieben Prozent.

Bei dem Vergleich mit den Daten von Rahman et al. (2019) zeigte sich mit etwa 21 Prozent eine deutlich höhere Überschätzung der berechneten Verdunstungswerte. In diesem Fall konnten allerdings nur mittlere, aggregierte Verdunstungswerte über den Zeitraum Mai, Juni, Juli als Vergleich genutzt werden, während sich die mit dem Modell berechnete Verdunstung auf die gesamte Vegetationsperiode bezog. Zudem konnte bei den Messungen von Rahman et al. (2019) die Verdunstung des Baumeinzugsgebietes (Gras) messtechnisch nicht berücksichtigt werden, im Modell dagegen schon.

Ein Vergleich mit neueren, eigenen ermittelten Saftflussdaten im Stadtraum zeigte eine Abweichung von zwei Prozent zu den mit dem Modell ermittelten jährlichen Verdunstungsraten. Die Modellergebnisse werden daher bisher als realistisch eingeschätzt. In den kommenden Jahren werden zusätzliche Validierungen und Kalibrierungen mit Messdaten im Stadtraum erfolgen.

4 App zur Berechnung der Verdunstung und Wasserversorgung von Straßenbäumen

Die aus dem Verfahren entwickelte App STADTBAUM ET basiert auf Berechnungsformeln, die in Wessolek und Kluge 2021 beschrieben werden. Sie ist ein leicht zu bedienendes Tool, welches anhand von einfachen baumspezifischen Angaben die tatsächliche Verdunstung von Stadtbäumen berechnet und das Risikopotenzial für Wasserstress abschätzt.
Link zur App: https://t1p.de/Stadtbaum_ET.

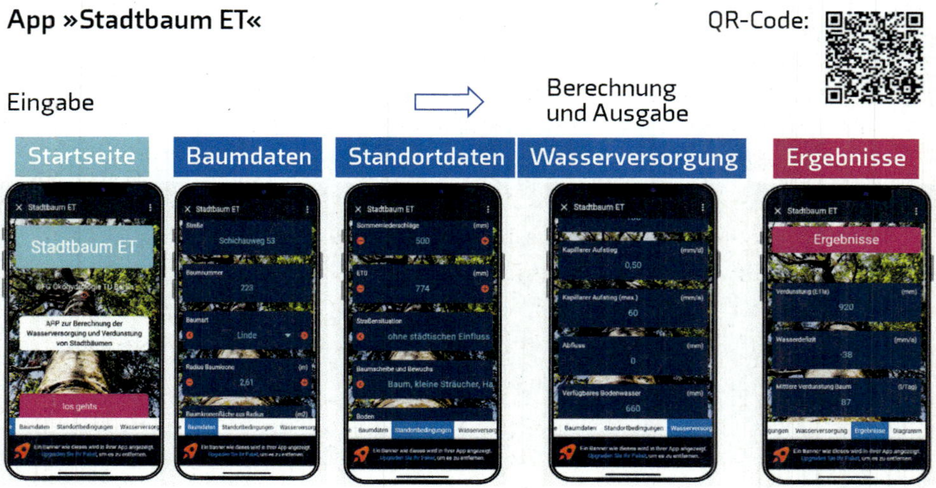

Abbildung 3: Aufbau und Erscheinungsbild der App STADTBAUM ET.
Quelle: eigene Abbildung.

Die App ist folgendermaßen aufgebaut: Im ersten Schritt erfolgt die Eingabe der Baumdaten (Baumart und Radius der Baumkrone), anschließend werden Parameter zu den Standortbedingungen abgefragt. Dies sind in erster Linie klimatische Parameter, wie die durchschnittlichen Niederschläge der vergangenen Jahre (maximal zehn Jahre) und die mittlere potenzielle Verdunstung. Da die Parameter nicht immer vorliegen, sind in der App Websites und Anbieter aufgeführt und verlinkt, die diese Datenabfrage online ermöglichen.

Im zweiten Schritt werden die Straßen- und die Baumscheibensituation, Bodeneigenschaften sowie der Versiegelungsbelag und -grad im Einzugsgebiet abgefragt. Die App bietet gezielte Informationen und Hilfestellungen zu den Eingaben und Auswahlmöglichkeiten per Dropdown-Menü an.

Nach Eingabe aller nötigen Standortparameter startet der erste Berechnungsschritt, die Kalkulation der aktuellen Wasserversorgung des Baumes in seinem Einzugsgebiet. Sie wird für den zweiten Berechnungsschritt, die Berechnung der tatsächlichen Verdunstung sowie die Abschätzung des Trockenstresses, benötigt. Die Ergebnisse werden als Verdunstung je Quadratmeter, Wasserdefizit, mittlere Verdunstung sowie Gesamtverdunstung pro Baum (alles in Liter = Millimeter pro Quadratmeter pro Jahr) sowie Defizit (Liter/Tag bzw. Jahr) ausgegeben.

Zum Schluss wird aus dem Verhältnis der realen (= tatsächlichen) und der potenziellen Verdunstung das Risiko von Wassermangel am Standort ermittelt. Über Veränderungen der Standortbedingungen lassen sich gezielte Maßnahmen ableiten, um die Wasserversorgung des Baumes zu verbessern und das Trockenstressrisiko zu mindern.

Modellrechnung

Im Folgenden soll eine sehr einfach ausgelegte Modellbeispielrechnung zeigen, wie sich durch kleine, aber effektive Anpassungsmöglichkeiten im Straßenraum die Wasserversorgung der Bäume verbessern lässt.

Annahmen

Ein etwa 30-jähriger Straßenbaum (Linde) mit einem Einzugsgebiet (= Baumkronenfläche) von 26 Quadratmetern wächst in einer Straße mit einer Breite von 15 Metern und einer mittleren Gebäudehöhe von circa 20 Metern. Es wird angenommen, dass der Baum eine effektive Durchwurzelungstiefe von 1,20 Metern hat und kein Zusatzwasser über kapillaren Aufstieg (Grundwasser) oder Bewässerung erhält. Das Einzugsgebiet des Baumes ist zu 50 Prozent mit Asphalt (straßenseitig) und zu 50 Prozent mit Betonplatten versiegelt. Die Baumscheibengröße beträgt 3,5 Quadratmeter. Der Sommerniederschlag beträgt 220 Millimeter (sehr trocken). Der Bodenwasservorrat ist im Winter bis zum Frühjahr aufgefüllt worden.

Berechnung und Bewertung

In diesem Fall verdunstet der Baum im Mittel etwa 15 Liter am Tag und in der gesamten Vegetationsperiode 2.650 Liter. Insgesamt hat der Baum ein Wasserdefizit von etwa 3.900 Litern. Nach der Bewertung in Kapitel 2.4 ergibt sich für den Baum an diesem Standort ein hoher Wasserstress innerhalb der Vegetationsperiode.

Anpassungsoptionen im Umfeld

Durch die Veränderung der Versiegelungsart mit Betonplatten durch Mosaikpflaster würde sich die mittlere Verdunstung auf 19 Liter am Tag erhöhen und sich das Wasserdefizit um 850 Liter mindern. Der Baum wäre dadurch nur noch einem moderaten Wasserstress ausgesetzt. Käme zu dieser Änderung noch eine zusätzliche Wasserversorgung von etwa 100 Liter durch Bewässerung oder die Anlage eines temporären (Mini-)Muldeninfiltrationsspeichers (»Baumpfützen«) im Mosaikpflaster oder die direkte Zuleitung von Niederschlagswasser in die Baumscheibe hinzu, könnte der Wasserstress nochmals entscheidend gemindert werden: Der Baum hätte aufgrund dieser Maßnahmen nur noch einen geringen Wasserstress.

5 Schlussfolgerungen

Das Berechnungsverfahren und die App können als hilfreiches Werkzeug zur Ermittlung der tatsächlichen Verdunstung und der Wasserversorgung von Straßenbäumen eingesetzt werden. Sie ermöglichen eine Risikoabschätzung, ob ein Baum an seinem Standort im Laufe der Vegetationsperiode in Wasserstress geraten könnte oder ausreichend mit Wasser versorgt sein sollte. Das Verfahren wurde bisher an Straßenbäumen in Berlin und München getestet und evaluiert und wird zukünftig an weiteren Standort- und Klimabedingungen erprobt und kalibriert. Hierzu sind weitere Feldstudien mit dem Fokus der Verdunstung von Straßenbäumen notwendig, da insgesamt nur wenige längere Datenreihen vorliegen. Dennoch kann das vorgestellte Verfahren zur Berechnung der Wasserversorgung, Risikoanalyse gegenüber Wasserstress und zur Optimierung der Standortbedingungen von Straßenbäumen bereits gut eingesetzt werden.

Bisher durchgeführte Wasserbilanzen für Bäume unter verschiedenen urbanen Standortbedingungen zeigen, dass jüngere (etablierte) und mittelalte Bäume im Vergleich zu älteren häufig weniger Trockenstress ausgesetzt sind, weil ihre Einzugsgebiete im Verhältnis in der Regel noch ausreichend Wasser zur Verfügung stellen können. Durch eine Transformation des Straßenraumes wie Veränderungen der Oberflächen (Versiegelungsmaterialien) sowie Schaffung von temporären Wasserspeichern mit anschließender Versickerung, zum Beispiel in Form von gewollten Baumpfützen, lässt sich die Wasserversorgung beträchtlich verbessern und das Risiko von Trockenstress deutlich vermindern. Um dies umzusetzen, braucht es eine zügige Transformation durch eine enge Zusammenarbeit der zuständigen Ämtern (insbesondere Straßenbau- und Gartenbauamt) sowie innovative und übertragbare Gestaltungskonzepte für bestehende Straßenräume.

Literatur

Abgeordnetenhaus von Berlin, Drucksache 18 /21 605 (2019a). Schriftliche Anfrage des Abgeordneten Daniel Buchholz vom 14. November 2019 (Eingang beim Abgeordnetenhaus am 14. November 2019a) zum Thema: Berliner Stadtbäume: Droht nach zwei Hitzesommern ein Kahlschlag?

Abgeordnetenhaus von Berlin, Drucksache 18 /21 585 (2019b). Schriftliche Anfrage des Abgeordneten Georg P. Kössler (GRÜNE) vom 12. November 2019 (Eingang beim Abgeordnetenhaus am 14. November 2019) zum Thema: Baumbewässerung in Berlin.

Allen, M.; Babiker, M.; Chen, Y.; Coninck, H. de; Connors, S.; van Diemen, R.; Ferrat, M. (2018): Summary for policymakers Global Warming of 1.5 C: an IPCC Special Report on the Impacts of Global Warming of 1.5 C Above Pre-Industrial Levels and Related Global Greenhouse Gas Emissions Pathways, in the Context of Strengthening the Global Response to the Threat of Climate Change. World Meteorological Organization. 2018, S. 1–24.

Allen, R. G.; Smith, M.; Perrier, A.; Pereira, L. S. (1994): An update for the definition of reference evapotranspiration. ICID bulletin, Volume 43, Issue 2, S. 1–34.

ATV-DVWK (2002): Merkblatt M504. Verdunstung in Bezug zu Landnutzung, Bewuchs und Boden. Wirtschafts- und Verl.-Ges. Gas und Wasser, Hennef, S. 144.

Bundesministerium für Umwelt, Naturschutz und Reaktorsicherheit. Hydrologischer Atlas von Deutschland, 2003, [http://www.hydrology.uni-freiburg.de/forsch/had/had_home.htm].

Costello, L. R.; Matheny, N. P.; Clark, J. R. (2011): The Landscape Coefficient Method and WUCOLS III. Sacramento: California Department of Water Resources. San Mateo and San Francisco Counties: University of California Cooperative Extension, California Department of Water Resources 160, [https://sanmarprop.com/assets/pdf/wucols00.pdf].

DWD Climate-Data-Center (2018): Historical Hourly Station Observations of 2m Air Temperature and Humidity for Germany, version 006, DWD Climate Data Center: Offenbach am Main, Germany 2018.

Eckelmann, W.; Sponagel, H.; Grottenthaler, W. (2005): Bodenkundliche Kartieranleitung. Eds. Ad-hoc-Arbeitsgruppe Boden der Geologischen Landesämter und der Bundesanstalt für Geowissenschaften und Rohstoffe der Bundesrepublik Deutschland 2005, 4. Auflage, Nachdruck.

Gaffin, S. R.; Rosenzweig, C.; Kong, A. Y. Y. (2012): Adapting to climate change through urban green infrastructure. Nature Clim. Change, Volume 2, Issue 10, S. 704, [https://doi.org/10.1038/nclimate1685].

Gong, F. Y.; Zeng, Z. C.; Zhang, F.; Li, X.; Ng, E.; Norford, L. K. (2018): Mapping sky, tree, and building view factors of street canyons in a high-density urban environment. Building and Environment, Volume 134, S. 155–167, [https://doi.org/10.1016/j.buildenv.2018.02.042].

Hanel, M.; Rakovec, O.; Markonis, Y.; Máca, P.; Samaniego, L.; Kyselý, J.; Kumar, R. (2018): Revisiting the recent European droughts from a long-term perspective. Sci Rep., Volume 8, Issue 1, S. 1–11, [https://doi.org/10.1038/s41598-018-27464-4].

Nowak, D. J.; Kuroda, M.; Crane, D. E. (2004): Tree mortality rates and tree population projections in Baltimore, Maryland, USA. Urban For. Urban Green. Volume 2, Issue 3, S. 139–147, [https://doi.org/10.1078/1618-8667-00030].

Nowak, D. J.; Randler, P. B.; Greenfield, E. J.; Comas, S. J.; Carr, M. A.; Alig, R. J. (2010): Sustaining America's urban trees and forests: A Forests on the Edge report. Gen. Tech. Rep. 2010, NRS-62. Newtown Square, PA: US Department of Agriculture, Forest Service, Northern Research Station. 27 S., [https://doi.org/10.2737/NRS-GTR-62].

Pflanzenschutzamt Berlin (2021): Stadtbäume, [https://www.berlin.de/sen/uvk/natur-und-gruen/stadtgruen/stadtbaeume/].

Plagge, R. (1991): Bestimmung der ungesättigten hydraulischen Leitfähigkeit im Boden. PhD Thesis, Technische Universität Berlin. Bodenökologie und Bodengenese 3.

Rahman, M. A.; Moser, A.; Anderson, M.; Zhang, C.; Rötzer, T.; Pauleit, S. (2019): Comparing the infiltration potentials of soils beneath the canopies of two contrasting urban tree species. Urban forestry & Urban greening, Volume 38, S. 22–32, [https://doi.org/10.1016/j.ufug.2018.11.002].

Renger, M.; Bohne, K.; Wessolek, G. (2014): Bodenphysikalische Kennwerte und Berechnungsverfahren für die Praxis, Teil I. Schriftenreihe Bodenökologie & Bodengenese (43).

Renger, M.; Bohne K.; Wessolek G. (2014): Bodenphysikalische Kennwerte und Berechnungsverfahren für die Praxis. Bodenökologie und Bodengenese, Nr. 43. Technische Universität Berlin.

Rijtema P. E. (1968): On the relation between transpiration, soil physical properties and crop production as a base for water supply plans [J]. Technical bulletin. Institute for Land and Water Management Research, Volume 58, S. 29–35.

Senatsverwaltung für Stadtentwicklung und Wohnen (2023): Umweltatlas Berlin, [https://fbinter.stadt-berlin.de/fb/index.jsp?loginkey=zoomStart&mapId=k_wfs_baumbestand@senstadt].

Solomon, S.; Qin, D.; Manning, M.; Chen, Z.; Marquis, M.; Averyt, K., … & Miller, H. (2007): IPCC fourth assessment report (AR4). Climate change. 2007, [https://www.ipcc.ch/report/ar4/syr/].

Tams, L.; Paton, E.; Kluge, B. (2023): Impact of shading on evapotranspiration and water stress of urban trees. Ecohydrology, [https://doi.org/10.1002/eco.2556].

Wessolek, G.; Duijnisveld, W. H. M.; Trinks, S. (2008): Hydro-Pedo-Transfer-Functions (HPTFs) for predicting annual percolation rate on a regional scale. J. Hydrol., Volume 356, S. 17–27, [https://doi.org/10.1016/j.jhydrol.2008.03.007].

Wessolek, G.; Kluge, B. (2021): Predicting Water Supply and Evapotranspiration of Street Trees Using Hydro-Pedo-Transfer Functions (HPTFs). Forests, Volume 12, Issue 8, S. 1010, [https://doi.org/10.3390/f12081010].

Potenziale und Wirkungen grüner Infrastruktur für Klimaresilienz am Beispiel von zwei ausgewählten Münchner Stadtquartieren

Kira Rehfeldt, Teresa Zölch, Sabrina Erlwein, Stephan Pauleit, Simone Linke

Abstract

Die Anpassung linearer städtischer Infrastrukturlandschaften an den Klimawandel und die Zunahme extremer Wetterereignisse stellen eine Herausforderung insbesondere für wachsende Städte wie München dar. Vor allem städtische Grünflächen können durch ihre Verdunstungskühlung und Beschattung das Mikroklima verbessern und den Wärmeinseleffekt reduzieren. Wie sich grüne Infrastrukturmaßnahmen auf die Physiologisch Äquivalente Temperatur (PET) auswirken und welche Handlungsempfehlungen sich daraus für den Straßenraum ableiten lassen, wird basierend auf den Forschungsergebnissen aus verschiedenen Projekten der Technischen Universität München (TUM) und der Landeshauptstadt München (LHM) zusammen mit weiteren Projektpartnern untersucht. Die Grundlage der Forschungsergebnisse stellen die Teilprojekte I und III des Zentrums Stadtnatur und Klimaanpassung (ZSK) »Klimaschutz und grüne Infrastruktur in der Stadt – Teilprojekt I«, »City Trees II – Stadtbäume im Klimawandel: Wuchsverhalten, Dienstleistungen und Perspektiven – Teilprojekt III« und des BMBF-geförderten Forschungsprojektes »Grüne Stadt der Zukunft – klimaresiliente Quartiere in einer wachsenden Stadt« dar. Unter anderem wurden in zwei ausgewählten Münchner Stadtquartieren mit unterschiedlichen Siedlungsstrukturtypen (Block- und Zeilenbebauung) mikroskalige Simulationen in ENVI-met durchgeführt, um die Wirkung von Bäumen, Fassaden- und Dachbegrünungen im Quartier zu quantifizieren. Die daraus abgeleiteten Handlungsempfehlungen werden für diesen Beitrag dem 1. Transformationsansatz aus dem interdisziplinären Forschungsprojekt LILAS zugeordnet (Bajc et al. 2022).

Die Forschungsergebnisse zeigen, dass insbesondere der Altbaumbestand durch die Verschattung und Verdunstungskühlung den größten Einfluss auf die PET hat. Demzufolge können Baumerhalt und strategisch platzierte Baumneupflanzungen den Auswirkungen des Klimawandels entgegenwirken und auch in Zukunft zur Aufrechterhaltung heutiger klimatischer Bedingungen beitragen.

1 Klimawirkungen grüner Infrastruktur

Die Bedeutung von grüner Infrastruktur in urbanen Räumen nimmt aufgrund des steigenden Siedlungsdrucks und der damit verbundenen Versiegelung einen immer höheren Stellenwert ein. Die Folgen des Klimawandels sind bereits heute zu spüren: steigende Temperaturen vor allem in innerstädtischen Bereichen (Wärmeinseleffekt) und eine Zunahme von extremen Wetterereignissen. Insbesondere städtische Grünflächen leisten durch ihre Verdunstungskühlung und Verschattung einen entscheidenden Beitrag zur Abminderung dieser Effekte auf das Mikroklima. Aus diesem Grund haben verschiedene Forschungsprojekte der Technischen Universität München (TUM) und der Landeshauptstadt München (LHM) zusammen mit weiteren Projektpartnerinnen und -partnern die Wirkung grüner Infrastrukturen auf die Physiologisch Äquivalente Temperatur (PET) untersucht.

Im Folgenden wird sich mit der Fragestellung beschäftigt, welchen Einfluss Bäume, Dach- und Fassadenbegrünungen in zwei Münchner Quartieren mit unterschiedlichen Siedlungsstrukturen auf die PET im Straßenraum haben. Aufgrund der unterschiedlichen Charakteristika, wie der baulichen Dichte und Struktur, weisen Block- und Zeilenbebauungen verschiedene Potenziale und Handlungsmöglichkeiten für die Transformation linearer Infrastrukturen auf. In einem weiteren Schritt wird bewertet, welche Maßnahmen am wirksamsten für den Straßenraum sind, und es werden entsprechende Handlungsempfehlungen anhand des 1. Transformationsansatzes aus dem LILAS-Projekt abgeleitet (Bajc et al. 2022).

Die Grundlage dieses Beitrags stellen drei Forschungsprojekte dar:

- Teilprojekte I des Zentrums Stadtnatur und Klimaanpassung (ZSK) »Klimaschutz und grüne Infrastruktur in der Stadt« (StMUV),
- Teilprojekte III des ZSK »City Trees II - Stadtbäume im Klimawandel: Wuchsverhalten, Dienstleistungen und Perspektiven« (StMUV) und
- Forschungsprojekt »Grüne Stadt der Zukunft – klimaresiliente Quartiere in einer wachsenden Stadt« (BMBF).

2 Methodischer Ansatz

2.1 Untersuchungsgebiete

Die Leistungen von grüner Infrastruktur für die Hitzeregulation werden für zwei verschiedene Siedlungstypen vorgestellt: eine Blockbebauung und eine Zeilenbebauung (Lang et al. 2018; Banihashemi et al. 2021).

In der zentral gelegenen Münchner Maxvorstadt findet sich eine typische Blockbebauung mit hoher Bebauungsdichte, hohem Versiegelungsgrad und einem geringen Grünanteil. Die Innenhöfe sind zumeist baulich geschlossen und durch Nebengebäude oder Park- und Lagermöglichkeiten versiegelt. Das Gebiet dient hauptsächlich der Wohnnutzung mit gewerblichen Nutzungen in der Erdgeschosszone. Siedlungsgebiete wie die Maxvorstadt sind aufgrund der hohen Baumasse und eingeschränkter nächtlicher Durchlüftung besonders vom städtischen Wärmeinseleffekt betroffen. Der verfügbare Flächenanteil für Begrünungsmaßnahmen ist sehr eingeschränkt, und es konkurrieren verschiedene Nutzungsansprüche.

Dahingegen ist das im Münchner Nordwesten gelegene Moosach von aufgelockerten Zeilenbauten geprägt. Die Gebäudezeilen sind in kleinere Parks, Grün- und Freiflächen eingebettet. Das Gebiet dient hauptsächlich der Wohnnutzung. Durch die großzügigen Grün- und Freiflächen hat Moosach eine günstige mikroklimatische Ausgangssituation. Insbesondere der Altbaumbestand im Quartier trägt zu einer hohen thermischen Aufenthaltsqualität bei. Im Zuge der Stadtentwicklung und der damit verbundenen Wohnraumschaffung erfährt Moosach eine Nachverdichtung und wurde im Rahmen des Städtebau-

Abbildung 1: **Luftbild des für eine Blockbebauung repräsentativen Straßenblocks in der Münchner Maxvorstadt.** *Quelle: Landeshauptstadt München 2023.*

Abbildung 2: **Umgriff des durch Zeilenbebauung geprägten Gebietes des städtebaulich-landschaftsplanerischen Wettbewerbs in Moosach.**
Quelle: Landeshauptstadt München 2023.

förderprogramms »Sozialer Zusammenhalt« als Sanierungsgebiet ausgewiesen. Das gewählte Untersuchungsgebiet liegt innerhalb des geförderten Umgriffs, für den im Rahmen eines städtebaulich-landschaftsplanerischen Wettbewerbs Sanierungs- und Nachverdichtungsziele festgelegt wurden. Das Gebiet grenzt nordwestlich an den Westfriedhof, dem aufgrund seiner Größe eine Funktion als Kaltluftentstehungsgebiet zukommt.

2.2 ENVI-met-Modellierung für einen Sommertag

Um die Leistungen der grünen Infrastruktur in den Untersuchungsgebieten zu quantifizieren, wurde ein Szenarienvergleich unterschiedlicher mikroklimatischer Modellsimulationen mit ENVI-met gewählt. Das dreidimensionale Modell eignet sich zur Simulation komplexer städtischer Umgebungen und bezieht die Interaktionen zwischen Atmosphäre, Boden, gebauter und grüner Infrastruktur ein (Bruse, Fleer 1998). Der Parameter, der für die Auswertungen der thermischen Belastung im Außenraum herangezogen wird, ist die Physiologisch Äquivalente Temperatur (PET). Sie drückt die gefühlte Temperatur in Grad Celsius (°C) aus, die durch die meteorologischen Parameter Lufttemperatur, Wind, Feuchte und Strahlungstemperatur beeinflusst wird. Ab einem PET-Wert von mehr als 41 °C spricht man von einer extremen Wärmebelastung für den Menschen (vgl. Quanz, Dickhaut 2024). Die Auswertung erfolgt auf 1,4 Meter über Grund, dem Körperschwerpunkt eines erwachsenen Menschen. Die räumliche Auflösung des Modells beträgt zwei Meter.

Für die Auswertungen wurde ein heißer Tag mit einer Lufttemperatur von über 30 °C um 15 Uhr bzw. 14 Uhr ausgewählt. Alle PET-Werte wurden über das Untersuchungsgebiet gemittelt (Zölch et al. 2016; Erlwein et al. 2021).

2.3 Szenarien zu grüner Infrastruktur

In der Untersuchung zur Blockbebauung wurden neben der Simulation der Istsituation Simulationen für verschiedene Begrünungsszenarien durchgeführt. Dabei wurden Dachbegrünungen, Fassadenbegrünungen und Baumpflanzungen je einzeln im Untersuchungsraum umgesetzt und in zwei verschiedenen Stufen simuliert: In den realistischen Szenarien wurden die Begrünungsmaßnahmen dort eingesetzt, wo es technisch und räumlich möglich erscheint, während in den maximalen Szenarien der gesamte Raum für Begrünung genutzt wurde. Zudem wurde auch ein Klimawandelszenario untersucht, in dem sich die Lufttemperatur, basierend auf Projektionen im moderaten Klimawandelszenario A1B, im Jahr 2050 auf 35,5 °C erhöht, entsprechend einem zukünftigen heißen Sommertag in München.

In den Untersuchungen in der Zeilenbebauung wurde zusätzlich zur Bestandsbebauung auch Nachverdichtung angenommen. In diesem Szenarienansatz wurde davon ausgegangen, dass sowohl Aufstockungen als auch zusätzliche Gebäude als Zeilenschluss errichtet werden könnten und der aktuelle Baumbestand aufgrund von Tiefgaragenbauten im Zuge dieser Nachverdichtung in jedem zweiten Innenhof weichen muss. Dieser Verlust an Altbäumen wurde in der weiteren Simulation mit jungen Bäumen im Alter von circa fünf Jahren sowie von voll entwickelten Bäumen im Alter von circa 50 Jahren ersetzt. Für die Ersatzbaumpflanzungen wurden zwei mögliche Grünplanungsstrategien gewählt: Die realistische Strategie orientiert sich an aktuellen Richtwerten zur Begrünung der Stadt München, die optimistische Strategie betrachtet zusätzlich Fassadenbegrünung, einen höheren Substrataufbau bei Dachbegrünung und schafft Platz für eine Baumallee im Straßenraum.

3 Ergebnisse

3.1 Blockbebauung

Im Istzustand der Blockbebauung würde die PET im Durchschnitt von heute 41,1 °C auf 43,5 °C im Jahr 2050 zunehmen und damit den Hitzestress weiter verstärken. Es zeigte sich, dass eine Erhöhung des Grünflächenanteils von aktuell weniger als 10 % auf mindestens 20 – 25 % nötig wäre, um diese Verschlechterung der thermischen Verhältnisse in den Freiräumen solcher Quartiere bis zum Jahr 2050 zu vermeiden. In den Begrünungsszenarien sorgten Bäume durch Verschattung und Verdunstung für den größten Kühleffekt. Sie vermindern die PET um bis zu 6 Kelvin (K) im Vergleich zur Bestandssituation mit einem maximalen Begrünungsszenario, in dem fast alle Freiräume von Bäumen überschirmt würden. Denn Baumkronen leisten einen bedeutenden Beitrag zur Verschattung und verdunsten über ihr Blattwerk. Fassadenbegrünung verschattet auch

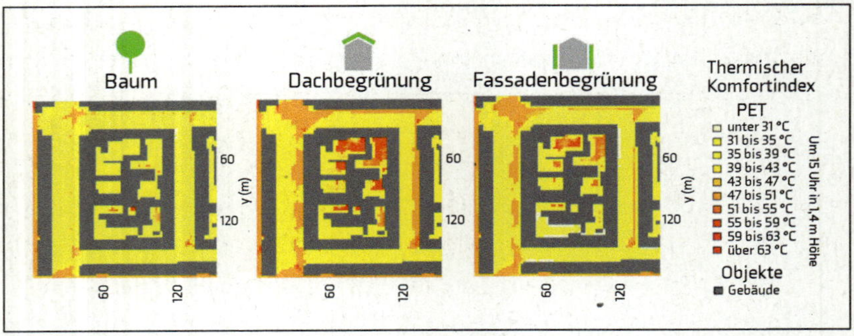

Abbildung 3: Simulierter thermischer Komfort im Außenbereich (Index PET) für eine Blockbebauung an einem Beispiel aus der Münchner Maxvorstadt. Die Abbildungen zeigen die verschiedenen räumlichen Auswirkungen der Begrünungsmaßnahmen Baumpflanzungen, Dach- und Fassadenbegrünung, insbesondere durch deren Verschattungsleistung. *Quelle: Zölch et al. 2016.*

die Fassaden, vor denen sie angebracht ist, senkt deren Wärmestrahlung und leistet Verdunstungskühlung. Ihre Kühlwirkung beschränkt sich aber auf ein Umfeld von nur wenigen Metern um die Begrünung. In der Studie reduziert sich die PET auf 1,4 Meter Höhe bei maximaler Fassadenbegrünung, gemittelt über das Untersuchungsgebiet um etwa 4 K unter den heutigen klimatischen

Tabelle 1: Auswirkungen der drei Begrünungsvarianten Baum, Dach- und Fassadenbegrünung auf den thermischen Komfort im Untersuchungsgebiet Maxvorstadt unter heutigen und zukünftigen Klimabedingungen. *Quelle: eigene Darstellung.*

Begrünungsszenario mit Flächenanteil (R = Realistische Umsetzung, M = Maximale Umsetzung)	Veränderung der Physiologisch Äquivalenten Temperatur (PET in °C)	
	Heute: 41,1 °C	2050: 43,5 °C
BaumR: 24 % Baum	36,5	39,0
BaumM: 34 % Baum	35,3	37,6
DachR: 9 % Dach	41,1	43,5
DachM: 47 % Dach	40,9	43,5
FassadeR: 4 % Fassaden	39,0	41,3
FassadeM: 11 % Fassaden	37,1	39,2

Bedingungen. Dachbegrünungen reduzieren insbesondere Oberflächentemperaturen und damit die Wärmespeicherung in der Bausubstanz. Auswirkungen auf den thermischen Komfort im öffentlichen Raum (Straßenniveau) hat die Dachbegrünung mit einer Verminderung des PET um etwa 0,2 K jedoch kaum. Unter zukünftigen Klimabedingungen erreichen die Begrünungsszenarien mit Baumpflanzungen und maximaler Fassadenbegrünung niedrigere Werte als im Bestandsszenario unter heutigen Klimabedingungen. Diese Maßnahmen haben folglich das Potenzial, den Hitzestress im Außenraum auch im fortschreitenden Klimawandel auf heutigem Niveau zu halten (Zölch et al. 2016).

3.2 Zeilenbebauung

In der Zeilenbebauung kommt es durch die Nachverdichtung und die damit verbundenen Baumverlusten zu lokalen Überwärmungen, sowohl bei Aufstockungen als auch bei Zeilenschluss. Dies führt zu einer deutlichen Steigerung des empfundenen Hitzestresses gegenüber dem Ausgangszustand (= Status quo) um 14 Uhr an einem typischen heißen Tag.

Die Untersuchungen zeigen auch, dass fünf Jahre alte Bäume nur eine geringe Kühlwirkung entfalten, die PET ist im Durchschnitt 3,3 °C wärmer als mit Altbaumbestand. Die Kühlwirkung von schattenspendenden Altbäu-

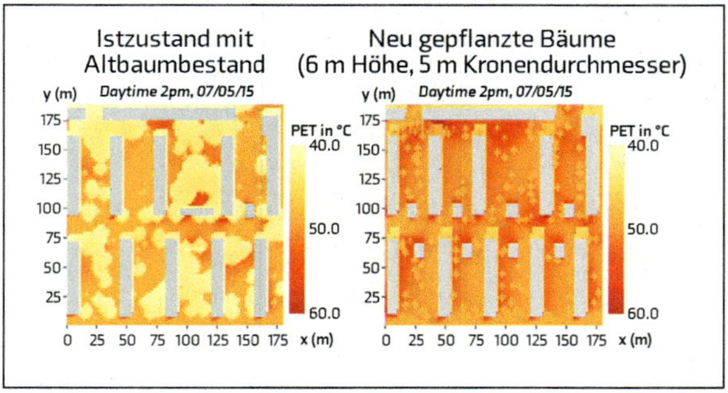

Abbildung 4: Simulierter thermischer Komfort im Außenbereich (Index PET) für eine Zeilenbebauung an einem Beispiel aus München-Moosach. Die Abbildungen zeigen die verschiedenen räumlichen Auswirkungen von Altbaumbestand und Ersatzpflanzungen mit Bäumen im Alter von circa fünf Jahren. Diese erreichen eine sehr viel geringere Verschattungsleistung als Altbäume. *Quelle: Erlwein, Zölch, Pauleit 2021.*

men lässt sich also nur langfristig durch Neupflanzungen kompensieren. Diese Erkenntnis ist besonders relevant, wenn bei Nachverdichtungen der zusätzlich entstehende Stellplatzbedarf gedeckt werden muss. Oft werden Tiefgaragen in die Freiräume zwischen den Häuserzeilen gebaut und in dem Zuge die alten Baumbestände gefällt. Eine drastische Verschlechterung der thermischen Verhältnisse kann die Folge sein.

4 Ableitung von Handlungsempfehlungen für den Straßenraum

Die Erkenntnisse aus den Modellierungen zu Bäumen, Fassaden- und Dachbegrünungen werden im Folgenden auf die linearen Straßenräume übertragen und einige Handlungsempfehlungen für diese punktuellen Maßnahmen (Bajc et al. 2022) abgeleitet.

4.1 Bäume

Die Ergebnisse aus den Modellierungen in der Maxvorstadt und in Moosach haben gezeigt, dass Bäume aufgrund ihrer verschiedenen Ökosystemleistungen die effektivste Maßnahme in beiden Siedlungsstrukturen darstellen, um den Straßenraum zu kühlen. Besonders in stark versiegelten Innenstadtbereichen verbessern Bäume durch ihre Kohlenstoffspeicherung und ihre Kühlwirkung durch Verschattung die Aufenthaltsqualität im Straßenraum und können die PET um bis zu 6 K im Vergleich zur Bestandssituation abmindern. Die Simulationen in Moosach zeigen, dass Neupflanzungen im Alter von fünf Jahren eine wesentlich geringere Verschattungsleistung erreichen als Altbäume. Daher kann eine äquivalente Klimaregulationsleistung nur langfristig erzielt werden, weshalb vitaler Altbaumbestand unbedingt zu erhalten ist. Um dies zu erreichen, sollte zunächst eine Bestandsanalyse – beispielsweise in Form eines Baumkatasters – durchgeführt werden. Zudem können bestehende Bäume durch kommunale Baumschutzsatzungen geschützt und bei unvermeidbarer Fällung Ersatzpflanzungen verbindlich gefordert werden (Rötzer et al. 2021).

Neue Bäume sollten strategisch gepflanzt und die ober- sowie unterirdischen Raumansprüche beachtet werden. Als Standorte sollten insbesondere Bereiche

Abbildung 5: **Vitaler Altbaumbestand in der Zeilenbebauung in München-Moosach.**
Quelle: S. Erlwein 2019.

mit starker Hitzebelastung außerhalb von Kaltluftleitbahnen und Schneisen in Hauptwindrichtung zur Luftzirkulation ausgewählt werden, damit die Förderung der nächtlichen Abkühlung erhalten bleibt. Für den Erhalt der Klimaregulationsleistungen sind die Auswahl klima- und standortgerechter Baumarten (z. B. nach GALK-Straßenbaumliste – GALK 2018) und ein bedarfsgerechter Standort entscheidend. Eine Kombination verschiedener stadtklimaverträglicher und straßenbaumtauglicher Baumarten ist für eine gute Entwicklung am effektivsten. In der Stadt München hat sich beispielsweise eine Pflanzgrube von 36 Kubikmeter bewährt (Landeshauptstadt München 2016). Besonders im Straßenraum kann durch eine ausreichend dimensionierte Baumgrube die Wasserversorgung des Baumes in Trockenphasen sichergestellt werden. Bei eingeschränktem Wurzelraum eignen sich oftmals trockenheitstolerante Baumarten

Abbildung 6: Bodengebundene Fassadenbegrünung mit Wildem Wein in München.
Quelle: W. Heidenreich 2014.

Abbildung 7: Wandgebundene Fassadenbegrünung mit Staudenpflanzen, verschiedenen Gräsern und Kräutern in mehrlagigem Vliestaschensystem in Berlin.
Quelle: W. Heidenreich 2017.

wie zum Beispiel die Scheinakazie (Rötzer et al. 2021). Unterstützend kann ein wasserspeicherndes, verdichtungsresistentes Substrat eingesetzt werden. Durch Entsiegelungsmaßnahmen im Straßenraum kann eine gesunde und nachhaltige Entwicklung des Baumes ebenfalls gefördert werden. Großbaumstandorte sind vorrangig auf nicht unterbauten Flächen zu verorten. Falls dies nicht möglich ist, bestehen abhängig von der Wuchsklasse des Baumes verschiedene Anforderungen an die Substrathöhe.

In der Blockbebauung sollten vor allem die bestehenden Grünflächen im Quartier durch baumbestandene Straßen linear miteinander vernetzt werden. Bäume mit einem großen Kronenvolumen sollten möglichst vor den thermisch hochbelasteten Südwestfassaden platziert werden. Vor allem die nicht unterbauten Innenhöfe der Blockbebauung eignen sich für Großbaumstandorte. In der Zeilenbebauung kann der Baumbestand mit standortgerechten Baumarten ergänzt und verdichtet werden, um eine stärkere Verschattung und Kühlwirkung zu erzielen. In beiden Siedlungsstrukturtypen sollten Bäume mit einem großen Kronenvolumen möglichst vor sonnenexponierten Fassaden platziert werden, um durch Verschattung die Aufheizung der Flächen und die Wärmerückstrahlung zu reduzieren (Lang et al. 2018).

4.2 Fassadenbegrünung

Fassadenbegrünungen haben durch ihre Verdunstungsleistung einen kühlenden Einfluss auf die unmittelbare Umgebung. Bei einer maximal begrünten Fassadenfläche konnte in der Blockbebauung eine Reduktion der PET um etwa 4 K ermittelt werden (Zölch et al. 2016). Bodengebundene Systeme weisen im Vergleich zu fassadengebundenen eine höhere bioklimatische Wirkung auf, benötigen keine künstliche Bewässerung und sind in der Pflege und Wartung wesentlich kostengünstiger.

Allerdings ist die Begrünung der Fassade mit direktem Bodenanschluss in innerstädtischen Bereichen aufgrund von unterirdischer Infrastruktur (z. B. Leitungen, Kabel) unterhalb der Gehwege oftmals schwierig umzusetzen. Hinzu kommen die Auflagen des Denkmalschutzes, die Gebäudestatik und die Brandschutzverordnungen, die eine Installation von fassadengebundenen Systemen erschweren.

Unabhängig von der Auswahl des Systems sollten die Fassaden mit unterschiedlichen (Kletter-)Pflanzen, die unterschiedliche Blattfärbungen und Blühaspekte aufweisen, begrünt werden. In beiden Siedlungsstrukturtypen weisen vor allem die großflächigen, ungenutzten Fassaden ein sehr großes Potenzial für diese Maßnahme auf. In der Blockbebauung stellt Fassadenbegrünung eine sehr gute Alternative dar, wenn Bäume aus Platzgründen nicht gepflanzt werden können. Aufgrund des geringeren Versiegelungsgrades lassen sich in der Zeilenbebauung bodengebundene Systeme häufiger realisieren (Lang et al. 2018).

4.3 Dachbegrünung

Als weitere punktuelle Maßnahme ist die Dachbegrünung zu nennen, die allerdings auf den thermischen Komfort im öffentlichen Raum (Straßenniveau) mit einer Verminderung der PET um nur etwa 0,2 K kaum einen Einfluss hat. Dennoch wirken sich Dachbegrünungen durch ihre Verdunstungsleistung positiv auf den natürlichen Wasserhaushalt in der Stadt aus. Durch den Rückhalt von Niederschlagswasser können, je nach Substrathöhe, Spitzenabflüsse bei Extremwetterereignissen verringert werden. Dies kann durch die Installation eines Retentionsdaches erreicht werden, welches das anfallende Niederschlagswasser über spezielle Drainagen mittel- bis langfristig zurückhalten bzw. speichern kann. Das zwischengespeicherte Wasser kann vor allem in Trockenperioden für die Wasserversorgung der Vegetation genutzt werden (BUE 2018). Extensiv begrünte Dachflächen können bei außergewöhnlichem Starkregen circa zehn Liter Regenwasser pro Quadratmeter zurückhalten, intensiv begrünte Dachflächen circa 40 Liter pro Quadratmeter (Dehnhardt et. al. 2020).

In der Blockbebauung hat eine Dachbegrünung auf niedrigen Gebäuden in den Innenhöfen die größte Wirkung, da die Dächer der Hauptgebäude oftmals geneigt und stärker exponiert sind. Dagegen weisen die häufig flachen Dächer der Nebengebäude in den Hinterhöfen ein enormes Potenzial auf, um den Mangel an grüner Infrastruktur im Quartier zu kompensieren. In der Zeilenbebauung handelt es sich zumeist um Flachdächer, die wesentlich leichter begrünt werden können. Insgesamt ermöglicht eine differenzierte Dachbegrünung mit unterschiedlichen Substrathöhen verschiedene Nutzungen: von unzugänglichen Trockenbiotopen bis hin zu intensiv genutzten Dachgärten (Lang et al. 2018).

Abbildung 8: **Intensiv begrünter Dachgarten mit Kräuterwiesen, Hecken, Hochbeeten, Ölweiden und einem Gewächshaus, München.**
Quelle: W. Heidenreich 2015.

5 Zusammenfassung und Fazit

Die Charakteristika einer Block- und Zeilenbebauung weisen unterschiedliche Potenziale im Straßenraum auf, um Maßnahmen für grüne Infrastruktur im Quartier umzusetzen. In beiden Siedlungsstrukturtypen hat sich gezeigt, dass Bäume, Fassaden- und Dachbegrünungen die Kühlwirkung durch Evapotranspiration und Verschattung erhöhen und damit einen positiven Beitrag hinsichtlich Hitzevorsorge und dezentraler Regenwasserbewirtschaftung leisten. Die Maßnahmen mit der größten bioklimatischen Wirkung für den Straßenraum stellen der Baumerhalt bzw. Neupflanzungen dar, da sie am weitesten in den Außenraum hineinreichen und versiegelte und damit thermisch belastete Bereiche verschatten. Neue Bäume erreichen eine äquivalente Klimawirkung zu Altbaumbestand allerdings erst nach vielen Jahren.

Begrünte Fassaden und Dächer leisten einen deutlichen geringeren Beitrag für das urbane Mikroklima, stellen aber aufgrund der hohen baulichen Dichte vor allem in der Blockbebauung eine gute Alternative zu Baumpflanzungen dar. An heißen Sommertagen können sie die gefühlte Temperatur deutlich senken und erhöhen damit die Aufenthaltsqualität im Quartier. Insbesondere Dachbegrünungen haben ein hohes Retentionspotenzial und können bei Starkregen das anfallende Niederschlagswasser zwischenspeichern.

Zur weiteren Aufwertung des Straßenraums sollten einzelne Maßnahmen kombiniert werden. Insgesamt zeigen die Modellierungen, dass die Kombination dieser drei punktuellen Maßnahmen das Potenzial hat, den Hitzestress im Außenraum auch im fortschreitenden Klimawandel auf heutigem Niveau zu halten. Durch Entsiegelung können Tiefbeete entlang von Straßen angelegt werden, die beispielsweise als Feuchtbiotope mit unterschiedlichen Gräsern, Kräutern, Stauden und Bäumen bepflanzt werden und mit ihrer hohen Verdunstungskühlung die unmittelbare Umgebung kühlen. Zudem haben sie die Funktion, das anfallende Niederschlagswasser zwischenzuspeichern und zu versickern, und entlasten damit die städtische Kanalisation. Diese lineare Maßnahme (2. Transformationsansatz aus dem LILAS-Projekt) setzt allerdings die Entsiegelung von Straßenbereichen voraus und schafft dann multifunktionale begrünte Verkehrsräume. Der Einsatz von versickerungsfähigen Belägen unterstützt das dezentrale Regenwassermanagement. Mit alternativen Mobilitätskonzepten wie Carsharing-Angeboten und einem reduzierten Stellplatzschlüssel kann dieser Ansatz Anwendung finden und die Aufenthaltsqualität im Straßenraum verbessert werden. Um zudem das Bewusstsein der Bevölkerung für mehr Stadtgrün zu fördern, können gezielt Aktionen zur temporären Begrünung von Straßenzügen umgesetzt werden. Mit der Integration verschiedener Maßnahmen zur Förderung von grüner Infrastruktur im Straßenraum und im Quartier kann auch in Zukunft eine angenehme Aufenthaltsqualität sichergestellt werden.

Literatur

Bajc, K.; Gollata, J.; Kreutz, S.; Matullat, J.; Meyer, C.; Quanz, J. A.; Stokman, A.; Dickhaut, W.; Gertz, C.; Knieling, J. (2022): Lineare Infrastrukturlandschaften im Wandel. Perspektiven für eine blau-grüne Transformation von Stadtstraßen und kanalisierten Gewässern. Herausgegeben von Stokman, A.; Dickhaut, W.; Gertz, C.; Knieling, J. Diskussionspapier/Working Paper entstanden im Rahmen des Forschungsverbundes LILAS, gefördert aus Mitteln der Landesforschungsförderung Hamburg von der Behörde für Wissenschaft, Forschung, Gleichstellung und Bezirke (BWFGB), [https://doi.org/10.34712/142.31].

Banihashemi, F.; Erlwein, S.; Harter, H.; Meier-Dotzler, C.; Zölch, T. (2021): Grüne und Graue Maßnahmen für die Siedlungsentwicklung. Klimaschutz und Klimaanpassung in wachsenden Städten. Technische Universität München: 41 S., [www3.ls.tum.de/fileadmin/woobds/lapl/Bilder/Projekte/GrueneStadt/Broschure_2.pdf].

Bruse, M.; Fleer, H. (1998): Simulating surface-plant-air interactions inside urban environments with a three dimensional numerical model. Environmental Modelling & Software 13(3/4), S. 373–384, [https://doi.org/10.1016/S1364-8152(98)00042-5].

Dehnhardt, A.; Welling, M.; Salecki, S.; Wagner, J. (2020): Kosten und Nutzen von grünen Klimaanpassungsmaßnahmen in Bremen: Fokus Dach- und Freiflächenbegrünung. Factsheet. Bresilient.

Erlwein, S.; Zölch, T.; Pauleit, S. (2021): Regulating the microclimate with urban green in densifiying cities: Joint assessment on two scales. Building and Environment 205, 108233, [https://doi.org/10.1016/j.buildenv.2021.108233].

Freie Hansestadt Hamburg, Behörde für Umwelt und Energie (BUE) (Hrsg.) (2018): Leitfaden zur Planung. Dachbegrünung.

GALK e. V. (2018): GALK Straßenbaumliste. Deutsche Gartenamtsleiterkonferenz.

Landeshauptstadt München, Baureferat Gartenbau (2016): Zusätzliche Technische Vorschriften für die Herstellung und Anwendung verbesserter Vegetationstragschichten. ZTV-Vegetationstragschichten (ZTV-Vegtra Mü) 5.

Lang, W.; Pauleit, S.; Brasche, J.; Hausladen, G.; Maderspacher, J.; Schelle, R.; Zölch, T. (2018): Leitfaden für klimaorientierte Kommunen in Bayern. Handlungsempfehlungen aus dem Projekt Klimaschutz und grüne Infrastruktur in der Stadt am Zentrum Stadtnatur und Klimaanpassung. Bayerisches Staatsministerium für Umwelt und Verbraucherschutz, München.

Quanz, J. A.; Dickhaut, W. (2024): Transformation von Straßenräumen zur Klimaanpassung. Wirkungsanalysen an der Hamburger Altstadtküste. In: Kreutz, S.; Stokman, A. (Hrsg.): Transformation urbaner linearer Infrastrukturlandschaften.

Wie Straßen und Gewässer zu attraktiven und klimaangepassten Stadträumen werden können. S. 83–105, oekom, [https://doi.org/10.14512/9783987263187].

Rötzer, T.; Reischl, A.; Rahman, M.; Pretzsch, H.; Pauleit, S. (2021): Leitfaden zu Stadtbäumen in Bayern. Handlungsempfehlungen aus dem Projekt Stadtbäume. Wachstum, Umweltleistungen und Klimawandel. Zentrum Stadtnatur und Klimaanpassung, 72 S.

Zölch, T.; Maderspacher, J.; Wamsler, C.; Pauleit, S. (2016): Using green infrastructure for urban climate-proofing: An evaluation of heat mitigation measures at the micro-scale. Urban Forestry & Urban Greening 20, S. 305–316, [https://doi.org/10.1016/j.ufug.2016.09.011].

Planungs- und Gestaltungsstrategien der sozioökologisch-technischen Transformation urbaner Straßenräume

Sozial, ökologisch oder technisch-verkehrlich?

Straßenkonzepte als Ansatzpunkt für multifunktionale Straßenräume

Christoph Meyer

1 Einleitung

Unser Verständnis von Straßen wird von unseren Erfahrungen geprägt. Daher werden Straßen seit mindestens 60 Jahren vor allem als Verkehrsräume für den ruhenden und fahrenden Kraftfahrzeugverkehr verstanden und ihm ein Großteil des Straßenraumes zur Verfügung gestellt (FGSV 2007; Sachs 1990; UBA 2022). Die damit einhergehenden Probleme ergeben sich dabei nicht nur aus der Endlichkeit des öffentlichen Straßenraumes und dadurch entstehenden Nutzungskonflikten mit bestehenden Flächennutzungen. Vielmehr führen langfristige Entwicklungen wie der Klimawandel oder zeitlich begrenzte Ereignisse, wie zum Beispiel die Covid-19-Pandemie, zu der Notwendigkeit, Straßen an Hitzewellen und Dürren, Starkregenereignisse und Überflutungen anzupassen sowie nutzerspezifische Anforderungen an lebenswerte Straßenräume stärker zu berücksichtigen (Bajc et al. 2022; Quanz et al. 2022; Valente et al. 2021). Die Integrationsmöglichkeiten neuer, insbesondere ökologischer Funktionen in bestehende Straßenräume sollte im Rahmen des LILAS-Projektes anhand des Untersuchungsraums der Lindenallee im Hamburger Stadtbezirk Eimsbüttel untersucht werden, da diese im Rahmen von Sanierungsmaßnahmen zu einem Straßenpark umgebaut werden sollte (Bezirksversammlung Eimsbüttel 2019a). Die Umsetzung des Vorhabens ist aufgrund politischer Entwicklungen bisher nicht weiterverfolgt worden, weshalb auch die projektbezogene Begleitforschung nicht möglich war. Die Vorstellungen zu einem Umbau als Straßenpark warf allerdings die Frage nach potenziellen Zielvorstellungen und Gestaltungsmöglichkeiten auf, die im Rahmen einer Literaturreview zu Straßenkonzepten aufgegriffen wurde und zur Entwicklung multifunktionaler Straßen mit Berücksichtigung sozialer, ökologischer und verkehrlich-technischer Belange beitragen kann (Lund 2014).

2 Ausgangssituation in der Lindenallee

Die Lindenallee ist eine circa 350 Meter lange Wohnstraße im Hamburger Stadtbezirk Eimsbüttel. Die Gesamtfläche von 6.125 Quadratmeter entfällt zu 34 % auf die Fahrbahn, zu 29 % auf Gehwegflächen und 27 % auf Parkplatzflächen, während Grünflächen und Baumscheiben mit 7 % einen deutlich geringeren Anteil ausmachen. Dabei entfallen etwa 60 % der Flächen auf eine primäre Nutzung durch Kraftfahrzeuge und 30 % auf den Fußverkehr, während Grünflächen und Baumscheiben mit 7 % vorwiegend Restflächen mit durchschnittlich knapp über zehn Quadratmeter einnehmen.

Durch falsch parkende Kraftfahrzeuge kann es zudem zu zusätzlichen temporären Flächenansprüchen kommen, sodass auch bestehende Baumscheiben, Fahrbahn-, Gehweg- und Grünflächen betroffen sein können. Dadurch wird die Straßenraumaufteilung der letzten Straßensanierung aus dem Jahr 1981 durch räumliche Aneignungsprozesse konterkariert, denen auch durch den geplanten Umbau der Lindenallee zu einem Straßenpark entgegengewirkt werden sollte (vgl. Bezirksamt Eimsbüttel 1981). Ersichtlich wird dies durch die formulierten Zielvorstellungen der Bezirksversammlung Eimsbüttel zu Straßenparks:

> »Kleinteilige autofreie Zonen wären ein erheblicher Gewinn für die Lebensqualität aller Bürgerinnen und Bürger im Bezirk. Solche ›Straßenparks‹ sind Abschnitte einer Straße, in denen Kfz-Parkplätze und parkende Autos die Ausnahme sind. Die Flächen sollen nicht für eine gewerbliche Nutzung oder andere Events genutzt werden, sondern Raum für den Alltag ohne PKW bieten. Vom Charakter ist ein Straßenpark eine stark begrünte Spielstraße (›Verkehrsberuhigter Bereich‹) mit der Möglichkeit für Lieferverkehr und Anwohnerinnen und Anwohner (mit eigener Tiefgarage/Stellplätzen oder zum Be- und Entladen) im Schritttempo einzufahren. Die Zufahrt kann zum Beispiel mit einfahrbaren

Pollern reguliert werden. Denkbar wäre im oder am Straßenpark Parkplätze für Car-Sharing und Elektroautos bereitzustellen« (Bezirksversammlung Eimsbüttel 2019b).

Eine Auffälligkeit dieser Zielvorstellungen ist der hohe Abstraktionsgrad, der sich in groben Zielsetzungen äußert, ohne konkrete Zielgrößen, zum Beispiel für »eine stark begrünte Spielstraße« oder »Abschnitte einer Straße, in denen Kraftfahrzeug-Parkplätze und parkende Autos die Ausnahme sind«, zu nennen. Gleichzeitig werden Zielvorstellungen formuliert, die »Raum für den Alltag ohne PKW« bieten und eine Ausgestaltung als »stark begrünte Spielstraße (›Verkehrsberuhigter Bereich‹) mit der Möglichkeit für Lieferverkehr und Anwohnerinnen und Anwohner (mit eigener Tiefgarage/Stellplätzen oder zum Be- und Entladen) im Schritttempo einzufahren« umfassen und »eine gewerbliche Nutzung oder andere Events« ausschließen. Mit Tiefgaragen, der Geschwindigkeitsbeschränkung auf Schrittgeschwindigkeit, Zufahrtsbeschränkungen durch Poller und Parkplätzen für Carsharing und Elektroautos werden zudem konkrete Maßnahmen formuliert, die zur Umsetzung der Ziele beitragen sollen. Dennoch bleibt zunächst offen, ob die angedachten Maßnahmen im raumspezifischen Kontext realisierbar sind, den formulierten Zielvorstellungen zuwiderlaufen oder Unklarheiten bei der Ausrichtung von Maßnahmen, wie zum Beispiel bei verkehrsberuhigten Bereichen, die sowohl die Verkehrsberuhigung als auch Spielmöglichkeiten für Kinder umfassen, bereithalten.

3 Die Lindenallee im Kontext der Richtlinien

Auf konzeptueller Ebene bieten die Richtlinien für die Anlage von Stadtstraßen (RASt 06) und die StVO den institutionalisierten Rahmen für die Straßenraumgestaltung und Regulation. Aufgrund ihrer Baustruktur, Nutzungen und Verkehrsstärke mit weniger als 400 Kraftfahrzeugen je Stunde lässt sich die Lindenallee als Wohnstraße charakterisieren (FGSV 2007) und ist im südlichen Teil als verkehrsberuhigter Bereich (Zeichen 325.1) mit geltender Schrittgeschwindigkeit und der Möglichkeit des Spielens im Straßenraum ausgewiesen (Kesting et al. 2015; StVO 2020). Im Gegensatz zu den Vorgaben zur Straßenraumgestaltung und Regulation des Verkehrs und individuellen Verhaltens werden Grünanlagen eher beiläufig als straßenbegleitende oder strukturierende Straßenelemente angesehen, zu denen es keine institutionalisierten Empfehlungen oder Vorgaben gibt. Dadurch werden allerdings Ökosystemdienstleistungen ausgeklammert. Ökosystemdienstleistungen werden unterschieden in versorgende (Nahrungsmittel, Trinkwasser), regulierende (Temperatur, Wasserhaushalt, Schadstoffe, Treibhausgase), kulturelle (Erholungsfunktion, Landschafts-/Stadtbild, Kontakt zur Natur) und unterstützende (Bodenbildung, Nährstoffkreislauf, biologische Vielfalt) (Stinner et al. 2021), die über die Regulation des Wärme- und Wasserhaushalts oder kulturelle Mehrwerte in Form von Naherholungsmöglichkeiten und den Naturbezug, vielfältige Möglichkeiten zur Gestaltung klimaresilienter und lebenswerter Straßenräume bieten. Deren zunehmende Relevanz ist neben der seit 2018 gesellschaftlich geführten Klimawandeldebatte auch auf die Erlebbarkeit von Einschränkungen im Rahmen der Covid-19-Pandemie und die Auswirkungen von Hitzeperioden und Starkregenereignissen in der jüngeren Vergangenheit zurückzuführen und rückt die Frage nach multifunktional gestalteten Straßenräumen zunehmend in den Fokus von politischen Entscheidungsträgern, Planungsakteuren und gesellschaftlichen Akteuren.

4 Literaturreview zu Straßenkonzepten

Straßenräume bilden eine Vielzahl von Flächenansprüchen ab, die, ausgehend von der bisherigen Planungspraxis, auf verkehrliche Funktionen fixiert sind und ökologische und soziale Funktionen je nach Straßenkontext nur bedingt berücksichtigen. Im Gegensatz zu einzelnen Maßnahmen zur Ergänzung des bestehenden Planungsinstrumentariums mit den etablierten Zielsetzungen können alternative Straßenkonzepte andere Schwerpunkte setzen und damit neue Perspektiven und Ansatzpunkte für die Entwicklung multifunktionaler Straßenräume bieten.

Zur Identifikation bereits existierender Straßenkonzepte wurde zunächst eine internetbasierte Vorrecherche durchgeführt, in deren Rahmen Konzepte wie zum Beispiel *Klimastraßen*, *Sommerstraßen* oder *Blau-grüne Straßen* identifiziert werden konnten. Eine systematische Literaturanalyse wurde anschließend über die englischsprachige Onlinedatenbank Web of Science durchgeführt und nach Konzepten gesucht, deren Bezeichnung sich aus einem Akzent und dem Bezug auf Straßen, wie zum Beispiel *Climate Street* oder *Sustainable Street*, zusammensetzt. Dadurch wurden vergleichbare anderssprachige Konzepte wie zum Beispiel *Cíclovias* zunächst ausgeklammert, aufgrund der Verflechtung mit daraus abgeleiteten Konzepten wie zum Beispiel *Open Streets* oder *Sunday Streets* aber dennoch berücksichtigt. Nachdem über den Titel eine erste Eingrenzung erfolgt war, wurde die weitergehende Eingrenzung über ein Titel-, Kurzfassungs- und Volltextscreening vorgenommen, sodass insgesamt n = 77 Texte auf internationaler Ebene in die Betrachtung einbezogen wurden. Aufgrund erheblicher Diskrepanzen zwischen nationalspezifisch geführten Straßendiskursen wurden für den deutschen Kontext weitere n=19 Texte durch die Suche über Google Scholar, die Vorrecherche sowie in einschlägigen Fachzeitschriften mit vorwiegend ingenieurstechnischem Bezug in die Betrachtung einbezogen. Die Bandbreite der Literatur umfasst eine Vielzahl an unterschiedlichen Fachdisziplinen und Fachrichtungen (Abbildung 1), deren Perspektiven sowie räumlich-zeitliche (siehe Meyer 2023) und kontextuelle Bezüge einen einheitlichen Vergleich erschweren. Dennoch lassen sich insgesamt mehr als 50 verschiedene Straßenkonzepte und Kombinationen identifizieren, deren Ansätze für spezifische, oftmals national verschiedenartige Straßenverständnisse eine Weiterentwicklung darstellen.

Abbildung 1: Fachdisziplinen und Fachrichtungen der Reviewquellen.
Quelle: eigene Darstellung.

5 Verständnisse von Straßenkonzepten

Straßenkonzepte akzentuieren spezifische Zielsetzungen (Lund 2014) und bieten damit einen vereinfachten Verständniszugang. Dennoch kann es kontextspezifisch und aufgrund inhaltlicher Unschärfen zu erheblichen Unterschieden im Konzeptverständnis kommen.

Die Relevanz von Straßenkonzepten hängt von den kontextspezifischen Straßenverständnissen ab. Das Konzept der *Complete Street* beispielsweise (Grahn et al. 2020; Gregg, Hess 2018; Hui et al. 2018; Kingsbury, Lowry, Dixon 2011) ist in Europa weitgehend unbekannt, während es in Nordamerika als zielführend bei der Implementierung von Mobilitätsalternativen zum Pkw gesehen wird. Der Bedeutungsunterschied lässt sich damit erklären, dass Mobilitätsalternativen wie Busse, Bahnen sowie der Fuß- und Radverkehr in Europa auch während der massiven automobilen Expansion in den 1950er- bis 1970er-Jahren nicht in vergleichbarem Maß stigmatisiert und gesellschaftlich desintegriert wurden wie in den USA, weshalb deren Berücksichtigung im Rahmen der institutionalisierten Straßen- und Verkehrsplanung der vergangenen Jahrzehnte, trotz lokalspezifischer Einschränkungen, gegeben war (Downs 1962; Gehl 2015; Hesse 1995; Jacobs 1961).

Ebenfalls mit Bezug auf das *Complete-Street*-Konzept ergibt sich die Möglichkeit einer inhaltlichen Weiterentwicklung. Dadurch können einzelne Konzeptaspekte oder ganze Konzepte in bestehende Straßenkonzepte integriert werden, sodass beispielsweise aus *Complete Streets*, mit dem Ziel der Integration von alternativen Mobilitätsoptionen zum Pkw, und *Green Streets* (Im 2019; Rodriguez-Valencia, Ortiz-Ramirez 2021; Valente et al. 2021) bzw. *Stormwater Streets* (Shaneyfelt et al. 2017), mit Fokus auf dem Starkregenmanagement und bedingt auch Aufenthaltsqualität, neue Straßenkonzepte entstehen können, die, dann als *Green Complete Streets* bezeichnet, beide Zielsetzungen enthalten können (Gregg, Hess 2018). Es bleibt jedoch zu beachten, dass die Priorisierung der konzeptspezifischen Zielsetzungen zugunsten spezifischer Funktionen ausfällt, wodurch beispielsweise die verkehrsbezogenen *Complete Streets* die umweltbezogenen *Green Streets* dominieren (Rodriguez-Valencia, Ortiz-Ramirez 2021). Eine andere Form der inhaltlichen Weiterentwicklung kann sich durch ein sich wandelndes Verständnis von Straßenkonzepten wie bei den *Play Streets* ergeben. Das heutige *Play-Street*-Konzept bezieht sich auf eine temporäre Sperrung und Umnutzungen von Straßenflächen mit dem Ziel, Spielflächen für Kinder und Jugendliche bereitzustellen und physische Aktivitäten zu ermöglichen (D'Haese et al. 2015; Meyer et al. 2019; Zieff, Chaudhuri, Musselman 2016), während es bis in die 1950er-Jahre die dominante und permanente Nutzung von Straßen als sozial überwachte Spielfläche umschreibt (Cowman 2017).

Zudem kann das begrifflich gleiche Konzept unterschiedliche Interpretationen umfassen. *Liveable Streets* bzw. *Livable Streets* stellen ein international verbreitetes Straßenkonzept dar, das die Zielsetzung sicherer und lebenswerter Straßen verfolgt. Es stellt sich jedoch die Frage, für wen die Straßen lebenswert gestaltet werden sollen. Während unmittelbare Anwohner:innen einer Straße Lebensqualität mit einem ruhigen Straßenraum (Sauter, Huettenmoser 2008) in Verbindung setzen, kann dies in anderen Kontexten einen quartiersbezogenen, lebendigen Austausch und wirtschaftliche Aktivität bedeuten (Istrate, Chen 2022). Je nach Zielsetzung kann sich die Steigerung oder bereits vorhandene Lebensqualität auch auf spezifische Personengruppen beziehen, deren Zuzug dadurch angeregt werden soll, um beispielsweise das wirtschaftliche Standortpotenzial zu erhöhen (Whitney, Hess, Sarmiento-Casas 2020). Damit einher geht auch die Problematik potenzieller Gentrifizierungsprozesse, die durch eine gesteigerte Lebensqualität ausgelöst werden können und dann anderen als den bisherigen Anwohner:innen zugutekommen (Sauter, Huettenmoser 2008; Whitney, Hess, Sarmiento-Casas 2020).

Die Ähnlichkeit mancher Straßenkonzepte kann zu Überschneidungen und auch vermeintlich synonymen Begriffsnutzungen führen. Die Konzepte der *Liveable Streets* (Appleyard 1980; Bosselmann, Macdonald, Kronemeyer 1999; Dumbaugh 2005; Istrate, Chen 2022; Mahmoudi, Ahmad 2015; Sauter, Huettenmoser 2008; Whitney, Hess, Sarmiento-Casas 2020), *Living Streets* (Aman et al. 2019; Gharehbaglou, Khajeh-Saeed 2018; Wang et al. 2020) und *Shared Streets* (Ben-Joseph 1995; Daniel, Nicholson, Koorey 2011; Karndacharuk, Wilson, Dunn 2014; Xu et al. 2022) zielen im Kern auf eine Steigerung der Lebens- und Aufenthaltsqualität von Straßen ab, unterscheiden sich aber auf der Ebene der Adressat:innen und der zugehörigen Maßnahmen. Während *Shared Streets* und *Liveable Streets* mit einzelnen Ausnahmen (Whitney, Hess, Sarmiento-Casas 2020) auf Anwohner:innen abzielen, liegt der Fokus bei *Living Streets* vorwiegend auf externen Besucher:innen. Zudem wird Lebensqualität bei *Shared Streets* im Wesentlichen durch eine Neuaufteilung von Straßenraumnutzungen durch verkehrsbezogene Maßnahmen vorgenommen, während *Living Streets* ihren Fokus auf aktivitätsfördernde und fußverkehrsfreundliche Maßnahmen legen (Aman et al. 2019) und *Liveable Streets* auf optimierende Maßnahmen für die Aufenthaltsqualität. *Shared Streets* (Ben-Joseph 1995; Daniel, Nicholson, Koorey 2011; Karndacharuk, Wilson, Dunn 2014; Xu et al. 2022) und *Shared Spaces* (Baier, Engelen 2015; Bosselmann, Macdonald, Kronemeyer 1999; Gerlach, Ortlepp 2010; Gerlach 2015; Schnüll 2015; Topp 2010; Topp 2011) ähneln sich sowohl in ihrer Bezeichnung als auch in der stärkeren Mischung von nicht motorisiertem und motorisiertem Verkehr auf bestehenden Verkehrsflächen. Maßgebliche Unterschiede beziehen sich auf die Verkehrsstärke im Kraftfahrzeugverkehr, die bei *Shared Spaces* mit bis zu 20.000 Kraftfahrzeugen je Stunde deutlich höher ausfällt als bei *Shared Streets*, deren Fokus mit der Priorisierung des Fußverkehrs und einer geringeren Bedeutung der Verkehrs- gegenüber der Aufenthaltsfunktion auch auf einem anderen Schwerpunkt liegt. Die Schwierigkeiten bei der Unterscheidung und Verallgemeinerbarkeit von Straßenkonzepten lässt sich am ehesten durch eine Betrachtung ihrer Zielrichtungen und darunter gefassten Maßnahmen auflösen, da sich dadurch etwaige Schwerpunkte identifizieren lassen.

6 Straßenkonzepte – Zielsetzungen und Maßnahmen

Die Zielsetzungen bei der Entwicklung von Straßenkonzepten haben disziplinbedingt unterschiedliche Ausrichtungen und verweisen auf spezifische Defizite oder Optimierungspotenziale von Straßen. Diese beziehen sich übergeordnet auf eine stärkere ökologische, technisch-verkehrliche oder soziale Ausrichtung von Straßen, was anhand der darunter gefassten Maßnahmen verdeutlicht werden kann. Hierzu wurden, ausgehend von den identifizierten n = 198 Maßnahmen, zehn induktiv abgeleitete Kategorien entwickelt und die konzeptspezifischen Maßnahmen ihrer Anzahl entsprechend zugeordnet (Tabelle 1). Die zehn Kategorien, die im Folgenden als maßnahmenbezogene Zielsetzungen bezeichnet werden, umfassen zwischen zehn und 33 verschiedene Maßnahmen (siehe Meyer 2023) und wurden induktiv aus den Maßnahmen der verschiedenen Straßenkonzepte abgeleitet, die sich mit Bezug auf den LILAS-Ansatz, mit der Ausnahme der Zielsetzung der besonderen Nutzergruppen, primär den ökologischen, sozialen oder verkehrlich-technischen Zielen zuordnen lassen (Abbildung 2). Die darin enthaltenen Maßnahmen können allerdings mehr als eine Zielrichtung aufweisen, wodurch sie in mehreren Kategorien vertreten sein können.

Ein Beispiel für einen solchen Mehrfachbezug stellt die Maßnahme der Priorisierung des Fuß- und Radverkehrs dar, welche gleichzeitig eine Stärkung des Fuß- und Radverkehrs zum Ziel hat und auch den sonst dominanten motorisierten Individualverkehr (MIV) einschränkt. Es sei an dieser Stelle aber explizit auf die damit einhergehenden Schwierigkeiten einer exakten und trennscharfen Zuteilung hingewiesen, da Maßnahmen oftmals mit einem spezifischen Zweck umgesetzt werden, jedoch auch andere Zielsetzungen betreffen können. In der Folge können Straßenkonzepte, wie beispielsweise *Smart Streets*, zwar Schwerpunkte bei maßnahmenbezogenen Zielsetzungen aufweisen, allerdings können diese durch Mehrfachbezüge mit anderen Zielsetzungen in ihrer Bedeutung relativiert werden. Die Bedeutung der Zielsetzungen für die jeweiligen Straßenkonzepte wird durch die absolute Anzahl der darunter gefassten Maßnahmen verdeutlicht. Während sich die *Smart Streets* vorwiegend auf eine Smartifizierung und Technisierung des Straßenraums beziehen, liegt der inhaltliche Fokus von *Green Streets* insbesondere auf der Begrünung und wasserbezogenen Maßnahmen in Straßenräumen. Konzepte wie beispielsweise *Active Streets*, *Climate Streets* oder *Lively Streets* verfolgen im Gegensatz dazu eine Vielzahl an maßnahmenbezogenen Zielsetzungen ohne vergleichbare Schwerpunktsetzung (Tabelle 1). Dass nicht alle Zielsetzungen in ähnlicher Weise aufgegriffen werden, verdeutlicht die unterste Tabellenzeile (Tabelle 1). Während sechs der zehn maßnahmenbezogenen Zielsetzungen von zwei Dritteln oder mehr Straßenkonzepten aufgegriffen werden, liegt der Anteil bei den Formen und Arten der Begrünung, Wasser und wasserbezogenen Maßnahmen, der Smartifizierung und

Straßenkonzept im internationalen Kontext/Kategorie	Formen und Arten der Begrünung im Straßenraum (n = 21)	Wasser und wasserbezogene Maßnahmen im Straßenraum (n = 26)	Straßen für den Fuß- und Radverkehr (n = 33)	Push-Maßnahmen zur Einschränkung und Reduktion des Kfz-Verkehrs im Straßenraum (n = 29)	Bedürfnisse mit Bezug auf das Umfeld und Anforderungen an Straßenräume (n = 25)	Angebote und Anreize, den Straßenraum aufzusuchen und zu nutzen (n = 25)
Active Streets (n=2)	2	0	1	1	3	0
AV-streets (n=1)	0	0	0	0	0	0
Climate Streets (n=1)	1	1	1	1	0	0
Climate sensitive Streets (n=1)	2	2	0	0	4	1
Fair Streets (n=1)	0	0	2	1	2	2
Complete Streets (n=4)	3	4	8	1	4	2
Green Streets (n=3)	11	15	8	10	5	1
Sustainable Streets (n=3)	9	12	11	7	8	4
Shared Streets (n=2)	4	0	4	7	2	3
Healthy Streets (n=1)	2	0	7	1	4	0
Smart Streets (n=2)	0	0	0	0	0	1
Naked Streets (n=1)	0	0	1	0	0	0
Livable streets (n=6)	6	0	13	12	10	8
Slow Streets (n=1)	2	0	6	10	4	7
Calmed Streets (n=1)	0	0	1	4	0	0
Play Streets (n=4)	0	0	2	3	2	2
Open Streets (n=4)	0	0	1	2	0	1
Resilient Streets (n=1)	2	2	5	2	2	0
Pedestrian Streets (n=2)	6	2	7	4	8	8
Desirable Streets (n=1)	0	0	2	0	3	3
Cycle Streets (n=2)	2	0	8	11	3	2
Great Steets (n=2)	4	0	2	3	8	8
Cul-de-sac Streets (n=2)	0	0	0	3	2	2
Just Streets (n=1)	0	0	2	0	3	1
Sunday Streets (n=2)	0	0	1	2	0	1
Safe Streets (n=3)	0	0	4	4	1	0
Commercial Streets (n=4)	4	2	11	11	11	11
Living Streets (n=2)	3	2	14	8	7	6
Lively Streets (n=2)	3	1	3	4	4	2
Mixed Streets (n=2)	4	0	8	6	7	7
High Streets (n=2)	5	0	5	5	8	8
Stormwater Streets (n=1)	10	2	0	2	1	1
Healthy Streets/Livable Streets (n=1)	8	3	0	0	2	0
Livable streets/Safe streets (n=1)	1	0	1	4	0	0
Pedestrian Streets/Pedestrian only Streets (n=1)	2	0	2	7	6	5
Desirable Streets/Inclusive Streets (n=1)	2	0	11	4	3	0
Inclusive Streets/Pedestrian-friendly Streets (n=1)	1	0	5	1	5	1
Just Streets/Shalom Streets (n=1)	0	0	8	3	0	0
Commercial Streets/Lively Streets (n=2)	3	0	4	1	8	3
Living Streets/Vital Streets (n=1)	4	0	10	6	5	9
Shared Streets/Calmed Streets (n=1)	1	0	7	11	4	4
AF-Straßen (AV-Streets) (n=1)	0	0	0	0	0	0
Fahrradstraßen (Cycle Streets) (n=2)	1	0	13	12	1	2
Klimastraße (Climate Street) (n=1)	0	0	0	0	0	0
Straße im 21. Jahrundert (n=1)	0	0	1	1	0	0
Straße der Zukunft (n=1)	0	0	0	0	0	0
Gesperrte Straßen (n=1)	0	0	0	4	1	1
Blau-grüne Straßen (n=1)	13	22	4	5	5	3
Lebenswerte Straßen (n=1)	9	12	7	8	10	5
Elektrische Straßen (n=1)	0	0	0	0	0	0
Temperierte Straßen (n=2)	0	0	0	0	0	0
Sommerstraßen (n=1)	1	0	3	5	2	2
Shared Space (n=6)	3	0	9	14	2	1
Anteil über n=53 Konzepten in Prozent	64,15	26,42	79,25	79,25	73,58	67,92

Tabelle 1: Übersicht von Zielsetzungen und Anzahl zugehöriger Maßnahmen. *Quelle: eigene Darstellung.*

Smartifizierung und Technisierung von Straßenräumen (n = 29)	Maßnahmen zur Berücksichtigung besonderer Nutzergruppen (z. B. Kinder, ältere Personen, behinderte Personen, Paket-/Lieferdienste) im Straßenraum (n = 15)	Stärkung des öffentlichen Verkehrs und alternativer Mobilitätsangebote (nicht Fuß- und Radverkehr) (n = 10)	Verkehrsbezogene Maßnahmen und Elemente zur Strukturbildung des Straßenraums (n = 29)	Straßenkonzept im internationalen Kontext/Kategorie
0	1	2	0	Active Streets (n=2)
1	0	3	1	AV-streets (n=1)
2	2	0	0	Climate Streets (n=1)
0	0	0	0	Climate sensitive Streets (n=1)
0	1	0	0	Fair Streets (n=1)
0	5	2	1	Complete Streets (n=4)
2	2	0	7	Green Streets (n=3)
0	6	0	6	Sustainable Streets (n=3)
0	1	0	5	Shared Streets (n=2)
0	2	1	1	Healthy Streets (n=1)
11	0	0	0	Smart Streets (n=2)
0	0	0	3	Naked Streets (n=1)
1	5	0	6	Livable streets (n=6)
1	3	0	10	Slow Streets (n=1)
0	0	0	3	Calmed Streets (n=1)
0	4	0	2	Play Streets (n=4)
0	1	0	0	Open Streets (n=4)
0	1	1	1	Resilient Streets (n=1)
0	7	0	2	Pedestrian Streets (n=2)
0	0	0	0	Desirable Streets (n=1)
0	3	0	11	Cycle Streets (n=2)
1	1	0	2	Great Steets (n=2)
	2	0	1	Cul-de-sac Streets (n=2)
1	2	0	1	Just Streets (n=1)
0	0	0	0	Sunday Streets (n=2)
1	1	0	3	Safe Streets (n=3)
0	3	3	11	Commercial Streets (n=4)
0	6	2	14	Living Streets (n=2)
0	1	1	0	Lively Streets (n=2)
0	6	1	3	Mixed Streets (n=2)
2	1	2	4	High Streets (n=2)
0	0	0	3	Stormwater Streets (n=1)
0	0	0	0	Healthy Streets/Livable Streets (n=1)
0	1	0	5	Livable streets/Safe streets (n=1)
0	1	1	3	Pedestrian Streets/Pedestrian only Streets (n=1)
0	4	1	5	Desirable Streets/Inclusive Streets (n=1)
0	2	0	1	Inclusive Streets/Pedestrian-friendly Streets (n=1)
0	1	0	2	Just Streets/Shalom Streets (n=1)
0	2	1	4	Commercial Streets/Lively Streets (n=2)
2	4	2	7	Living Streets/Vital Streets (n=1)
0	5	1	12	Shared Streets/Calmed Streets (n=1)
1	0	0	1	AF-Straßen (AV-Streets) (n=1)
0	2	1	6	Fahrradstraßen (Cycle Streets) (n=2)
2	0	0	0	Klimastraße (Climate Street) (n=1)
5	1	0	0	Straße im 21. Jahrundert (n=1)
13	0	0	0	Straße der Zukunft (n=1)
0	1	0	0	Gesperrte Straßen (n=1)
0	1	0	4	Blau-grüne Straßen (n=1)
3	4	2	3	Lebenswerte Straßen (n=1)
1	0	0	0	Elektrische Straßen (n=1)
4	0	0	0	Temperierte Straßen (n=2)
0	2	0	0	Sommerstraßen (n=1)
0	5	0	17	Shared Space (n=6)
33,96	73,58	32,08	67,92	Anteil über n=53 Konzepten in Prozent

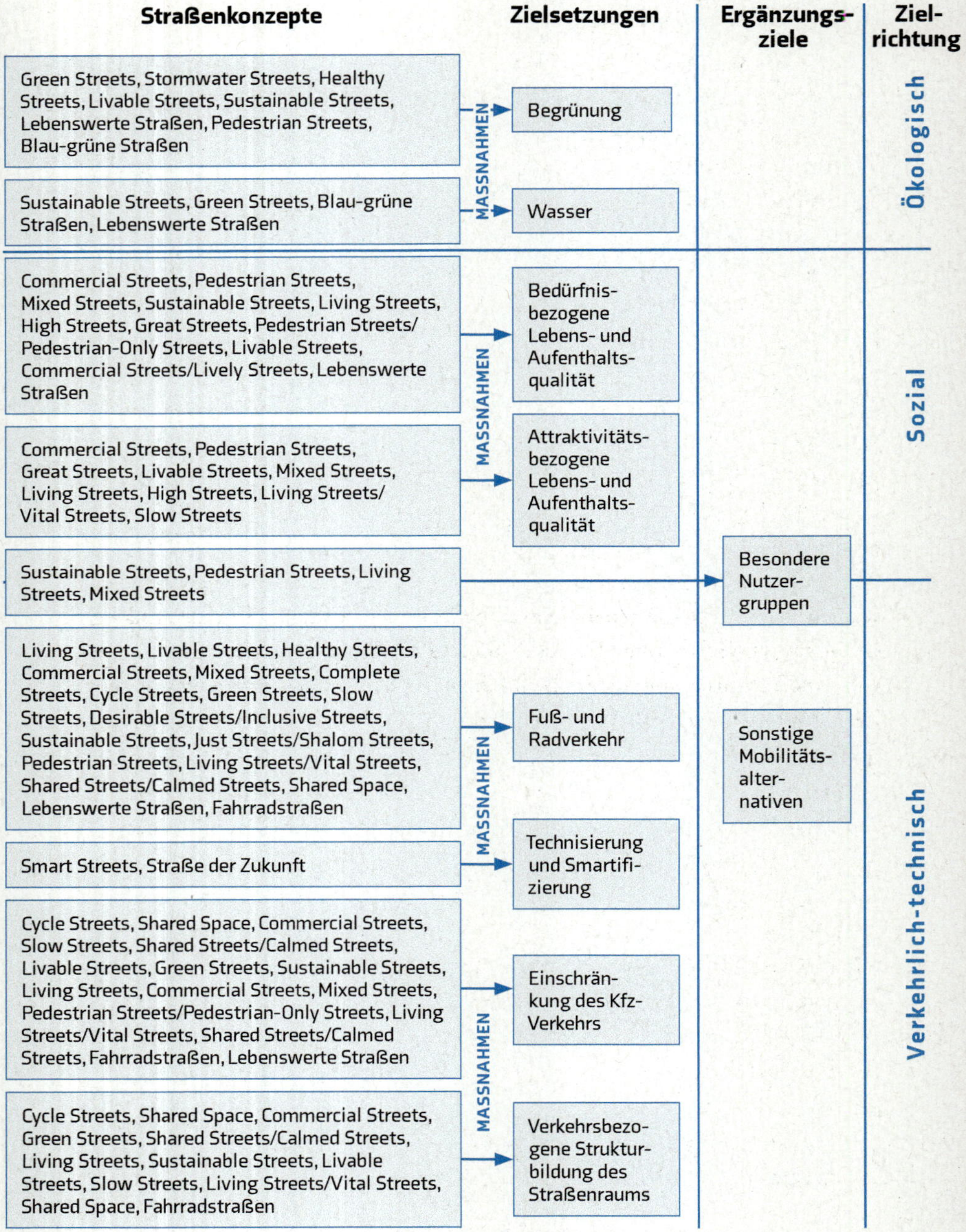

Straßenkonzepte
Zielsetzungen
Ergänzungs-ziele
Ziel-richtung
Green Streets, Stormwater Streets, Healthy Streets, Livable Streets, Sustainable Streets, Lebenswerte Straßen, Pedestrian Streets, Blau-grüne Straßen
Begrünung
Sustainable Streets, Green Streets, Blau-grüne Straßen, Lebenswerte Straßen
Wasser
MASSNAHMEN
Ökologisch
Commercial Streets, Pedestrian Streets, Mixed Streets, Sustainable Streets, Living Streets, High Streets, Great Streets, Pedestrian Streets/Pedestrian-Only Streets, Livable Streets, Commercial Streets/Lively Streets, Lebenswerte Straßen
Bedürfnis-bezogene Lebens- und Aufenthalts-qualität
Commercial Streets, Pedestrian Streets, Great Streets, Livable Streets, Mixed Streets, Living Streets, High Streets, Living Streets/Vital Streets, Slow Streets
Attraktivitäts-bezogene Lebens- und Aufenthalts-qualität
MASSNAHMEN
Sozial
Sustainable Streets, Pedestrian Streets, Living Streets, Mixed Streets
Besondere Nutzer-gruppen
Living Streets, Livable Streets, Healthy Streets, Commercial Streets, Mixed Streets, Complete Streets, Cycle Streets, Green Streets, Slow Streets, Desirable Streets/Inclusive Streets, Sustainable Streets, Just Streets/Shalom Streets, Pedestrian Streets, Living Streets/Vital Streets, Shared Streets/Calmed Streets, Shared Space, Lebenswerte Straßen, Fahrradstraßen
Fuß- und Radverkehr
Sonstige Mobilitäts-alter-nativen
Smart Streets, Straße der Zukunft
Technisierung und Smartifi-zierung
MASSNAHMEN
Cycle Streets, Shared Space, Commercial Streets, Slow Streets, Shared Streets/Calmed Streets, Livable Streets, Green Streets, Sustainable Streets, Living Streets, Commercial Streets, Mixed Streets, Pedestrian Streets/Pedestrian-Only Streets, Living Streets/Vital Streets, Shared Streets/Calmed Streets, Fahrradstraßen, Lebenswerte Straßen
Einschrän-kung des Kfz-Verkehrs
Cycle Streets, Shared Space, Commercial Streets, Green Streets, Shared Streets/Calmed Streets, Living Streets, Sustainable Streets, Livable Streets, Slow Streets, Living Streets/Vital Streets, Shared Space, Fahrradstraßen
Verkehrsbezo-gene Struktur-bildung des Straßenraums
MASSNAHMEN
Verkehrlich-technisch

Technisierung des Straßenraums sowie Maßnahmen zur Stärkung des öffentlichen Verkehrs und alternativer Mobilitätsangebote teils deutlich darunter.

Eine Auffälligkeit stellt die vergleichsweise geringere Bedeutung der Zielsetzungen des Umgangs mit Wasser und wasserbezogenen Maßnahmen mit 26,42 % sowie der Formen und Arten der Begrünung mit 64,15 % über alle betrachteten Straßenkonzepte hinweg dar, welche sich als Einzige einer ökologisch orientierten Straßenraumgestaltung zuordnen lassen. Mit *Green Streets, Stormwater Streets, Sustainable Streets, Blau-grünen Straßen, Lebenswerten Straßen* sowie der Kombination aus *Healthy/Livable Streets* lassen sich insbesondere fünf Straßenkonzepte identifizieren, die ab den 2000er-Jahren einen starken Fokus auf entsprechende Maßnahmen legen, während die übrigen Straßenkonzepte oftmals keine oder nur einzelne Maßnahmen wie zum Beispiel Straßenbäume, straßenbegleitende Grünflächen, begrünte Pflanzkübel oder Versickerungsmulden aufweisen. Gleichzeitig verweist die geringe Bedeutung dieser Zielsetzungen auf das bisher kaum genutzte Entwicklungspotenzial von Straßen im Hinblick auf Ökosystemdienstleistungen, die im Rahmen des Klimawandels wie auch im Kontext lebenswerter Städte zunehmend an Bedeutung gewinnen. Ebenfalls auffällig ist die mit 33,96 % geringe Berücksichtigung der Zielsetzung einer Smartifizierung und Technisierung von Straßenräumen im Rahmen von Straßenkonzepten. Diese technisch-verkehrliche Entwicklungsrichtung wird seit den 2010er-Jahren vorrangig durch die Konzepte der *Smart Street* und der *Straße der Zukunft* vertreten und umfasst digitale und technische Elemente, wie zum Beispiel Smart Poles (z. B. Ladeinfrastruktur, Informationsmöglichkeiten), induktive Lade- und Energieübertragungssysteme oder Beläge mit induktiven Generatoren, wie piezoelektrische Beläge (Druck wird in Energie umgewandelt), die schwerpunktmäßig dem Verkehr, der Energieproduktion, Speicherung und Bereitstellung dienen. Die Zielrichtung ist im deutschen Anteil des Literaturreviews mit 58,30 % deutlich häufiger vertreten als im internationalen Teil mit 26,83 %, was im Wesentlichen auf die vergleichsweise stark ingenieurswissenschaftlich ausgerichtete Literatur und die thematische Fokussierung zurückzuführen ist. Mit 32,08 % spielt

◄ Abbildung 2: **Straßenkonzepte mit stärkeren Maßnahmenbezügen zu Zielsetzungen.** *Quelle: eigene Darstellung.*

die Zielrichtung der Stärkung des öffentlichen Verkehrs und alternativer Mobilitätsangebote als technisch-verkehrliche Zielsetzung eine vergleichsweise geringe Rolle bei der Straßengestaltung. Im Gegensatz zu den bereits angeführten Zielrichtungen gibt es kein spezifisches Straßenkonzept, welches stellvertretend für die Umsetzung entsprechender Maßnahmen steht. Dies kann allerdings auch daran liegen, dass lediglich n = 10 Maßnahmen im Rahmen des Reviews unter diese Zielrichtung fallen und mit Bezug auf den öffentlichen Verkehr durch beispielsweise Special-Vehicle-Lanes bzw. Busspuren und überdachte Haltestellen, E-Scooter- und Carsharing-Systeme und Maßnahmen im Rahmen von Verkehrsversuchen oftmals als Ergänzung zu anderen Maßnahmen angeführt oder indirekt unter anderen Zielsetzungen, zum Beispiel der Smartifizierung und Technisierung, subsumiert werden.

Im Gegensatz dazu gibt es eine Reihe von Zielsetzungen, die vergleichsweise stark über die betrachteten Straßenkonzepte verteilt sind. Mit 79,25 % ist die technisch-verkehrliche Zielsetzung, Straßen für den Fuß- und Radverkehr herzurichten, am häufigsten vertreten und geht in ihren Ursprüngen auf die 1960er-Jahre als Gegenreaktion auf die automobile Expansion und deren Folgen zurück (Gehl 2015; Jacobs 1961; Ministerium für Verkehr, Wasserwirtschaft und Öffentliche Arbeiten 1999). Typische Vertreter dieser frühen Entwicklung stellen die *Livable Streets*, *Living Streets*, *Commercial Streets*, *Pedestrian Streets* sowie *Shared Streets* dar und beziehen sich vorwiegend auf innerstädtische Geschäftsstraßen und Straßen in Wohnquartieren. Mit den Straßenkonzepten des *Shared Space* und *Cycle Streets* bzw. *Fahrradstraßen* in Europa und der insbesondere im nordamerikanischen und angloamerikanischen Raum genutzten Straßenkonzepte der *Complete Streets* und *Healthy Streets* haben sich in den vergangenen Jahrzehnten auch Konzepte für Straßen abseits von Wohnvierteln und Geschäftsstraßen ausgebildet, die eine Stärkung des Fuß- und Radverkehrs zum Ziel haben. Hinzu kommen die Konzeptkombinationen *Desirable Streets/Inclusive Streets*, *Living Streets/Vital Streets* und *Calmed Streets/Shared Streets*, welche durch sich gegenseitig ergänzende Zielsetzungen eine stärkere Akzentuierung spezifischer Eigenschaften von fuß- und radverkehrsgerechten Straßen vornehmen. Die Maßnahmen umfassen je nach Konzept und Raumkontext die Einrichtung von Fuß- und Radverkehrsanlagen, wie zum Beispiel Geh- und Radwegen sowie

Abstellanlagen für Fahrräder, deren Optimierung, zum Beispiel durch Verbreiterung und Ausweitung oder die Priorisierung des Fuß- und/oder Radverkehrs gegenüber dem motorisierten Individualverkehr. Die Zielsetzung der Stärkung des Fuß- und Radverkehrs sowie die Integration von Begrünung und wasserbezogenen Maßnahmen gehen nahezu immer mit technisch-verkehrlichen Maßnahmen zur Einschränkung des Kraftfahrzeugverkehrs einher, da die notwendigen Flächen vorwiegend durch parkende Kraftfahrzeuge gebunden sind und sich übergeordnete Zielsetzungen mit den Ansprüchen an eine höhere Aufenthalts- und Lebensqualität für verschiedenste Personengruppen oftmals nicht anders verwirklich lassen. Ersichtlich wird dieser starke Zusammenhang durch die mit 79,25 % hohe Relevanz bei Straßenkonzepten, die sich auf Maßnahmen zur Einschränkung des Kraftfahrzeugverkehrs beziehen und beispielsweise die Straßennutzung für spezifische Fahrzeuge zu bestimmten Zeiten verbieten oder Fahrtgeschwindigkeiten durch regulative Maßnahmen oder bauliche Interventionen, wie zum Beispiel Engstellen, Schikanen oder Verschwenkungen der Fahrbahn, einschränken. Für die Flächengewinnung anderer Nutzungen werden insbesondere Einbahnstraßenregelungen, die permanente oder temporäre Reduktion von Parkplätzen, Park- und Halteverbote sowie die Errichtung von Tiefgaragen angeführt.

Die sozial ausgerichtete Zielsetzung der Schaffung bedürfnisgerechter Straßenräume als Aufenthaltsumfeld wird in 73,58 % aller Straßenkonzepte adressiert und zielt auf eine erhöhte Aufenthalts- und Lebensqualität mit Maßnahmen wie zum Beispiel Sitzmöglichkeiten, Straßenbeleuchtung, verschatteten, überdachten oder klimatisierten Bereichen ab. Diese Straßenkonzepte unterscheiden sich im Wesentlichen durch ihre funktional ökonomische Ausrichtung, wie bei *Commercial Streets*, *Pedestrian Streets*, *High Streets*, *Mixed Streets*, Kombinationen aus *Pedestrian Street/Pedestrian-Only Street* und *Commercial Street/Lively Street*, die bei *Sustainable Streets*, *Great Streets*, *Living Streets* und *Lebenswerten Straßen* keine oder eine untergeordnete Rolle spielt. Eine Zwischenform stellen *Livable Streets* dar, die aufgrund ihrer unterschiedlichen Interpretationen (vgl. Kapitel 4.2) ökonomische Funktionen aufweisen können, aber nicht müssen. Die sozial ausgerichteten Zielsetzungen der Schaffung bedürfnisgerechter Straßenräume als Aufenthaltsumfeld und der Schaffung von Anreizen und

Angeboten zur Nutzung und zum Aufsuchen von Straßenräumen zielen primär auf eine erhöhte Aufenthalts- und Lebensqualität ab, werden hier allerdings durch ihre bedürfnis- und attraktivitätsbezogenen Maßnahmen unterschieden. Letzteres umfasst Maßnahmen wie ästhetisch ansprechende Straßenbeläge, Spiel- und Sportgeräte, (Straßen-)Kunst, (Wild-)Blumenbeete oder ein geordnetes Straßenbild, zum Beispiel durch Werbebeschränkungen oder das Verlagern von Müllcontainern, was bei 67,92 % der Straßenkonzepte eine Rolle spielt. Deren gehobene Bedeutung für ökonomisch funktionale Straßenkonzepte wie *Commercial Streets*, *Livable Streets*, *Pedestrian Streets*, *Mixed Streets*, *High Streets*, *Slow Streets* und der Kombination aus *Living Streets/Vital Streets* erwächst aus der Notwendigkeit hoher Passantenfrequenzen und der herausgehobenen Stellung dieser Straßenräume gegenüber anderen Straßentypen. *Living Streets* und *Great Streets* können je nach Ausrichtung auch ökonomische Funktionen aufweisen, allerdings sind diese zum Beispiel bei *Great Food Streets* dem thematischen Fokus auf Lebensmittelanbau und Tierzucht, Verarbeitung und Wissensvermittlung oder je nach Interpretation (vgl. Kapitel 4.2) der Aufenthaltsfunktion bei *Living Streets* untergeordnet. Dieser vorwiegend funktionalen Betrachtung von Straßenkonzepten liegt die Fokussierung auf spezifische Nutzergruppen, wie externen Besucher:innen, zugrunde.

Straßenkonzepte können allerdings auch auf besondere Nutzergruppen angepasst sein, sofern im Vornherein auf deren Bedürfnisse eingegangen wird. Mit Kindern und Jugendlichen, älteren oder behinderten Personen sowie Lieferpersonal sind Personengruppen vorhanden, die spezifische Ansprüche an Straßen und deren Gestaltung stellen. Mit 73,58 % aller Straßenkonzepte geht eine deutliche Mehrheit auf die sozial-technisch-verkehrliche Zielsetzung und die entsprechenden Bedürfnisse ein, allerdings betrifft dies oftmals nur einzelne Maßnahmen, während nur ein kleiner Teil mehrere Maßnahmen aufgreift (Tabelle 1). Hierunter fallen die Konzepte der *Sustainable Street*, *Pedestrian Street*, *Living Street* und *Mixed Street*, die mit Maßnahmen wie zum Beispiel Be- und Entladezonen, Ein- und Ausstiegsbereichen, der Einrichtung verkehrsberuhigter Bereiche mit der Möglichkeit des Spielens, Spielflächen, Spiel- und Sportgeräten, Parkmöglichkeiten für behinderte Personen oder behindertengerechten Straßenstrukturen, Fußgängerbereichen und Straßenquerungen verstärkt auf die spezifischen Bedürfnisse eingehen. Dass je nach räumlichem Kontext ein unterschiedlicher Handlungsbedarf besteht, zeigen Beispiele von unzureichend breiten Gehwegen mit fehlenden Rampen für gehbehinderte Personen, fehlende Spiel-, Sport- und Bewegungsmöglichkeiten für Kinder und Jugendliche oder fehlende Be- und Entladezonen für Lieferpersonal, wodurch Betroffene dazu gezwungen werden, trotz erhöhten Unfallrisikos auf die breitere Fahrbahn auszuweichen, Spiel und sportliche Aktivitäten auf dem eigenen Grundstück oder in der eigenen Wohnung durchzuführen (Cowman 2017) oder kurz in der zweiten Reihe zu halten und damit temporäre Stausituationen zu verursachen.

Eine Möglichkeit, zumindest bedingt Abhilfe zu schaffen, kann sich durch die technisch-verkehrliche Zielsetzung verkehrsbezogener Maßnahmen und Elemente zur Strukturbildung von Straßenräumen ergeben. Mit 67,92 % berücksichtigen etwa zwei Drittel aller betrachteten Straßenkonzepte Maßnahmen wie zum Beispiel Verkehrsinseln für die Fußgängerquerung oder Verengungen der Fahrbahnen, farblich oder taktil unterscheidbare Straßenbeläge, bauliche Verkehrstrennelemente (z. B. Geländer, Borde, Ketten, Zäune, Poller), höhengleiche Straßenräume oder das Weglassen von Bordsteinen mit dem Ziel der Flächenintegration. Einen besonderen Fokus auf entsprechende Maßnahmen legen die Konzepte der *Cycle Street*, *Commercial Street*, *Living Street*, *Shared Space* und der Kombination aus *Shared Street/Calmed Street* sowie in etwas abgeschwächter Form *Green Streets*, *Sustainable Streets*, *Livable Streets*, *Slow Streets*, *Fahrradstraßen* und die Kombination aus *Living Streets/Vital Streets*. Im Fokus der Zielsetzung steht die maßnahmengestützte Strukturierung und Ordnung des Straßenraums nach dem Trenn- oder Mischprinzip sowie der weichen Separation, was auch die Umsetzung von Mischflächen und Mischnutzungen umfassen kann. Im Rahmen der meisten Straßenkonzepte wird diese Unterteilung jedoch nicht thematisiert und verweist auf die dominante Vorstellung des Trennprinzips, die seit Ende der 1960er-Jahre durch mischprinzipbezogene Konzepte wie die *Shared Street* und *Calmed Street* sowie die vergleichsweise neueren Konzepte des *Shared Space* oder der *Naked Street* erweitert wurde. Letzteres weist dahingehend die zusätzliche Besonderheit auf, dass die Beschilderung als Form der Verhaltensanleitung weggelassen wird, sodass zum Beispiel keine Geschwindigkeiten vorgegeben werden und sich Verkehrsteilnehmer:innen eigenverantwortlich und in Abhängigkeit von ihren eigenen Fähigkeiten an die jeweilige Straßensituation anpassen müssen.

Die *Naked Street* steht damit stellvertretend für mehrere Straßenkonzepte, die trotz einer geringen Anzahl an Maßnahmen wichtige, teils aber wenige maßnahmenbezogene Zielsetzungen verfolgen. Dies gilt auch für temporäre Straßenkonzepte, wie zum Beispiel *Open Streets*, *Sunday Streets*, *Play Streets* oder die *Sommerstraßen* und *Gesperrte Straßen* im deutschen Diskurs. Charakteristisch ist bei diesen Konzepten die temporäre Umsetzung von Maßnahmen, die oftmals eine befristete Einschränkung oder Einfahrverbote für den Kraftfahrzeugverkehr voraussetzen, um einen Straßenabschnitt, einzelne Fahrspuren oder ganze Straßen für einige Stunden bis hin zu einigen Monaten anderen Nutzungen, wie zum Beispiel der physischen Betätigung oder der Naherholung, zuzuführen. Einzelne Straßenkonzepte, wie zum Beispiel *Fair Streets*, *Just Streets* oder die Kombination der *Just Streets/Shalom Streets* greifen zudem alternative Betrachtungsweisen der Verteilung und Gestaltung von Straßenräumen auf und setzen dafür beispielsweise ethische, religiöse oder effizienzbezogene Maßstäbe an. Aufgrund des hohen Abstraktionsgrades bleiben diese Straßenkonzepte aber vergleichsweise unkonkret bezüglich spezifischer Maßnahmen und deren Umsetzung. Im Vergleich dazu stellen technisch orientierte Straßenkonzepte, wie zum Beispiel *Smart Streets*, *Elektrische Straßen*, *Temperierte Straßen* oder die *Straße der Zukunft*, oftmals konkrete Maßnahmen in den Betrachtungsfokus. Dadurch bieten sie zwar Optionen für eine funktionale Diversifizierung von Straßen, die abseits spezifischer Anwendungsfälle, wie zum Beispiel Straßen im Trennprinzip oder mit angrenzender Einfamilienhausbebauung, nur bedingt umsetzbar sind und oftmals keine weitergehenden Optionen für die Integration von neuen Flächennutzungen aufweisen. Das Konzept der *Lebenswerten Straßen* kann mit Bezug auf die Vielfalt der Maßnahmen und der dadurch abgedeckten Zielsetzungen als das umfassendste bezeichnet werden. Ausgehend von den Maßnahmen, liegt der Schwerpunkt auf einer lebenswerten Umfeldgestaltung, bei der vor allem auf die Bedeutung ökologischer Maßnahmen, wie der Begrünung und Integration des Wassers, wie auch auf menschen- und quartiersgerechte Umfeldqualitäten durch eine Stärkung des Fuß- und Radverkehrs bei

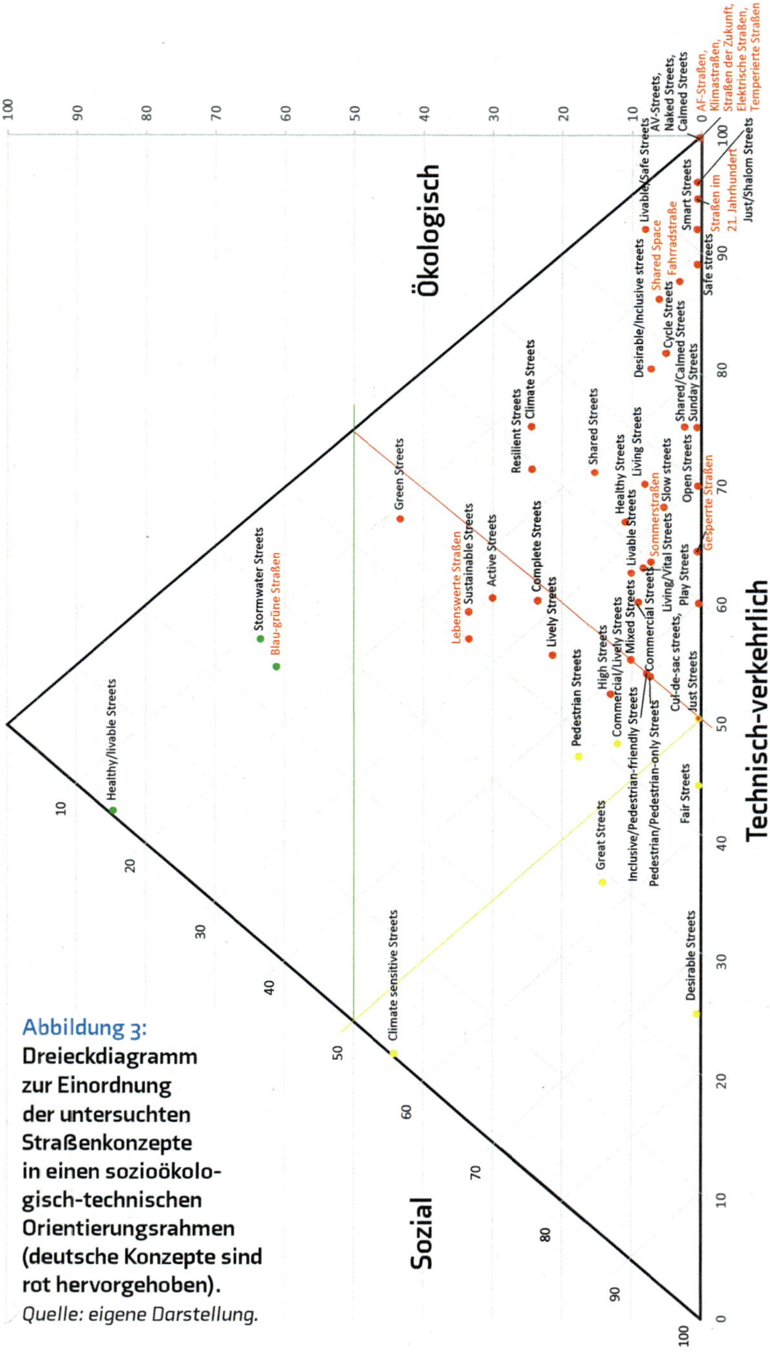

Abbildung 3: Dreieckdiagramm zur Einordnung der untersuchten Straßenkonzepte in einen sozioökologisch-technischen Orientierungsrahmen (deutsche Konzepte sind rot hervorgehoben).
Quelle: eigene Darstellung.

gleichzeitiger Einschränkung des Kraftfahrzeugverkehrs fokussiert wird, ohne spezifische Zielsetzungen oder Maßnahmen auszuschließen.

In der Integration der verschiedenen Zielsetzungen liegt, wie zum Beispiel bei den *Lebenswerten Straßen*, ein erheblicher Mehrwert, da unterschiedlichste Belange berücksichtigt und kontextspezifisch akzentuiert werden können. Zentrale Hindernisse können die disziplinspezifische Perspektive, die sektorale Fokussierung auf spezifische Zielsetzungen oder schlichtweg ein fehlender Überblick über andere Straßenkonzeptionen darstellen. Diesbezüglich zeigt Abbildung 3 in Form eines Dreieckdiagramms die maßnahmenbezogene Gewichtung der untersuchten Straßenkonzepte nach sozialen, technisch-verkehrlichen und ökologischen Gesichtspunkten (die sozial-technisch-verkehrliche Zielkategorie der besonderen Nutzergruppen wird anteilig auf die sozialen und technisch-verkehrlichen Maßnahmen umgerechnet). Die Verortung erfolgt dabei nach der relativen Gewichtung in Prozent und ist je nach Maßnahmenschwerpunkt durch einen gelben (sozial), roten (technisch-verkehrlich) oder grünen Punkt (ökologisch) gekennzeichnet. Straßenkonzepte mit mehr als 50 % der Maßnahmen in einem Bereich finden sich jeweils in der unteren linken Ecke (sozial), unteren rechten Ecke (technisch-verkehrlich) oder oberen Ecke (ökologisch), während der Zwischenbereich durch Straßenkonzepte mit anteilig weniger als 50 % an bereichsspezifischen Maßnahmen gekennzeichnet ist. Dies trifft beispielsweise auf das Konzept der *Lebenswerten Straßen* zu, welches seinen Schwerpunkt mit 40 % aller darunter gefassten Maßnahmen im Bereich des technisch-verkehrlichen aufweist, wobei 27 % auf soziale und 33 % auf ökologische Maßnahmen entfallen. Mit Bezug auf die vorherigen Erläuterungen ist jedoch zu beachten, dass die relative Gewichtung ausgehend von verschiedenartigen Maßnahmenhäufigkeiten erfolgt, sodass es zu Verzerrungen zwischen der Darstellung und den eigentlichen Zielrichtungen kommen kann.

7 Zielsetzungen – Konflikte und Synergien

Die Zielsetzungen von Straßenkonzepten und deren Umsetzung durch Maßnahmen im Straßenraum bieten zahlreiche Ansatzpunkte für Synergien und potenzielle Konflikte, die im Folgenden im Überblick dargestellt werden.

Die Begrünung von Straßenräumen bietet mit Bezug auf Ökosystemdienstleistungen eine Vielzahl von positiven Effekten, die im Rahmen von Straßenräumen vorwiegend durch ihre regulierende Wirkung zum Tragen kommen. Dies betrifft neben der Kühlung des Straßenraums durch Verschattung und die Evapotranspiration der Bäume und Pflanzen auch die damit einhergehende Regulation des Wasserhaushalts sowie die Bindung von Treibhausgasen und Schadstoffen, wie zum Beispiel Kohlendioxid oder Feinstaub, sodass auch die Luftqualität verbessert werden kann (Shaneyfelt et al. 2017; Stinner et al. 2021). Zudem können auch kulturelle Ökosystemdienstleistungen in Form von Erholungsmöglichkeiten, eines attraktiven Stadt- und Landschaftsbilds sowie des Kontakts zur Natur die Aufenthaltsqualität von Straßenräumen erhöhen. Der Pflegeaufwand kann durch die Anpassung der Regenwasserspeicherung im Hinblick auf die Bewässerung reduziert werden, allerdings entsteht ein Mehraufwand durch Grünarbeiten. Konfliktpotenziale ergeben sich insbesondere durch nicht straßenraumangepasste Begrünung, da nicht alle Bäume als Straßenbäume geeignet sind und Allergene, wie zum Beispiel Pollen, oder durch Stressoren vermehrt sogenannte BVOC (biogenic volatile organic compounds) abgeben und damit zu einer Verschlechterung der Luftqualität beitragen können (Säumel, Weber, Kowarik 2016). Die Luftqualität kann auch durch Baumpflanzungen in engen Straßen mit hoher Randbebauung (Verhältnis von ≤2:1) negative Auswirkungen auf die Schadstoffbelastung im Straßenraum haben, weshalb in diesen Fällen davon abzuraten ist (Shaneyfelt et al. 2017). Gleichzeitig können zwar kleinere Bäume oder gestutzte Baumkronen Abhilfe schaffen, wodurch allerdings auch die Kühlleistung durch die Verschattung und Evapotranspiration deutlich geringer ausfällt. Ebenso können Wurzeln vorhandene Infrastruktur, wie zum Beispiel Kabel, Rohre oder Straßenbeläge, beschädigen oder Nutzungsrisiken durch herabfallendes Laub oder eine eingeschränkte Sicht entstehen. Aus ökologischer Sicht kann auch die Ansiedlung nicht einheimischer Baumarten zu

Problemen führen, da diese als potenzielle Habitate für nicht erwünschte Tierarten dienen und damit verbundene Gesundheitsrisiken verursachen können (Säumel, Weber, Kowarik 2016).

Die Nutzung und Integration von Wasser und wasserbezogenen Maßnahmen haben mit Bezug auf Ökosystemdienstleistungen ebenfalls einen Schwerpunkt auf der Regulation, was insbesondere die Temperatur, den Wasserhaushalt und Schadstoffe betrifft. Synergien ergeben sich dabei insbesondere mit der Zielsetzung der Begrünung von Straßen, da die Verfügbarkeit von Wasser eine zwingende Voraussetzung darstellt. Ein zentrales Problem stellt in diesem Zusammenhang allerdings der Umgang mit Niederschlagswasser dar, welches im Normalfall als Abwasser klassifiziert und abgeleitet wird (vgl. BlueGreenStreets 2020). Im Kontext des Klimawandels gewinnen wasserdurchlässige Flächen und die Speicherung von Wasser in Böden sowie Rigolen und Zisternen zunehmend an Bedeutung, da ausbleibende Niederschläge eine externe Bewässerung notwendig machen, die bei einer Wasserknappheit ausgesetzt werden könnte. Gleichzeitig wird eine Zunahme intensiver Starkregenniederschläge prognostiziert, wodurch auch die Gefahr von temporären Überschwemmungen steigt. Neben temporären Überschwemmungsräumen stellen Notwasserwege und eingestaute Straßen potenzielle Gegenmaßnahmen dar, allerdings können diese, sofern sie mit besonders hohen Bordsteinen begrenzt werden, sowohl einer fuß- und radverkehrsgerechten als auch einer behindertengerechten Straßengestaltung entgegenstehen (BlueGreenStreets 2020).

Die Stärkung des Fuß- und Radverkehrs weist aufgrund des Maßnahmenfokus auf angemessen ausgestaltete Infrastrukturen langsamer Mobilitätsformen und der damit einhergehenden Erlebbarkeit des unmittelbaren Umfeldes (Gehl 2015) erhebliche Synergien mit den Zielen der Stärkung der Aufenthaltsqualität, Begrünung und Berücksichtigung spezifischer Nutzergruppen auf. Gleichzeitig bilden der Fuß- und Radverkehr einen Gegenpol zum oftmals auf Raumüberwindung ausgelegten MIV (Hesse 1995), der aufgrund seines erheblichen Flächenanspruchs (vgl. Creutzig et al. 2020; Nello-Deakin 2019) auch die Umsetzung der synergierenden Zielsetzungen behindert.

Entsprechend stellt die Einschränkung des Kraftfahrzeugverkehrs weniger eine eigenständige Zielsetzung dar als vielmehr die Voraussetzung für die Umsetzung alternativer Zielsetzungen. Neben der temporären oder permanenten Freisetzung von Flächenpotenzialen können sich Einschränkungen des Kraftfahrzeugverkehrs durch geschwindigkeits- und zufahrtsregulatorische Maßnahmen positiv auf die Aufenthaltsqualität und die Verkehrssicherheit auswirken, da sowohl Abgas- und Lärmemissionen reduziert als auch komplexe und unübersichtliche Verkehrssituationen entschärft werden. Gleichzeitig sollten Einschränkungen des Kraftfahrzeugverkehrs nicht zu einem völligen Ausschluss von Kraftfahrzeugen führen, da neben notwendigen Zufahrtsmöglichkeiten für Rettungsfahrzeuge sowie Fahrzeugen der Ver- und Entsorgung auch individuelle Mobilitätsanforderungen berücksichtigt werden müssen.

Die Stärkung der Aufenthaltsfunktion umfasst mit Bezug auf ein bedürfnisorientiertes und attraktives Straßenumfeld zahlreiche Maßnahmen, die sich aus Synergien mit den Zielsetzungen der Begrünung und der Stärkung des Fuß- und Radverkehrs ergeben. Straßenbäume oder Grünflächen etwa ermöglichen die Regulation des Wärmehaushalts, während Hecken oder Büsche auch unter ästhetischen Gesichtspunkten und zur Lärmreduktion einbezogen werden können. Mit Bezug auf den Fußverkehr ergeben sich Synergien durch überdachte und klimatisierte Bereiche, was je nach Ausgestaltung durch technisch-bauliche (z. B. Dächer, Segel, Markisen) oder ökologische Maßnahmen (z. B. Bäume) möglich ist. Eine Stärkung der Aufenthaltsfunktion geht oftmals mit einer intensiveren Nutzung dieser Räume einher, wodurch sich je nach Straßenkontext positive Effekte, wie zum Beispiel höhere Passantenfrequenzen für den lokalen Einzelhandel, oder negative Effekte, wie zum Beispiel eine einsetzende Gentrifizierung oder eine erhöhte Lärmbelastung für Anwohnende (Knabe, Brumme, Rühmling 2022; Whitney, Hess, Sarmiento-Casas 2020), ergeben können. Daher sollte berücksichtigt werden, dass Straßen mit hoher Aufenthaltsqualität allen Personengruppen gleichermaßen zugänglich sind und nicht an spezifische Tätigkeiten, wie zum Beispiel den Einkauf, oder personenspezifische Charakteristika, wie zum Beispiel das Alter oder Einkommen, gebunden sind (Whitney, Hess, Sarmiento-Casas 2020; Knabe, Brumme, Rühmling 2022).

Die Smartifizierung und Technisierung bietet bisher oftmals fallspezifische Synergien, die sich beispielsweise auf die Einführung von 5G-Netzen zur Digitalisierung des Verkehrs und die Steigerung der Aufenthaltsqualität beziehen oder durch die Temperierung von Straßen den Einsatz von pflanzenschädlichem Streusalz überflüssig machen. Zudem ergeben sich durch die sensorische Erfassung von Umweltdaten Ansatzpunkte für eine zielgerichtete Leerung von Zisternen, um auf absehbare Starkregenereignisse reagieren zu können. Aufgrund der Entwicklungsdynamik ist zukünftig mit einer stärkeren Ausdifferenzierung der Einsatzmöglichkeiten und einem verstärkten Einsatz entsprechender Lösungen zu rechnen, wodurch allerdings auch Konflikte durch steigende Raum- und Flächenansprüche in Form unterirdischer Kabel- und Rohrleitungen sowie oberirdischer Anlagen zunehmen werden. Dies gilt insbesondere im Hinblick auf die Begrünung und wasserbezogene Maßnahmen im Straßenraum, die aufgrund des unterirdischen Wurzelwerks und der Bodenfeuchtigkeit zur Beschädigung und Störung smarter und technischer Strukturen führen können und anforderungsgerecht aufeinander angepasst werden müssen.

Die Berücksichtigung besonderer Nutzergruppen scheitert oftmals am Primat des MIV, wodurch insbesondere Kinder und Jugendliche, ältere und behinderte Personen sowie Lieferpersonal in ihren Betätigungs- und Bewegungsmöglichkeiten eingeschränkt sind. Durch Einschränkungen des Kraftfahrzeugverkehrs, die Stärkung des Fuß- und Radverkehrs, die Strukturierung des Straßenraumes und die Verbesserung der Aufenthaltsqualität können barrierefreie temporäre oder permanente Freiräume geschaffen und ausgebaut werden. Dies betrifft sowohl hinreichend breite und taktil erfassbare Gehwege, Be- und Entladezonen als auch Bereiche, in denen sich Kinder und Jugendliche gefahrlos und vorbehaltlos aufhalten können. Im Fall wenig strukturierter Straßenräume, wie zum Beispiel bei *Shared Spaces*, kann es zu Konflikten kommen, da zum Beispiel der informelle Aushandlungsprozess der Straßenquerung von Kindern oder sehbehinderten Personen und Kraftfahrzeugnutzenden nicht sichergestellt wird und zur Verunsicherung von Verkehrsteilnehmenden beitragen kann. Abhilfe kann über eine Minimalstrukturierung durch taktile Leitsysteme und abmarkierte Straßenquerungen geschaffen werden, wodurch die Vorteile von wenig strukturierten Straßenräumen erhalten bleiben (Topp 2010).

Die Stärkung des öffentlichen Verkehrs und alternativer Mobilitätsangebote weist mit Blick auf eine Stärkung des Fuß- und Radverkehrs Synergien durch eine Stärkung multimodaler Mobilitätsformen auf. Die Einschränkung des

Kraftfahrzeugverkehrs stellt im Hinblick auf die Einrichtung von Busspuren oder »Special Vehicle Lanes« eine Ausweitung der ÖV-Infrastruktur sowie die Etablierung von Carsharing-Systemen eine Voraussetzung für die Gewinnung von Flächen dar. Konfliktpotenziale mit anderen Zielsetzungen können insbesondere durch spezifische Verkehrsversuche entstehen, bei denen beispielsweise Fuß- und Radwege temporär umgenutzt werden, da die reguläre Fahrbahn kein adäquates Testumfeld darstellt (Marres 2019).

Die verkehrsbezogene Strukturbildung des Straßenraums bietet sowohl Synergien als auch Konfliktpotenzial im Hinblick auf den Fuß- und Radverkehr, die Berücksichtigung besonderer Nutzergruppen sowie den Umgang mit Niederschlägen und der Begrünung. Dabei liegen der verkehrsbezogenen Strukturbildung des Straßenraums mit dem Trenn- und Mischprinzip zunächst zwei verschiedene Optionen zugrunde, die den Kraftfahrzeugverkehr vom Fuß- und Radverkehr abgrenzen oder diesen auf Mischflächen oder im Mischverkehr zusammenführen. Dadurch können im Mischprinzip durch Verkehrsberuhigung oder Geschwindigkeitsbegrenzungen neue Verkehrsräume für den Fuß- und Radverkehr erschlossen werden, eine barrierefreie Straßengestaltung ohne Bordsteine realisiert und Niederschlagswasser durch eine V-förmige Straßenstruktur im gesamten Straßenraum abgeleitet oder vorhandenen Grünflächen zugeführt werden. Die damit einhergehende Abkehr vom bisher dominanten Trennprinzip kann sich allerdings auch negativ auf die Sicherheit auswirken, da Kinder, ältere, blinde oder sehbehinderte Personen von einer klaren Strukturierung durch ausgewiesene Straßenquerungen oder Geländer profitieren und die Nutzung des Straßenraums trotz Einschränkungen sonst über vorwiegend nonverbale Kommunikation mit den anderen Verkehrsteilnehmern aushandeln müssten (Topp 2010). Ein weiterer Konflikt ergibt sich in diesem Zusammenhang durch die Notwendigkeit, Straßen nach dem Mischprinzip möglichst übersichtlich zu gestalten, sodass Begrünung mit einer bestimmten Wuchshöhe oftmals nicht berücksichtigt wird und zu vergleichsweise unattraktiven Straßenräumen führt.

Im Hinblick auf die multifunktionale Straßengestaltung lassen sich, ausgehend von dieser Betrachtung, gewisse Rückschlüsse auf Kombinationsmöglichkeiten und mögliche Synergien und Konflikte ziehen, die trotz eines breit angelegten Reviews nicht abschließend erfasst werden können.

8 Multifunktionalität am Beispiel der Lindenallee

Die Vorstellungen zur multifunktionalen Umgestaltung der Lindenallee (vgl. Kapitel 2) stimmt mit den im Rahmen des Literaturreviews identifizierten Zielsetzungen aus Kapitel 6 bei den Formen und Arten der Begrünung, der Einschränkung des Kraftfahrzeugverkehrs, der verkehrsbezogenen Strukturbildung des Straßenraumes, der Berücksichtigung besonderer Nutzergruppen und der Stärkung alternativer Mobilitätsangebote überein. Im Hinblick auf einfahrbare Poller kann die Strukturbildung des Straßenraumes auch bedingt auf die Technisierung und Smartifizierung übertragen werden. Im Gegensatz dazu werden wasserbezogene Maßnahmen oder eine Stärkung des Fuß- und Radverkehrs nicht direkt adressiert, würden aber aufgrund von Synergien mit einer verstärkten Begrünung, der Einrichtung eines verkehrsberuhigten Bereichs oder mehr »Raum für den Alltag ohne PKW« (Bezirksversammlung Eimsbüttel 2019b) profitieren. Im Gegensatz dazu wird explizit darauf verwiesen, dass die Steigerung der Aufenthaltsqualität im Hinblick auf Events oder auch eine gewerbliche Flächennutzung nicht erwünscht ist.

Hinsichtlich konkreter Maßnahmen ist insbesondere die Zielsetzung zur Einschränkung des Kraftfahrzeugverkehrs mit konkreten Maßnahmen unterlegt, was durch die Einrichtung eines verkehrsberuhigten Bereichs mit Schrittgeschwindigkeit, der Regulation der Zufahrt durch einfahrbare Poller und die Reduktion der Parkplätze auf der Straße durch die Verlagerung des Parkens auf private Stellplätze deutlich wird. Die Einrichtung von Be- und Entladezonen und Parkplätzen für Carsharing soll diesbezüglich besondere Nutzergruppen und alternative Mobilitätsangebote fördern und schafft ergänzend zu den Einschränkungen für den Kraftfahrzeugverkehr Optionen für eine geringere Abhängigkeit vom privaten Pkw. Die angedachte Einrichtung von Parkplätzen für E-Autos im und am geplanten Straßenpark Lindenallee kann der Zielsetzung einer Reduktion der Pkw im Straßenraum und der Stärkung anderer Belange allerdings entgegenstehen, da sich neue Flächenbedarfe ergeben und andere, beispielsweise weniger konkretisierte Belange wie die Begrünung zur Disposition stellen könnten. Um entsprechenden Widersprüchen frühzeitig zu begegnen und Synergien, wie zum Beispiel zwischen der Begrünung und dem

Umgang mit Wasser, rechtzeitig zu integrieren, können sowohl die Ausführungen in den Kapiteln 6 und 7 als auch die Übersicht potenzieller Maßnahmen (siehe Meyer 2023) genutzt werden, um frühzeitig abgestimmte und passgenaue Zielsetzungen zu entwickeln. Diese können dabei als eine Art Priorisierungs- und Abstimmungsrahmen verstanden werden, durch den sich die spezifischen Nutzungsansprüche und Maßnahmen strukturieren lassen und zielorientierte Abwägungen getroffen werden können.

9 Ausblick

Die Lindenallee mag nur ein kleines Beispiel aus der Praxis sein, dennoch steht sie stellvertretend für eine Vielzahl von Straßen in lokalspezifischen Kontexten. Oftmals sind Straßen durch technisch-verkehrliche Ansprüche geprägt und erschweren die Vorstellung anderer Zielrichtungen und, damit einhergehend, anderer Maßnahmen. Dass insbesondere ökologische und soziale Belange eine untergeordnete Bedeutung im Straßenkontext aufweisen, ist aufgrund der bisherigen planerischen und ingenieurtechnischen Dominanz bei der Entwicklung von Straßen und der Formulierung von Konzepten nicht überraschend. Gleichzeitig gewinnen gerade die ökologischen und sozialen Belange im Kontext des Klimawandels oder der Covid-19-Pandemie an Bedeutung und ermöglichen in zunehmendem Maß die Erschließung entsprechender Entwicklungspotenziale für städtische Straßen.

Dass das Umdenken bereits seit Jahrzehnten stattfindet, zeigen zahlreiche Publikationen zu alternativen Straßenkonzepten und darauf bezogene Maßnahmen. Sie verweisen mit Querbezug auf aktuelle Planwerke zur Straßenplanung allerdings auch auf bestehende Defizite im Rahmen einer institutionalisierten, großmaßstäblichen Umsetzung, die zukünftig notwendig sein wird, um sich dem Klimawandel und den sozialen Anforderungen in urbanen Räumen anpassen zu können. Entsprechend sollten die bestehenden Kenntnisse zu alternativen Straßenkonzepten mit ökologischem und sozialem Fokus verstärkt in die Planungspraxis integriert werden, um vorhandene Zielsetzungen und das Maßnahmenspektrum abseits von Straßen für Verkehre und technisch-verkehrliche Maßnahmen zu erweitern.

Hintergrundmaterial

In einem separat verfügbaren Onlinedokument (Meyer 2023) sind zwei ausführliche Übersichten als Hintergrundmaterial zum Review verfügbar, [https://doi.org/10.15480/882.8802].

Literatur

Al Odat, S. M.; Al Kurdi, N. (2021): Lively Streets: The Role of Streetscape Elements in Improving the Experience of Commercial Street Users in Amman, Jordan. Journal of Settlements and Spatial Planning, Volume 12, Issue 1, S. 1–12, [https://doi.org/10.24193/JSSP.2021.1.01].

Aman, M.; Waheed, A.; Naeem, M. A.; Shah, S. A. A. (2019): Implementing the living street concept by transforming streets in the central business district of Peshawar, Pakistan. Urbani izziv – Urban Challenge, Volume 30, Issue 1, S. 75–86, [http://dx.doi.org/10.5379/urbani-izziv-en-2019-30-01-001].

Andrade, J. A. (2021) The ethics of the ethics of autonomous vehicles: Levinas and naked streets. South African Journal of Philosophy, Volume 40, Issue 2, S. 124–136, [http://dx.doi.org/10.1080/02580136.2021.1933725].

Appleyard, D. (1980): Livable Streets: Protected Neigborhoods? ANNALS, AAPSS 451, Semptember 1980, S. 106–117.

Asadi-Shekari, Z.; Moeinaddini, M.; Aghaabbasi, M.; Cools, M.; Shah, M. Z. (2019): Exploring effective micro-level items for evaluating inclusive walking facilities on urban streets (applied in Johor Bahru, Malaysia). Sustainable Cities and Society, Volume 49 (August), [https://doi.org/10.1016/j.scs.2019.101563].

Baier, R.; Engelen, K. (2015): Straßenumgestaltung nach dem sogenannten »Shared-Space«-Gedanken – empirische Befunde aus Deutschland und der Schweiz. Straßenverkehrstechnik, Jahrgang 59, Heft 5, S. 317–322.

Bajc, K.; Gollata, J.; Kreutz, S.; Matullat, J.; Meyer, C.; Quanz, J.; Stokman, A.; Dickhaut, W.; Gertz, C.; Knieling, J. (2022): Lineare Infrastrukturlandschaften im Wandel. Perspektiven für eine blau-grüne Transformation von Stadtstraßen und kanalisierten Gewässern. Herausgegeben von Stokman, A.; Dickhaut, W.; Gertz, C.; Knieling, J. Diskussionspapier/Working Paper entstanden im Rahmen des Forschungsverbundes LILAS, gefördert aus Mitteln der Landesforschungsförderung Hamburg von der Behörde für Wissenschaft, Forschung, Gleichstellung und Bezirke (BWFGB) (Juni), HafenCity Universität Hamburg, Hamburg, [https://doi.org/10.34712/142.31].

Ben-Joseph, E. (1995): Changing the residential street scene: Adapting the shared street (Woonerf) concept to the suburban environment. Journal of the American Planning Association, Volume 61, Issue 4, S. 504–516.

Bezirksamt Eimsbüttel (1981): Ausführungsplan Lindenallee vom 16.04.1981. Maßnahmen zur Schaffung und Erweiterung verkehrsberuhigter Zonen, die überwiegend der Verkehrsbeeinflussung dienen.

Bezirksversammlung Eimsbüttel (2019a): Umgestaltung der Lindenallee: Fußverkehrsförderung und Grünzugentwicklung, [https://lindenallee.beteiligung.hamburg/drupal/sites/default/files/2021-02/drucksache-21-0502_0.pdf].

Bezirksversammlung Eimsbüttel (2019b): Pilotprojekt Straßenpark Eimsbüttel. Drucksachen-Nr.: 20-3737, [https://bv-hh.de/eimsbuettel/documents/pilotprojekt-strassenpark-eimsbuettel-52622].

Blitz, A.; Busch-Geertsema, A.; Lanzendorf, M. (2020): More Cycling, Less Driving? Findings of a Cycle Street Intervention Study in the Rhine-Main Metropolitan Region, Germany, Sustainability, Volume 12, Issue 3, 805, [https://doi.org/10.3390/su12030805].

BlueGreenStreets (Hrsg.) (2020): BlueGreenStreets als multicodierte Strategie zur Klimafolgenanpassung. Wissensstand 2020, Hamburg, Statusbericht im Rahmen der BMB-Fördermaßnahme »Ressourceneffiziente Stadtquartiere für die Zukunft« (RES:Z).

Bosselmann, P.; Macdonald, E.; Kronemeyer, T. (1999): Livable Streets Revisited. Journal of the American Planning Association, Volume 65, Issue 2 (Spring), S. 168–180.

Carmona, M. (2015): London's local high streets: The problems, potential and complexities of mixed street corridors. Progress in Planning, Volume 100, S. 1–84 [https://doi.org/10.1016/j.progress.2014.03.001].

Carmona, M. (2022): The existential crisis of traditional shopping streets: the sun model and the place attraction paradigm. Journal of Urban Design, Volume 27, Issue 1, S. 1–35, [https://doi.org/10.1080/13574809.2021.1951605].

Chaudhuri, A.; Zieff, S. G. (2015): Do open streets initiatives impact local businesses? The case of Sunday Streets in San Francisco, California. Journal of Transport & Health, Volume 2, Issue 4, S. 529–539, [https://doi.org/10.1016/j.jth.2015.07.001].

Cowman, K. (2017): Play Streets: Woman, Children and the Problem of Urban Traffic, 1930–1970. Social History, Volume 42, Issue 2, S. 233–256, [http://doi.org/10.1080/03071022.2017.1290366]

Creutzig, F.; Javaid, A.; Soomauroo, Z.; Lohrey, S.; Milojevic-Dupont, N.; Ramakrishnan, A.; Sethi, M.; Liu, L.; Niamir, L.; Bren D'Amour, C.; Weddige, U.; Lenzi, D.; Kowarsch, M.; Arndt, L.; Baumann, L.; Betzien, J.; Fonkwa, L.; Huber, B.; Mendez, E.; Misiou, A.; Pearce, C.; Radman, P.; Skaloud, P.; Zausch, J. M. (2020): Fair street space allocation: ethical principles and empirical insights. Transport Reviews, Volume 40, Issue 6, S. 711–733, [https://doi.org/10.1080/01441647.2020.1762795].

Dai, Y.; Jiang, J.; Gu, X.; Zhao, Y.; Ni, F. (2020): Sustainable Urban Street Comprising Permeable Pavement and Bioretention Facilities: A Practice. Sustainability, Volume 12, Issue 19, 8288, [https://doi.org/10.3390/su12198288].

Daniel, B. D.; Nicholson, A.; Koorey, G. (2011): Analysing speed profiles for the estimation of speed on traffic-calmed streets. In: Road & Transport Research: A Journal of Australian and New Zealand Research and Practice, Volume 20, Issue 4 (December), S. 57–70.

Demmy, A.; Prahlow, H. (2022): Neue Standards für Fahrradstraßen in Essen. Straßenverkehrstechnik, Jahrgang 66, Heft 4, S. 267–277.

De la Salle, J. (2019): Great food streets: planning and design for urban magnetism in post-agricultural cities. Urban Design International, 24, S. 118–128, [https://doi.org/10.1057/s41289-019-00094-6].

D'Haese, S.; Van Dyck, D.; De Bourdeaudhuij, I.; Deforche, B.; Cardon, G. (2015): Organizing »Play Streets« during school vacations can increase physical activity and decrease sedentary time in children. International Journal of Behavioral Nutrition and Physical Activity, 12:14, [http://dx.doi.org/10.1186/s12966-015-0171-y].

Downs, A. (1962): The law of peak-hour expressway congestion. Traffic quarterly: an independent journal for better traffic. Volume 16, Issue 3, S. 393–409.

Dumbaugh, E. (2005): Safe Streets, Livable Streets. Journal of the American Planning Association, Volume 71, Issue 3 (Summer), S. 283–300, [http://dx.doi.org/10.1080/01944360508976699].

Engelberg, J. K.; Carlson, J. A.; Black, M. L.; Sallis, J.-F. (2014): Ciclovía Participation and Impacts in San Diego: The First CicloSDias, Preventive Medicine, Volume 69, Supplement, S. 66–73, [https://doi.org/10.1016/j.ypmed.2014.10.005].

Follmann, A.; Leitheiser, S.; Kretschmer, H. (2021): Smart und/oder partizipativ? Eine kritische Betrachtung der Smart City Cologne, Sub/urban, Band 9, Nr. 1/2, S. 115–139, [https://doi.org/10.36900/suburban.v9i1/2.612].

Forschungsgesellschaft für Straßen- und Verkehrswesen (2007): Richtlinien für die Anlage von Stadtstraßen – RASt 06.

Frantzen, J.; Guss, H. (2012): Elektrische Straße. Endbericht i. A. der Bundesanstalt für Straßenwesen, Saarbrücken.

Furchtlehner, J.; Lehner, D.; Licka, L. (2022): Sustainable Streetscapes: Design Approaches and Examples of Viennese Practice. Sustainability, Volume 14, Issue 2, 961, [https://doi.org/10.3390/su14020961].

Gehl, J. (2015): Städte für Menschen. 4. Auflage. Berlin.

Gerlach, J. (2015): Shared-Space, Begegnungszonen, Verkehrsberuhigung, Mischprinzipien – wer, wie, was, wieso, weshalb, warum? Straßenverkehrstechnik, Jahrgang 59, Heft 5, S. 308–316.

Gerlach, J.; Ortlepp, J. (2010): Shared-Space, und alles wird gut? Neue Analysen und Bewertungen, Straßenverkehrstechnik, Jahrgang 54, Heft 1, S. 32–41.

Gharebaglou, M.; Khajeh-Saeed, F. (2018): A Study of Urban Landscape Components on Living Streets. Manzar, Volume 10, Issue 43 (September), S. 40–49.

Ghazi, N. M.; Abaas, Z. R. (2019): Toward liveable commercial streets: A case study of Al-Karada inner street in Baghdad. Heliyon, Volume 5, Issue 5 (May), [https://doi.org/10.1016/j.heliyon.2019.e01652].

Grahn, R.; Hendrickson, C.; Matthews, H. S.; Harper, C.; Qian, S. (2020): Travel impacts of a complete street project in a mixed urban corridor.

Greenberg, E. (2008): Sustainable Streets: An Emerging Practice. Institute of Transportation Engineers Journal, S. 29–39.

Gregg, K.; Hess P. (2018): Complete streets at the municipal level: A review of American municipal Complete Street Policy. International Journal of Sustainable Transportation, Volume 13, 2019, Issue 6, S. 407–418, [https://doi.org/10.1080/15568318.2018.1476995].

Hartmann, L. M.; Prytherch, D. (2015): Streets to Live In: Justice, Space, and sharing the road. Environmental Ethics, Volume 37, Issue 1 (Spring), S. 21–44, [https://doi.org/10.5840/enviroethics20153713].

Hesse, M. (1995): Verkehrswende. Ökologisch-ökonomische Perspektiven für Stadt und Region. 2. Auflage. Marburg.

Hipp, J. A.; Bird, A.; van Bakergem, M.; Yarnall, E. (2016): Moving targets: Promoting physical activity in public spaces via open streets in the US. Preventive Medicine. Volume 103, Supplement, S. 15–20, [https://doi.org/10.1016/j.ypmed.2016.10.014].

Hochschild Jr., T. R. (2012): Cul-de-sac kids. Childhood, Volume 20, Issue 2 (2020), S. 229–243, [https://doi.org/10.1177/0907568212458128].

Hochschild Jr., T. R. (2013): The Cul-de-sac Effect: Relationship between Street Design and Residential Scocial Cohesion. Journal of Urban Planning and Development, Volume 141, Issue 1, [https://doi.org/10.1061/(ASCE)UP.1943-5444.0000192].

Hooi, E.; Pojani, D. (2019): Urban design quality and walkability: an audit of suburban high streets in an Australian city. Journal of Urban Design, Volume 25, Issue 1 (2020), S. 1–25, [https://doi.org/10.1080/13574809.2018.1554996].

Hui, N.; Saxe, S.; Roorda, M.; Hess, P.; Miller, E. J. (2018): Measuring the completeness of complete streets. Transport Reviews, 2018. Volume 38, Issue 1, S. 73–95, [http://dx.doi.org/10.1080/01441647.2017.1299815].

Im, J. (2019): Green Streets to Serve Urban Sustainability: Benefits and Typology. Sustainability, Volume 11, Issue 22, 6483, [https://doi.org/10.3390/su11226483].

Istrate, A.-L.; Bosák, V.; Novácek, A.; Slach, O. (2020): How Attractive for Walking Are the Main Streets of a Shrinking City? Sustainability, Volume 12, Issue 15, 6060 [https://doi.org/10.3390/su12156060].

Istrate, A.-L.; Chen, F. (2022): Liveable streets in Shanghai: Definition, characteristics and design. Progress in Planning, Volume 158 (April), 100544, [https://doi.org/10.1016/j.progress.2021.100544].

Jacobs, J. (1961): The Death and Life of Great American Cities. New York: Vintage.

Jansen, D.; Hess, R. (2013): Die temperierte Straße. Straße und Autobahn, Jahrgang 64, Heft 10, S. 745–749.

Jones, P. (2003): Safe street – challenging the principles. Municipal Engineer, Volume 156, Issue 3 (September), S. 191–195, [https://doi.org/10.1680/muen.2003.156.3.191].

Juhola, S.; Seppälä, A.; Klein, J. (2020): Participatory experimentation on a climate street. Environmental Policy and Governance, Volume 30, Issue 6, S. 373–384 [https://doi.org/10.1002/eet.1900].

Jung, H.; Lee, S.-Y.; Kim, H. S.; Lee, J. S. (2017): Does improving the physical street environment create satisfactory and active streets? Evidence from Seoul's Design Street Project. Transportation Research D: Transport and Environment, Volume 50 (January), S. 269–279, [https://doi.org/10.1016/j.trd.2016.11.013].

Kang, Y.-W.; Kim, J. G.; Kim, Y.-J.; Oh, S.-H. (2015): A Study on the Evaluation and Improvement for Physical Elements of Slow Street in the Commercial Area. KSCE Journal of Civil Engineering, Volume 19, Issue 5, S. 1523–1529, [https://doi.org/10.1007/s12205-015-0752-y].

Karndacharuk, A.; Wilson, D. J.; Dunn, R. (2014): A Review of the Evolution of Shared (Street) Space Concepts in Urban Environments. Transport Reviews, Volume 34, Issue 2, S. 190–220, [http://dx.doi.org/10.1080/01441647.2014.893038].

Kesting, T.; Koros, K.; Krause, M.-S.; Vieten, M.; Butterwegge, P.; Ortlepp, J. (2015): Auswirkungen der Gestaltung von verkehrsberuhigten Bereichen auf das Unfallgeschehen. Gesamtwirtschaft der Deutschen Versicherungswirtschaft e. V., Forschungsbericht Nr. 34, [https://www.udv.de/resource/blob/78672/5cb6ae426f59f37c256575c805124856/34-auswirkungen-der-gestaltung-von-verkehrsberuhigten-bereichen-auf-das-unfallgeschehen-data.pdf].

Kingsbury, K. T.; Lowry, M. B.; Dixon, M. P. (2011): What Makes a »Complete Street« Complete? A Robust Definition, Given Context and Public Input. Transportation Research Record: Journal of the Transportation Research Board, Volume 2245, Issue 1, S. 103–110, [https://doi.org/10.3141/2245-13].

Knabe, A.; Brumme, R., Rühmling, M. (2022): Ergebnisse der wissenschaftlichen Begleitforschung zum Verkehrsversuch »Sommerstraße ›Am Brink‹« in der Rostocker Kröpeliner-Tor-Vorstadt. Rostock: Rostocker Institut für Sozialforschung und gesellschaftliche Praxis (ROSIS) e. V., [https://doi.org/10.18453/rosdok_id00003517].

Kollmuss, B.; Gasser, T. M.; Lubrich, P.; Ritter, J.; Rittershau, L.; Scharnigg, K. (2019): Infrastrukturbedarf beim Automatisierten fahren. Straßenverkehrstechnik, Jahrgang 64, Heft 4, S. 255–260.

Kong, W.; Pojani, D. (2017): Transit-oriented street design in Beijing. Journal of Urban Design, Volume 22, Issue 3, S. 388–410, [https://doi.org/10.1080/13574809.2016.1271700].

Kuhlberg, J. A.; Hipp, J. A.; Eyler, A.; Chang, A. (2014): Open Streets Initiatives in the United States: Closed to Traffic, Open to Physical Activity, Journal of Physical Activity and Health, Volume 11, Issue 8, S. 1468–1474, [https://doi.org/10.1123/jpah.2012-0376].

Kunz, J. (2012): Straße im 21. Jahrhundert. Innovativer Straßenbau in Deutschland. Straßenverkehrstechnik, Jahrgang 56, Heft 12, S. 753–759.

Lund, C. (2014): Of what is this a case of? Analytical Movements in qualitative social science research. Human Organization, Volume 73, Issue 3, S. 224–234, [https://doi.org/10.17730/humo.73.3.e35q482014x033l4].

Maharoof, N.; Emmanuel, R.; Thomson, C. (2020): Compatibility of local climate zone parameters for climate sensitive street design: influence of openness and surface properties on local climate. Urban Climate, Volume 33, 100642 [https://doi.org/10.1016/j.uclim.2020.100642].

Mahmoudi, M.; Ahmad, F. (2015): Determinants of livable streets in Malaysia: A study of physical attributes of two streets in Kuala Lumpur. Urban Design International, Volume 20, Issue 2, S. 158–174, [http://dx.doi.org/10.1057/udi.2015.3].

Marres, N. (2019): Co-existence or displacement: Do street trials of intelligent vehicles test society? British Journal of Sociology, Volume 71, Issue 3, S. 537–555, [https://doi.org/10.1111/1468-4446.12730].

März, S.; Schüle, R.; Koop, C.; Peter, L.-K. (2020): »Lebenswerte« Straße in resilienten urbanen Quartieren, Wuppertal Report 17.

McIntosh, J.; Marques, B.; Smith, M.; Rodgers, M.; Morgan, A. (2021): Healthy Streets: Adopting International Benchmarks in Medium Density Cities. Urban Policy and Research, Volume 39, Issue 4, S. 351–376, [http://dx.doi.org/10.1080/08111146.2021.1978969].

Mehanna, W. A. E.-H.; Mehanna, W. A. E.-H. (2019): Urban renewal for traditional commercial streets at the historical centers of cities. Alexandria Enginnering Journal, Volume 58, Issue 4 (December 2019), S. 1127–1143, [https://doi.org/10.1016/j.aej.2019.09.015].

Mehta, V. (2007): Lively Streets. Determining Environmental Characteristics to Support Social Behaviour. Journal of Planning Education and Research, Volume 27, Issue 2, S. 165–187, [https://doi.org/10.1177/0739456X07307947].

Mehta, V.; Bosson, J. K. (2021): Revisiting Lively Streets: Social Interactions in Public Space. Journal of Planning Education and Research, Volume 41, Issue 2, S. 160–172, [https://doi.org/10.1177/0739456X18781453].

Mendzina, E.; Vugule, K. (2020): Importance and planning of pedestrian streets in urban environment. Scientific Journal of Latvia University of Life Sciences and Technologies, Landscape Architecture and Art, Volume 16, Issue 16, S. 80–86 [http://dx.doi.org/10.22616/j.landarchart.2020.16.08].

Meyer, C. (2023): Anhang zum Sammelbandartikel »Sozial, ökologisch oder technisch-verkehrlich. Straßenkonzepte als Ansatzpunkt für multifunktionale Straßenräume«, [https://doi.org/10.15480/882.8802].

Meyer, M. R. U.; Prochnow, T.; Bridges, C. N.; Carlton, T.; Wilkins, E.; Arnold, K. T.; McClendon, M. E.; McKenzie, T.; Porter, M. P. (2019): Assessing Physical Activity in Temporary Spaces: Application of SOPARC/iSOPARC® for Play Streets. Research Quarterly for Exercise and Sport, [https://doi.org/10.1080/02701367.2019.1656793].

Ministerium für Verkehr, Wasserwirtschaft und Öffentliche Arbeiten (1999): Der niederländische Masterplan Fiets. Beschreibung und Auswertung im historischen Kontext.

Miranda, J. V.; Van Nes, A. (2020): Sexual Violence in the City: Space, gender, and the Occurance of Sexual Violence in Rotterdam. Sustainability, Volume 12, Issue 18, 7609, [https://doi.org/10.3390/su12187609].

Müggenburg, H.; Blitz, A.; Lanzendorf, M. (2022): What is a good design for a cycle street? User perceptions of safety and attractiveness of different street layouts. Case Studies on Transport Policy, Volume 10, Issue 2, S. 1375–1387, [https://doi.org/10.1016/j.cstp.2022.04.021].

Musaab, S. A.-O.; Shuhana, S.; Nahith, T. A.-Q. (2018): A Review Paper on the Role of Commercial Streets' Characteristics in Influencing Sense of Place. Social Sciences & Humanities, Volume 26, Issue 4, S. 2825–2839.

Mustafa, Z.; Birdsall, M. (2014): The Great Streets Movement. Identifying How to Make Our Streets Great. ITE Journal, Volume 84, Issue 4 (March), S. 27–32.

Nello-Deakin, S. (2019): Is there such a thing as a »fair« distribution of road space? Journal of Urban Design, Volume 24, Issue 5, S. 698–714, [https://doi.org/10.1080/13574809.2019.1592664].

Oeser, M.; Carreno, N.; Renken, L.; Kemper, D. (2019): Temperierte Straße. Untersuchung zur Realisierung eines Demonstrators auf dem duraBASt, Berichte der Bundesanstalt für Straßenwesen, Straßenbau, Heft S 132.

Oeser, M.; Kemper, D.; Fazekas, A.; Berghaus, M.; Klee, P.-A., Renken, L.; Schnorbus, A. (2020): Die Straße der Zukunft. Funktionalisierung der Straßeninfrastruktur. Straßen und Autobahn, Jahrgang 71, Heft 2, S. 149–153.

Panagopoulos, T.; Tampakis, S.; Karanikola, P.; Karipidou-Kanari, A.; Kantartzis, A. (2018): The Usage and Perception of Pedestrian and Cycling Streets on Residents' Wellbeing in Kalamaria, Greece. Land 2018, Volume 7, Issue 3, [https://doi.org/10.3390/land7030100].

Quanz, J. A.; Kreutz, S.; Meyer, C.; Bajc, K.; Dickhaut, W.; Gollata, J. (2022): Transformation von Straßenräumen zur Hitzevorsorge. Analyse der Flächenpotentiale zur Hitzeanpassung an der Altstadtküste in Hamburg. Transforming Cities, Jahrgang 2022, Heft 3, S. 37–41.

Rebentisch, H.; Wasfi, R.; Piatkowski, D. P.; Manaugh, K. (2019): Safe Streets for All? Analyzing Infrastructural Response to Pedestrian and Cyclist Crashes in New York City, 2009–2018. Transportation Research Record, Volume 2673, Issue 2, S. 1–14, [https://doi.org/10.1177/0361198118821672].

Rivas, J.; Wunderlich, R.; Heinen, S. J. (2017): Road Vibrations as a Source to Detect the Presence and Speed of Vehicles. Institute of Electrical and Electronics Engineers Sensors Journal, Volume 17, Issue 2, S. 377–385, [http://dx.doi.org/10.1109/JSEN.2016.2628858].

Rodriguez-Valencia, A.; Ortiz-Ramirez, H. A. (2021): Understanding Green Street Design: Evidence from three streets in the U.S. Sustainability, Volume 13, Issue 4, S. 1916, [https://doi.org/10.3390/su13041916].

Sachs, W. 1990: Die Liebe zum Automobil. Reinbek bei Hamburg.

Salazar Miranda, A.; Fan, Z.; Duarte, F.; Ratti, C. (2021): Desirable streets: Using deviations in pedestrian trajectories to measure the value oft he built environment. Computers, Environment and Urban Systems, Volume 86 (March), [https://doi.org/10.1016/j.compenvurbsys.2020.101563].

Säumel, I.; Weber, F.; Kowarik, I. (2016): Toward livable and healthy urban streets: Roadside vegetation provides ecosystem services where people live and move. Environmental Science & Policy, Volume 62, S. 24–33, [https://doi.org/10.1016/j.envsci.2015.11.012].

Sauter, D.; Huettenmoser, M. (2008): Liveable streets and social inclusion. Urban Design International, Volume 13, S. 67–79, [http://dx.doi.org/10.1057/udi.2008.15].

Schnüll, R. (2015): Straßen- und Platzräume nach dem »Shared-Space«-Gedanken. Innovativ oder alter Wein in neuen Schläuchen?, Straßenverkehrstechnik, Jahrgang 59, Heft 6, S. 385–391.

Schröder, A.; Buttgereit, A. (2021): Fahrradstraßen neu denken. Mehr Raum und Aufmerksamkeit für den Radverkehr in Münster. Straßenverkehrstechnik, Jahrgang 65, Heft 12, S. 1008–1014.

Shaneyfelt, K. M.; Anderson, A. R.; Kumar, P.; Hunt III, W. F. (2017): Air Quality Considerations for Stormwater Green Street Design. Environmental Pollution, Volume 231, Part 1 (December), S. 768–778, [https://doi.org/10.1016/j.envpol.2017.08.081].

Sharifi A. (2019): Resilient urban forms: A review of literature on streets and street networks. Building and Environment, Volume 147 (January), S. 171–187 [https://doi.org/10.1016/j.buildenv.2018.09.040].

Stinner, S.; Bürgow, G.; Franck, V.; Hirschfeld, J.; Janson, P.; Kliem, L.; Lang, M.; Püffel, C.; Welling, M. (2021): Den multidimensionalen Wert urbanen Grüns erfassen. Stadtforschung und Statistik. Zeitschrift des Verbandes Deutscher Städtestatistiker, Volume 34, Issue 2, S. 24–32, [https://nbn-resolving.org/urn:nbn:de:0168-ssoar-75075-2].

Straßenverkehrsordnung (StVO) 2020: Anlage 3 zu § 42 Abs. 2. Richtzeichen, [https://dejure.org/gesetze/StVO/Anlage_3.html].

Suminski, R. R.; Jackson-Short, C.; Duckworth, N.; Plautz, E.; Speakman, K.; Landgraf, R.; Patterson, F. (2019): Dover Micro Open Street Events: Evaluation Results and Implications for Community-Based Physical Activity Programming. Frontiers in Public Health, Volume 7, 356, [https://doi.org/10.3389/fpubh.2019.00356].

Tailor, R.; Conka, Z.; Kolcun, M.; Bena, L. (2021): Electrical Energy Flow Algorithm for Household, Street and Battery Charging in Smart Street Development. Energies, Volume 14, Issue 13, 3771, [https://doi.org/10.3390/en14133771].

Topp, H. H. (2009): Temporäre Sperrung, Umnutzung und Inszenierung städtischer Hauptverkehrsstraßen. Straßenverkehrstechnik, Jahrgang 53, Heft 1, S. 26–29.

Topp, H. H. (2010): Shared-Space und Begegnungszonen. Erfolgsmodell oder Utopie? Straßenverkehrstechnik, Jahrgang 54, Heft 10, S. 647–651.

Topp, H. H. (2011): Die Verkehrsberuhigung geht weiter! Straßenverkehrstechnik, Jahrgang 55, Heft 5, S. 314–321.

Tsoriyo, W.; Ingwani, E.; Chakwizira, J.; Bikam, P. (2021): Vendor and pedestrian experiences of their »right to the city« in street design and management in small urban centres in the Vhembe District, South Africa. Town and Regional Planning, Volume 79, S. 6–17, [http://dx.doi.org/10.18820/2415-0495/trp79i1.3].

Umweltbundesamt – UBA (2022): Verkehrsinfrastruktur und Fahrzeugbestand, [https://www.umweltbundesamt.de/daten/verkehr/verkehrsinfrastruktur-fahrzeugbestand#entwicklung-des-kraftfahrzeugbestands].

Valente, R.; Mozingo, L.; Bosco, R.; Capelli, E.; Donadio, C. (2021): Environmental Regeneration Integrating Soft Mobility and Green Street Networks: A Case Study in the

Metropolitan Periphery of Naples. Sustainability, Volume 13, Issue 15, 8195, [https://doi.org/10.3390/su13158195].

Wang, F.; Tan, C.; Li, M.; Gu, D.; Wang, H. (2022): Research on Traffic Design of Urban Vital Streets. Sustainability, Volume 14, Issue 11, 6468, [https://doi.org/10.3390/su14116468].

Wang, Y.; Wong, Y. D.; Goh, K. (2019): Perceived importance of inclusive street dimension: a public questionnaire survey from a vision(ing) perspective. Transportation, Volume 48 (2021), S. 699–721, [https://doi.org/10.1007/s11116-019-10071-1].

Whitney, R. A.; Hess, P. M.; Sarmiento-Casas, C. (2020): Livable Streets and Global Competitiveness: A Survey of Mexico City. Journal of Planning Education and Research. S. 1–16, [https://doi.org/10.1177/0739456X20904428].

Wilcox, M. K. (2002): Not in My Front Yard. Landscape Architecture Magazin, Volume 92, Issue 10 (October), S. 190–192.

Xu, L.; Oh, T.; Kim, I.; Hu, X. (2022): Are shared streets acceptable to pedestrians and drivers? Evidence from Virtual Reality experiments. PLoS ONE, Volume 17, Issue 4, e0266591, [https://doi.org/10.1371/journal.pone.0266591].

Yuen, B.; Chor, C. H. (1998): Pedestrian Streets in Singapore. Transportation, Volume 25, S. 225–242, [https://doi.org/10.1023/A:1005055225542].

Zieff, S. G.; Chaudhuri, A.; Musselman, E. (2016): Creating neighborhood recreational space for youth and children in the urban environment: Play(ing in the) Streets in San Francisco. Children and Youth Services Review, Volume 70, S. 95–101, [https://psycnet.apa.org/doi/10.1016/j.childyouth.2016.09.014].

Zieff, S. G.; Kim, M.-S.; Wilson, J.; Tierney, P. (2014): A »Ciclovia« in San Francisco: Characteristics and Physical Activity Behaviour of Sunday Streets Participants. Journal of Physical Activity and Health, Volume 11, Issue 2, S. 249–255, [https://doi.org/10.1123/jpah.2011-0290].

Zou, L.; Yai, T. (2022): Exploration of mental envelope determinants when pedestrians interact with various mobilities on mixed streets. Transportation Research Part F: Psychology and Behaviour, Volume 85, S. 24–37, [https://doi.org/10.1016/j.trf.2022.01.002].

Die Rolle von Zukunftsbildern und Straßenexperimenten für eine kollaborative Planung und Transformation urbaner Quartiersstraßen

Steven März

Abstract

Städte und damit auch ihre Straßen wurden in den vergangenen Jahrzehnten stark nach dem Leitbild einer autogerechten Stadt geplant. Heute besteht ein weitgehender Konsens darüber, dass sich Städte bzw. Straßen wandeln müssen, um sich an die Folgen des Klimawandels anzupassen, und dass die Verkehrswende nur mit angepassten städtischen Verkehrsinfrastrukturen, die aktive Mobilitätsformen fördern, gelingen kann. Dennoch kommt es bei konkreten Projekten vor Ort häufig zu gesellschaftlichen und politischen Widerständen.

Vor diesem Hintergrund beschreibt dieser Beitrag einen dreistufigen kollaborativen Beteiligungs- und Planungsprozess mit der Zivilgesellschaft, der Stadtverwaltung und der Kommunalpolitik für den Umbau einer Quartiersstraße in Dortmund. Ziel des Prozesses war es, die Zieldimensionen Verkehrswende, Aufenthaltsqualität und Klimaresilienz (blau-grüne Infrastrukturen) integriert zu betrachten, um eine gleichermaßen ambitionierte wie gesellschaftlich tragfähige Planung zu entwickeln. Der Beitrag beschreibt die empirischen Arbeiten und Befunde, stellt dar, wie die Rückmeldungen aus dem Beteiligungs- und Planungsprozess in die Planungsentwürfe integriert wurden, und reflektiert den Einsatz von Visualisierungen und Straßenexperimenten als Instrumente für eine kollaborative Planung.

1 Einleitung

Städte in Deutschland – aber auch in fast allen Industrieländern – sind in den vergangenen Jahrzehnten stark vom Leitbild der »autogerechten Stadt« geprägt worden (Reichow 1959). Dieses Paradigma stößt jedoch zunehmend an seine Grenzen. Gesundheitsvorsorge (Luftqualität, Lärmbelastung, Bewegungsarmut), Verkehrssicherheit, soziale Teilhabe und (Flächen-)Gerechtigkeit sind nur einige Aspekte, die eine Verkehrswende und einen Umbau der Städte und ihrer Verkehrsinfrastrukturen rechtfertigen. Hinzu kommen geänderte Ansprüche der Gesellschaft an attraktive Stadträume. Schließlich stellt der anthropogene Klimawandel eine weitere Herausforderung dar. Dabei geht es nicht nur darum, Mobilität neu zu denken (Klimaschutz), sondern den urbanen Raum resilient gegenüber Starkregenereignissen, Trocken- und Hitzeperioden, die bereits heute deutlich sichtbar sind und sich in den nächsten Dekaden sehr wahrscheinlich weiter verstärken werden (Klimaanpassung), weiterzuentwickeln.

Gerade die Klimakrise erfordert ein rasches und radikales Umsteuern. Daher haben die Vereinten Nationen auch die 2020er-Jahre zur »Dekade der Umsetzung« ausgerufen (UN 2023). Ziel muss es sein, dass die Städte »inclusive, safe, resilient and sustainable« (SDG 11) sind bzw. sich dahingehend entwickeln. Ebenso plädiert die Neue Leipzig-Charta für eine gemeinwohlorientierte, integrierte und nachhaltige Stadtentwicklung (BMI 2020).

Dem Straßenraum kommt im Kontext dieses urbanen Transformationsprozesses eine besondere Bedeutung zu, da dieser Raum durch Stadtverwaltungen direkt umgeplant bzw. umgebaut werden kann. Er spiegelt heute vielfach ein ausgedientes stadt- und verkehrsplanerisches Leitbild wider, nachdem der Verkehr, das heißt der motorisierte Individualverkehr (MIV), möglichst ungestört von einem zu einem anderen Ort fließen kann. Versteht man ihn jedoch nicht allein als Verkehrsraum, sondern als öffentlichen Raum, besitzt er das Potenzial, multifunktionale Flächenansprüche zu erfüllen. Dadurch können sich Städte an die Folgen von Starkregenereignissen und Hitzeperioden anpassen, aktive Mobilität und damit auch Gesundheitsschutz befähigen, Nachbarschaften durch Teilhabe und Interaktion stützen oder auch lokale Ökonomien fördern.

Der Mehrwert einer solchen Transformationsstrategie ist wissenschaftlich weitgehend unbestritten. Gleichwohl sieht sich ein solcher Paradigmenwechsel immer auch gesellschaftlichen und politischen Widerständen und Beharrungskräften ausgesetzt. Nicht ohne Grund wurden nach dem jüngsten Regierungswechsel 2023 in Berlin bereits geplante Radwege von der neuen CDU-Verkehrssenatorin gestoppt (Latz 2023). Das Beispiel Kolumbusstraße in München zeigt zudem, wie selbst bei temporären Maßnahmen um die Neuaufteilung und die Narrative zur Nutzung des Straßenraums gerungen wird (Stäbler 2023). Die beiden Beispiele stehen stellvertretend für eine gesellschaftspolitische Gemengelage, die umweltpsychologisch unter dem Value-Action-Gap (Kollmuss, Agyeman 2002) oder dem NIMBY-Symptom (»Not in My Backyard«) zusammengefasst werden können.

Grundsätzlich besteht auf der Metaebene ein Konsens über notwendige Nachhaltigkeitstransformationen, welcher jedoch bei einem hohen Maß an Konkretheit aufgekündigt wird. Die Beispiele machen zudem deutlich, dass urbane Transformationen von Straßen oder ganzen Städten nicht von selbst passieren, sondern dass es gilt, die Menschen mitzunehmen, die Notwendigkeit zu erklären und den Mehrwert zu betonen.

Dieser Beitrag beschäftigt sich daher mit der Frage: Wie kann es gelingen, zukunftsgerichtete und sozial robuste Planungen für notwendige urbane Transformationen zu entwickeln, sodass sich die Alltagsroutinen der Stadtgesellschaft im Sinne einer nachhaltigen Entwicklung verändern und sie sich gleichzeitig mitgenommen und nicht überfordert fühlt?

Am Beispiel des Neuen Graben in Dortmund soll aufgezeigt werden, wie verschiedene Beteiligungsformate in unterschiedlichen Phasen eingesetzt wurden, um iterativ Planungsideen für den Umbau der Straße kollaborativ mit der Stadtgesellschaft zu entwickeln.

2 Einordnung und wissenschaftlicher Diskussionsstand

Der Umbau von Stadtstraßen erfordert in Deutschland häufig eine formelle Bürger:innenbeteiligung. Da diese jedoch meist erst recht spät im Planungsprozess stattfindet, setzen Kommunen häufig in frühen Planungsphasen auf informelle Beteiligungsformate, um frühzeitig die Planungen zu erläutern und rückzukoppeln, Konflikte zu identifizieren und gegebenenfalls Planungen dahingehend anzupassen.

Straßenexperimente haben sich hierbei als ein wichtiges Instrument etabliert. Bertolini (2020, S. 735) definiert Straßenexperimente als »intentional, temporary change of the street use, regulation and/or form, aimed at exploring systemic change in urban mobility, away from ›streets for traffic‹, and towards ›streets for people‹«. Sie haben eine lange Tradition. Bereits in den 1970er-Jahren fanden in Bogotá erste Straßenexperimente statt (Ciclovia). 2005 wurde der PARK(ing) Day in San Francisco ins Leben gerufen. Bei diesen Experimenten ging es vordergründig um eine Sensibilisierung der Stadtgesellschaft für den Mehrwert einer geänderten Straßenraumaufteilung. Der konkrete Umbau stand nicht im Vordergrund. Inzwischen wird dem Straßenexperiment jedoch zunehmend auch ein Transformationspotenzial zugesprochen (Beukers, Bertolini 2023; VanHoose et al. 2022), das heißt, die Wirkung des Straßenexperiments kann über den jeweiligen Untersuchungsraum hinaus systemische Veränderungen im Sinne eines »learning by doing« anstoßen (Bertolini 2020). Ob dies gelingt oder Straßenexperimente lediglich als Projekt zu betrachten sind, was im Idealfall für den jeweiligen Raum, aber nicht darüber hinaus einen Mehrwert bringt, hängt vom Einzelfall ab (Torrens, von Wirth 2021).

Spätestens mit der Covid-19-Pandemie werden die Straßenexperimente vermehrt international (z. B. Superblocks/Barcelona, Piazze Aperte/Mailand, Grätzloasen/Wien) wie national (z. B. Ottensen macht Platz/Hamburg, Friedrichstraße/Berlin, Piazza Zenetti/München) eingesetzt. Die Eingriffstiefe reicht von kleinen Veränderungen (Bemalung, Veränderung der Markierungen) über eine geänderte Nutzung von Parkplätzen (z. B. Parklets) bis zu einer kompletten Neuaufteilung des Straßenraums (z. B. Pop-up-Bike-Lane, Schulstraßen)

(VanHoose et al. 2022). Die Vorteile von Straßenexperimenten für Stadtverwaltungen liegen dabei auf der Hand. Durch die vorübergehende Veränderung des Straßenbildes ermöglichen sie Stadt- und Verkehrsplaner:innen, aktuellen räumlichen wie auch sozialen Anforderungen gerecht zu werden. Gleichzeitig bieten sie die Möglichkeit, Lösungsansätze für langfristige Herausforderungen wie Luftverschmutzung, Lärm, Verkehrssicherheit und Staus zu testen. Straßenexperimente »aim to provide a glimpse of a drastically different future scenario, wherein streets are for mixed uses including socializing, playing, and exercising – that is, ›for people‹ – rather than for traffic« (VanHoose et al. 2022, S. 3). Sie eignen sich als Beteiligungsformat, um ortsspezifisches Wissen frühzeitig in den Planungsprozess einzubinden und mögliche Konflikte zu antizipieren und aufzulösen, um so die Planungen sowie die Akzeptanz dafür zu verbessern.

Straßenexperimente versuchen, geänderte Nutzungen in realen Settings zu visualisieren. Digitale Visualisierungen (Augmented/Virtual Reality, Animationen, fotorealistische 2-D-Visualisierungen etc.) haben sich jedoch in den vergangenen Jahren ebenfalls als Instrument in Beteiligungsprozessen etabliert, um Stadtumbau allgemein bzw. eine Neuaufteilung des Straßenraums im Speziellen digital darzustellen (Nasr-Azadani, Wardrop, Brooks 2022). Hierdurch wird niederschwellig und kostengünstig ein konkretes digitales Zukunftsbild nach einem Straßenumbau geschaffen, um das gesellschaftliche Mindset zu verändern. Kommunikationsdesigner, wie Jan Kamensky, zeigen in *Visual Utopias* mittels animierter Videos, wie reale Situationen in innerstädtischen Räumen künftig aussehen könnten. Sie stellen damit bewusst einen Gegenentwurf zu autozentrierten Realitäten dar bzw. treten mit diesen in den Wettstreit um die Gestaltung öffentlicher Straßenräume der Zukunft (Gerl 2023).

Einen ähnlichen methodischen Ansatz verfolgen die Projekte »Stadtraum 2030 – Raum für Menschen statt für Autos« (Aarts, MLA+ 2020) in Berlin Alt-Pankow oder die Radbahn unter der Berliner U1-Hochbahn. Es wird ein Bewusstsein für den Qualitätsgewinn geschaffen, der entsteht, sobald dem Automobil deutlich weniger Straßenraum zur Verfügung steht, wohlwissend, dass der Weg dorthin im Sinne eines Mobilitätskonzeptes unbeantwortet bleibt. Zudem bewirkt der methodische Einsatz von Visualisierungen den nachhaltigen Effekt,

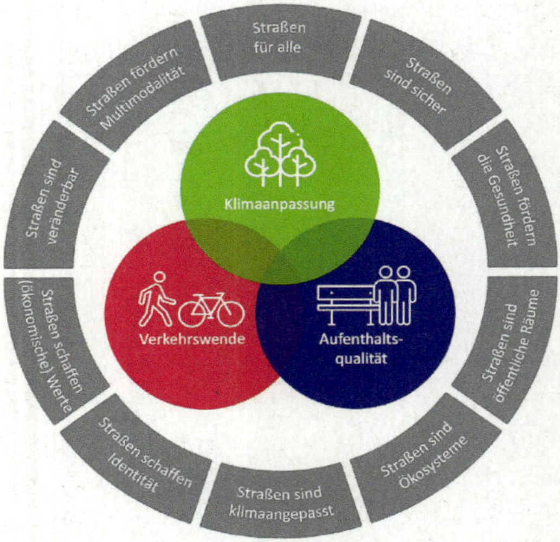

- **Straßen für alle:** Menschen verschiedener Altersgruppen sollen sich im Straßenraum sicher und komfortabel bewegen können – von kleinen Kindern bis hin zu Rentner:innen.
- **Straßen sind sicher:** Alle Menschen sollen sich bei der Nutzung des Straßenraums sicher fühlen.
- **Straßen fördern die Gesundheit:** Straßen sollen aktive Mobilitätsformen fördern und negative Auswirkungen (z. B. Verkehrslärm etc.) so weit wie möglich reduzieren.
- **Straßen sind öffentliche Räume:** Straßen sind multifunktionale Räume. Sie erfüllen verkehrliche, soziale wie wirtschaftliche Funktionen.
- **Straßen sind Ökosysteme:** Straßen sollen nach dem Vorbild funktionierender Ökosysteme ein Nebeneinander verschiedener (Mobilitäts-)Arten und Funktionen gewährleisten. Sie sollen zudem Lebensraum für verschiedene Tier- und Pflanzenarten bieten.
- **Straßen sind klimaangepasst:** Straßen sollen die negativen Auswirkungen des Klimawandels abmildern.
- **Straßen schaffen Identität:** Straßen sollen eine emotionale Bindung und Ortsverbundenheit stärken.
- **Straßen schaffen (ökonomische) Werte:** Straßen liefern Ökosystemdienstleistungen für die Gesellschaft.
- **Straßen sind veränderbar:** Straßen sollen flexibel gestaltet werden, um an veränderte Rahmenbedingungen angepasst zu werden.
- **Straßen fördern Multimodalität:** Straßen unterstützen eine an den Wegezweck angepasste Verkehrsmittelwahl.

Abbildung 1: Zieldimensionen und Leitplanken lebenswerter Straßen.
Quelle: eigene Darstellung.

dass Betrachter:innen, nachdem sie einmal eine Vorstellung einer autofreien Utopie bekommen haben, mit einem kritischen und geschärften Blick in die Realität zurückkehren (Letay 2022).

3 Das Projekt: Lebenswerte Straßen, Orte und Nachbarschaften

3.1 Konzeptionelle Rahmung und Vorgehensweise

Im Rahmen des Forschungsprojektes »Lebenswerte Straßen, Orte und Nachbarschaften«, gefördert vom NRW Umwelt- und Verkehrsministerium, fand ein umfangreicher Beteiligungs- und Planungsprozess statt. Dieser war angeleitet von dem normativ-konzeptionellen Leitbild einer »lebenswerten Straße«. Als solches werden im Verständnis des Autors Straßenräume bezeichnet, bei denen die Zieldimensionen Verkehrswende, Klimaanpassung durch blau-grüne Infrastrukturen und Aufenthaltsqualität integriert betrachtet werden (März, Verheyen, Diersch 2023). Damit einher gehen insgesamt zehn planerische Leitplanken, die für den weiteren Prozess handlungsleitend waren. Im Kern beschreiben die Leitplanken den notwendigen Paradigmenwechsel weg von Straßen für Autos hin zu Straßen für Menschen (vgl. Abbildung 1).

Dieses Leitbild wurde auf die Dortmunder Quartiersstraße Neuer Graben angewendet. Das betrachtete 560 Meter lange und circa 16 Meter breite Teilstück befindet sich im Dortmunder Kreuzviertel und umfasst bereits heute Elemente einer lebenswerten Straße. Es existiert ein alter Baumbestand, die Straße ist insgesamt aufgrund zahlreicher Cafés, Restaurants und Einzelhandelsgeschäfte belebt, und die Bewohner:innen sind vielfach zu Fuß oder mit dem Rad unterwegs. Allerdings ist das Straßenbild insgesamt stark vom ruhenden Verkehr geprägt. Im Straßenraum parken, zu relevanten Anteilen nicht StVO-konform, bis zu 220 Pkw. Anlass für die Auswahl waren anstehende grundhafte Kanalsanierungsarbeiten (März, Broesi, Verheyen 2022).

Der Beteiligungs- und Planungsprozess fand über insgesamt 18 Monate statt. Das Ziel war die Entwicklung einer gleichermaßen ambitionierten wie gesellschaftlich tragfähigen, das heißt mehrheitsfähigen Planung für den Neuen Graben. Der kollaborative Planungsprozess gliederte sich insgesamt in die drei

Abbildung 2: Schematischer Ablauf des Beteiligungs- und Planungsprozesses.
Quelle: eigene Darstellung.

Phasen Bestands- und Bedarfsanalyse, Zukunftsbilder und temporäres Straßenexperiment und kennzeichnet sich durch ein iteratives Vorgehen. In jeder Phase wurde zunächst die Stadtverwaltung, anschließend die Kommunalpolitik und im Anschluss die Zivilgesellschaft eingebunden, um die jeweiligen Planungsschritte auf eine breite Basis zu stellen (vgl. Abbildung 2).

3.2 Zentrale Ergebnisse aus den drei Beteiligungsphasen

Anhand verschiedener Methoden der empirischen Sozialforschung sowie der Verkehrsplanung (u. a. Interviews, Onlinebefragungen, Vor-Ort-Begehung, Parkraumzählung) wurde in der Bestands- und Bedarfsanalyse der Status quo im Neuen Graben erhoben. Die mittels Geotargeting durchgeführte Onlinebefragung (n = 709) unterstrich den hohen Parkdruck, die Unzufriedenheit damit und den Wunsch nach einer Qualifizierung des öffentlichen Straßenraums durch Stadtgrün und attraktive Verweilorte (im Grünen). So wünschten sich über 70 Prozent der Befragten zusätzliche (bzw. eine Aufwertung der vorhandenen) öffentliche Räume zur Interaktion und nicht kommerziellen Nutzung. Jeder Zweite plädierte für eine Verlagerung von Parkraum in eine Quartiersgarage. Gleichzeitig bestand der Wunsch nach einer Verbesserung der Infrastruktur für das Zufußgehen bzw. für den Radverkehr. Circa 50 Prozent

Abbildung 3:
Status quo (a), Zukunftsbilder Shared Space (b), Fahrradstraße (c) und eine Vorzugsvariante (d) für den Neuen Graben.
Quelle: MUST Städtebau GmbH.

a b c d

wünschten sich mehr Bäume im Straßenraum, knapp 70 Prozent allgemein mehr Grünflächen (März, Verheyen, Diersch 2023).

Aus den abstrakten Anregungen der Anwohner:innenschaft wurden zwei *Zukunftsbilder* abgeleitet, in eine Vorplanung übersetzt und visuell aufbereitet (Abbildung 3). Im Wesentlichen unterscheiden sich die *Fahrradstraße* (minus 75 % ruhender Verkehr) und der *Shared Space* (minus 100 %) im Ambitionsniveau bezüglich der Reduktion des ruhenden Verkehrs und der damit verbundenen Umwidmung der frei werdenden Verkehrsfläche. Im Rahmen der zweiten digitalen Anwohner:innenbefragung (n = 1.545) konnten die Varianten bewertet und diskutiert werden. Beide Zukunftsbilder wurden mehrheitlich deutlich besser bewertet als der aktuelle Status quo. Während der Status quo auf einer zehnstufigen Likert-Skala eine mittlere Bewertung von 3,93 erhielt, wurden die Zukunftsbilder mit 6,67 *(Fahrradstraße)* bzw. 6,17 *(Shared Space)* bewertet. Allerdings variierte die Beurteilung zwischen den untersuchten Subgruppen teilweise signifikant. Sowohl die Zustimmung von Personen, die einen privaten Pkw im Haushalt besitzen, sowie von Personen, die diesen ebenfalls häufig nutzen, fällt in Bezug auf beide Zukunftsbilder signifikant geringer aus.

Ausgehend von den überaus positiven Rückmeldungen der bisherigen Beteiligungsformate, erfolgte im August 2021 ein *Straßenexperiment* in Anlehnung an das *Shared-Space*-Zukunftsbild. Zwar blieb die Fahrbahn im gesamten Zeitraum regulär nutzbar, auf den Flächen des ruhenden Verkehrs (circa 40 Pkw-Stellplätze) wurde jedoch mittels verschiedener atmosphärischer und grüner Elemente (u. a. Rollrasen, Pflanzkübel, Liegestühle, Sitzbänke etc.) ein lebenswerter Raum geschaffen. Begleitet wurde das Straßenexperiment durch vielseitige Partizipationsformate, um sowohl analog wie digital in den direkten Dialog (Anwohnersprechstunden, Planungsworkshops, Onlineworkshop) zu treten als auch anonymes Feedback (Fragebogen, Briefkasten) einzuholen.

Die positiven Bewertungen aus vorangegangenen Beteiligungsformaten trafen während des Straßenexperiments auf zum Teil konträre Alltagsrealitäten. Zwar fiel die Bewertung insgesamt überwiegend positiv aus, die Wahrnehmung divergierte jedoch entlang der drei Faktoren Alter, Pkw-Besitz und direkte Anwohnerschaft. Aufgrund der Konkretheit des räumlichen Experiments konnten frühzeitig nicht intendierte Nebeneffekte identifiziert werden, wie beispielsweise eine hohe Lärmentwicklung oder vermehrte Verschmutzung durch die intensive Nutzung des Experimentierraums. Ebenso wurden der komplette Wegfall der Pkw-Stellplätze trotz Ausweichstellplätzen, die Ausweitung der Außengastronomie oder die Spielmöglichkeiten entlang der Straße kritisch gesehen.

3.3 Veränderungen der Planungen auf Grundlage des kollaborativen Beteiligungsprozesses

Ausgehend von dem heutigen Zustand des Neuen Grabens, haben die Zukunftsbilder sowie das Straßenexperiment als zentrale Bausteine des kollaborativ angelegten Planungsprozesses sowohl das Ambitionsniveau als auch die Schwerpunktsetzungen bei den Planungen signifikant beeinflusst. Zentral für die Umgestaltung des Straßenraums war über den gesamten Beteiligungsprozess die Definition der zukünftigen Rolle des ruhenden und fließenden Verkehrs, da erst über diese Neuausrichtung Flächen für andere Nutzungen frei geworden sind. Daher wurde in den Zukunftsbildern bewusst eine Straßennutzung skizziert, in der der MIV nur noch Gast ist. Parken war zum Teil nicht mehr möglich. Dies sollte eine Debatte über den Wert des öffentlichen (Straßen-)Raums anstoßen. Ausgehend von dem Straßenexperiment, wurde schließlich ein Kompromiss gefunden, bei dem rund 50 % der legalen Stellplätze umgewidmet werden. Da das heute weitgehend geduldete Falschparken durch planerische Eingriffe (z. B. Poller, Beete) nicht mehr möglich sein wird, reduzieren sich die heutigen Stellplatzflächen um bis zu 75 %.

Durch die Reduzierung des Parkraums sowie durch eine Einbahnstraßenregelung wurden Flächen für veränderte Nutzungen frei. So wurden die Gehwege barrierefrei und konsequent auf 2,50 Meter verbreitert. Zudem werden Nutzungskonflikte mit der Außengastronomie und auf dem Gehweg parkenden Autos vermieden. Dem Wunsch nach einer verbesserten Fahrradinfrastruktur wurde durch zusätzliche Abstellanlagen für 300 Fahrräder sowie eine Öffnung der Einbahnstraße für den gegenläufigen Radverkehr Rechnung getragen. Rad- und Fußverkehr werden damit zu den dominierenden Verkehrsmitteln zulasten des MIV. Dem MIV werden jedoch, anders als bei den Zukunftsbildern, in der Entwurfsplanung nach wie vor Flächen eingeräumt, da dies für die gesellschaftliche Akzeptanz der Planungen unerlässlich erschien.

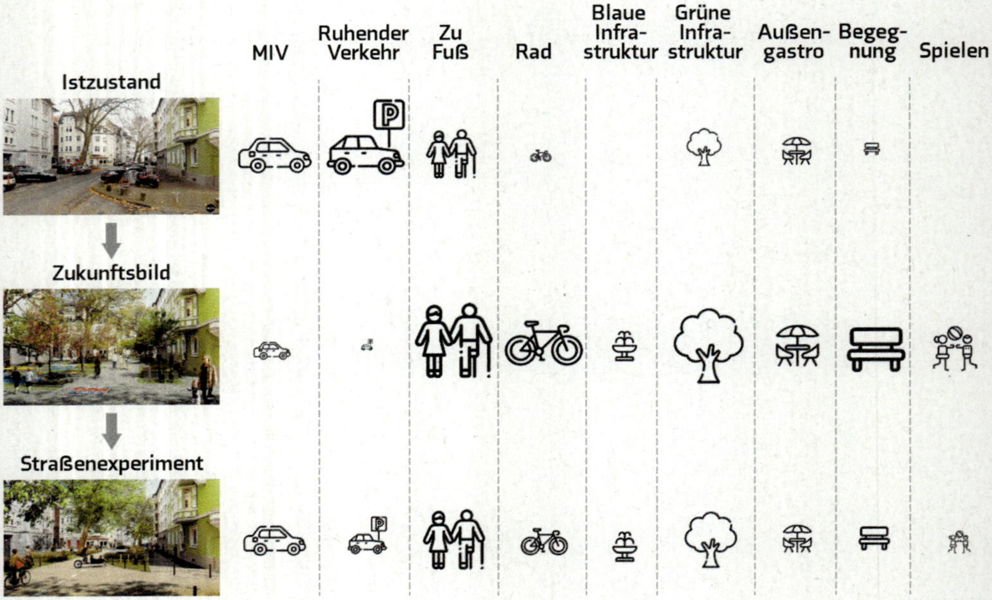

Abbildung 4: Schematische Darstellung der Veränderungen der Planungsentwürfe im Beteiligungsprozess. *Quelle: eigene Darstellung.*

Der Erhalt der heutigen Baumstandorte sowie der Wunsch nach zusätzlichem Stadtgrün wurde in allen Beteiligungsphasen deutlich kommuniziert. Entsprechend wurden in der Entwurfsplanung der Baumbestand gesichert und insgesamt 16 neue Baumstandorte definiert. Ebenso ist ein Wasserspiel vorgesehen.

Im Rahmen des Straßenexperiments veränderte sich die Perspektive auf die Zurverfügungstellung von Flächen für Außengastronomie sowie insgesamt von nicht kommerziellen Aufenthaltsflächen. Diese wurden in der Bedarfserhebung gefordert und in den Zukunftsbildern positiv bewertet. Vor Ort überwog jedoch beim Straßenexperiment die Sorge vor nicht intendierten negativen Auswirkungen (Gesprächslärm, Müll). Daher enthält die Entwurfsplanung zwar noch Sitzmöglichkeiten (für kurze Pausen), aber keine größeren Sitzecken oder Spielgeräte mehr. Auch die Außengastronomie wurde nicht erweitert, sondern nur vom Gehweg weg verlagert, um Nutzungskonflikte mit Fußgänger:innen zu vermeiden.

4 Diskussion und *lessons learnt*

4.1 Zukunftsbilder als Diskussionsgrundlage für die Zielformulierung

3-D-Renderings werden inzwischen bei sehr vielen Planungen erstellt, zumeist jedoch erst am Ende und nicht am Anfang eines Beteiligungs- und Planungsprozesses. Ihr Mehrwert besteht dann in der Visualisierung des Prozessergebnisses. Im Rahmen des Projektes wurde sich aus drei Gründen bewusst für einen frühzeitigen Einsatz des Instrumentes entschieden. Es erleichterte erstens die Diskussion auf Augenhöhe. Gerade in einem kollaborativ angelegten Prozess sind Lagepläne, Schnitte oder sonstige, eher technische Planzeichnungen für zivilgesellschaftliche Akteur:innen nur bedingt lesbar und damit wenig geeignet. Die Renderings sind jedoch weitgehend allgemein verständlich und reduzieren damit den Erklärungsaufwand und erleichtern die Kommunikation. Durch ihre einfache Lesbarkeit können sie zweitens auch für eine vergleichende Betrachtung genutzt werden. Im Projekt dienten die Varianten *Fahrradstraße* und *Shared Space* dazu, ein Handlungsspektrum und die damit einhergehenden Konsequenzen einer veränderten Straßenraumaufteilung konkret darzustellen. Gerade der letzte Aspekt ist hier von besonderer Bedeutung. Es ist das eine, sich mehr Bäume, Aufenthaltsflächen, breitere Gehwege etc. zu wünschen. Da der Straßenraum jedoch nicht vermehrbar ist, kann dies nur durch eine Flächenumverteilung erfolgen, konkret durch die Reduzierung der Kraftfahrzeugstellplätze. Diese Opportunitätskosten werden durch die Renderings allgemein verständlich dargestellt und tragen damit zu einer Zielformulierung für einen dauerhaften Straßenumbau bei. Drittens erlauben die Renderings einen einfachen visuellen Vergleich der Planungsphasen. Der Vergleich der Zukunftsbilder mit der final entstandenen Entwurfsplanung macht deutlich, an welcher Stelle die Planungen aufgrund der Rückmeldungen aus der Zivilgesellschaft, der Stadtverwaltung und der Kommunalpolitik angepasst wurden.

4.2 Straßenexperiment als realweltlicher Impulsgeber

Das Straßenexperiment sollte im Rahmen des Projektes dazu dienen, den bisherigen, durch die Zukunftsbilder ausgedrückten Planungsstand und die genannten gesellschaftlichen Bedarfe zu validieren und mit der breiten Öffentlichkeit zu diskutieren. Ziel war es, durch die Verortung von Planungen bzw. Planungselementen im Raum die Verständlichkeit zu erhöhen, sodass die Diskussionen stärker auf Augenhöhe erfolgen. Durch Straßenexperimente verlagern sich abstrakte Diskussionen an die konkreten Transformationsorte. Dies erhöht nicht nur den Grad der Konkretheit von Diskussionen, sondern verringert auch die Einstiegshürden in die Diskussion. Menschen werden dort abgeholt, wo die Planungen später wirken. Dies schafft Transparenz und verringert den Eindruck, dass Planungen »irgendwo« am Schreibtisch entstehen. Der öffentliche (Straßen-)Raum wird dadurch öffentlich »produziert«, wodurch sich auch die Identifikation mit den Planungen erhöhen kann. Insgesamt gelang es so, nicht nur zusätzliche Zielgruppen zu erreichen, sondern auch die im Vorfeld genannten gesellschaftlichen Bedarfe einzuordnen, sodass bei den Planungen nachjustiert und mögliche Planungsfehler korrigiert werden konnten.

4.3 Straßenexperimente »nur« ein Baustein eines kollaborativen Planungsprozesses

Die Eignung und der Zeitpunkt des Einsatzes von Straßenexperimenten für Planungsprozesse hängen stets vom jeweiligen Einzelfall ab. Im Fallbeispiel hat es sich als zielführend erwiesen, das Straßenexperiment zu nutzen, um die artikulierten Bedarfe und daraus abgeleiteten Zukunftsbilder zu visualisieren und damit zur Diskussion zu stellen. Dadurch wurden die bisherigen Planungen qualifiziert. Das Experiment diente jedoch auch der Stadtverwaltung und Kommunalpolitik zur Selbstvergewisserung, dass die Planungen nicht nur planerisch möglich sind, sondern auch gesellschaftliche Akzeptanz finden. Das Straßenexperiment war folglich einer von mehreren Bausteinen, bei dem Stadtverwaltung, Kommunalpolitik und Zivilgesellschaft kollaborativ die Zukunft des Straßenraums gemeinsam entwickelten. Das Straßenexperiment sollte jedoch nicht allein als Beteiligungsformat gesehen werden. Der Mehrwert liegt vor allem darin, einen Raum zur Interaktion geschaffen zu haben. Es lebt davon, durch Workshops, Umfragen, Beobachtungen etc. die Aneignung und Bewertung der geänderten Raumnutzung zu erheben und zu verstehen, um auf dieser Basis Planungen anzupassen bzw. weitere Schritte zu entwickeln.

4.4 Die Eignung von Straßenexperimenten hängt von der intendierten Funktion ab

In den vergangenen Jahren haben zahlreiche Kommunen Straßenexperimente als Sensibilisierungs-, Beteiligungs- und Planungsinstrument genutzt. Ein gut gemachtes Straßenexperiment braucht jedoch finanzielle und vor allem personelle Ressourcen. Letztlich binden Experimente Ressourcen, die an anderer Stelle womöglich fehlen. Gleichzeitig wecken sie Erwartungen, zum Teil auch falsche Erwartungen. Daher gilt es, sich die Intention von Straßenexperimenten klarzumachen und kritisch zu reflektieren, ob das Experiment hierfür die richtige Methode ist. Dies gilt umso mehr, da Straßenexperimente Wirkungen von Planungen bzw. Umbauten immer nur andeuten können. Mikroklimatologische Effekte von Stadtbäumen können beispielsweise kaum durch Straßenexperimente dargestellt werden. Gleiches gilt für ein verändertes Mobilitätsverhalten. Vor dem Einsatz eines Straßenexperiments sollte daher stets der Zweck bzw. das Ziel klar definiert sein. Man sollte zudem die Eignung anderer Instrumente (Simulationen, Befragungen etc.) für den definierten Zweck prüfen und abwägen.

5 Fazit

Der Umbau des öffentlichen (Straßen-)Raumes ist aus ökologischen, ökonomischen und sozialen Gründen notwendig und richtig. Diese Transformation braucht jedoch eine intensive kommunikative Begleitung. Das Jahrzehnte prägende Paradigma der autogerechten Stadt ist noch heute stark in den mentalen und physischen Infrastrukturen verankert, weshalb es nicht selten zu Bürgerprotesten bei Infrastrukturprojekten kommt, die zulasten des MIV gehen. Es gilt daher, den notwendigen Paradigmenwechsel und den damit einhergehenden Mehrwert zu erklären und Alternativen zu heutigen Alltagsroutinen aufzuzeigen.

Das Fallbeispiel hat deutlich gemacht, dass eine frühzeitige Visualisierung eines Zielzustandes durch Zukunftsbilder und Straßenexperimente einen wichtigen Beitrag leisten kann, um a) Bürger:innen frühzeitig und niederschwellig in den Planungsprozess einzubinden und so das Planungsergebnis zu verbessern und b) Ängste, Sorgen, Vorurteile auf- und ernst zu nehmen, um Planungen zu entwickeln, die gleichermaßen ambitioniert, zukunftsgewandt und gesellschaftlich mehrheitsfähig sind. Durch den dargestellten kollaborativen Ansatz wird die Legitimation entsprechender Planungen gestärkt, was insgesamt zu einer Stärkung und im Idealfall mittelfristig auch zu einer Beschleunigung des Transformationsprozesses beiträgt.

Literatur

Aarts, M., MLA+. (2020): Stadtraum 2030. Raum für Menschen statt für Autos, [https://stadtraum2030.de/wp-content/uploads/2020/07/200630-MLA-PAN-Projektbroschu%E2%95%A0%C3%AAre.pdf].

Bertolini, L. (2020): From »streets for traffic« to »streets for people«: Can street experiments transform urban mobility? Transport Reviews, 40(6), S. 734–753, [https://doi.org/10.1080/01441647.2020.1761907].

Beukers, E.; Bertolini, L. (2023): Fostering learning beyond urban experiment boundaries. Environmental Innovation and Societal Transitions, 46, 100684, [https://doi.org/10.1016/j.eist.2022.100684].

BMI (2020): Neue Leipzig Charta. Die transformative Kraft der Städte für das Gemeinwohl, [https://www.nationale-stadtentwicklungspolitik.de/NSPWeb/SharedDocs/Publikationen/DE/Publikationen/die_neue_leipzig_charta.pdf?__blob=publicationFile&v=7].

Gerl, M. (2023): Für manche die Zukunft, für manche ein Albtraum. Zeit Online, [https://www.zeit.de/mobilitaet/2023-02/jan-kamensky-stadtleben-autoverkehr-utopien].

Kollmuss, A.; Agyeman, J. (2002): Mind the Gap: Why do people act environmentally and what are the barriers to pro-environmental behavior? Environmental Education Research, 8(3), S. 239–260, [https://doi.org/10.1080/13504620220145401].

Latz, C. (2023): Radwege-Chaos in Berlin. Die CDU will in der Verkehrspolitik mit dem Kopf durch die Wand. Der Tagesspiegel Online, [https://www.tagesspiegel.de/berlin/planungsstopp-fur-radwege-in-berlin-die-cdu-will-in-der-verkehrspolitik-mit-dem-kopf-durch-die-wand-10024639.html].

Letay, C. (2022): Demontage, Transformation, Kreation. Von davonschwebenden Autos und grünen Boulevards. polis Magazin, [https://polis-magazin.com/2022/01/demontage-transformation-kreation-von-davonschwebenden-autos-und-gruenen-boulevards/].

März, S.; Broesi, R.; Verheyen, L. (2022): Transformation urbaner Quartiersstraßen. Straßenraumplanung zwischen Verkehrswende, Klimaanpassung und Aufenthaltsqualität. Handbuch der kommunalen Verkehrsplanung, Erg.-Lfg. 94, [https://epub.wupperinst.org/frontdoor/index/index/docId/8107].

März, S.; Verheyen, L.; Diersch, S. (2023): Der Beitrag temporärer Straßenexperimente zur kollaborativen Planung lebenswerter urbaner Quartiersstraßen. REAL CORP 2023: let it grow, let us plan, let it grow: Proceedings of the 28th International Conference on Urban Planning, Regional Development and Information Society, S. 999–1005, [https://epub.wupperinst.org/frontdoor/index/index/docId/8412].

Nasr-Azadani, E.; Wardrop, D.; Brooks, R. (2022): Is the rapid development of visualization techniques enhancing the quality of public participation in natural resource policy and management? A systematic review. Landscape and Urban Planning, 228, 104586, [https://doi.org/10.1016/j.landurbplan.2022.104586].

Reichow, H. B. (1959): Die autogerechte Stadt. Ein Weg aus dem Verkehrs-Chaos. Ravensburg: Otto Maier Verlag.

Stäbler, P. (2023): Kolumbusstraße in München: »Es herrscht so was wie Krieg« – München – SZ.de. Süddeutsche Zeitung, [https://www.sueddeutsche.de/muenchen/muenchen-kolumbusstrasse-verkehrsberuhigung-parkplaetze-auto-1.6108299].

Torrens, J.; Wirth, T. von (2021): Experimentation or projectification of urban change? A critical appraisal and three steps forward. Urban Transformations, 3(1), S. 8, [https://doi.org/10.1186/s42854-021-00025-1].

UN (2023): Decade of Action, [https://www.un.org/sustainabledevelopment/decade-of-action/].

VanHoose, K.; Gante, A. R. de; Bertolini, L.; Kinigadner, J.; Büttner, B. (2022): From temporary arrangements to permanent change: Assessing the transitional capacity of city street experiments. Journal of Urban Mobility, 2, 100015, [https://doi.org/10.1016/j.urbmob.2022.100015].

Nachbarschaftsparks gehen auf die Straße

Wie der Anspruch auf eine gerechte öffentliche Grünraumversorgung erfüllt werden kann

Jürgen Furchtlehner, Daniela Lehner, Lilli Lička

1 Einleitung

Die europäischen Stadtentwicklungspläne sind voll von ehrgeizigen Absichten, wenn es um soziale Gerechtigkeit, Strategien zur Eindämmung des Klimawandels, die Umgestaltung der Mobilität und die Steigerung von Lebensqualität geht. Neue Ideen und Planungszugänge werden in vielen Städten (experimentell) umgesetzt, von Superblocks bis hin zu Pop-up-Radwegen. Die hier vorgestellten Ergebnisse legen den Fokus auf die Stadt Wien und zeigen Vorschläge, wie mehr nutzbarer, qualitativer Grünraum zu generieren ist.

Die Stadt Wien verfügt über große Grünräume am Stadtrand. In der Innenstadt sind die öffentlichen Grün- und Freiräume jedoch, wie in jeder europäischen Großstadt, ungleich verteilt. Ressourcen für großflächige Grünräume sind in der dichten Stadt Mangelware. Nur wenige Flächen wie aufgelassene Industrie- oder Bahnhofsareale sind verfügbar. Zusätzlich setzen ökonomische Entwicklungen die Bestandsstadt unter Druck – Wien wächst und wird stark innenverdichtet (Stadt Wien 2023a). Die Folge ist weniger Freiraum für jede einzelne Bewohnerin und jeden einzelnen Bewohner. Dabei sind Grün- und Freiräume als Teil der Daseinsvorsorge unentbehrlich und für die Lebensqualität und Resilienz einer Stadt essenziell. Die positiven Auswirkungen des Grünraums auf Stadtklima, Luftqualität und Temperaturausgleich sind gesundheitsrelevant, daneben ist die Erholungs- und Aufenthaltsfunktion substanziell. Corona hat es uns vor Augen geführt, weitere Herausforderungen sind in Zukunft zu erwarten. Urban Heat Islands werden in dicht bebauten Bezirken von durch den Klimawandel verursachten längeren Hitzewellen verstärkt, zudem ist von häufigeren

Extremwetterereignissen wie Starkregen auszugehen. Belastende Auswirkungen auf die Gesundheit, das Wohlbefinden und die Arbeitsleistung der dort ansässigen Bewohner:innen sind absehbar (vgl. Hunter et al. 2019; Baumüller 2018; Jennings, Larson, Yun 2016; WHO 2016; Coutts, Hahn 2015; Tzoulas et al. 2007). Unter Europas Hauptstädten wird Wien in Zukunft besonders stark mit Hitzewellen zu kämpfen haben (Smid et al. 2019; Copernicus Climate Change Service 2023). Die Dringlichkeit des Handelns liegt ob dieser Aussichten auf der Hand. Es braucht neue Wege in der Bereitstellung von nutzbarem Grün und Transformationsprozesse sind in möglichst breitem Umfang und auf vielen Ebenen durchzuführen. Planungsdisziplinen, wie die Stadt- und Freiraumplanung, besitzen weitreichende Stellschrauben. Deren Umsetzungsgeschwindigkeit hängt aber letztlich stark an gesellschaftspolitischen Gegebenheiten.

Der Straße als allgegenwärtigem Stadtraum kommt dabei eine tragende Rolle zu. Heute meist monofunktional als Raum für Autos verstanden, wird sie zukünftig verstärkt multifunktionale Bedeutung erlangen, allen voran als Grünraum für die Bevölkerung in der Nachbarschaft. Straßen sollten weniger im Sinne der Verkehrspolitik mit den Bemessungsgrundlagen Verkehrsnachfrage und Autoverkehr, sondern im Sinne einer Grünraumnachfrage mit Bemessungsgrundlagen wie Grünraumversorgung und Nutzungsvielfalt verstanden und gestaltet werden.

Die folgenden Kapitel thematisieren zuerst die Wiener Ausgangslage betreffend der Grünraumversorgung und werfen die Frage nach Grünraumgerechtigkeit auf. Anschließend werden zwei Lösungsansätze zur Transformation linearer Infrastrukturen präsentiert, die eine flächendeckende Grünraumversorgung ermöglichen.

Beide Ansätze wurden am Institut für Landschaftsarchitektur an der Universität für Bodenkultur Wien im Rahmen von Forschungsstudien für Wien erarbeitet und beinhalten generalisierbare Erkenntnisse. Dabei handelt es sich zum einen um das Ausloten von Erweiterungsmöglichkeiten vorhandener Nachbarschafts- und Quartierparks über die Einbeziehung angrenzender Straßen. Auf welche Art diese Erweiterung stattfinden kann und welcher Flächen- und Qualitätsgewinn daraus gezogen werden kann, ist Teil der Untersuchung. Zum anderen wird die Schaffung bindender Rahmenbedingungen als wichtige Voraussetzung für eine flächendeckende Umsetzung der Transformationsideen thematisiert. Vorgestellt wird der *Straßenpark*, der als neue Kategorie in der österreichischen Straßenverkehrsordnung (StVO) vorgeschlagen wird und für den eine Reihe von Qualitätskriterien erstellt wurden.

2 Die Wiener Situation – Grünraumversorgung und Platzverteilung

Die Stadt Wien postuliert, neben der anzustrebenden Mobilitätswende und Klimaneutralität im Jahr 2040 (Magistrat der Stadt Wien 2022) vor allem auch die qualitativen und quantitativen Verbesserungen der Grün- und Freiraumsituation in ihren Bezirken voranzutreiben (Stadt Wien 2023b; MA 18 2015, S. 15, 29). Es gibt viele ambitionierte Passagen in den städtischen Dokumenten, die eine Richtung vorgeben, doch sind die meisten rechtlich nicht bindend. Bereits im Stadtentwicklungsplan Wien STEP 2025, der 2014 beschlossen wurde, heißt es: »Freiräume dürfen kein rares Gut sein, sie müssen in allen Teilen der Stadt in quantitativ und qualitativ ausreichendem Maße vorhanden und nutzbar sein« (MA18 2014, S. 117). »Durch einen weiteren Ausbau von Grün- und Erholungsräumen und der Qualitäten von Freiraumnetzen und öffentlichen Räumen in der Stadt werden nicht nur neue attraktive Freizeit- und Erholungsmöglichkeiten geschaffen, es wird auch sichergestellt, dass Wienerinnen und Wiener in ihrer Wohnumgebung, attraktiven und gut nutzbaren öffentlichen Raum finden und das Stadtklima durch mehr Grün positiv beeinflusst wird« (ebd., S. 118).

In der SMART City Wien Rahmenstrategie 2019–2050 sind unter anderem die beiden Ziele verankert: »Wien schafft zusätzlich Erholungsräume entsprechend dem Bevölkerungszuwachs« und »in der Bestandsstadt wird eine dem Bevölkerungswachstum entsprechende Versorgung mit wohnungsnahen Grün- oder Freiräumen für unterschiedliche Zielgruppen gesichert« (MA18 2019, S. 98 ff.).

Die Realität hinkt diesen Bekenntnissen jedoch hinterher. Eine kritische Betrachtung der derzeitigen Freiraumsituation zeigt, dass die von der Stadt angestrebten Ziele dringend erforderlich sind, in weiten Teilen aber erst umgesetzt werden müssen (Furchtlehner et al. 2023). Viele innerstädtische Quartiere weisen nur zwischen 10 und 20 Prozent unversiegelte Flächen auf. Ein Drittel der Wiener Bevölkerung hat keinen Zugang zu Parks innerhalb von 250 Metern, eine Distanz, die in wenigen Minuten zu Fuß zurückgelegt werden kann und die auch für ältere Personen oder Kinder gut zu Fuß bewältigbar ist. Dieses Kriterium hat daher große Relevanz für die Planung (Gälzer 2001, S. 57 ff.).

Um die dichte Stadt mit all ihren Vorteilen auch in Zukunft als lebenswerten Wohnort wahrzunehmen, ist die Diskussion über städtische Grünraumgerechtigkeit von Bedeutung. Gerechte Verteilung, freie Zugänglichkeit und Nutzbarkeit für alle Menschen stehen dabei im Vordergrund, um die sozialen und gesundheitsfördernden Effekte der Umweltressource Grünraum flächendeckend zu gewährleisten. Analog zu anderen Gerechtigkeitsansätzen wie der Umweltgerechtigkeit findet Grünraumgerechtigkeit demnach auf drei Dimensionen statt: 1) Verteilungsgerechtigkeit oder distributive Gerechtigkeit, 2) Verfahrensgerechtigkeit oder politische Gerechtigkeit, 3) Interaktionsgerechtigkeit (Kronenberg et al. 2020; Kabisch, Haase 2014).

Die in diesem Beitrag vorgestellten Studien betrachten vorwiegend Aspekte der Verteilungsgerechtigkeit wie Verfügbarkeit, Zugang und Angebot. Sie liefern einen Beitrag zu der Forderung, dass allen Bevölkerungsgruppen – unabhängig von ihrer sozialen Herkunft und ihrem ökonomischen Potenzial – zugänglicher Grünraum mit einer vergleichbaren Qualität gleichermaßen zur Verfügung stehen soll (Kronenberg et al. 2020).

Um den Bedarf an Grünflächen anzugeben, entwickeln viele Städte Richtwerte – meist in Quadratmeter pro Einwohner:in –, oft in Kombination mit Angaben zur Entfernung von der Wohnung (Kabisch, Haase 2014). »Das Ziel von Richtwerten besteht vor allem darin, dem Bedarf an Grünflächen im weitesten Sinne einen angemessenen Stellenwert in der Konkurrenz um Fläche innerhalb des Stadtgefüges zu sichern« (Gälzer 2001, S. 61). Die Sicherstellung der Flächenverfügbarkeit von Grünraum über Richtwerte ist laut Nohl (2002) notwendig und eine wichtige Voraussetzung. Unterschiedliche Ansprüche an den jeweiligen Grünraum, Qualität der Gestaltung, Ausstattung und Pflege, gute Zugänglichkeit, Nutzungsmöglichkeit sowie Verdrängungs- und Ausweichprozesse werden mit quantitativen Bedarfszahlen jedoch nicht berücksichtigt (Haase, Schmidt 2019; Oscilowicz et al. 2021).

Auch die Stadt Wien hat für die Versorgung der Bewohner:innen mit öffentlichem Grünraum Kennwerte ausgegeben. Diese sind mit anderen europäischen Städten im Groben vergleichbar. Es sind beispielsweise 3,5 Quadratmeter Grünraum je Einwohner:in innerhalb von 250 Metern festgelegt, weitere acht Quadratmeter sollten innerhalb von 1.500 Metern verfügbar sein (MA18 2015, S. 84). Diese Kennwerte werden in neuen Stadtentwicklungsgebieten durchwegs eingehalten. In den innerstädtischen Bezirken müssen Bewohner:innen mit deutlich weniger auskommen – teils mit drei Quadratmetern über weite Distanzen (Furchtlehner et al. 2023), was bereits in den 1980er-Jahren, als die Klimawandelproblematik noch weniger evident war, als »ungünstige Versorgung« galt (Gälzer, Hansely 1980, S. 49 ff.).

Eine Umfrage zur Zufriedenheit der Wiener Bevölkerung korreliert damit insofern, als dass die Bewohner:innen vor allem in diesen stark unterversorgten Quartieren mehr Grün verlangen (Verwiebe et al. 2020). Es zeigt sich zunehmend, dass in der dicht bebauten Stadt, wo es kaum noch freie Flächen gibt, der Straßenraum oft das letzte Potenzial darstellt, um das nutzbare Grünraumangebot zu erweitern (Furchtlehner, Lička 2019). In Wien gibt es rund 41 Quadratkilometer Straßenflächen (MA28 o. J.), die sich netzartig über das gesamte Stadtgebiet verteilen und daher wohnungsnah und für alle Bewohner:innen gleichermaßen gut erreichbar sind. In innerstädtischen Quartieren sind etwa 30 Prozent der Stadtfläche Straßen (ILA 2017). Dieser Wert untermauert das Potenzial der Freiraumreserve Straße. Straßen sind de facto öffentlicher Raum, der für alle Bewohner:innen zu planen ist. Sie bilden das Rückgrat der Stadt und können vielfältige Funktionen übernehmen, vom Mobilitätsträger bis hin zu sozialer und grüner Infrastruktur (Staller et al. 2022; Furchtlehner, Lehner, Lička 2022; Umweltbundesamt 2017; Mehta 2014; Gehl 2010; Gehl, Gemzoe 2004).

In Wien sind rund 47 Prozent aller Haushalte autofrei. Die Verteilung des Verkehrsaufkommens auf die Verkehrsmittel zeigt, dass 74 Prozent der Wege zu Fuß, mit dem öffentlichen Verkehr oder mit dem Rad zurückgelegt werden (VCÖ 2021; Wiener Linien 2022). Doch nach wie vor sind etwa zwei Drittel der Straßenfläche dem Auto zugeordnet (Häberlin, Furchtlehner 2017, S. 182; Furchtlehner, Lička 2019, S. 75 f.). Darüber hinaus gibt es in Wien durchschnittlich nur in zwei von zehn Straßen Baumpflanzungen – ein sehr niedriger Wert, verglichen mit anderen europäischen Städten (Furchtlehner, Lička 2019, S. 76 ff.).

Autos sind durchschnittlich 22 bis 23 Stunden am Tag abgestellt. Dafür wird rund ein Drittel der Straßenfläche verbraucht (Borries, Kasten 2021, S. 82; Umweltbundesamt 2022). Die Größe eines Stellplatzes von mindestens 12 Quadratmeter entspricht dabei einem Kinderzimmer oder einem Vorgarten. Hierbei handelt es sich um Flächen in kommunalem Besitz, die der Allgemeinheit zur Verfügung stehen sollten, aber für vergleichsweise wenig Geld (in Wien derzeit 120 Euro pro Jahr) an private Kraftfahrzeugbesitzer:innen abgegeben werden. Zeitgleich stehen eine Vielzahl an Stellplätzen in den meist teureren Parkgaragen leer (Natmessnig 2015).

Die schwierige gesamtstädtische Neubetrachtung und Veränderung von Straßen ist neben politischen Lagern und Bezirkshoheiten auch den unterschiedlichen Zuständigkeiten im Straßenraum geschuldet. In Wien sind bis zu 20 Magistratsabteilungen beteiligt, darunter Stadtentwicklung und Stadtplanung, Architektur und Stadtgestaltung, Stadtteilplanung und Flächennutzung, Umweltschutz, Straßenverwaltung und Straßenbau, Wiener Stadtgärten, Verkehrsorganisation und technische Verkehrsangelegenheiten und andere mehr. Eine langsame Werteverschiebung ist jedoch erkennbar. Die alleinige Verkehrsfunktion von Straßen wird mehr und mehr hinterfragt. Der mögliche Mehrwert durch (ökologische) Multifunktionalität – nicht zuletzt aufgrund der Dringlichkeit durch die Folgen des Klimawandels – wird erkannt und auch in städtischen Strategiepapieren aufgegriffen (Magistrat der Stadt Wien 2022; Furchtlehner, Lehner, Lička 2021, S. 284 ff.; MA18 2018).

Punktuell wurden Projekte in den vergangenen Jahren realisiert, oft in Zusammenarbeit von Verkehrsplanung und Landschaftsarchitektur, die ein Aufbrechen gewohnter Straßenmuster mit sich bringen (siehe Abbildungen 1a und 1b). Das ist insofern bedeutungsvoll, da realisierte Beispiele die positive Veränderung greifbarer machen und die Wertsteigerung der Lebensqualität spürbar vermitteln können. Infrastrukturen sind grundsätzlich nicht wertneutral. »Sie realisieren gesellschaftspolitische Vorstellungen. Und sie verfestigen diese, denn Infrastrukturen sind teuer und generieren Abhängigkeiten – und schreiben damit Entwicklungspfade fest« (Borries, Kasten 2021, S. 77).

a

b

Abbildungen 1a: **Thaliastraße,** b: **Pelzgasse in Wien: Einzelne Straßen werden wieder als öffentlicher Raum gestaltet. Neue Zonierung, abwechslungsreiche Oberflächenmaterialien und versickerungsfähige Beläge, Möblierung und regelmäßige Baumpflanzungen kommen zum Einsatz.** *Quelle: Jürgen Furchtlehner.*

3 Nachbarschaftsparks XL und Straßenparks

Nachfolgend werden Auszüge aus Forschungsprojekten präsentiert, die am Institut für Landschaftsarchitektur an der Universität für Bodenkultur Wien durchgeführt wurden. Sie zeigen Möglichkeiten auf, wie Grünraumgerechtigkeit zur Realität werden kann. In Kapitel 3.1. steht das Erweiterungspotenzial von bestehenden Nachbarschaftsparks im Fokus, um in dicht bebauten Stadtteilen die Grünraumversorgung zu erhöhen und dabei an bestehende Strukturen anzuknüpfen. In Kapitel 3.2. werden mögliche qualitative und quantitative Kriterien für die Schaffung von Straßenparks, also Straßen mit parkähnlichem Charakter, vorgestellt.

3.1 Vergrößerung von Nachbarschaftsparks

Die Untersuchung *Beserlparks XL* im Auftrag der Stadt Wien (ILA 2022) hatte zum Ziel, Potenziale zur Erweiterung von Nachbarschafts- und wohnumfeldbezogenen Parks (in Wien auch *Beserlparks* genannt) in dicht bebauten Stadtteilen auszuloten. Darunter fallen Parks mit einer Größe von bis zu drei Hektar oder 0,03 Quadratkilometer (MA18 2015). Diese sind in allen dicht bebauten Bezirken in unregelmäßiger Verteilung vorhanden.

Durch die Erweiterungen bestehender Parks kann der Bevölkerung mehr nutzbarer Grünraum zur Verfügung gestellt werden, mehr Bäume werden ermöglicht und Flächen entsiegelt. In weiterer Folge rückt auch das Erreichen der Wiener Kennwerte für die Grünraumversorgung etwas näher.

Die Studie beinhaltet die Erhebung der rund um Parks angrenzenden Flächen, deren Analyse und Prüfung für mögliche Grünraumerweiterung. Der Fokus liegt auf jenen Stadtteilen, die laut Wiener Hitzekarte als vulnerabel gelten und als unterversorgt wahrgenommen werden (siehe Abbildungen 2a und 2b). Letztere sind Gebiete, in denen mehr als 50 Prozent der Befragten angeben, dass »mehr Grünflächen« sehr wichtig oder wichtig sind (Verwiebe et al. 2020; MA18 2020, S. 37; Ecoten 2019).

Die ausgewählten Bereiche decken sich mit anderen Umfrageergebnissen, wonach sich die Bevölkerung vor allem in den betrachteten Gebieten mehr Verkehrsberuhigung oder angenehmere und näher gelegene Frei- und Grün-

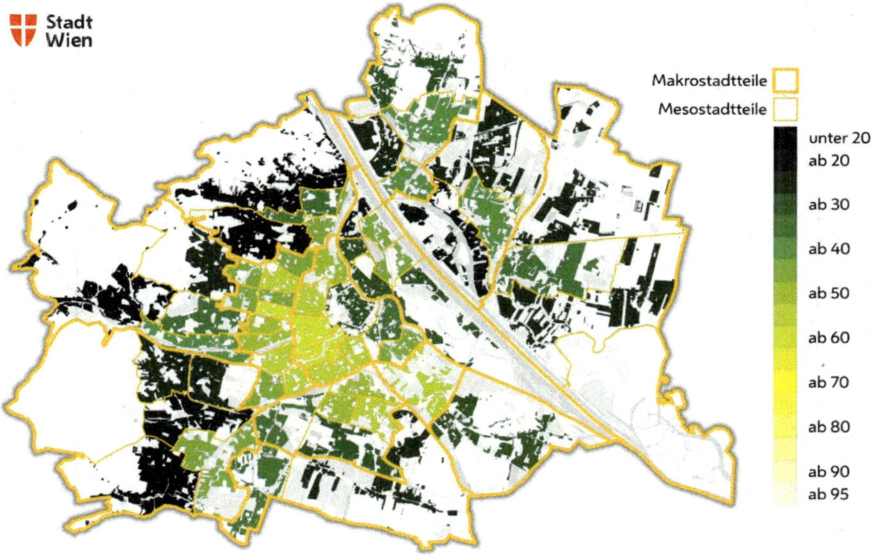

Abbildung 2a: **In den gelben und hellgrünen Wiener Stadtteilen nennen mehr als 50 Prozent der Befragten »Mehr Grünflächen« als sehr wichtig oder wichtig.** *Quelle: MA18 2020, S. 37.*

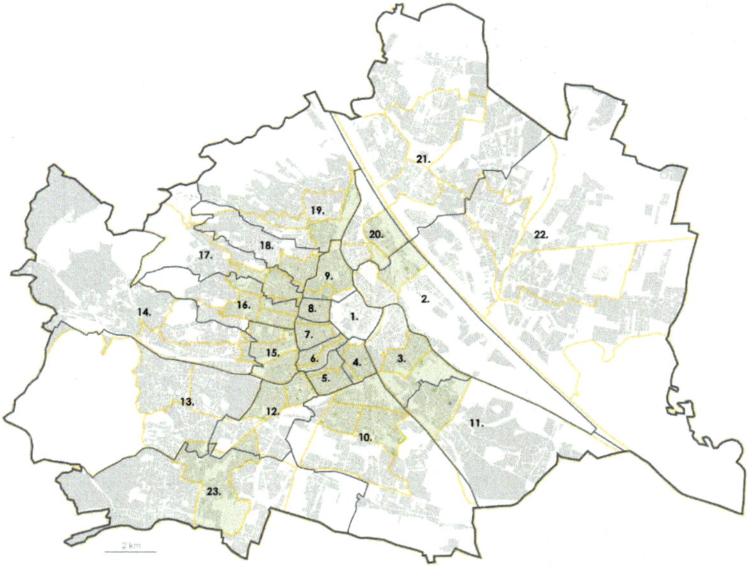

Abbildung 2b: **Das Untersuchungsgebiet (grün) umfasst mehrere der 23 Wiener Bezirke bzw. Bezirksteile und hat eine Größe von rund 55 km². Im Gebiet liegen 249 Nachbarschaftsparks, ein Großteil davon (215) ist kleiner als 1 Hektar.** *Quelle: ILA 2022.*

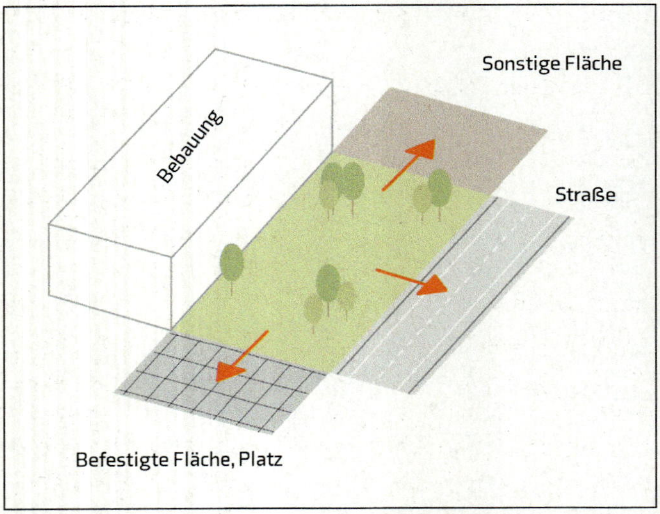

Abbildung 3a: **Systematische Erhebung der Parks; Flächenausmaß und Kategorisierung angrenzender Flächen und darauf aufbauende Berechnung des möglichen Erweiterungspotenzials.**

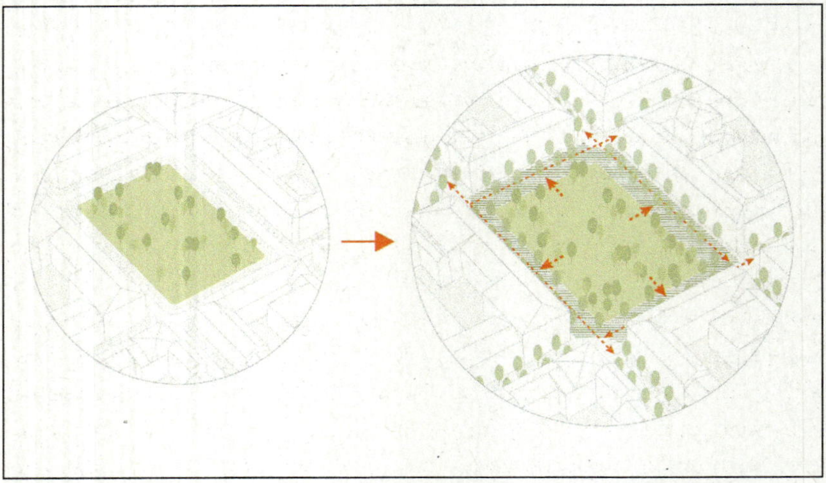

Abbildung 3b: Ausgangssituation eines charakteristischen Wiener Parks, umgeben von Stellplätzen und Fahrspuren. Daneben: stufenweise Erweiterung und Transformation durch Umwandlung von Stellplätzen, Parkstreifen und Fahrspuren bis hin zur Herstellung grüner Verbindungen im Quartier. Der dadurch mögliche Grünflächengewinn in unterversorgten Bezirken wurde im Rahmen der Studie Beserlparks-XL untersucht. *Quelle: ILA 2022.*

räume wünscht. Etwa ein Drittel der Wiener Bevölkerung lebt in den genannten Gebieten.

Im Untersuchungsgebiet sind 258 Grünflächen als Parks gewidmet, 249 davon fallen aufgrund ihrer Größe in die Kategorie der Nachbarschafts- und wohnumfeldbezogenen Parks. Die meisten haben eine annähernd rechteckige Grundfläche. Bei allen konnte ein Erweiterungspotenzial auf den angrenzenden Flächen in kommunalem Besitz nachgewiesen werden.

Die methodische Herangehensweise erfolgte quantitativ, was Anzahl und Größen betrifft, und qualitativ, was Eignung und Vergrößerungspotenzial betrifft. Für alle Parks wurden Daten zu ihren Größen und den angrenzenden Flächen berechnet und ihre Art und Nutzung dokumentiert. Herangezogen wurden öffentlich verfügbare Stadtpläne, Flächenwidmungspläne und weitere zugängliche Informationen zu Grünräumen (Stadt Wien o. J.; www.data.gv.at o. J.). Klärung von kartografischen Unklarheiten erfolgte über die Ortskenntnis der Auftraggeber:innen und über Ortsbegehungen. Anschließend wurde der mögliche Flächengewinn einer Erweiterung bezirksweise berechnet. Varianten (*Maximal* und *Moderate Erweiterung*) und damit verbundene Qualitätsgewinne (wie Flächenentsiegelung, Begrünung und Beschattung, Freiraumnutzung) wurden anhand mehrerer Pilotstandorte im Detail herausgearbeitet und visualisiert.

Die *Maximalvariante* veranschaulicht den größtmöglichen Flächengewinn für Parkerweiterungen. In der Berechnung inkludiert sind alle direkt angrenzenden und im Besitz der Stadt befindlichen Freiflächen. Darunter fallen befestigte öffentliche Räume (Plätze), Straßenräume und sonstige (Grün-)Flächen (Abbildungen 3a und 3b). Höherrangige Straßen wurden als Erweiterungspotenzial ausgeschlossen. Das Ergebnis der Maximalvariante ergibt eine mögliche Erweiterung von durchschnittlich circa 75 bis 80 Prozent je Park, das entspricht durchschnittlich circa 2.700 Quadratmeter mehr Grünraum je Park. Die Summe der Erweiterungsflächen aller Parks ergibt knapp 70 Hektar Erweiterungspotenzial im Untersuchungsgebiet (was der Fläche des Wiener Donauparks oder über zweimal der Größe des Berliner Parks am Gleisdreieck entspricht).

Bei der *Moderaten Variante* wird von geringeren Maßnahmen ausgegangen, wie der Reduktion von einzelnen Fahrspuren bei mehrspurigen Straßen und dem Auflassen von Parkstreifen. Angrenzende Straßen oder Plätze werden im

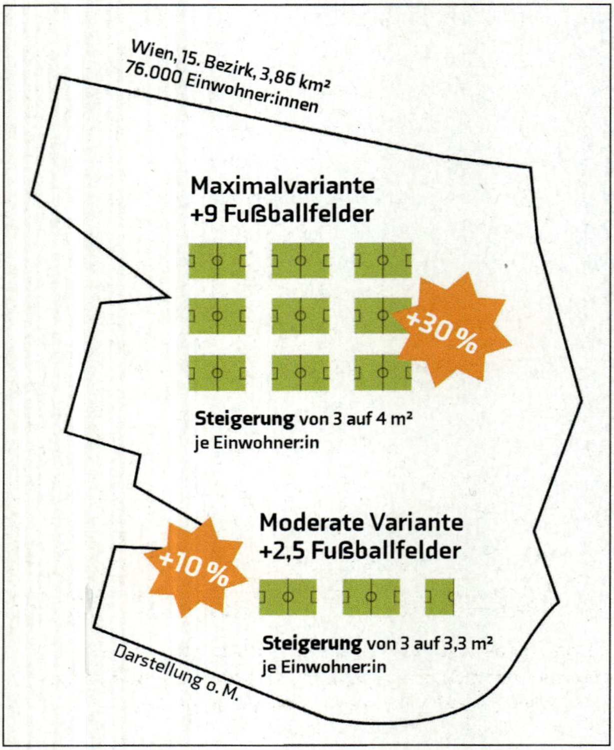

Abbildung 4a: **Berechnungsbeispiel Wien, 15. Bezirk, einer der dichtestbesiedelten in Wien. Es stehen lediglich drei Quadratmeter Parkfläche je Einwohner:in zur Verfügung. Durch beide Erweiterungsvarianten kann mehr begrünter Freiraum generiert werden, umgerechnet bis zu neun Fußballfelder.**
Quelle: ILA 2022.

Gegensatz zur Maximalvariante somit nur zu einem bestimmten Teil als Erweiterungsmöglichkeit gewertet. Die Moderate Variante ergibt durchschnittlich circa 25 Prozent Erweiterungspotenzial je Park. Das entspricht 800 Quadratmetern je Park, was in Summe knapp 20 Hektar für das gesamte Betrachtungsgebiet darstellt. Ergebnisse einer beispielhaften Berechnung beider Varianten und deren Auswirkung auf die Grünraumversorgung sind in Abbildung 4a anhand des 15. Wiener Gemeindebezirks dargestellt.

Beide Varianten sind systematische Berechnungen. In vielen Fällen wird sich eine tatsächliche Erweiterung in deren Mittelfeld realisieren lassen, wie erste versuchsweise umgesetzte Beispiele zeigen (Abbildung 4b). Unter Beibehaltung von Erschließung, notwendiger Verkehrsverbindungen und einiger Stellplätze

Abbildung 4b: **Reithofferpark Wien, 15. Bezirk. Der bestehende Park wurde in den Straßenraum erweitert. Kraftfahrzeugstellplätze wurden in Vegetationsflächen umgewandelt, befahrbare Straßenbahngleise blieben erhalten.**
Quelle: Jürgen Furchtlehner.

kann durchschnittlich von etwa 40 bis 50 Prozent Flächenzuwachs je Park ausgegangen werden.

Die Studie zeigt außerdem, dass 70 Prozent der Parks ausschließlich über den Straßenraum erweiterbar sind und dass der Straßenraum 85 Prozent des flächenmäßigen Erweiterungspotenzials ausmacht. Von den 249 Parks im Untersuchungsgebiet haben 212 mindestens eine angrenzende Straße, die verkehrsberuhigt und daher transformiert werden kann. Auch Baumpflanzungen wurden in den umliegenden Straßen erhoben. Bäume stellen ein besonders dringendes Mittel der qualitätsvollen Grünraumerweiterung und Vernetzung dar: Bei circa 40 Prozent der Parks gibt es jedoch derzeit in keiner der angrenzenden Straßen Baumpflanzungen.

Bei den Vorschlägen zur Parkerweiterung in den Straßenraum gilt die Prämisse, dass die Gebäudeerschließung gewährleistet bleibt. Befestigte Wege für diese Funktion (Gehwege, Zufahrten, Durchfahrt für Radverkehr, ÖPNV) bleiben erhalten. Die Erweiterungsfläche von Parks in den Straßenraum zeichnet sich aber durch Grün als dominierendes Element aus, umgesetzt mittels Baumpflanzungen, Stauden- und Gräserbeeten, versickerungsfähigen Oberflächen und gestalterisch-baulichen Maßnahmen zur Verkehrsberuhigung. Die Gestaltung soll vielfältige und inklusive Nutzbarkeit etwa für Sport und Spiel, Aufenthalt und Erholung für alle Alters- und Bevölkerungsgruppen der Nachbarschaft fördern.

Die Studie konnte das große Potenzial an Erweiterungsmöglichkeiten von Nachbarschafts- und wohnumfeldbezogenen Parks in Wien in allen untersuchten Bezirken oder Bezirksteilen nachweisen. Dieses Potenzial liegt zum großen Teil auf der Straße. Daher ist die Umwandlung von Stellplätzen und Fahrspuren zugunsten der Grünraumversorgung ausschlaggebend. Verkehrsberuhigende und -reduzierende Maßnahmen, wie sie auch von der Bevölkerung in den Untersuchungsgebieten verlangt werden, sind die entscheidende Stellschraube für eine Transformation dieser Flächen.

Die Ergebnisse veranschaulichen zudem, wie kompakte Grünräume (Parks) und lineare Freiräume (umliegende Straßen-Infrastrukturlandschaft) miteinander zu einem Freiraumnetz verschmolzen werden. Parks und Straßen werden auf diese Art zu einem durchgehenden Gewebe aus Knoten und Korridoren zusammengefügt, was das Ziel einer effektiven grünen Infrastruktur sein muss: »A higher quality matrix consists of a connected structure of patches and corridors. Conversely, a matrix of lower quality consists of isolated patches. In urbanized areas, the built environment often cuts off small patches of green space from one another« (Coutts 2016, S. 18).

Durch eine qualitative Konnektivität können unterversorgte Nachbarschaften rasch aufgewertet und angebunden werden. Da viele der untersuchten Parks aktuell kleiner als oder knapp ein Hektar groß sind, ist eine Vergrößerung auch klimatisch für das Quartier relevant. Um eine spürbare klimatisch kühlende Wirkung für die Nachbarschaft zu erzielen, gilt die Größe von einem Hektar als wichtige Marke (Coutts 2016, S. 132).

Neben Begrünung ist bei einer Erweiterung und Vernetzung von Parks verstärkt in die Förderung nicht motorisierter Mobilität und in die Prinzipien der *Walkability* (Pregill 2020, S. 148; Iacofano, Malhorta 2019; Nacto 2016) zu investieren, damit die Freiräume nicht nur grüner, sondern auch angenehm begehbar, bespielbar und sicher mit dem Rad befahrbar sind (Bendiks, Degros, 2019; Roe 2021). Bevor es zu permanenten Erweiterungen und Umgestaltungen kommt, können zu Beginn auch temporäre und kostengünstige Maßnahmen zum Einsatz kommen. Ein bekanntes Beispiel dafür ist die schrittweise Vorgangsweise bei Barcelonas Superblocks (Meinharter, Krammer 2023, S. 23 ff.; Furchtlehner, Lička 2019, S. 100 ff.).

3.2 Straßenpark

Es gibt derzeit verschiedene Möglichkeiten in Österreich, ähnlich wie in Deutschland und anderen europäischen Ländern, Straßenräume als multifunktionale Freiräume (auch juristisch) auszulegen, den Kraftfahrzeugverkehr zu beruhigen oder eine gleichberechtigte Nutzung unterschiedlicher Verkehrsteilnehmer:innen zu bewirken. Beispiele hierfür sind Wohnstraßen, Begegnungszonen oder Fußgängerzonen, deren Vorgaben in der StVO festgelegt sind. Viele dieser Kategorien gehen jedoch nicht weit genug oder zeigen wenig Wirkung auf die Raumqualitäten. Das trifft vor allem auf Wohnstraßen zu, die sich in Wien zumeist nicht von einer herkömmlichen Straße mit Fahrspuren und Parkspuren unterscheiden, da keine qualitativen Anforderungen und Vorgaben vorhanden sind. Eine Gestaltung, die zu einer Aneignung oder Nutzbarkeit abseits der Fortbewegung einlädt oder einen ökologischen Mehrwert bietet, fehlt zumeist genauso wie eine baulich unterstützte Verkehrsberuhigung, die Sicherheit schafft.

Der im Rahmen einer Studie für die Arbeiterkammer Wien erarbeitete Vorschlag sieht die Einführung einer rechtlich verbindlichen Verordnung *Straßenpark* vor (Furchtlehner et al. 2023, S. 91, 99, 198 ff.), um den Straßenraum sozial gerechter und den klimatischen Erfordernissen entsprechend zu gestalten. Das Verordnen von Straßenparks analog zu Fußgängerzone oder Wohnstraße schafft Verbindlichkeit und dient der Maximierung des Grünanteils – prioritär in Gebieten, die mit Grünraum unterversorgt sind und keine weiteren Flächenreserven für neue Parks haben.

Dem Vorschlag ging eine umfassende Beschäftigung mit dem Wiener Planungssystem und dem internationalen Diskurs voraus. Anhand zweier stark mit Grünraum unterversorgter Gebiete wurde in einem entwurfsbasierten Forschungsprozess der Straßenpark als Lösung für einen möglichen Ausgleich ausgearbeitet. Demzufolge haben Straßenparks folgende Charakteristik: »Straßen werden durch die geforderte Verordnung und entsprechende Gestaltung verkehrsberuhigt und bekommen Parkcharakter, das bedeutet: mehr Pflanzbeete und Bäume anstelle befestigter (asphaltierter) Parkplätze. Mehr Platz für Erholung, Gesundheitsförderung durch sicheres und einladendes Zufußgehen und Radfahren, weniger Lärm und weniger Luftverschmutzung, viel Schatten für angenehmere Sommermonate und Förderung der Biodiversität« (Furchtlehner et al. 2023, S. 198). Die Erhöhung des Grünanteils und der Anzahl von Baumpflanzungen und großkronigen Bäumen für eine breite Überschirmung sowie die Vergrößerung des Anteils von versickerungsfähigen Oberflächen für das nachhaltige Regenwassermanagement dienen als notwendige klimatische Verbesserungen. Die räumliche Anpassung betrifft Maßnahmen wie den Rückbau von Straßenabschnitten, Fahrbahnen sowie Stellplätzen. Auf eine verbesserte Nutzbarkeit zielt die Schaffung von vielfältig nutzbaren Bereichen und Aufenthaltsmöglichkeiten ab. Die Erhöhung der Sicherheit für ältere Personen und Kinder durch Verkehrsberuhigung, Barrierefreiheit und attraktive Gestaltung dient wiederum der Förderung aktiver Mobilität im Quartier (vgl. Staller et al. 2022; MA18 2018, S. 40; Umweltbundesamt 2017; Coutts 2016; Gehl 2010; Marcus 1998).

Die Studie führt konkrete Mindeststandards für Straßenparks an, beispielsweise eine Platzverteilung, wonach mindestens 50 Prozent des Straßenquerschnitts für nicht motorisierten Verkehr, Erholung und Begrünung vorgesehen sind. Ein weiteres Kriterium ist die Oberflächenbeschaffenheit der Straße, die zu mindestens 40 Prozent aus unversiegelten, versickerungsfähigen Materialien besteht (siehe Abbildung 5).

Auch wenn in Straßenparks nicht sämtliche Nutzungen wie in städtischen Parks stattfinden, kann mit ihrer Umsetzung der Anspruch auf flächendeckende Grünraumversorgung erfüllt werden. Sie stellen ein beträchtliches Flächenpotenzial dar: Fünf Straßenparks mit einer Länge von 250 Metern und einer

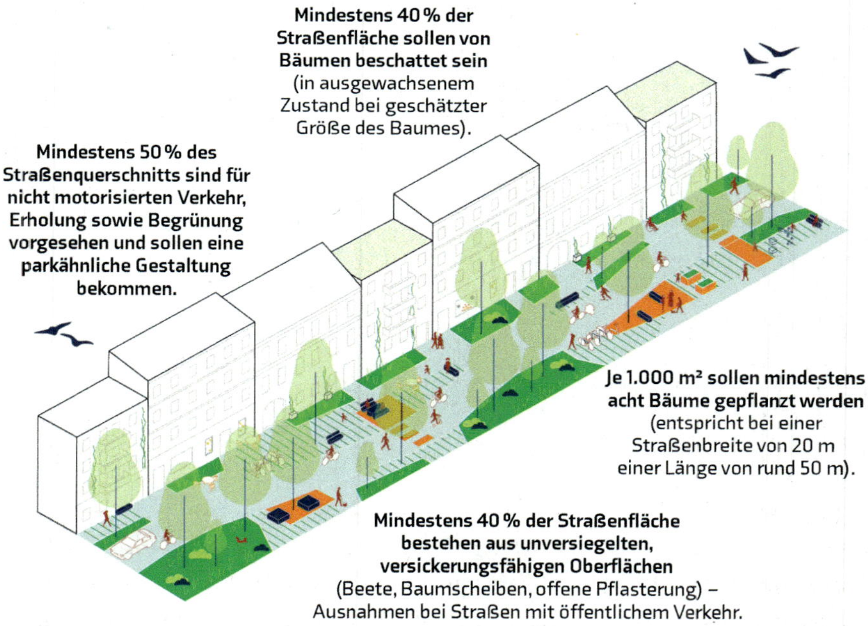

Abbildung 5: **Mindeststandards für Straßenparks sollen dabei helfen, den Straßenraum klimawirksam und gut nutzbar zu gestalten.** *Quelle: Furchtlehner et al. 2023.*

Breite von 20 Metern haben zusammen eine Größe von 2,5 Hektar, was einer ansprechend großen Parkanlage entspricht. Durch eine gute Verteilung und die Möglichkeit der Errichtung in fast allen Stadtgebieten sinkt zusätzlich die Gefahr der Gentrifizierung, die durch höheren Grünanteil ausgelöst werden könnte (Oscilowicz et al. 2021; Anguelovski, Connolly, Brand 2018).

Durch die Realisierung vor allem dort, wo derzeit am wenigsten Grünraum bezogen auf die Wohnbevölkerung vorhanden ist, sind Straßenparks ein wirksames Mittel, die Grünraumgerechtigkeit zu verbessern. Neben der Empfehlung, Straßenparks zu errichten, gilt die dringende Forderung, bei allen Sanierungsarbeiten, die ganze Straßenabschnitte betreffen (beispielsweise Verlegung von Fernwärme, Wasser, Glasfaserkabel), ein Mindestmaß an neuen Standards umzusetzen. Auch hier gilt es, regelmäßige Baumpflanzungen für möglichst breite Überschirmung und mit adäquatem Wurzelraum vorzusehen, Nutzungsflächen ohne Konsumzwang zu schaffen und Walkability-Kriterien größtmöglich zu forcieren.

4 Conclusio

Ein dichtes Netz aus Grün- und Freiräumen ist eine Voraussetzung für die Anpassung von Städten an den Klimawandel und die Realisierung gerechter Grünraumversorgung. Frei- und Grünräume in Städten werden immer knapper, gleichzeitig steigen Ansprüche und Anforderungen, allen voran die ausreichende Verfügbarkeit von erreichbaren Grünflächen in der Nachbarschaft. Bestehende städtische (graue) Infrastrukturen müssen daher weiterentwickelt und neu gedacht werden. Hierfür werden die traditionelle Gestaltung und Platzverteilung im Straßenraum infrage gestellt.

Beide für die Stadt Wien vorgestellten Lösungsansätze – sowohl die Erweiterung von Nachbarschaftsparks als auch die Einführung von Straßenparks – sind generalisierbar und zeigen das Potenzial von Straßen als Freiraumressource und untermauern die notwendige und durchaus realistische Umsetzung von Transformationsprozessen.

Der Umgang mit dem Straßenraum erweist sich bei beiden Studien als mitentscheidend für die künftigen Lebensbedingungen in einer Stadt. Beide Ansätze bauen auf bestehenden Infrastrukturen auf und sind konkrete Wege, die Grünraumversorgung in der Wiener Bestandsstadt zu gewährleisten bzw. den Grünraumkennwerten näher zu kommen. Sie sind stadtweit umsetzbar, kontinuierlich erweiterbar und flexibel einsetzbar. Je nach Dringlichkeit sind unterversorgte Stadtgebiete zu forcieren. Positive Effekte solcher Maßnahmen liegen auf der Hand: mehr entsiegelte Fläche im öffentlichen Raum, damit einhergehend mehr Begrünung, versickerungsfähige Flächen und natürliche Kühlung – ermöglicht durch eine zeitgemäße, den Herausforderungen angepasste Platzverteilung und Gestaltung im öffentlichen Raum, sprich im Straßenraum.

Verkehrsberuhigende Maßnahmen und die Reduktion von motorisiertem Individualverkehr und dessen Platzansprüchen sind die transformativen Stellschrauben. Öffentlicher Verkehr und einladende Bedingungen für Rad-

und Fußverkehr müssen bei jeglicher Planung fokussiert werden. Das bedeutet, ein lückenloses Netzwerk zu schaffen. Eine Balance zwischen verschiedenen Bedürfnissen ist anzustreben, wobei die Funktionen und Prioritäten jeder Straße je nach Lage, städtebaulichem Umfeld und Nutzer:innenbedürfnissen stark variieren können. Nicht jede Straße ist gleichermaßen für Parkerweiterungen oder als Straßenpark geeignet. Hier bedarf es lagespezifischer Abstimmung. Straße ist aber fast immer öffentlicher Raum, über den die Stadt verfügen kann und der zugunsten der Allgemeinheit und als grüne (und soziale) Infrastruktur gehandhabt werden sollte.

Das Brechen mit Gewohnheiten und eingespielten Planungsmustern stellt eine besondere Herausforderung dar, insbesondere unter Beteiligung vieler unterschiedlicher Dienststellen/Zuständigkeiten. Das betrifft nicht nur Planung und Bau, sondern auch in weiterer Folge die Erhaltung und Pflege. Klare und bindende städtische Rahmenbedingungen und Regelwerke sind für die Umsetzung notwendig. Die beiden präsentierten Beispiele unterstützen dabei: Sie zeigen Handlungsmöglichkeiten und das verfügbare Potenzial, dem Grünraummangel zu begegnen.

Im Sinne der gerechten Grünraumversorgung müssen Projekte, wie die beiden vorgestellten, stadtweit umgesetzt werden. Sie dürfen weder vom politischen Willen noch vom Durchsetzungsvermögen der Anwohner:innen oder von Einzelinteressen abhängen. Einzelprojekte mit Pilotcharakter, die eine Richtung weisen, sind mittlerweile in Wien umgesetzt (siehe Abbildungen 1a und 1b). In vielen anderen Städten gibt es ähnliche Überlegungen, mitunter weiter fortgeschritten: allen voran Kopenhagen mit dem Klimaquartier, Barcelona mit dem Superblock-Programm oder Oslos Car-free Livability Programme (Oslo kommune 2019; Klimakvarter o. J.), um nur einige zu nennen. Diese können als *Role Models* dienen und die positiven Effekte solcher Vorhaben verdeutlichen.

Aufgrund der Dringlichkeit sind neben der flächendeckenden Betrachtung auch Effizienz und Umsetzungsgeschwindigkeit gefragt. Geht man von einer Straßennutzungsdauer von 25 bis 30 Jahren aus, so sollte es keine Instandhaltungsarbeiten ohne quantitative und qualitative Verbesserungen der Grünraumversorgung geben. Darin liegt gleichzeitig die Chance, dass im Zuge von ohnehin nötigen Arbeiten eine stadtweite Transformation innerhalb von einigen

Jahrzehnten möglich ist. Zu erwartende Konfliktsituationen beim Eingriff in den Straßenraum im Bestand betreffen vorwiegend die Umverteilung des limitierten Raumes oder Einbauten (v. a. unterirdische Leitungen), die Gehölzpflanzungen erschweren können. Großkronige Laubbäume in schmalen Straßenräumen gelten als Herausforderung, wenngleich diese durch ihre Beschattung und Klimarelevanz besonders wichtig sind. Ebenso herausfordernd erscheint das Beibehalten aller Gebäudezufahrten und Garageneinfahrten bei gleichzeitig größtmöglicher Begrünung und Entsiegelung derzeitiger Straßenräume.

Die vorgestellten Beispiele für Wien liefern einen Beitrag für ein neues Verständnis für den Freiraumtyp Straße vom monofunktionalen Verkehrsraum hin zu einem multifunktionalen öffentlichen (Grün-)Raum. Sie zeigen das Potenzial für eine klimagerechte und sozial gerechte Entwicklung. Es sind mögliche Bausteine, auch mit gesetzlicher Verankerung, auf dem Weg zu ausreichend Grünraumverfügbarkeit und zu einer ausgewogenen, stadtweiten Verteilung.

Acknowledgements

Studie »Beserlparks XL, Möglichkeiten der Grünraumerweiterung bestehender Parks« im Auftrag der Stadt Wien, Magistratsabteilung 18. Stadtentwicklung und Stadtplanung. Die Bearbeitung erfolgte am Institut für Landschaftsarchitektur, Universität für Bodenkultur BOKU Wien, Projektleitung Jürgen Furchtlehner, Mitarbeit Lilli Lička, Josepha Eichhorn, 2021–2022.

Studie »Grünraumgerechtigkeit für eine resiliente Stadt: visionäre Realitäten« im Auftrag der Arbeiterkammer AK Wien. Die Bearbeitung erfolgte am Institut für Landschaftsarchitektur, Universität für Bodenkultur BOKU Wien, Projektleitung Lilli Lička, Mitarbeit: Daniela Lehner, Jürgen Furchtlehner, Nora Heger; Christian Pichler (AK Wien), Malena Haas (AK Wien), 2022–2023. Publikation Download: [https://emedien.arbeiterkammer.at/viewer/image/AC16878339/].

Literatur

Anguelovski, I.; Connolly, J.; Brand, A. L. (2018): From landscapes of utopia to the margins of the green urban life. In: City 22 (3), S. 417–436, [https://doi.org/10.1080/13604813.2018.1473126].

Baumüller, N. (2018): Stadt im Klimawandel. Klimaanpassung in der Stadtplanung. Grundlagen, Maßnahmen und Instrumente. Doctoral Thesis, [http://elib.uni-stuttgart.de/handle/11682/9838].

Bendiks, S.; Degros, A. (2019): Traffic space = public space. Ein Handbuch zur Transformation. Zürich: Park Books.

Borries, F.; Kasten, B. (2021): Stadt der Zukunft. Wege in die Globalopolis. Originalausgabe, 3. Auflage. Frankfurt am Main: Fischer Taschenbuch (Forum für Verantwortung).

Copernicus Climate Change Service (2023): Climate Analogues, [https://climate-analogues.climate.copernicus.eu/calculate-climate].

Coutts, C. (2016): Green infrastructure and public health. London, New York: Routledge, Taylor & Francis Group.

Coutts, C.; Hahn, M. (2015): Green Infrastructure, Ecosystem Services, and Human Health. In: International journal of environmental research and public health 12 (8), S. 9768–9798, [https://doi.org/10.3390/ijerph120809768].

Data.gv.at o. J.: GIS- Plan und Datengrundlagen. OEFFGRUENFLOGDPolygon.shp, GENFLWIDMUNGOGDPolygon.shp, REALNUT2018OGDPolygon.shp, [https://www.data.gv.at/].

Ecoten (2019): Wiener Hitzekarte. Herausgegeben von der Stadt Wien, [https://www.wien.gv.at/stadtentwicklung/energie/hitzekarte.html].

Furchtlehner, J.; Heger, N.; Lehner, D.; Lička, L. (2023): Grünraumgerechtigkeit für eine resiliente Stadt: visionäre Realitäten. Herausgegeben von der Arbeiterkammer Wien unter Mitarbeit von Haas, M.; Pichler, C. Wien (Stadtpunkte 44), [https://emedien.arbeiterkammer.at/viewer/image/AC16878339/].

Furchtlehner, J.; Lehner, D.; Lička, L. (2021): Transformation des öffentlichen urbanen Raums. Eine Wertverschiebung. In: R. Kogler und A. Hamedinger (Hrsg.): Interdisziplinäre Stadtforschung. Themen und Perspektiven. 1st ed. Bielefeld: transcript Verlag (Urban Studies), S. 283–307.

Furchtlehner, J.; Lehner, D.; Lička, L. (2022): Sustainable Streetscapes: Design Approaches and Examples of Viennese Practice. In: Sustainability 14 (2), S. 961, [https://doi.org/10.3390/su14020961].

Furchtlehner, J.; Lička, L. (2019): Back on the Street: Vienna, Copenhagen, Munich, and Rotterdam in focus. In: Journal of Landscape Architecture 14 (1), S. 72–83, [https://doi.org/10.1080/18626033.2019.1623551].

Gälzer, R. (2001): Grünplanung für Städte. Stuttgart: Ulmer.

Gälzer, R.; Hansely, H.-J. (1980): Stadtentwicklungsplan Wien: Grünraum, Freizeit und Erholung: Diskussionsgrundlage. Geschäftsgruppe Stadtplanung Wien, Magistrat 18 der Stadt Wien, (Hrsg.). Wien.

Gehl, J. (2010): Cities for people. Washington D.C.: Island Press.

Gehl, J.; Gemzoe, L. (2004): Public spaces public life. Copenhagen. 3. edition. Copenhagen: Danish Architectural Press.

Haase, A.; Schmidt, A. (2019): Grüne Freiräume in Ankunftsquartieren: Funktionen und Herausforderungen für ihre kooperative Entwicklung. Leipzig.

Häberlin, U.W.; Furchtlehner, J. (2017): Öffentlicher Raum für alle? In: T. E. Hauck, S. Hennecke und S. Körner (Hrsg.): Aneignung urbaner Freiräume. Ein Diskurs über städtischen Raum. Bielefeld: transcript Verlag (Urban Studies), S. 171–199.

Hunter, R. F.; Cleland, C.; Cleary, A.; Droomers, M.; Wheeler, B. et al. (2019): Environmental, health, wellbeing, social and equity effects of urban green space interventions: A meta-narrative evidence synthesis. In: Environment International 130, [https://doi.org/10.1016/j.envint.2019.104923].

Iacofano, D.; Malhotra, M. (2019): Streets Reconsidered. New York: Routledge.

ILA – Institut für Landschaftsarchitektur, Universität für Bodenkultur Wien (Hrsg.) (2017): Potentiale von Alltagsstraßen. Wiener Querschnitt im internationalen Kontext. Endbericht Projektstudie. Im Auftrag MA19 – Magistratsabteilung für Architektur und Stadtgestaltung Wien. Unter Mitarbeit von J. Furchtlehner, P. Neuninger und L. Lička. Wien.

ILA – Institut für Landschaftsarchitektur, Universität für Bodenkultur Wien (2022): Beserlparks-XL, Möglichkeiten der Grünraumerweiterung bestehender Parks. Unter der Mitarbeit von L. Lička, J. Furchtlehner, J. Eichhorn. Im Auftrag der Stadt Wien, Magistratsabteilung 18 – Stadtentwicklung und Stadtplanung. Unveröffentlicht.

Jennings, V.; Larson, L.; Yun, J. (2016): Advancing Sustainability through Urban Green Space: Cultural Ecosystem Services, Equity, and Social Determinants of Health. In: International journal of environmental research and public health 13 (2), S. 196, [https://doi.org/10.3390/ijerph13020196].

Kabisch, N.; Haase, D. (2014): Green justice or just green? Provision of urban green spaces in Berlin, Germany. In: Landscape and Urban Planning 122, S. 129–139, [https://doi.org/10.1016/j.landurbplan.2013.11.016].

Klimakvarter: The Climate Resilient Neighbourhood Østerbro, [https://klimakvarter.dk/en/].

Kronenberg, J.; Haase, A.; Łaszkiewicz, E.; Antal, A.; Baravikova, A.; Biernacka, M. et al. (2020): Environmental justice in the context of urban green space availability, accessibility, and attractiveness in postsocialist cities. In: Cities 106, [https://doi.org/10.1016/j.cities.2020.102862].

Magistrat der Stadt Wien (Hrsg.) (2022): Wiener Klima-Fahrplan. Unser Weg zur klimagerechten Stadt (Entwurf). Wien, [https://www.wien.gv.at/umwelt-klimaschutz/klima-fahrplan-2040.html].

Marcus, C. C. (Hrsg.) (1998): People places. Design guidelines for urban open space. 2. ed. New York u. a.: Wiley.

MA18 – Stadt Wien, Magistratsabteilung 18 – Stadtentwicklung und Stadtplanung (2020): Lebensqualität in 58 Wiener Stadtteilen. Karten zur Zufriedenheit mit dem Wohngebiet. Stadt Wien: Wien, [https://www.wien.gv.at/stadtentwicklung/grundlagen/stadtforschung/pdf/praesentation-lebensqualitaet-stadtteile.pdf].

MA18 – Stadt Wien, Magistratsabteilung 18 – Stadtentwicklung und Stadtplanung (2014): STEP 2025. Stadtentwicklungsplan Wien, [https://www.wien.gv.at/stadtentwicklung/studien/pdf/b008379a.pdf].

MA18 – Stadt Wien, Magistratsabteilung 18 – Stadtentwicklung und Stadtplanung (2015): Fachkonzept Grün- und Freiraum. Wien.

MA18 – Stadt Wien, Magistratsabteilung 18 – Stadtentwicklung und Stadtplanung Wien (Hrsg.) (2018): Stadtentwicklungsplan 2025 Fachkonzept Öffentlicher Raum. Werkstattbericht 175.

MA18 – Stadt Wien, Magistratsabteilung 18 – Stadtentwicklung und Stadtplanung (2019): SMART City Wien Rahmenstrategie 2019–2050. Wien.

MA28 – Stadt Wien, Magistratsabteilung 28 – Straßenverwaltung und Straßenbau (o. J.): Zahlen und Fakten zum Wiener Straßennetz, [https://www.wien.gv.at/verkehr/strassen/fakten.html].

Mehta, Vikas (2014): The street. A quintessential social public space. Abingdon: Routledge.

Meinharter, E.; Krammer, A. (2023): Temporär, Experimentell, Schnell. In: derive – Zeitschrift für Stadtforschung 2023 (N90), S. 23–28.

NACTO, National Association of City Transportation Officials; Global Designing Cities Initiative (2016): Global street design guide. 1st edition. Washington D. C.: Island Press.

Natmessnig, E. (2015): Zigtausende Garagenplätze in Wien unbenutzt, [https://kurier.at/chronik/wien/zigtausende-garagenplaetze-in-wien-unbenutzt/107.742.377].

Nohl, W. (2002): Freiraumplanung zu Beginn des 21. Jahrhunderts. Gesellschaftliche Entwicklungen und ihr Einfluss. Planungsseminar »Tendenzen freiraumplanerischer Stadtentwicklung«. Bildungsstätte Herrsching. Herrsching/Obb.

Oscilowicz, E.; Lewartowska, E.; Levitch, A.; Luger, J.; Hajtmarova, S.; O'Neill, E. et al. (2021): Policy and Planning Tools for Urban Green Justice. Fighting displacement and gentrification and improving accessibility and inclusiveness to green amenities. Herausgegeben von BCNUEJ – Barcelona Laboratory for urban Environmental Justice and Sustainability. Barcelona.

Oslo kommune (Hrsg.) (2019): The Car-free Livability Programme 2019.

Pregill, P. (2020): Urban connections in the contemporary pedestrian landscape. London: Routledge.

Rinaldi, B. M.; Tan, P. Y. (Hrsg.) (2019): Urban landscapes in high-density cities. Parks, streetscapes, ecosystems. Basel: Birkhäuser.

Roe, J. (2021): Restorative cities. Urban design for mental health and wellbeing. London: Bloomsbury Visual Arts.

Smid, M.; Russo, S.; Costa, A. C.; Granell, C.; Pebesma, E. (2019): Ranking European capitals by exposure to heat waves and cold waves. In: Urban Climate 27, [https://doi.org/10.1016/j.uclim.2018.12.010].

Stadt Wien (2023a): Bevölkerungsmonitoring Wien, [https://wien1x1.at/bevoelkerungsmonitoring/].

Stadt Wien (2023b): Coole Parks und neue Bäume, [https://www.wien.gv.at/umwelt/cooleswien/raus-aus-dem-asphalt.html].

Stadt Wien (o. J.): Stadtplan Wien, [https://www.wien.gv.at/stadtplan].

Stadt Wien Wirtschaft, Arbeit und Statistik (Hrsg.) (2022): Statistisches Jahrbuch der Stadt Wien 2022. Wien in Zahlen. Wien, [https://www.wien.gv.at/statistik/publikationen/jahrbuch.html].

Staller, S.; Studer, H.; Szeiler, M. et al. (2022): Klimagerechtigkeit im öffentlichen Raum Stadtpunkte. Vision Wiener Klimastraßen. Herausgegeben von der Arbeiterkammer Wien. Wien (Stadtpunkte, 39), [https://emedien.arbeiterkammer.at/viewer/resolver?urn=urn:nbn:at:at-akw:g-5562291].

Tzoulas, K.; Korpela, K.; Venn, S.; Yli-Pelkonen, V.; Kaźmierczak, A.; Niemela, J.; James, P. (2007): Promoting ecosystem and human health in urban areas using Green Infrastructure: A literature review. In: Landscape and Urban Planning 81 (3), S. 167–178, [https://doi.org/10.1016/j.landurbplan.2007.02.001].

Umweltbundesamt (Hrsg.) (2017): Straßen und Plätze neu denken. Fachbroschüre. Dessau-Roßlau, [https://www.umweltbundesamt.de/sites/default/files/medien/421/publikationen/180109_uba_broschuere_strassen_und_plaetze_neu_denken.pdf].

Umweltbundesamt (2022): Car-Sharing, [https://www.umweltbundesamt.de/themen/verkehr/nachhaltige-mobilitaet/car-sharing#angebotsformen-des-car-sharing].

VCÖ – Verkehrsclub Österreich (2021): In Wien ist Zahl der autofreien Haushalte seit dem Jahr 2010 stark gestiegen, [https://vcoe.at/presse/presseaussendungen/detail/vcoe-in-wien-ist-zahl-der-autofreien-haushalte-seit-dem-jahr-2010-stark-gestiegen].

Verwiebe, R.; Haindorfer, R.; Dorner, J.; Liedl, B.; Riederer, B. (2020): Lebensqualität in einer wachsenden Stadt: Wiener Lebensqualitätsstudie 2018. Herausgegeben von der Stadt Wien, Stadtentwicklung und Stadtplanung (Werkstattbericht 187), [https://www.wien.gv.at/stadtentwicklung/studien/pdf/b008583.pdf].

WHO – Regional Office for Europe (2016): Urban green spaces and health-a review of evidence, [https://www.who.int/europe/publications/i/item/WHO-EURO-2016-3352-43111-60341].

Wiener Linien (2022): Modal Split 2021 und 2022, [https://presse.wien.gv.at/presse/bilder/2023/03/23/modal_split_2022_v2_k2].

Vom Parkplatz zum Mobilitätsspeicher
Vorschlag zur Transformation einer monofunktionalen Nutzung linearer Infrastrukturen

Julia Matullat

Abstract

Dieser Beitrag beschäftigt sich mit der Frage, welche Rolle das Pkw-Parken für die Transformation linearer städtischer Straßeninfrastrukturen spielt. Nach einer kurzen Einführung zu den Themen Pkw-Bestand, Parken im öffentlichen Raum und Straßenraumgestaltung wird ein Modell umrissen, das auf Grundlage eines großen Datensatzes zur Flächenverteilung und eigenen Erhebungen an Fallbeispielen den Anteil des Parkens im Straßenraum schätzt und erste Ergebnisse daraus vorgestellt. Im Anschluss wird die Idee des Mobilitätsspeichers skizziert, der Parkflächen und funktional ähnliche Flächen klassifizieren und als systemische Einheit in der Straßenraumgestaltung berücksichtigen soll. Zum Schluss wird kurz diskutiert, wie mithilfe dieses Konzeptes Flächen für die Umgestaltung der Infrastrukturlandschaft gewonnen werden könnten.

1 Einleitung

Für die Transformation von urbanen linearen Infrastrukturen sind die Knappheit und die funktionale Dichte des öffentlichen Raumes starke Hemmnisse. Erhebliche Flächen werden durch das Parken eines nach wie vor hohen Pkw-Bestandes eingenommen. Dabei ist wenig darüber bekannt, wie groß dieser Flächenanteil tatsächlich ist. Gleichzeitig mangelt es an Konzepten und Strategien, um ihn effizienter zu nutzen, neu aufzuteilen oder gar zu reduzieren. Es ist anzunehmen, dass ein enormes Potenzial in dieser Fläche liegt, um andere Nutzungen zu integrieren und Infrastrukturen umzugestalten. Im Folgenden werden der Pkw-Bestand in Hamburg, Parken allgemein und seine Bedeutung im Straßenraum näher betrachtet.

1.1 Pkw-Bestand in Hamburg

Erstmalig ist der Pkw-Bestand in Hamburg im Jahr 2022 nicht weiter angestiegen. Zuvor gab es einen jährlichen Zuwachs von etwa 10.000 Fahrzeugen. Der Bestand liegt nun bei circa 814.000 gemeldeten Pkw (Statistik Nord 2023a). Der Motorisierungsgrad liegt in Hamburg mit 1,89 Millionen Einwohner:innen (Statistik Nord 2023b) etwa bei 439 Pkw je 1.000 Einwohner:innen. Niedrigere Quoten weisen zum Beispiel Berlin (338) oder Heidelberg (384) auf. Die meisten deutsche Städte liegen teilweise deutlich höher, etwa Darmstadt (640) oder München (689) (KBA 2023).

Hamburg hat eine Gesamtfläche von circa 75.500 Hektar (Statistik Nord 2023c). Würden alle Hamburger Pkw mit den üblichen 12,5 Quadratmetern für einen Parkstand (FGSV 2005) dicht nebeneinander aufgestellt, entspräche die Fläche mit 1.017 Hektar sechsmal der Außenalster. Real sind natürlich nicht alle Fahrzeuge gleichzeitig am selben Ort geparkt. Dennoch stehen dem Pkw-Parken überall in der Stadt und ständig erhebliche Flächen zur Verfügung. Wie groß dieser Anteil tatsächlich ist und ob er angesichts von Klimawandel und Mobilitätswende verändert werden kann, ist offen.

Im Tagesverlauf sind maximal zehn Prozent aller Pkw gleichzeitig in Bewegung (Nobis, Kuhnimhof 2018, S. 73). Mindestens die Hälfte ist zu jedem Zeitpunkt am Wohnort abgestellt, in Metropolen bis zu 50 Prozent im öffentlichen Straßenraum (ebd., S. 76 f.). In innerstädtischen Quartieren, wo viele Menschen wohnen und es an Flächen mangelt, ist trotz niedriger Pkw-Besitzquoten der Parkdruck oft am stärksten (Tahedl 2021). Mancherorts sind Zulassungszahlen auch für Stadtteile oder kleinere Gebiete bekannt. Sie sind jedoch mit Unsicherheit behaftet. Studierende oder Berufstätige mit Zweitwohnung halten sich womöglich dauerhaft andernorts auf. In Hamburg sind 21 Prozent der Pkw gewerblich und mutmaßlich am Firmenstandort zugelassen (KBA 2023), verbleiben aber an den Wohnorten der Arbeitnehmer:innen. Auch hohe Pkw-Bestandszahlen an den Adressen von Mietwagen- oder Carsharing-Unternehmen verteilen sich über andere Stadtteile oder gar Städte. Tourist:innen, Tagesbesucher:innen und Pendler:innen reisen ebenfalls teilweise mit dem Auto an. All diese Effekte lassen sich häufig nur grob aus den vorliegenden Daten herausrechnen.

1.2 Parken im Straßenraum

Daher geben uns Pkw-Bestandszahlen gute Hinweise, aber kein exaktes Wissen über die tatsächliche Nutzung des öffentlichen Raumes durch Parken. Immerhin qualitativ ist klar: Die Flächen sind begrenzt und konkurrieren mit zahlreichen anderen Nutzungen verkehrlicher und nicht verkehrlicher Art. Im öffentlichen Straßenraum konzentrieren sich die meisten städtischen Verkehrsarten, Straßenbäume, technischen Einrichtungen und sozialen Funktionen. Dazu sollen im Sinne einer nachhaltigen Stadtentwicklung ökologisch und für den Aufenthalt wertvolle Flächen integriert werden.

Grundsätzlich ist Parken mit wenigen Ausnahmen in allen Straßen erlaubt. Dabei gilt es lediglich, »platzsparend zu parken« (§ 12 StVO). Dennoch wird häufig regelwidrig geparkt (Lehmbrock 2000; Blees 2021), und es gibt keine umfassende Regulierung, Bewirtschaftung und Überwachung (Wührl, Lindner 2015). Kontrollen finden selten statt, Bußgelder und Gebühren sind nach wie vor gering (ADAC 2023; BMDV 2022; Statista 2017). Dabei würde sich ein Management nachweislich positiv auf Parkplatzsuche, Auslastung und Pkw-Besitz auswirken (Albalate, Gragera 2019; Arnott 2014; Shoup 2021). Auch Aspekte der gebauten Umwelt allgemein und das Parkraumangebot im Speziellen spielen eine signifikante Rolle für unser Verkehrsverhalten (Christiansen 2017; Guo 2013; Weinberger 2012).

Das Auto dominiert den Straßenraum in einem solchen Ausmaß, dass andere Funktionen stark zurückgedrängt werden (Apel 1995; Feldtkeller 1994; Monheim, Monheim-Dandorfer 1990). Parkflächen sind weit weniger flexibel als andere Nutzungen, vor allem Fußgänger sind oft gezwungen auszuweichen. Parkflächen sind monofunktional und schlecht alternativ nutzbar. Zusätzlich sind sie ineffizient: Eine längere oder größere Belegung bietet keinen höheren Ertrag (Notz 2017; Lehmbrock 2000).

All das bedingt teilweise verhärtete Interessenkonflikte, die mitunter existenzielle Ängste berühren. Dabei nehmen die meisten Personen mehrere Rollen ein und sind in der Regel nicht »nur« Autofahrer:in oder »nur« Flaneur:in. Die Aufgabe besteht darin, den öffentlichen Raum so zu gestalten, dass verschiedene Nutzungen miteinander verträglich untergebracht werden und gleichzeitig bzw.

im Wechsel von ihm Gebrauch gemacht werden kann. Bei der Umverteilung von Straßenflächen sollten auch ethische Prinzipien (Creutzig et al. 2020) sowie kulturelle und psychologische Aspekte berücksichtigt werden (Gössling 2020).

1.3 Parken in der Straßenraumgestaltung

Lineare Infrastrukturen übernehmen Verbindungs-, Erschließungs-, Aufenthalts- und Habitatfunktionen der sozialen, ökologischen und technischen Dimensionen (Bajc et al. 2022). Straßenraumentwurf und -gestaltung werden im Wesentlichen auf verkehrliche Verbindung, Erschließung und Aufenthalt (FGSV 2006) sowie immaterielle Nutzungsansprüche (FGSV 2011) ausgelegt. Im Wesentlichen wird die Verbindungsfunktion durch verschiedene fahrende Verkehrsmittel auf der Fahrbahn im Mischverkehr oder auf getrennt geführten Spuren und Wegen abgewickelt (Steierwald, Künne, Vogt 2005, S. 333 ff., 503 ff.). Die Aufenthaltsfunktion ist etwas diffuser: Sie umfasst das Sitzen, Stehen, Verweilen, Sichunterhalten, Kinderspiel und Ähnliches. Obwohl auch das Gehen funktional verbindet, lässt es sich seinem Charakter und seiner räumlichen Verortung nach eher dem Aufenthalt zuordnen. Die Aufenthaltsfunktion wird zumeist im Seitenraum der Straßen angeordnet. Sofern erforderliche Mindestbreiten und Oberflächeneigenschaften eingehalten sind, kann sie sich dort verträglich mit Versorgungseinrichtungen und Grünflächen realisieren (FGSV 2011).

Die Funktionsgruppe der Erschließung ist schließlich die am wenigsten greifbare und definierte. Streng genommen bedeutet sie zunächst die Befahr- und Begehbarkeit aller angeschlossenen Grundstücke von der Straße aus. Um das An- und Fortkommen zum und vom Grundstück aus zu ermöglichen, hat diese Funktion auch das Halten und Abstellen von Fahrzeugen zur Folge. Wenngleich bei Neuplanungen der Parkraumbedarf prognostiziert und baulich im Straßenraum abgebildet wird (FGSV 2023), erfährt die Erschließung allgemein im Bestand häufig keine eindeutige Flächenzuweisung. In den meisten Fällen breitet sie sich ungeplant und selbstorganisiert entlang der Fahrbahnränder aus und definiert so einen eigenen Raum zwischen Fahrbahn und Seitenraum entlang der Bordsteinkante. In englischsprachigen Veröffentlichungen wird in diesem Zusammenhang zunehmend von »the Curb« (OECD/ITF 2018) als Planungsgegenstand gesprochen.

Durch Parkraummanagement werden in immer mehr Straßen die Parkstände erfasst und reguliert (Costa, Rocha, Melo 2014; Kirschner, Lanzendorf 2019). Der neuere Begriff des »Curbside Management« (Marsden, Docherty, Dowling 2020; Nadkarni 2020; OECD/ITF 2018) ist dessen konsequente Erweiterung, die durch räumliche Unterteilung sowie Misch- und Wechselnutzung andere Mobilitätsformen in diese Flächen integrieren will. Die Bordsteinkante ist daher ein Möglichkeitsraum für die Transformation linearer Infrastrukturkorridore (Bajc et al. 2022).

2 Flächenbedarf von Parken im Straßenraum

In vielen Straßen sind weder Fläche noch Anzahl von Parkständen exakt definiert. Beim Fahrbahnparken können sich Art, Zahl und Ordnung der Fahrzeuge zu verschiedenen Zeitpunkten unterschiedlich darstellen. Bei geringer Auslastung bleiben große Flächen zwar vom Parken frei, können aber de facto nur schlecht anderweitig genutzt werden. Ex post ist es daher schwierig, standardisiert und wiederholbar zu entscheiden, welche Flächen genau zum Parken zählen. Bislang existieren hierzu nur wenige umfassende Untersuchungen (Stößenreuther 2014). Auch Sekundärdaten können unbrauchbar sein, wenn sie nicht mit dem Ziel einer Parkraumerhebung erstellt wurden.

2.1 Datengrundlage

Beim Geodatensatz zur Feinkartierung des Hamburger Straßenraums (FHH 2019), der ursprünglich dem Erhaltungsmanagement und für die hier skizzierte Untersuchung als Grundlage dient, zählt Fahrbahnparken zur Fahrbahnfläche. Eine Fläche wird nur als Parkfläche gewertet, wenn sie eindeutig durch Markierungen oder bauliche Merkmale gekennzeichnet ist. Dieser Datensatz wurde für die Untersuchung zunächst bereinigt, aufbereitet und in Straßenabschnitte unterteilt. Straßen unter 30 Meter Länge oder drei Meter Breite wurden entfernt, sodass 18.973 Abschnitte ausgewertet werden konnten. In Anlehnung an die Richtlinie zur Anlage von Stadtstraßen (FGSV 2006) wurden Straßenkategorien definiert und über eine Geodatenanalyse den Straßenabschnitten zugewiesen.

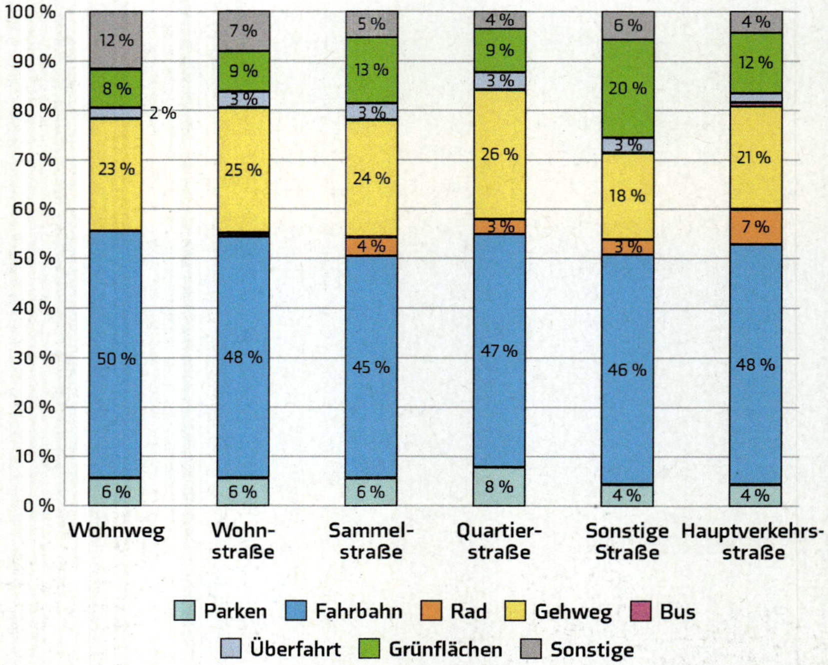

Abbildung 1: Mittlere Flächenaufteilung nach Straßenkategorien gemäß der Feinkartierung des Hamburger Straßenraums. *Quelle: eigene Darstellung nach Geoportal Hamburg (https://geodienste.hamburg.de/HH_WMS_Feinkartierung_Strasse).*

Im Mittel entfallen den Daten entsprechend nur vier bis acht Prozent der Straßenflächen auf Parken (vgl. Abbildung 1), unabhängig von der Straßenkategorie und Querschnittsbreite. Von den Wohnstraßen weisen 50 Prozent gar keine Parkflächen auf, bei 16 Prozent gilt mindestens ein Fünftel der Fläche als Parkfläche. Letztere sind meist Straßen mit vollständig kartierten Parkflächen und liefern gegebenenfalls Hinweise auf die tatsächliche Verteilung. Bei allen anderen Straßen sind die Ergebnisse aufgrund des fehlenden Fahrbahnparkens womöglich verzerrt.

2.2 Erhebung von Fallbeispielen

Um diese Datenlücke zu schließen, wurden mithilfe von Fotos und Luftbildern für 21 Fallbeispiele verbesserte Feinkartierungen vorgenommen. Dabei wurden mit Schwerpunkt auf dem Fahrbahnparken einzelne Flächen neu erstellt, neu zugeschnitten oder anderen Nutzungen zugeordnet.

Beispielhaft für dieses Vorgehen wird eine Wohnstraße im Stadtteil Harburg vorgestellt. Der betrachtete Abschnitt der Reinholdstraße ist 72 Meter lang, und seine Gesamtfläche beträgt 869 Quadratmeter. Die rechnerische Gesamtbreite der Straße von zwölf Metern ergibt sich aus dem Verhältnis der Gesamtfläche zur ermittelten mittleren Länge. In der Feinkartierung entfallen davon 46 Prozent auf die Fahrbahn, 36 Prozent auf Gehwege, fünf Prozent auf Grünflächen,

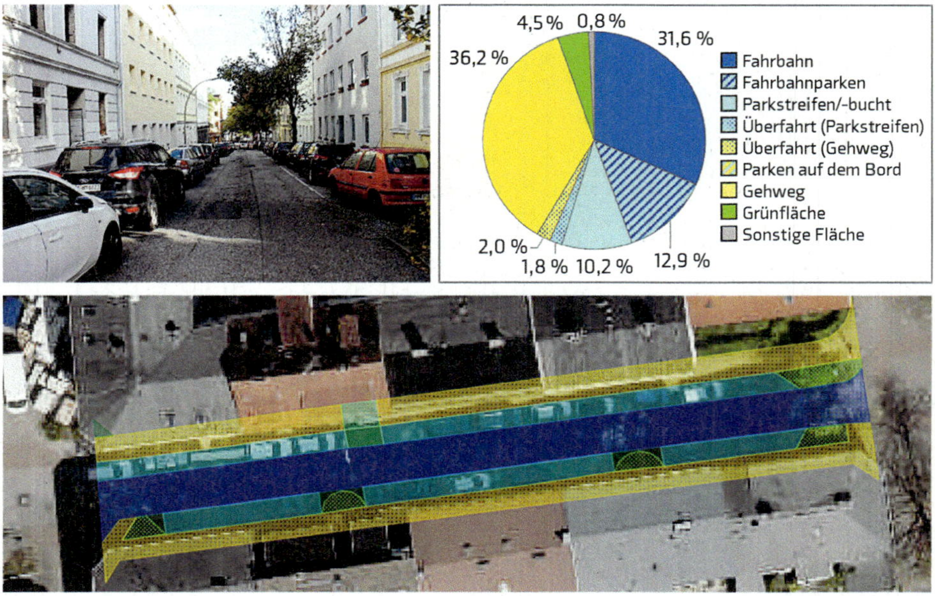

Abbildung 2: Oben links: Blick in die Wohnstraße Reinholdstraße in Harburg *(eigenes Foto)*; **unten: verbesserte Feinkartierung** *(eigene Darstellung mit QGIS, Hintergrund: Orthophoto, Geoportal Hamburg)*; **oben rechts: Flächenverteilung im Straßenraum der Reinholdstraße.** *Quelle: eigene Darstellung.*

			Parkform **		nach Umverteilung											
					Flächenanteile								rechn. Breite			
Straßenkategorie *	Länge [m]	rechn. Gesamtbreite [m]	Seite 1	Seite 2	Fahrbahn	Parken	Gehwege	Überfahrten	Radinfrastruktur	Bushaltestellen	Grünflächen	sonstige Flächen	Fahrbahn	Parken	Gehwege	Grünflächen
qu01	104	19,9	PB	PB	36%	11%	40%	4%	0%	0%	8%	1%	7,3	2,2	8,0	1,6
qu03	79	14,4	PS	PS	31%	17%	44%	7%	0%	0%	2%	0%	4,5	2,5	6,3	0,2
qu08	113	34,7	PB	PB	24%	6%	23%	3%	11%	0%	30%	4%	8,2	2,1	8,1	10,2
sa02	181	22,9	HB(s)+FB	HB(s)+FB	37%	23%	21%	11%	0%	0%	4%	4%	8,4	5,2	4,9	1,0
sa03	211	18,3	PB(s)	-	28%	15%	30%	6%	0%	0%	18%	3%	5,2	2,8	5,4	3,3
sa06	251	17,2	PB	PB	42%	14%	20%	4%	8%	0%	10%	1%	7,3	2,5	3,5	1,8
sa07	136	12,0	PS	-	33%	12%	25%	10%	0%	0%	0%	21%	3,9	1,9	2,9	0,0
sa08	50	27,0	-	-	27%	0%	35%	0%	0%	18%	17%	2%	7,4	0,0	9,5	4,6
sa10	94	17,1	PS	-	33%	9%	24%	15%	0%	0%	19%	1%	5,6	2,3	4,1	3,2
wo01	72	12,0	PB	FB	32%	24%	37%	2%	0%	0%	4%	0%	3,8	3,0	4,4	0,5
wo02	283	10,2	HB	HB	42%	26%	21%	10%	0%	0%	0%	1%	4,3	2,6	2,1	0,0
wo04	120	9,7	FB	-	34%	17%	49%	0%	0%	0%	0%	0%	3,3	1,7	4,7	0,0
wo05	227	11,0	HB	HB	32%	27%	29%	7%	0%	0%	3%	3%	3,5	3,0	3,2	0,3
wo06	113	9,0	FB	-	36%	19%	45%	0%	0%	0%	0%	0%	3,2	1,7	4,0	0,0
wo07	292	10,1	HB	HB	41%	31%	16%	8%	0%	0%	3%	1%	4,1	3,1	1,6	0,4
wo08	237	15,4	PB	FB	28%	22%	36%	2%	0%	0%	10%	1%	4,3	3,5	5,6	1,5
wo09	152	18,3	PB+FB	PB+FB	24%	10%	18%	7%	0%	0%	40%	1%	4,4	1,8	3,2	7,4
wo10	188	9,1	FB	-	43%	14%	31%	12%	0%	0%	0%	0%	3,9	1,3	2,8	0,0
ww01	72	12,1	PB	PB	36%	15%	38%	4%	0%	0%	7%	1%	4,3	1,8	4,6	0,8
ww05	52	11,7	FB	FB	31%	28%	37%	3%	0%	0%	0%	1%	3,6	3,3	4,4	0,0
ww09	59	7,2	PB (t)	-	88%	7%	1%	0%	0%	0%	3%	0%	6,3	0,5	0,1	0,2
*) ww=Wohnweg, wo=Wohnstraße, sa=Sammelstraße, qu=Quartierstraße																
**) PB=Parkbuchten, PS=Parkstreifen, HB=Halbbord, FB=Fahrbahn, (s)=Senkrechtaufstellung, (t)=teilweise																

Tabelle 1: Ergebnisse der verbesserten Kartierung für alle untersuchten Fallbeispiele. *Quelle: eigene Darstellung..*

ein Prozent auf Überfahrten sowie elf Prozent auf zum Parken ausgewiesene Flächen. Bei der Verbesserung wurde zusätzlich zum markierten Parkstreifen das Fahrbahnparken auf der anderen Seite erfasst. Von der Fahrbahnfläche wurden daher 112 Quadratmeter dem Parken zugewiesen sowie kleinere Anteile den sonstigen Flächen und Überfahrten. Die Fahrbahn umfasst nun nur noch 32 Prozent, Parken 23 Prozent, sonstige Flächen ein Prozent und Überfahrten vier Prozent der Gesamtfläche. Abbildung 2 zeigt die verbesserte Kartierung der Reinholdstraße.

Für eine bessere Vergleichbarkeit und für die Modellentwicklung wurde die längenbezogene Fläche in Quadratmeter pro Meter berechnet, die auch als mittlere Breite in Metern gelesen werden kann. Im Originaldatensatz würden die Fahrbahn 5,5 Meter und die Parkflächen 1,4 Meter betragen. Durch die Überarbeitung ergeben sich nun 3,8 Meter Fahrbahn und 2,9 Meter Parken sowie 4,2 Meter Gehweg, 0,5 Meter Grünfläche, 0,1 Meter für Überfahrten.

Auf die gleiche Weise wurden acht weitere Wohnstraßen, drei Wohnwege, sechs Sammelstraßen und drei Quartierstraßen untersucht. Die Abschnitte liegen in zehn verschiedenen Wohngebietstypen in der ganzen Stadt. Ihre Eigenschaften und Ergebnisse der verbesserten Kartierung zeigt Tabelle 1. Der endgültige Flächenanteil für Parken variiert zwischen 0 und 31 Prozent. Da der Flächenanteil je nach Straßenbreite unterschiedlich ausfällt, sind außerdem die rechnerischen Breiten zwischen 0 und 5,2 Quadratmeter je Meter als Indikator für die absolute Flächenbelegung durch Parken ausgewiesen.

2.3 Modell zur Schätzung des Flächenanteils

Die Erkenntnisse wurden in ein Modell übertragen, das eine Bandbreite des tatsächlichen Parkflächenanteils schätzen soll. Für die Ableitung von Modellregeln dienten die vorgefundene Fahrbahnfläche, Gehwegfläche und Parkfläche als Indikatoren. Zur Hochrechnung wurden evidenzbasiert Zielgrößen bzw. Grenzwerte für sie festgelegt.

Insgesamt wurden vier Modellrahmen entwickelt: minimal, konservativ, progressiv und maximal. Grundsätzlich prüft das Modell zunächst mit Fallunterscheidung, ob die Fahrbahn formal breiter ist als die angenommene Mindestbreite und darüber hinaus einseitiges Längsparken, beidseitiges Längsparken oder beidseitiges Querparken teilweise oder vollständig aufnehmen kann. Im progressiven und maximalen Modellrahmen wurde für einige Fälle auch der Gehweg geprüft. Die Modellrahmen unterscheiden sich ansonsten in den angenommenen Maßen für die Parkformen, die Fahrbahn- und Gehwegmindestbreite.

Die vier Modellrahmen wurden auf 1.271 Quartierstraßen, 4.075 Sammelstraßen, 7.175 Wohnstraßen sowie 331 Wohnwege im Datensatz übertragen und der mittlere Anteil der Parkflächen neu berechnet. Abbildung 3 zeigt die Ergebnisse der Schätzungen. Der geschätzte Anteil im minimalen Modell unterscheidet sich nur bei Wohnstraßen von den Originaldaten. Die anderen Modellrahmen liegen höher, wobei konservative und progressive Annahmen dabei zu recht ähnlichen Ergebnissen führen. Der maximale Modellrahmen schlägt in allen Kategorien deutlich nach oben aus. Dies deutet an, dass der mittlere Parkflächenanteil in Wohnwegen zwischen 9 und 14 Prozent, in Wohnstraßen zwischen 13 und 15 Prozent sowie in Sammel- und Quartierstraßen jeweils zwischen 16 und 18 Prozent anzusiedeln ist. Es sei darauf hingewiesen, dass es sich hierbei

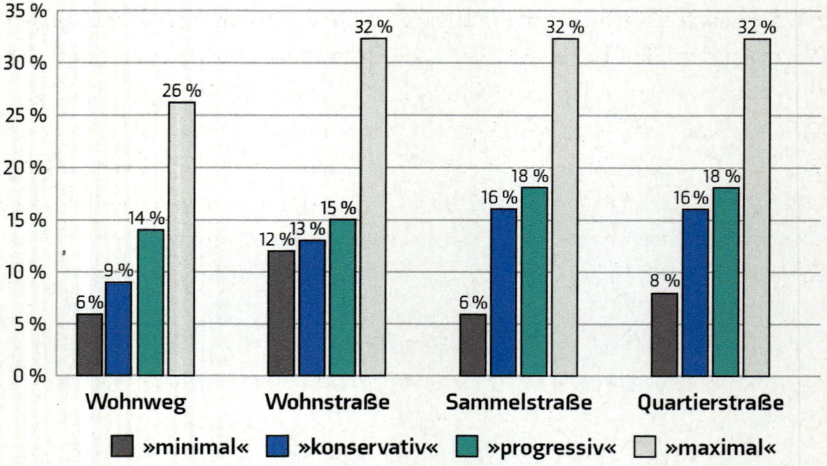

Abbildung 3: Vorläufige Ergebnisse des Modells zur Schätzung von Parkflächen in Hamburg. *Quelle: eigene Darstellung.*

um vorläufige Teilergebnisse handelt und es nicht auszuschließen ist, dass der tatsächliche Anteil noch höher liegt.

Diese Ausführungen verdeutlichen, dass das Wissen über die Flächenbelegung durch Parken begrenzt ist und häufig unterschätzt wird. Bis zu einem Fünftel des Straßenraumes steht dieser Nutzung zur Verfügung. Unfraglich ist es notwendig, gewisse Flächen für die Erschließung bereitzustellen. Jedoch könnte ihre Gliederung und Diversifizierung es ermöglichen, Teilflächen auch durch andere Nutzungen oder Nutzungsmischung zu belegen. Im Folgenden wird das theoretische Konzept eines Mobilitätsspeichers in Analogie zu Energie- oder Datenspeichern vorgestellt. Es kann einen Beitrag dazu leisten, diese Flächen für die Förderung der Mobilitätswende und Maßnahmen zur Klimafolgenanpassung zu nutzen und angemessen umzuverteilen.

3 Mobilitätsspeicher

Um die Bedeutung und Funktion von Parkflächen für das Verkehrssystem zu verstehen, ist es hilfreich, sie sich als Speicher vorzustellen. Speicher kennen wir aus der Informations- und Energietechnik oder als Warenlager in der Logistik. Sie schaffen einen zeitlichen Ausgleich zwischen Bedarf und Nachfrage, wo Netze für den räumlichen Ausgleich sorgen (Sterner, Stadler 2014, S. 33). Ihr Inhalt kann materieller oder nicht materieller Natur sein, zum Beispiel Energie oder Daten (Völz 2019, S. 15). Die Grundeinheit von Mobilität und so auch der Inhalt eines Mobilitätsspeichers sind mögliche Ortsveränderungen (OV) (Steierwald, Künne, Vogt 2005, S. 9). Gewissermaßen wartet im Speicher noch nicht ausgeführte Mobilität auf ihren Verbrauch. Diese Funktion leisten Parkplätze ebenso wie Haltestellen oder Radabstellanlagen.

3.1 Herleitung und Beschreibung

Speicherprozesse umfassen stets das Ein- und Ausspeichern sowie dazwischen den Speicherzustand selbst. Beim Mobilitätsspeicher entsprechen dem Einspeichern das Verlassen des Straßennetzes und der Übergang zum Halten. Ausspeichern sind im Umkehrschluss der Übergang zum Fahren und der Wiedereintritt in das Netz. Dafür sind Umwandlungsprozesse notwendig, wobei in der Regel

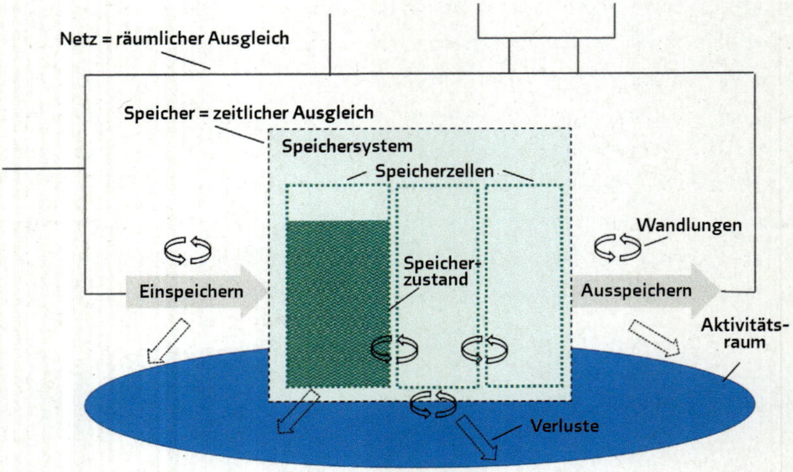

Abbildung 4: Schema eines Mobilitätsspeichers. *Quelle: eigene Darstellung.*

individuelle und kollektive Verluste auftreten, etwa durch Parkplatzsuche oder Behinderungen des fließenden Verkehrs und anderer Aktivitäten. Speicher benötigen in irgendeiner Form gebaute Speicherzellen, worin die Träger des zu Speichernden aufbewahrt werden (Sterner, Stadler 2014, S. 26 ff.; Völz 2019, S. 31 ff.). Eine schematische Darstellung eines Mobilitätsspeichers zeigt Abbildung 4.

Bei fahrzeuggebundenen Individualverkehren verbleibt das Fahrzeug als Mobilitätsträger in einer Speicherzelle, dem Parkstand. Diese muss bestimmte Eigenschaften aufweisen, wie Abmessungen, Befahrbarkeit und technische Ausstattung. Im Mobilitätsträger wird eine mögliche OV für einen exklusiven Nutzer vorgehalten. Bei diesem gemeinhin als Parken bezeichneten Vorgang wandeln sich fließender Verkehr in ruhenden Verkehr, Mobilität in Aktivität (z. B. Wohnen oder Einkaufen) sowie Fahrer:innen in aktivitätsausübende Personen.

Bei öffentlichen Verkehren stellt die Haltestelle die Speicherzelle dar und dient unmittelbar der Vorhaltung der OV. Der Mobilitätsträger kann in diesem Fall mehrere OV von unterschiedlichen Fahrgästen aufnehmen und ist ständig in Bewegung. Er verbleibt nur zum Ein- und Ausspeichern, also Zu- und Ausstieg, in der Speicherzelle. Diese sind für diesen Zweck in regelmäßigen Abständen mit den notwendigen Eigenschaften im Straßenraum angeordnet. Auch hier finden Wandlungen statt: zum kurzzeitigen Halt des Fahrzeugs und in Aktivität der Fahrgäste.

Neue Verkehrsarten wie Mikromobilität, Sharing und On-Demand-Verkehre sind Abwandlungen der oben genannten Speicherarten. Sie lassen sich nach Größe der Mobilitätsträger und Speicherzellen, der Nutzerexklusivität und dem Verbleib in der Speicherzelle in Unterklassen einteilen. Der Fußverkehr stellt für die Speicherbetrachtung einen Sonderfall dar. Er benötigt als virtueller, quasi unendlicher Speicher keine weiteren Einrichtungen.

3.2 Klassifizierung und Kenngrößen

Eine mögliche Klassifizierung von Mobilitätsspeichern kann sich an bekannten Speicherarten orientieren. Grundsätzlich werden primäre und sekundäre Speicher sowie Kurzzeit- und Langzeitspeicher unterschieden. Eine wichtige Rolle spielt auch, wie (z. B. analoge, optische, elektronische Datenspeicher) und in welcher Form (z. B. elektrische, chemische, mechanische Energie) der Inhalt gespeichert wird. Speicher können räumlich unterteilt werden sowie nach Verfügbarkeit, Zugriffsdauer bzw. Latenz (Haupt- oder Cachespeicher) oder Flüchtigkeit (Sterner, Stadler 2014, S. 26–48; Völz 2019, S. 44, 49; Häberlein 2011, S. 181–184; Balasa 2019, S. IX).

Auf den ersten Blick sind beim Mobilitätsspeicher die physische Form (motorisierte Fahrzeuge, nicht motorisierte Kleinfahrzeuge, Massenverkehrsmittel) sowie die Betriebsform (privat, geteilt, mit Fahrplan oder On Demand) der gespeicherten Mobilität entscheidend. Weitere denkbare Kriterien sind die mögliche Nutzeranzahl pro Fahrt, Ankunftshäufigkeit, Entfernung, Anfahrtsdauer, Speicherzeit sowie Hilfsmittel zur Bedienung (Schlösser, Fahrkarten, Apps). Räumlich lassen sich Mobilitätsspeicher ebenfalls in zentrale (Sammelgarage) oder dezentrale (öffentlicher Straßenraum) sowie in ortsfeste (baulich hergestellte Parkbuchten, Haltestellen) und mobile Speicher (Fahrbahnparken, On-Demand-Haltepunkte) gliedern. Aus einer solchen Klassifizierung ergeben sich unterschiedliche Anforderungen und Eigenschaften der Speicherzellen. Darauf aufbauend, könnten systematisch und integriert Speicherkonzepte und -hierarchien entwickelt werden (Sterner, Stadler 2014, S. 629 ff.; Häberlein 2011, S. 184).

Wichtige Kenngrößen für Speicher im Energiebereich sind Leistung und Leistungsdichte, Energie und Energiedichte, Ein- und Ausspeichergeschwindigkeit und -dauer, Wirkungsgrad und Selbstentladungsrate (Sterner, Stadler 2014, S. 38–41). Bei Datenspeichern können Speicherzeit, Kapazität, Redundanz (Verhältnis Speicher zu Gehäuse), Speicherdichte, Datenrate, Zykluszahl, Zugriffszeit und Wirkungsgrad genannt werden (Völz 2019, S. 5–6, 48).

Analog dazu können nützliche Kennwerte für Mobilitätsspeicher entwickelt werden. Deren Berechnung erfordert im Prinzip eine Betrachtung im Einzel-

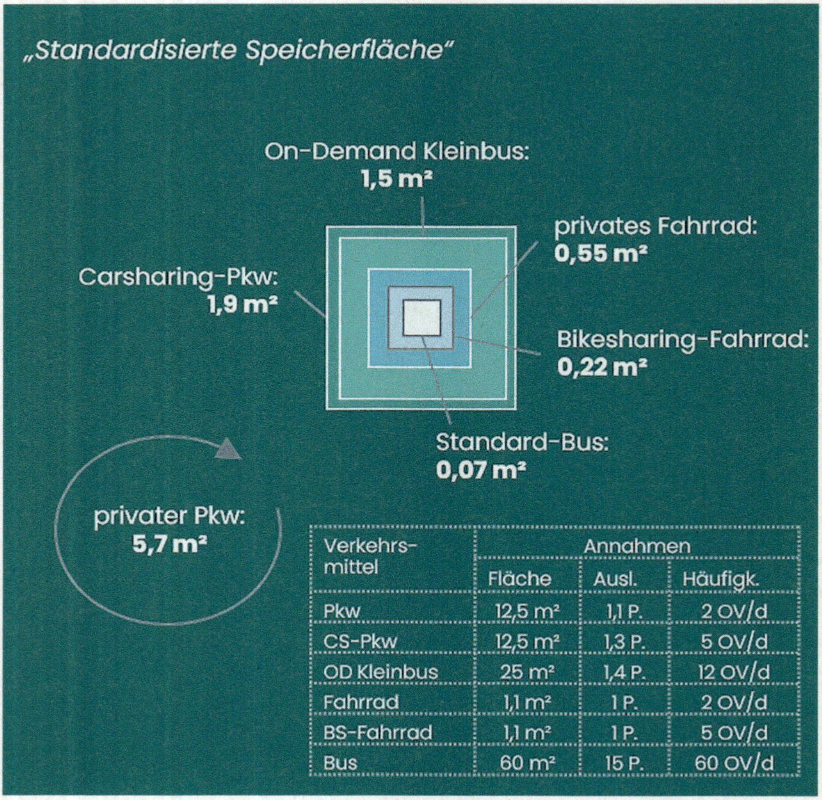

Verkehrsmittel	Annahmen		
	Fläche	Ausl.	Häufigk.
Pkw	12,5 m²	1,1 P.	2 OV/d
CS-Pkw	12,5 m²	1,3 P.	5 OV/d
OD Kleinbus	25 m²	1,4 P.	12 OV/d
Fahrrad	1,1 m²	1 P.	2 OV/d
BS-Fahrrad	1,1 m²	1 P.	5 OV/d
Bus	60 m²	15 P.	60 OV/d

Abbildung 5: **Angenommene Standardisierte Speicherfläche verschiedener Verkehrsmittel.** *Quelle: eigene Darstellung.*

fall. Inwiefern sich die Attraktivität von Orten, Verkehrsaufkommen, Fahrpläne, verfügbare Flächen und Wertverlust zum Beispiel auf eine »Selbstentladungsrate« oder die »Ein- und Ausspeicherdauer« auswirken, kann hier nicht geklärt werden. Dennoch seien anhand von Annahmen einige Kennwerte beispielhaft skizziert.

Die Kapazität eines Mobilitätsspeichers bemisst die maximale Menge von gleichzeitig im Speicher vorgehaltenen OV. Sie hängt zusammen mit der Auslastung bzw. dem Besetzungsgrad der Verkehrsmittel. Die Mobilitätsdichte wäre die Zahl nutzbarer OV im Bezug zur eingenommenen Fläche, die Mobilitätsleistung die Anzahl der nutzbaren OV pro Zeiteinheit. Dabei spielt die Abfahrts- bzw. Nutzungshäufigkeit eine Rolle.

Die Leistungsdichte berechnet sich aus Fläche, Auslastung und Nutzungshäufigkeit und ist daher ein sehr nützlicher Kennwert. Noch anschaulicher ist dessen Kehrwert als täglich erforderliche Quadratmeter je OV. Angenommen, ein Parkstand umfasse 12,5 Quadratmeter, der Besetzungsgrad beim privaten Pkw sei 1,1 Personen pro Fahrt, und täglich würden zwei Fahrten durchgeführt, läge die »standardisierte Speicherfläche« für eine OV am Tag bei 5,7 Quadratmetern. Wie sich dieser Wert für verschiedene Optionen im Vergleich darstellt, zeigt Abbildung 5. Eine besonders kleine standardisierte Speicherfläche hat demnach eine Bushaltestelle.

3.3 Wirkungsgrad, Speicherfüllstand und Flächenverbrauch

Um ein Gefühl für die Bedeutung des Wirkungsgrades zu vermitteln, kann die Vorstellung eines virtuellen Speicherfüllstandes helfen. Der Speicher sei dabei die Gesamtheit der vorhandenen Speicherzellen, und jede Speicherzelle ermögliche genau eine OV. Quell- und Zielverkehr verteilen sich unregelmäßig und asynchron über den Tag, einige OV werden beendet, bevor andere beginnen. So wird der Speicher niemals komplett geleert. Abbildung 6 zeigt einen möglichen Verlauf des Speicherfüllstandes im Tagesverlauf. Ein effizienter Speicher müsste so organisiert und gestaltet sein, dass der Flächenbedarf insbesondere jener Zellen, die nie oder selten geleert werden, möglichst gering ist.

Entsprechend kann die Flächenfunktion des Speicherfüllstandes in mobilitätswirksame Bereiche eingeteilt werden. Im »immobilen« Bereich sind die

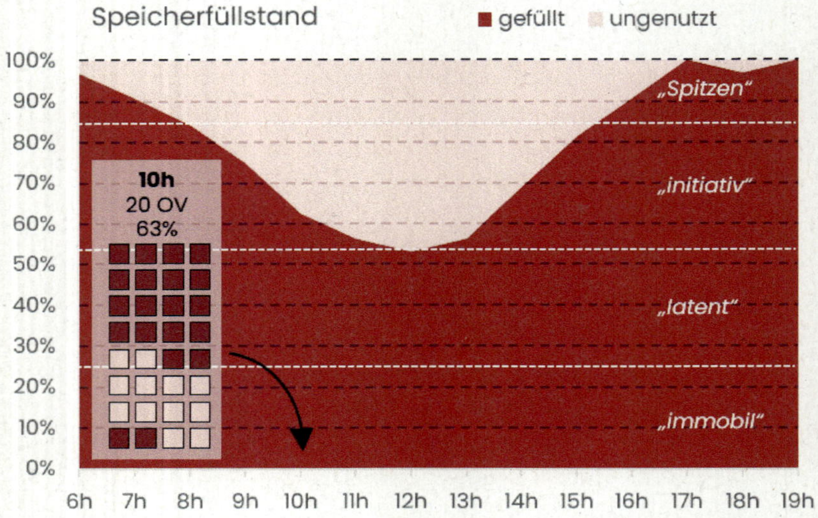

Abbildung 6: Speicherfüllstand im Zeitverlauf mit beispielhafter Speicherzellenbelegung zum Zeitpunkt 10 Uhr. *Quelle: eigene Darstellung.*

Zellen dauerhaft belegt. Der »latente« Bereich ist von langen Standzeiten und niedrigen Abfahrtshäufigkeiten geprägt. Wo Zellen häufig und von unterschiedlichen Nutzer:innen belegt werden, liegt der »mobilitätsinitiative« Bereich. Im Bereich der »Spitzen« erfolgen nur seltene und kurze Zellenbelegungen.

Die potenzielle Mobilitätsleistung des Speichers steigt mit dem Füllstand, der virtuelle Flächenbedarf nimmt nach oben hin ab. Weil Speicherzellen häufig von unflexiblen baulichen Eigenschaften geprägt sind und in der Regel nicht abwechselnd unterschiedlich genutzt werden können, ist der reale Flächenverbrauch aber hoch. Je nach Mobilitätswirksamkeit können unterschiedliche verkehrliche Maßnahmen den Wirkungsgrad des Speichers erhöhen und seinen Flächenbedarf reduzieren. In der Folge kann der Straßenraum baulich und organisatorisch verändert werden.

3.4 Integration und Zielbild

Im immobilen Bereich des Speicherfüllstands (vgl. Abbildung 6) könnten Flächen durch Förderung von Pkw-Abschaffung und gegebenenfalls Verlagerung auf private Stellplätze dauerhaft frei gemacht werden. Im latenten Bereich sollten Parkraummanagement und Ansiedlung von Sharingangeboten zum Beispiel auf Mobilitätsstationen verstärkt werden. Zu den oberen Bereichen passen

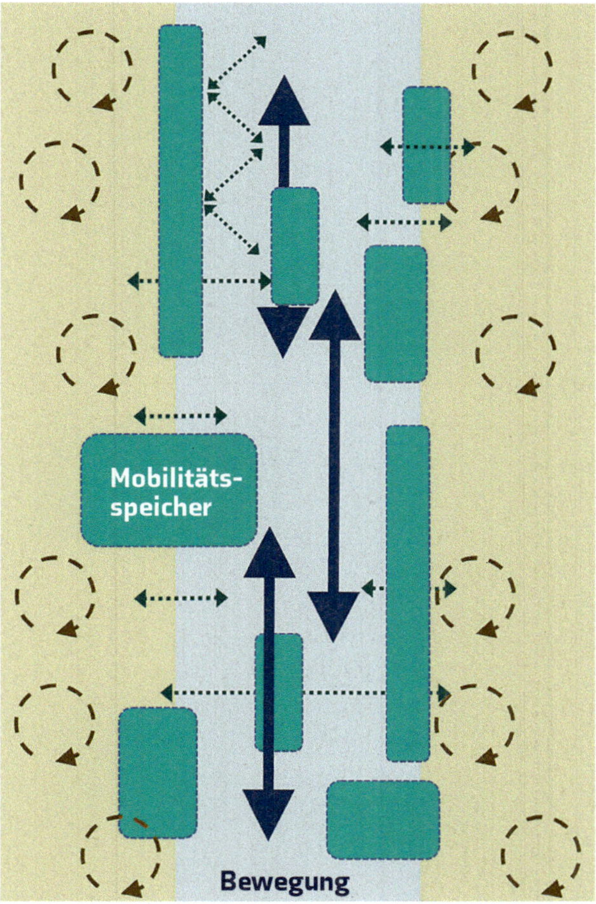

Abbildung 7:
Vision für einen Straßenraum mit Mobilitätsspeichern.
Quelle: eigene Darstellung.

Mikromobilität mit kleinen Flächen, öffentlicher Verkehr mit hohen Fahrgastzahlen sowie On-Demand-Verkehre, die ohne reale Mobilitätsspeicher auskommen. Eignung und Wirksamkeit der genannten Maßnahmen zur Reduzierung des Flächenbedarfs müssen weiter untersucht werden.

Die einzelnen Zellen eines Mobilitätsspeichers sind möglichst dicht, geteilt und teilweise virtuell. Durch räumliche Abwechslung und Mischnutzung innerhalb eines abgegrenzten Gebietes entstehen konzeptionell abgeschlossene Speichersysteme, die vor Ort ein mobilitätsförderndes und flächensparsames Gesamtangebot schaffen. Im Idealfall stellen sie allen potenziellen Nutzer:innen jede denkbare Mobilitätsoption in zumutbarer Entfernung zur Verfügung, lassen ausreichend nutzbare Zwischenräume und integrieren andere Nutzungen, mindestens außerhalb der Speicherzeiten. Abbildung 7 zeigt eine schematische Vision des Straßenraumes mit Mobilitätsspeichern.

4 Ausblick

Lineare Infrastrukturen, insbesondere Straßen, dienen als Netz für den räumlichen Ausgleich, sind aber zugleich Orte für den Speicher selbst. So profitieren sie unmittelbar von der Verbesserung des Wirkungsgrades und der Speicherorganisation durch Flächengewinne für andere Nutzungen. Für die Umsetzung gelten jedoch technische und soziale Randbedingungen. Mobilitätsverhalten und -einstellungen werden sich nicht von heute auf morgen radikal verändern. Eine neue Straßenraumaufteilung kann diese Veränderungen aber gegebenenfalls beeinflussen, solange Lebenswirklichkeiten und Bedürfnisse im Blick behalten werden. Darüber hinaus ist der verfügbare Raum begrenzt und durch topografische und städtebauliche Merkmale determiniert. Elemente wie Pkw-Parkstände oder Haltestellen sind umfassend in Regelwerken definiert. Aus ihnen gehen technische und rechtliche Anforderungen hervor, die nur zum Teil und vor allem nicht kurzfristig veränderbar sind.

Auf der anderen Seite gebieten die politisch beschlossene Mobilitätswende sowie ökologische Ansprüche und die Klimakrise ein konsequentes Handeln. Diese Treiber sollten genutzt werden, um klare Ziele für die künftige Straßenraumgestaltung zu definieren. Diese Ziele sollten mindestens beinhalten, in welcher Größe und mit welchen Anforderungen wir Aufenthalts- und Klimaanpassungsflächen sowie ökologisch wertvolle Flächen in der größten uns zur Verfügung stehenden öffentlichen Fläche, dem Straßenraum, bereitstellen wollen. Mobilitätsspeicher können dazu beitragen, den Platz dafür zu schaffen.

Literatur

Albalate, D.; Gragera, A. (2019): The impact of curbside parking regulations on car ownership. Working Paper 2019/09. Research Institute of Applied Economics, Universitat de Barcelona.

Allgemeiner Deutscher Automobilclub (2023): Anwohnerparkausweis: Welche Regeln gelten und warum es teurer wird, [https://www.adac.de/verkehr/recht/verkehrs vorschriften-deutschland/anwohnerparkausweis/].

Apel, D. (1995): Stadtstraßen als öffentlicher Raum. Grenzen stadtverträglicher Belastbarkeit mit Kfz-Verkehr. Archiv für Kommunalwissenschaften, Jg. 35, Band 1, S. 90–118.

Arnott, R. (2014): On the Optimal Target Curbside Parking Occupancy Rate. CESIFO Working Paper No. 4416. Center for Economic Studies & Ifo Institute, University of California.

Bajc, K.; Gollata, J.; Kreutz, S.; Matullat, J.; Meyer, C.; Quanz, J.; Stokman, A.; Dickhaut, W.; Gertz, C.; Knieling, J. (2022): Lineare Infrastrukturlandschaften im Wandel. Perspektiven für eine blau-grüne Transformation von Stadtstraßen und kanalisierten Gewässern. Diskussionspapier/Working Paper entstanden im Rahmen des Foschungsverbundes LILAS. HafenCity Universität Hamburg, Hamburg, [https://doi.org/10.34712/142.31].

Balasa, F. (Ed.) (2019): Data Storage. IN TECH, Zagreb.

Blees, V. (2021): Fehlnutzung des öffentlichen Straßenraums durch parkende Kraftfahrzeuge. Fallstudie am Beispiel Dramstadt-Arheilgen. Arbeitsberichte Fachgruppe Mobilitätsmanagement Nr. 013. Hochschule RheinMain, Wiesbaden, [http://dx.doi.org/10.25716/pur-30].

Bundesministerium für Digitales und Verkehr (2022): Informationen zum Bußgeldkatalog, [https://bmdv.bund.de/SharedDocs/DE/Artikel/StV/Strassenverkehr/update-stvo-novelle.html].

Christiansen, P.; Engebretsen, Ø.; Fearnley, N.; Hanssen J. U. (2017): Parking facilities and the built environment: Impacts on travel behaviour. Transportation Research Part A 95 (2017), S. 198–206.

Costa, Á.; Rocha, C.; Melo, S. (2014): Parking management policies and the effectiveness of public policy solutions. Procedia – Social and Behavioral Sciences 111 (2014), S. 965–973.

Creutzig, F.; Javaid, A.; Soomauroo, Z.; Lohrey, S.; Milojevic-Dupont, N.; Ramakrashnan, A.; Sethi, M.; Liu, L.; Niamir, L.; Bren d'Amour, C.; Weddige, U.; Lenzi, D.; Kowarsch, M.; Arndt, L.; Baumann, L.; Betzien, J.; Fonkwa, L.; Huber, B.; Mendez, E.; Misiou, A. (2020): Fair street space allocation: ethical principles and empirical insights. Transport Reviews Nov2020, Vol. 40 Issue 6, S. 711–733.

Feldtkeller, A. (1994): Die zweckentfremdete Stadt. Wider die Zerstörung des öffentlichen Raumes. Campus Verlag, Frankfurt a. M.

Forschungsgesellschaft für Straßen- und Verkehrswesen (2005): Empfehlungen für Anlagen des ruhenden Verkehrs EAR 05. FGSV, Berlin. (veraltet)

Forschungsgesellschaft für Straßen- und Verkehrswesen (2006): Richtlinien für die Anlage von Stadtstraßen RASt 06. FGSV, Berlin.

Forschungsgesellschaft für Straßen- und Verkehrswesen (2011): Empfehlungen zur Straßenraumgestaltung innerhalb bebauter Gebiete ESG 11. FGSV, Berlin.

Forschungsgesellschaft für Straßen- und Verkehrswesen (2023): Empfehlungen für Anlagen des ruhenden Verkehrs EAR 23. FGSV, Berlin.

Freie und Hansestadt Hamburg (2019): Feinkartierung Straße Hamburg (Datensatz), [https://geodienste.hamburg.de/HH_WMS_Feinkartierung_Strasse].

Gössling, S. (2020): Why cities need to take road space from cars – and how this could be done. Journal of Urban Design, 25:4, S. 443–448, [https://doi.org/10.1080/13574809.2020.1727318].

Guo, Z. (2013): Home parking convenience, household car usage, and implications to residential parking policies. Transport Policy 29 (2013), S. 97–106.

Häberlein, T. (2011): Technische Informatik. Ein Tutorium der Maschinenprogrammierung und Rechnertechnik. Vieweg + Teubner Verlag, Wiesbaden.

Kirschner, F.; Lanzendorf, M. (2019): Parking management for promoting sustainable transport in urban neighbourhoods. A review of existing policies and challenges from a German perspective. Transport Reviews, [https://doi.org/10.1080/01441647.2019.1666929].

Kraftfahrt-Bundesamt (2023): Bestand an Kraftfahrzeugen und Kraftfahrzeuganhängern nach Zulassungsbezirken, 1. Januar 2023, [https://www.kba.de/DE/Statistik/Fahrzeuge/Bestand/ZulassungsbezirkeGemeinden/zulassungsbezirke_node.html].

Lehmbrock, M. (2000): Straßennutzung und Stellplatzpflicht. Difu-Beiträge zur Stadtforschung, Bd. 32.

Marsden, G.; Docherty, I.; Dowling, R. (2020): Parking futures: Curbside management in the era of »new mobility« services in British and Australian cities. Land Use Policy, 91, Art. Nr. 104012, [https://doi.org/10.1016/j.landusepol.2019.05.031].

Monheim, H.; Monheim-Dandorfer, R. (1990): Straßen für alle. Analysen und Konzepte zum Stadtverkehr der Zukunft. Rasch und Röhring, Hamburg.

Nadkarni, R. (2020): The Multimodal Future of On-Street Parking. A Strategic Approach to Curbside Management. Deutsches Institut für Urbanistik difu, Berlin.

Nobis, C.; Kuhnimhof, T. (2018): Mobilität in Deutschland. MiD Ergebnisbericht. Studie von infas, DLR, IVT und infas 360 im Auftrag des Bundesministers für Verkehr und digitale Infrastruktur (FE-Nr. 70.904/15). Bonn, Berlin, [www.mobilitaet-in-deutschland.de].

Notz, J. N. (2017): Die Privatisierung öffentlichen Raums durch parkende Kfz. Von der Tragödie einer Allmende – über Ursache, Wirkung und Legitimation einer gemeinwohlschädigenden Regulierungspraxis. IVP-Discussion Paper, 1/2017. Technische Universität Berlin, Berlin.

OECD/ITF (2018): The Shared-Use City: Managing the Curb. International Transport Forum, Paris.

Shoup, D. (2021): Pricing curb parking. Transportation Research Part A 154 (2021), S. 399–412.

Statista (2017): Durchschnittliche Parkgebühren in deutschen Großstädten nach Art des Parkens, [https://de.statista.com/statistik/daten/studie/254465/umfrage/preise-fuer-parkplaetze-in-deutschen-grossstaedten/].

Statistikamt Nord (2023a): 20. Kraftfahrzeugbestand nach Kraftfahrzeugarten 2022, [https://www.statistik-nord.de/fileadmin/Dokumente/Tabellen%2C_Tabellenb%C3%A4nde%2C_Brosch%C3%BCren/Metropolregion_Hamburg/T20_Kraftfahrzeugbestand.xlsx].

Statistikamt Nord (2023b): Bevölkerung auf einen Blick, [https://www.statistik-nord.de/zahlen-fakten/bevoelkerung].

Statistikamt Nord (2023c): Gebiet, Fläche auf einen Blick, [https://www.statistik-nord.de/zahlen-fakten/gebiet-flaeche].

Steierwald, G.; Künne, H. D.; Vogt, W. (Hrsg.) (2005): Stadtverkehrsplanung. Grundlagen, Methoden, Ziele. 2., neu bearbeitete und erweiterte Auflage. Springer, Berlin, Heidelberg.

Sterner, M.; Stadler, I. (2014): Energiespeicher. Bedarf, Technologien, Integration. Springer Vieweg, Berlin, Heidelberg.

Stößenreuther, H. (2014): Wem gehört die Stadt? Der Flächen-Gerechtigkeits-Report. Mobilität und Flächengerechtigkeit. Eine Vermessung Berliner Straßen. Agentur für clevere Städte, Berlin.

Tahedl, J. (2021): Pkw-Besitz im Wohnungsbau. Eine Handreichung zur Ermittlung flexibler Stellplatzschlüssel. Stiftung Lebendige Stadt, Hamburg.

Völz, H. (2019): Speicher als Grundlage für Alles. Shaker Verlag, Düren.

Weinberger, R. (2012): Death by a thousand curb-cuts: Evidence on the effect of minimum parking requirements and the choice to drive. Transport Policy 20 (2012), S. 93–102.

Wührl, B.; Lindner, F.(2015): Parken ohne Ende? Eine AGFS-Broschüre zum Thema Nahmobilität und Autoparken, [https://www.agfs-nrw.de/fileadmin/user_upload/parkraum_brosch_2015_WEB.pdf].

Rechtsquellenverzeichnis

StVO: Straßenverkehrs-Ordnung vom 6. März 2013 (BGBI. I S. 367), die zuletzt durch Artikel 2 der Verordnung vom 28. August 2023 (BGBI. 2023 I Nr. 236) geändert worden ist.

Planungs- und Gestaltungsstrategien der sozioökologisch-technischen Transformation urbaner Gewässerräume

Transformation der urbanen Gewässerkorridore zur blau-grünen Infrastruktur der Stadt

Katarina Bajc

Abstract

Dieser Beitrag greift verschiedene Herausforderungen und Rahmenbedingungen der ökologischen und sozialen Revitalisierung kanalisierter Gewässer in den Städten auf und diskutiert mögliche Synergien zwischen den Belangen unterschiedlicher Stakeholdergruppen an urbanen Gewässern. Dabei wird die These vertreten, dass in dicht besiedelten urbanen Gebieten ökologische Verbesserungen von kanalisierten Gewässern nur dann erzielt werden können, wenn diese auch zur Baukultur der Stadt beitragen, ästhetisch ansprechend gestaltet sind sowie soziale Ziele, wie Erholung, Sport, Umweltbildung und Teilhabe am öffentlichen Leben, erfüllen können. Für eine entsprechende sozioökologische Transformation müssen daher multifunktionale und integrierte Planungsansätze für kanalisierte Gewässer in den Städten entwickelt werden, die über die in der sektoralen Planung vorgeschriebenen Verfahren hinausgehen. Urbane kanalisierte Gewässerkorridore sollen fachübergreifend als blau-grüne Infrastruktur entwickelt werden und so als neue Freiraumtypologie in der Stadt zeitgemäße Lösungen zur Anpassung an den Klimawandel, zur Förderung eines naturnahen Wasserkreislaufs, zur Steigerung der Biodiversität sowie zur Verbesserung der urbanen Lebensqualität beitragen.

1 Herausforderungen und Spielräume der aktuellen Planungspraxis an urbanen Gewässern

1.1 Urbaner Gewässerentwicklungskorridor als enger multidimensionaler Funktionsraum

Der Entwicklungskorridor als fachplanerisches Instrument oder Methodik der Gewässerentwicklung und Gewässerbewirtschaftung wurde ursprünglich für fließende Oberflächengewässer entwickelt, um »auf naturwissenschaftlicher Grundlage den Raumbedarf einer nachhaltigen und naturnahen Gewässerentwicklung zur Erreichung eines guten ökologischen Zustandes« (Linnenweber, Koenzen, Steinrücke 2021, S. 5) zu beschreiben (LAWA 2006). Der Raumbedarf in diesem Konzept leitet sich aus Faktoren ab, die für die Gewässerentwicklung naturnaher Fließgewässer relevant sind, und schließt somit auch den Raumanspruch für die Auenentwicklung ein: »Platz für die abflussangepasste Gewässerbreite, Platz für die gefälleabhängige Laufentwicklung und Platz für typische Vegetation« (Linnenweber, Koenzen, Steinrücke 2021, S. 5).

Trotz seines fachlichen Ursprungs aus der Wasserwirtschaft umfasst der Gewässerentwicklungskorridor als planerische Grundlage nicht nur die festen Dimensionen der im Wasserhaushaltsgesetz (§ 38 WHG) – im Regelfall mit fünf Metern – genormten Gewässerrandstreifen. Seine Dimensionen ergeben sich vielmehr aus dem Gewässertyp und sind deshalb örtlich variabel. Sie hängen mit den zu erfüllenden ökologischen Funktionen des Gewässers zusammen. So soll der Uferstreifen, der unmittelbar an das Ufer angrenzende Teil der Aue, in diesem Konzept mit dem Gewässer eine funktionale Einheit bilden, beispielsweise vitale standorttypische Lebensräume aufweisen (Linnenweber, Koenzen, Steinrücke 2021; LfU 2014). Das Vorbild ist der räumliche Anspruch beziehungsweise die Breite des Gewässerkorridors natürlicher Fließgewässer, der als ökologischer Funktionsraum zusammen mit seiner Aue Lebensraum für Organismen bildet, die Verbindung und Stoffflüsse zwischen aquatischen und terrestrischen Lebensräumen gewährleistet sowie als Korridor die Ausbreitung von Organismen und einen funktionierenden Biotopverbund ermöglicht (Altermatt 2020).

Jedoch sind solche idealtypischen Gewässerkorridore auch außerhalb der Städte selten. Beispielsweise haben aktuell nur neun Prozent der deutschen

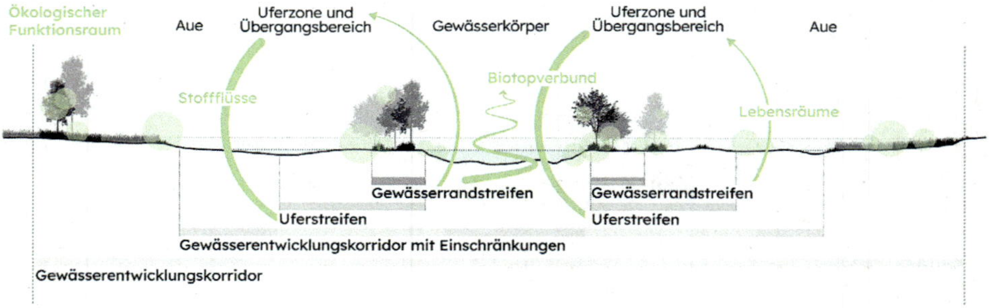

Abbildung 1: Naturnahe Gewässer bilden zusammen mit der angrenzenden Aue einen ökologischen Funktionsraum. *Quelle: Katarina Bajc, Florian Carius.*

Gewässer einen sehr guten oder guten Zustand oder ein sehr gutes oder gutes ökologisches Potenzial nach der Wasserrahmenrichtlinie erreicht (vgl. BMUV/UBA 2022, S. 55). Gewässerkorridore der natürlichen Fließgewässer und die reale Situation der urbanen kanalisierten Gewässer unterscheiden sich gewaltig. Urbane kanalisierte Gewässer wurden vor allem als technischer Funktionsraum, als Infrastrukturnetz für Verkehr und Wasserregulierung angelegt oder ausgebaut. Häufig führen in den Städten kaum veränderliche Restriktionen, zum Beispiel Siedlungs- und Verkehrsflächen entlang der Gewässer, dazu, dass zugehörige Gewässerentwicklungsflächen, der Gewässerrandstreifen, der Uferstreifen und die Auenbereiche sehr eingeschränkt sind und mit dem Gewässerkörper kein funktionaler Austausch oder Zusammenhang stattfindet.

Das gilt sowohl für die ökologischen Aspekte, da der Umbau der urbanen Gewässer zu Veränderungen der Hydromorphologie, zur strukturellen Verarmung und zum Verlust gewässertypischer Lebensräume führte (Umweltbundesamt o. J.; LfU 2004), als auch für die soziokulturellen Funktionen der Gewässer als Freiräume in der Stadt. Ein technisch orientiertes Raumverständnis stellt noch heute die Funktionen der Gewässerkorridore als Grundlage für urbane Lebensqualität vielerorts in den Hintergrund (Kaiser 2007). Wassersport und Freizeit an und auf den Gewässern müssen sich den bestehenden Raumstrukturen anpassen, obwohl die ursprünglichen Nutzungen wie Industrie und Gewerbeschifffahrt in den innenstädtischen Lagen häufig bereits aufgegeben wurden. Räumliche Ansprüche der Schifffahrt und der Wasserwirtschaft an

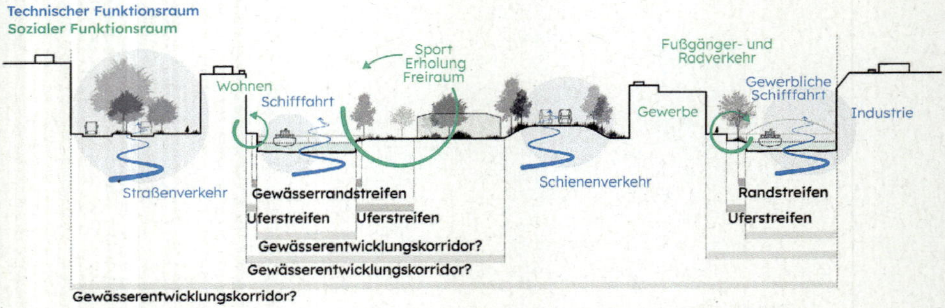

Abbildung 2: Räumliche Aufteilung sozialer und technischer Funktionen im urbanen Gewässerentwicklungskorridor. *Quelle: Katarina Bajc, Florian Carius.*

die urbanen Gewässer sind rechtlich klar verankert, beispielsweise durch das Bundeswasserstraßengesetz (WaStrG) und das Wasserhaushaltsgesetz (WHG), während sich weichere Nutzungen wie Umweltbildung, Erholung, Sport sowie Belange wie Klimaanpassung und Naturschutz in planerischen Entscheidungsprozessen auf der kommunalen Ebene auf den verbleibenden Flächen durchsetzen müssen.

Die gesellschaftlichen Erwartungen an die künftigen Funktionen der urbanen Gewässerkorridore als blau-grüne Infrastruktur erfordern, dass die wasserwirtschaftlichen Infrastrukturen verstärkt auch Beiträge zu Klimaschutz und -anpassung, zur Energiewende, zur Ressourcenschonung und zum Schutz der biologischen Vielfalt leisten. Wie zum Beispiel in der aktuellen Nationalen Wasserstrategie des Bundesumweltministeriums (2023) formuliert: »Wenn möglich, sollen Infrastrukturen nicht nur für ein Ziel entwickelt werden, sondern multifunktional mehreren Zielen genügen. So können beispielsweise Flussläufe sowie Überschwemmungs- und Versickerungsflächen verschiedene Ökosystemleistungen erbringen (z. B. Hochwasserschutz, Grundwasseranreicherung, Stoffrückhalt, Erhöhung der Biodiversität) oder städtische Wasserflächen und Grünanlagen der Erholung und Freizeitnutzung, der Biodiversität, der Klimaresilienz, dem Regenwasserrückhalt und der Grundwasserneubildung dienen« (BMUV 2023, S. 49).

Auch das Regelwerk der Deutschen Vereinigung für Wasserwirtschaft, Abwasser und Abfall für die Entwicklung urbaner Fließgewässer aus dem Jahr

2021 (DWA-M 609-1) plädiert für eine nachhaltige Entwicklung urbaner Fließgewässer mit gleichwertiger Betrachtung der ökologischen, wasserwirtschaftlichen, ökonomischen und sozialen Ziele. Um diese Ansprüche im urbanen Gewässerentwicklungskorridor zu vereinen, müssen der Stellenwert und der räumliche Umfang des Korridors, vor allem im Bereich der Uferstreifen beziehungsweise der Aue, in der Planung neu definiert werden. Da sich viele Funktionen hier auf engstem Raum überlagern und verdichten, müssen Synergien zwischen unterschiedlichen Belangen abschnittsweise besonders detailliert im Hinblick auf Multifunktionalität analysiert und planerisch interdisziplinär berücksichtigt werden.

Besonders in dicht besiedelten Städten sind lineare Gewässer und deren Umgebungsflächen verwaltungstechnisch in schmale, parallel verlaufende Streifen und Parzellen aufgeteilt. Siedlungs-, Verkehrs- und andere Restriktionsflächen entlang der Gewässer werden bisher vom Gewässerentwicklungskorridor abgezogen und die Bewirtschaftungsziele angepasst (vgl. § 27 Wasserhaushaltsgesetz (WHG); Artikel 4 (3) WRRL). Das führt zu einer Fragmentierung des Raumes, der durch separierte monofunktionale Nutzungen geprägt ist. Die Gewässerentwicklung und -gestaltung sind jedoch ausgesprochen behördenübergreifende Querschnittsaufgaben, daher wäre eine räumliche und konzeptionelle Erweiterung des Gewässerentwicklungskorridors als fachplanerische Grundlage für die sektorübergreifenden Aushandlungsprozesse notwendig. Der Gewässerentwicklungskorridor wurde als planerisches Instrument vorrangig für die ökologische Funktionsfähigkeit an Gewässern (vgl. LAWA 2006) angelegt. In urbanen Gebieten und vor allem an kanalisierten Gewässerkorridoren wird in den meisten Fällen jedoch kein guter ökologischer Zustand nach Wasserrahmenrichtlinie angestrebt, und auch die physikalisch und ökologisch begründete Herleitung der Faktoren für die Bestimmung des Gewässerentwicklungskorridors (vgl. Linnenweber, Koenzen, Steinrücke 2021) ist nur sehr limitiert anwendbar.

Trotzdem ist der Gewässerentwicklungskorridor als planerisches Konzept, der die Funktionen der Gewässer mit deren räumlichen Ansprüchen an die umgebenden Flächen vereint und systemisch betrachtet, auch für andere Fachdisziplinen hilfreich. Nicht nur bei der Entwicklung natürlicher Gewässer, sondern auch bei der Planung der künstlichen oder stark veränderten Gewässer sollen

Gewässerkörper samt ihrer Umgebung als funktionale und räumliche Einheiten betrachtet und weiterentwickelt werden. Ökologische, aber auch soziale Funktionen, wie Erholung, Sport, Umweltbildung, sowie technische Funktionen wie die Klimaanpassung und der Hochwasserschutz können sich so mit multifunktionalen Lösungsansätzen über den gesamten Korridor und die umgebenden Flächen entfalten und gegenseitig Synergien heben.

1.2 Akteurskonstellationen, administrative Ebenen und sektorale Aufteilung des urbanen Gewässerkorridors

Bestehende planerische Rahmenbedingungen bedeuten jedoch für eine ganzheitliche Betrachtungsweise des Gewässerentwicklungskorridors sowie integrierte Planungsansätze im urbanen Raum diverse Herausforderungen. Behördliche Strukturen sind an Gewässern in komplexen Zuständigkeitsebenen organisiert, teilweise durch unterschiedliche Fachdisziplinen, die auf kleinstem Raum viele administrative Grenzen erzeugen. Die Ziele und planerischen Instrumente der Stadt- und Landschaftsplanung und der Gewässerentwicklung sowie die Nutzungen und Eigentumsverhältnisse an urbanen Gewässern reihen sich abschnittsweise aneinander und überlagern sich zum Teil mehrfach. Auf diesen sektoral aufgeteilten räumlichen Einheiten entlang des Gewässers verdichten sich mehrere, teilweise konkurrierende rechtliche Anforderungen, beispielsweise nach dem Gesetz zur Ordnung des Wasserhaushalts bzw. dem Wasserhaushaltsgesetz (WHG), dem Baugesetzbuch (BauGB), dem Bundesnaturschutzgesetz (BNatSchG), den Landesdenkmalschutzgesetzen und weiteren.

Im Folgenden wird am Beispiel der Stadt Hamburg exemplarisch die Komplexität der administrativen Zuständigkeiten der urbanen Gewässerkorridore skizziert. Auf Landesebene sind unterschiedliche Behörden an Gewässerentwicklung und -ausbau beteiligt. In erster Linie sind das die Ämter Wasser und Abwasser der Behörde für Umwelt, Klima, Energie und Agrarwirtschaft (BUKEA). »Die Abteilung Wasserwirtschaft [...] setzt europäische Richtlinien, wie die Wasserrahmen- und die Badegewässerrichtlinie, sowie die Hochwasserrisikomanagementrichtlinie federführend für die FHH [Freie und Hansestadt Hamburg] um. Der Abteilung obliegen Überwachung und Bewirtschaftung der Gewässer, wasserwirtschaftliche Planungen und Genehmigungen, Steuerung des Bauprogramms Hochwasserschutz, Erarbeitung und Bereitstellung hydrologischer Grundlagen sowie die Sicherstellung der öffentlichen Wasserversorgung« (BUKEA o. J.). »Der Abteilung Abwasserwirtschaft [...] obliegen wasser- und abwasserrechtliche Zulassungen für die Regenwasserbewirtschaftung und Starkregenvorsorge (Grundstücke, B-Pläne), den Bau und Betrieb von Abwasseranlagen, für Einleitungen in Gewässer sowie für Fachkundige und Fachbetriebe« (BUKEA o. J.).

Als stadtübergreifende und strategisch wichtige lineare Freiraumachsen, wasserbezogene Biotopverbundflächen und aquatische Lebensräume sind urbane Gewässer auch für das Amt für Naturschutz und Grünplanung der BUKEA sowohl wasser- als auch landseitig von zentraler Bedeutung. Ebenfalls vertreten noch andere Behörden auf Landesebene eigene Interessen an den Grundstücken an Wasserlagen, wie beispielsweise die Behörde für Stadtentwicklung und Wohnen sowie das Landessportamt.

Das Denkmalschutzamt der Behörde für Kultur und Medien setzt sich für den Schutz und Erhalt der Kulturdenkmäler ein. Einige historische Kanäle sind als baukulturelles Erbe geschützt, woraus sich Einschränkungen und Aushandlungsbedarf für andere Nutzungen und den Gewässerschutz ergeben. Beispielsweise stehen einige Alsterfleete samt Gebäude und Kaimauer und sogar der Wasserfläche als Bauensemble unter Denkmalschutz, weshalb eine naturnahe ökologisch relevante Ufer- und Wasservegetation in der historischen Altstadt Hamburgs vielerorts nicht zulässig ist (BSW 2020; Geoportal Denkmalkartierung Hamburg).

An den innenstädtischen Gewässern in Hamburg leiten sich auch aus den Anforderungen der Schiffbarkeit einige Restriktionen ab, die verhindern, dass Uferzonen für die Freizeit, Erholung und ökologische Aufwertung bereitgestellt und umgebaut werden können – auch an Kanälen und Fleeten, die für Industrie- und Gewerbeschifffahrt nicht mehr genutzt werden. Für den Hafenverkehr und die Binnenschifffahrt ist in Hamburg die Hamburg Port Authority (HPA) zuständig, die der Landesbehörde für Wirtschaft und Innovation zugeordnet ist.

Für den Betrieb und die Unterhaltung der Gewässer und den Hochwasserschutz ist der Landesbetrieb Straßen, Brücken und Gewässer verantwortlich, ein Unternehmen der Behörde für Verkehr und Mobilitätswende. Jedoch betei-

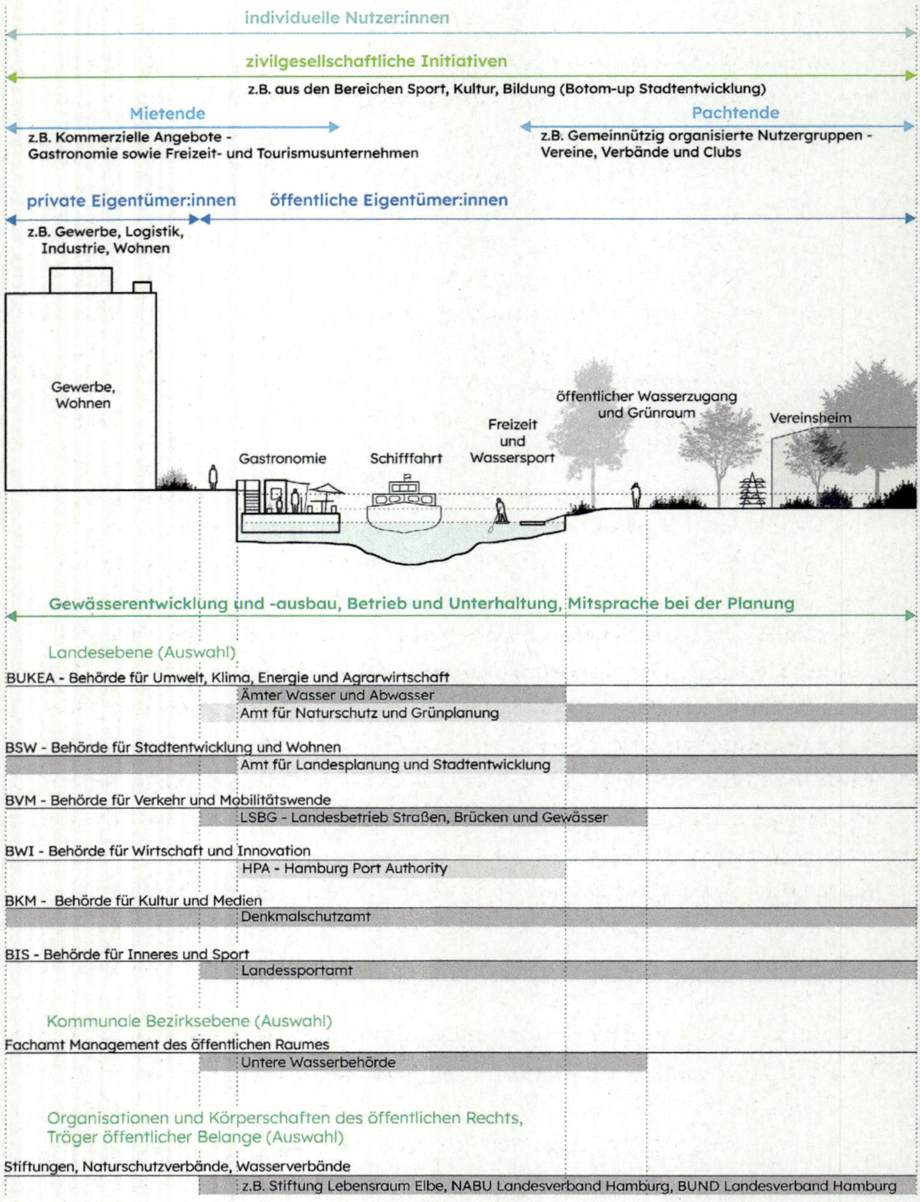

Abbildung 3: Sich überlagernde administrative Ebenen, komplexe Akteurskonstellationen und Nutzungsansprüche an urbanen Gewässerkorridoren am Beispiel ausgewählter Stakeholder aus Planung, Verwaltung, Betrieb, Nutzung, Unterhaltung und Entwicklung der Hamburger Gewässer. *Quelle: Katarina Bajc, Florian Carius.*

ligen sich an der Unterhaltung oberirdischer Gewässer auch lokal organisierte Wasserverbände als Körperschaften des öffentlichen Rechts auf der Grundlage des Wasserhaushaltgesetzes sowie einige Naturschutzverbände. In geringerem Umfang beteiligen sich an der Uferpflege auch manche an den Gewässern ansässige Sport-, Freizeit-, Bildungs-, Kultur- und Kleingartenvereine.

Auf der Bezirksebene sind außerdem die Fachämter der sieben Bezirke der Freien und Hansestadt Hamburg für die Gewässer zuständig, beispielsweise das Fachamt Management des öffentlichen Raumes – hier vor allem die untere Wasserbehörde für die Planungen, die Unterhaltung, die Gewässeraufsicht und die Durchführung von Genehmigungsverfahren an bestimmten kleineren Gewässern. Jedoch können auch bestimmte Träger öffentlicher Belange oder öffentlich-rechtliche Organisationen, zum Beispiel Stiftungen, intensiv in der Planung und Umsetzung der Maßnahmen an urbanen Gewässerabschnitten beteiligt sein, etwa durch umfangreiche Projekte zur ökologischen Aufwertung der Gewässer und Umweltbildung. In Kooperation mit der Verwaltung beteiligen sich auch Naturschutzverbände intensiv an der Planung und Umsetzung der Maßnahmen in urbanen Gewässern. Hier ist beispielsweise das verbändeübergreifende Projekt »Lebendige Alster« zur naturnahen Entwicklung der Alstergewässer inklusive der Fleete bekannt (Lebendige Alster o. J.), das in Zusammenarbeit zwischen der Stadt Hamburg, NABU, BUND, Aktion Fischotterschutz, Stiftung Lebensraum Elbe und weiterer Partner entwickelt wurde. Ausgewählte Naturschutzvereinigungen haben zudem ein Mitspracherecht in Planfeststellungsverfahren. Auch andere zivilgesellschaftliche Initiativen aus den Bereichen Sport, Kultur, Bildung betreiben Bottom-up-Stadtentwicklung und beeinflussen so die Nutzung und Entwicklung der öffentlichen Flächen im Gewässerkorridor, wie zum Beispiel das Projekt Alster-Bille-Elbe PARKS in Hamburg (PARKS o. J.).

Neben den unterschiedlichen Verwaltungsebenen und beteiligten Fachämtern für Wasserwirtschaft, Stadtplanung, Landschaftsplanung, Verkehr sowie Wirtschaft auf dem Land und dem Wasser üben auch private Eigentümer:innen einen erheblichen Einfluss auf den Gewässerkorridor aus. Als Wohnlage sind urbane Gewässer begehrt, in Hamburg beispielsweise vor allem an den innerstädtischen Ufern der Alster und ihrer Kanäle, aber auch an anderen Gewässern wie der Bille mit den charakteristischen Hausbooten. Auch für Gewerbe, Logistik und Industrie werden kanalisierte Gewässer, vorrangig im Hafen und in der Nähe von Hafengebieten, genutzt. Bis zur Kaimauerkante sind diese Eigentümer:innen für die Grundstücke verantwortlich und steuern die Nutzung der Gewässer, zum Beispiel für die gewerbliche Schifffahrt oder auch die Freizeitschifffahrt, mit. Mietende und pachtende Nutzer:innen der Grundstücke an den Gewässern wirken über ihre Aktivitäten und Tätigkeiten ebenfalls auf die Gewässer. Hier sind besonders organisierte Nutzergruppen zu erwähnen, also Vereine, Verbände und Klubs, die Sport und Freizeitaktivitäten am und auf dem Wasser anbieten, sowie Kleingartenvereine, die über längere Uferzonen verfügen. Naturschutzvereine setzen sich maßgeblich für Erhalt, Entwicklung, Monitoring und Unterhaltung der Gewässer ein; zum Teil auch Angelvereine, die aber seltener eigene Grundstücke an den Gewässern besitzen oder pachten. Gastronomie sowie kommerzielle Freizeit- und Tourismusunternehmen, wie Bootsverleiher oder touristische Motorschifffahrt, locken mit ihrem Angebot in bestimmten Kerngebieten größere Menschengruppen an die Gewässer. Auch unter den individuellen Nutzer:innen mit Tret- und Paddelbooten, Ruder- und Segelbooten, SUPs und Schlauchbooten sowie bei Schwimmern sind Gewässer in der Stadt beliebt. Seit der Coronapandemie ist in Hamburg die Zahl solcher Erholungsuchenden so gestiegen, dass neue Regeln und Maßnahmen für mehr Sicherheit eingeführt werden mussten sowie ein gesamtstädtisches Entwicklungskonzept für Hamburgs Wasseranlagen von der Politik gefordert wird (vgl. Gall 2022; Bürgerschaft 2020).

Die komplexe Akteurskonstellation auf den begrenzten Flächen der urbanen Gewässerkorridore und ihrer angrenzenden Grundstücke erzeugt eine Vielzahl an Konfliktsituationen, beispielsweise zwischen dem Naturschutz und der Freizeitnutzung, zwischen der gewerblichen Schifffahrt und mit Muskelkraft angetriebenen Booten, zwischen dem individuellen Wasserspaß und den Regeln des vereinsorganisierten Wassersports, zwischen den Erholungsuchenden und Eigentümer:innen der Grundstücke an den Gewässern. Jedoch sind das große Interesse, Tätigkeiten und ehrenamtliches Engagement der Bürger:innen, Vereine, Verbände und anderer Stakeholdern wie Unternehmen und Anwohnenden an den Gewässern eine große Ressource, die in integrierten Konzepten besser für Gewässergestaltung, -entwicklung und -schutz genutzt werden könnte.

1.3 Auswirkungen der Einstufung urbaner Gewässer nach der Wasserrahmenrichtlinie

Urbane Fließgewässer und Kanäle bieten laut der Wasserrahmenrichtlinie (WRRL) wenig Spielraum für ökologische Aufwertung. Vor allem wegen der intensiven Nutzungen und verbauten Uferkanten sind Renaturierungen durch den Umbau der Sohle, der Uferzone oder des Gewässerumfelds im Allgemeinen in den dicht besiedelten Städten ausgeschlossen. Solche Gewässer sind als »erheblich veränderte Gewässer« und »künstliche Gewässer« nach der WRRL eingestuft, und für sie gilt als angepasstes Bewirtschaftungsziel »gutes ökologisches Potenzial« (vgl. § 27 Wasserhaushaltsgesetz [WHG]). Im Vergleich zum Ziel »guter ökologischer Zustand«, das für natürliche Oberflächenwasserkörper gilt, ist »gutes ökologisches Potenzial« ein weniger strenges Entwicklungsziel. Eine ökologische Revitalisierung urbaner kanalisierter Gewässerkorridore ist demnach nur so weit verpflichtend, solange andere, sogenannte spezifizierte Nutzungen, wie zum Beispiel Schifffahrt, Trinkwasserversorgung, Stromerzeugung, Bewässerung, Wasserregulierung, Hochwasserschutz, Landentwässerung, Freizeit, nicht eingeschränkt werden (Artikel 4 [3] WRRL).

Wenn also Änderungen der morphologischen Merkmale und eine Renaturierung einem guten ökologischen Gewässerzustand nach der WRRL nicht umsetzbar sind, kann der Status quo erhalten bleiben. Durch das angepasste Bewirtschaftungs- und Entwicklungsziel werden Nutzungen der Gewässer zwar mitberücksichtigt, aber eher als Ausschlusskriterium für ökologische Entwicklungen betrachtet – ökologischer Funktionsraum und soziotechnischer Funktionsraum schließen sich aus. Dieses pragmatische Vorgehen führt dazu, dass auch leitbildkonforme Ersatzstrukturen und baulich integrierte Strukturanreicherungen oder mit bestehenden Nutzungen verträgliche multifunktionale Alternativlösungen für ökologische Aufwertung selten in Betracht gezogen und integrierte, sektorübergreifende Ansätze nicht angestrebt werden.

Die Maßnahmen zur Verbesserung der hydromorphologischen Merkmale werden vermehrt an Fließgewässern durchgeführt, die außerhalb von Städten liegen, sodass sich diese an Gewässerabschnitten mit gutem ökologischen Zustand nach WRRL bündeln und die Gewässer in urbanen Gebieten strukturarm bleiben. Beispielsweise finden sich Maßnahmen im Rahmen des Bundesprogramms Blaues Band vermehrt in Naturschutz- oder Landschaftsschutzgebieten (vgl. Blaues Band Deutschland o. J.) und anderen naturnahen Gebieten, wo die ökologische Ausgangssituation bereits besser ist als in urbanen Lagen. In Innenstädten mit dichter Bebauung und vielen erheblich veränderten und künstlichen Wasserkörpern wird so der Biotopverbund auf längeren Strecken unterbrochen. Das ist auch in der Freien und Hansestadt Hamburg der Fall (vgl. Integrierter Bewirtschaftungsplan Elbeästuar 2010; Geoportal Hamburg Biotopverbund).

Bisher gilt für künstliche und erheblich veränderte Gewässer der von der Bund-Länder-Arbeitsgemeinschaft Wasser vorgeschlagene Maßnahmenpool zur Verbesserung von Morphologie, Wasserhaushalt und Durchgängigkeit, der aber nur an Gewässerabschnitten angewendet werden kann, wo für diese Maßnahmen ausreichend Fläche vorhanden ist (LAWA 2015). Urbane Gewässer als lineare Infrastrukturkorridore sind jedoch aus komplexen technischen Lösungen konstruiert. Um die sozialen sowie ökologischen Funktionen auf der gesamten Länge des Korridors herstellen zu können, besteht die Notwendigkeit zu prüfen, ob dieser Maßnahmenpool mit neuen integrierten Lösungen trotz bestehender anderer Nutzungen im Gewässerkorridor multifunktional erweitert werden könnte, um künstliche und erheblich veränderte Gewässer als blau-grüne Infrastruktur auszubauen. Somit könnten die beteiligten planerischen Disziplinen die Potenziale für Ökosystemleistungen an Gewässern in spezifisch urbanem Kontext besser heben.

2 Ansätze zu einer integrierten Entwicklung urbaner Gewässerkorridore

Das DWA-Merkblatt »Entwicklung urbaner Fließgewässer« betont, dass nicht jede Nutzung des Gewässers in gleichem Maße mit jeder anderen konkurriert, und schlägt verschiedene Nutzungsansprüche an urbanen Gewässern vor, die nur ein geringes Konfliktpotenzial aufweisen und mögliche Synergiewirkungen erzeugen (DWA 2021, S. 55). Zum Beispiel können wasserwirtschaftliche Maßnahmen zum Hochwasserschutz so gestaltet werden, dass sie gewässeruntypische hydraulische Stresssituationen vermeiden und sich auch auf die ökologische Qualität des Gewässers und die Biodiversität positiv auswirken. Gleichzeitig können dabei auch Nutzungsmöglichkeiten für Freizeit und Erholung integriert und Ökosystemleistungen wie Regenwasserrückhalt und Klimaresilienz stärker berücksichtigt werden (DWA 2021; BMUV 2023). Eine fachübergreifende Grundlage für die Ermittlung der Flächenbedarfe von Naturschutz und Ausgleichsflächen, Schifffahrt, Freizeitnutzung, Wasserwirtschaft, Landschafts- und Stadtentwicklung an urbanen Gewässern und die Ermittlung der Belange, die sich im Gewässerkorridor nicht grundsätzlich ausschließen, wäre dabei von Vorteil.

Durch fachübergreifende und integrierte planerische Instrumente für Wasserwirtschaft und Landschaftsgestaltung könnte das Potenzial der ökologischen Zusammenhänge zwischen Gewässerkörper, Ufern und Auenbereichen sowie Feuchtlebensräumen, auch an kanalisierten Gewässern, gestärkt werden. Bisher werden beispielsweise Pflege- und Entwicklungspläne für urbane Gewässer lediglich für die Gewässerparzelle erstellt und enden an der Uferkante. Das angrenzende Gewässerumfeld und der Auenbereich werden in die Pflege- und Entwicklungspläne der Landschaftsplanung einbezogen und häufig wiederum unabhängig von der spezifischen ökologischen und wasserwirtschaftlichen Funktion der Aue betrachtet. Bei der Gewässerentwicklung in urbanen Gebieten sind aber noch weitere interdisziplinäre Entscheidungen erforderlich, die auf die Nutzungen und die soziokulturelle Rolle der Gewässer eingehen.

Im Folgenden werden Ansätze für die integrierte Gestaltung von Gewässerkorridoren mit Blick auf die wechselseitigen Synergien unterschiedlicher Belange in urbanen Lagen diskutiert.

2.1 Nischen für kleinräumige multifunktionale Lösungen und Ersatzstrukturen, Trittsteinbiotope

Hohe Versiegelungsgrade der siedlungsdominierten linearen Gewässer führen dazu, dass Raum für naturnahe eigendynamische Entwicklungen und für Renaturierungsmaßnahmen fehlt. Kleinräumige multifunktionale Lösungen, welche Synergien zu etablierten Nutzungen im Gewässerumfeld erzeugen, bieten in diesen Situationen die einzige Möglichkeit zur Strukturanreicherung. In kleineren

Pilotprojekten mit integrierten Maßnahmen, die trotz räumlich und hydromorphologisch stark begrenzter Rahmenbedingungen gezielt auf die strukturellen Defizite urbaner Gewässer eingehen, um bestehende ökologische Potenziale auszuschöpfen, wurde gezeigt, dass sie als Trittsteine gewisse ökologische Wirkung auch in morphologisch stark veränderten Gewässerkorridoren entfalten können (Weber, Schomaker, Wolter 2011; Wolter, Wiebe 2024). Im laufenden Projekt »Vertical Wetlands« in Berlin werden beispielsweise Spundwände langer, durch senkrechten Uferverbau besonders monotoner Kanalabschnitte mit schwimmenden bepflanzten Modulen auf Höhe der Wasseroberfläche als Potenzialflächen und Trittsteine ergänzt.

Ähnliche Ziele verfolgen auch leitbildkonforme Ersatzstrukturen des Projektes »Lebendige Alster«, die sich gezielt auf unterschiedliche Bedürfnisse konkreter Artengruppen fokussieren. Für wirbellose Gewässerorganismen (z. B. Großmuscheln) und Phytobenthos werden lagestabile Substrate wie Reisig oder Weidengeflechte als Besiedlungsraum bereitgestellt. Die Elemente schwimmen, sind als Ankerkonstruktionen an der Sohle befestigt oder hängen unter auskragenden baulichen Teilen wie Brücken (Projektbüro Lebendige Alster 2015). Auch für Fische werden Schutz-, Nahrungs- und Besiedlungsstrukturen angeboten. Stromkokone, die am Fleetgrund verankert sind, bieten Strömungsschutzräume für junge, schwimmschwächere Fische und Kleinlebewesen sowie eine Stabilisierung des sandigen Substrats für wirbellose Gewässerorganismen. Algenbewachsene Totholz- und Kiesgabionen werden an die Kaimauer oder unter Wasser angebracht, um Kleinlebewesen und Fischen Nahrung und Verstecke bereitzustellen. Die Etablierung von Unterwasservegetation an schwimmenden Strukturen, die mittels Ketten und Steinsäcken befestigt sind, wird ebenfalls seit 2021 in der Außenalster erprobt (Hammer 2022).

Im Prinzip gilt jedoch, dass selbst größere Bepflanzungsmodule oder andere punktuell angebrachte Ersatzstrukturen die Flachwasserzonen oder vollständige naturnahe Lebensräume nicht ersetzen können. Ersatzstrukturen bilden immer nur ausgewählte Teilfunktionen eines natürlichen Ufers nach, beispielsweise als Schutzstrukturen und Unterstände, Nahrungsressourcen und in geringem Maße als Brut- und Jungfischhabitate. Somit können sie vor allem als Trittsteine für mehr oder weniger seltene Arten eine Rolle spielen (Wolter, Wiebe 2024), nicht

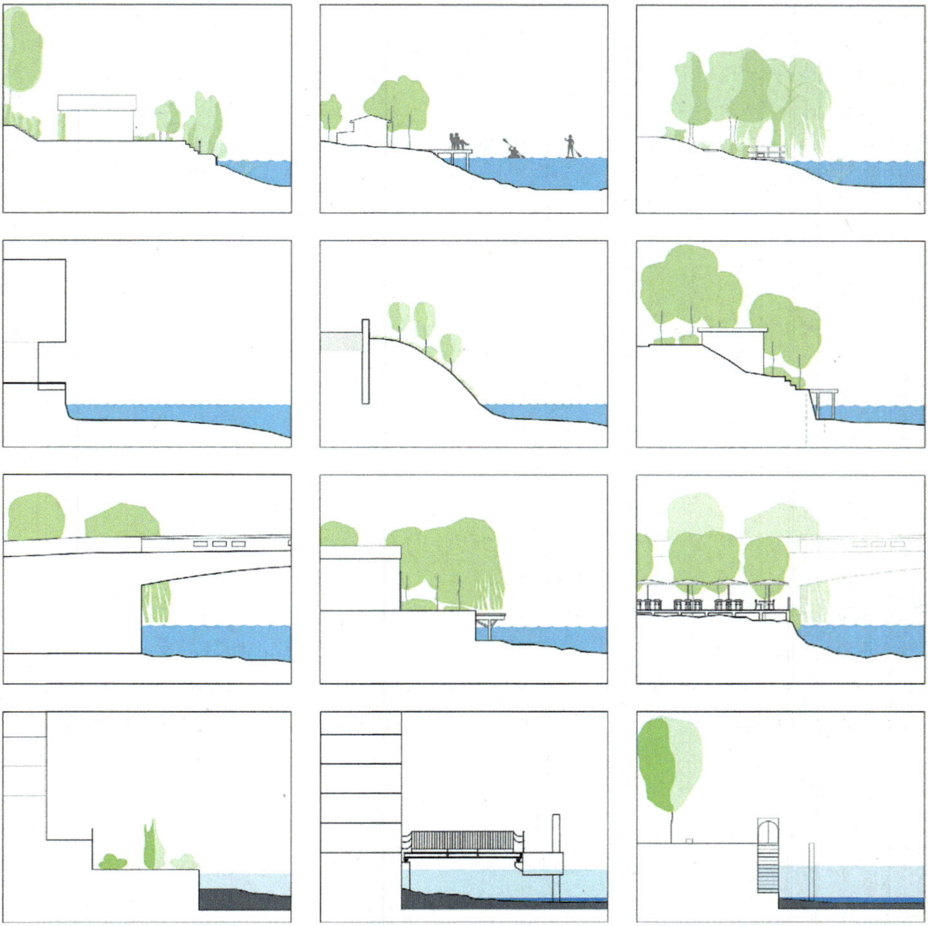

Abbildung 4: Analyse unterschiedlicher Uferstrukturen an ausgewählten Hamburger Kanälen. *Quelle: HafenCity Universität, Ergebnisse des Seminars »Theorie der Landschaftsplanung«, Sommersemester 2022.*

aber alle Bestandteile, die für den Lebenszyklus unterschiedlicher Arten notwendig sind, bereitstellen.

Eine Analyse der Uferzonen Hamburger Kanäle im Rahmen des LILAS-Forschungsprojektes in 2022 hat gezeigt, dass sich morphologische Merkmale auf der Gesamtlänge eines Gewässerkorridors im städtischen Raum in sehr kurzen

Abschnitten wesentlich unterscheiden können (siehe Abbildung 4). Ein longitudinaler aquatischer Lebensraum mit potenzieller Biotopverbundfunktion weist deshalb auf bestimmten Strecken mehr Defizite auf als an anderen. Gelegentlich sind Kanäle auf einer Uferseite verbaut und sehr strukturarm und an der anderen Uferseite mit altem Baumbestand und naturnaher Uferzone versehen. So fallen auch Erfassungen der Arten lokal zum Teil auf sehr kleinem Raum unterschiedlich aus. Zum Beispiel wurde entlang eines strukturarmen Kanals, dem Hochwasserbassin in Hamburg, ein kurzer Uferabschnitt mit einem Damm aus Steinschüttung gegen Wellenschlag eingerichtet und eine naturnahe Flachwasserzone als Ausgleichsmaßnahme geschaffen. Diese beherbergt lokal eine wesentlich höhere Vielfalt an Makrozoobenthos als andere Uferzonen in unmittelbare Nähe (Arbeitsgemeinschaft Fließgewässer 2022).

Dieses Beispiel zeigt, dass spezifisch in anthropogen geprägten Situationen die Notwendigkeit sehr kleinräumlicher Analysen der bestehenden Nutzungen, baulicher Merkmale und möglicher Nischen für multifunktionale Lösungen an den Uferzonen besteht. Um die gewässerökologischen Potenziale auf der gesamten Länge des Korridors weiterentwickeln zu können, müssen Mikrolebensräume und leitbildkonforme Ersatzstrukturen mit bestehenden naturnahen Teillebensräumen im Korridor abschnittsweise funktional verbunden werden. Weitere Forschung ist notwendig, um zu bestimmen, welche Bauweise, Materialität und entsprechende Größe der schwimmenden Vegetationsinseln oder anderer Strukturanreicherungen in kanalisierten Gewässern Trittsteinfunktionen für welche Arten übernehmen können. In welchen Intervallen müssen die fehlenden Uferstrukturen und Biotope der Weich- und Hartholzaue bereitgestellt werden, um maßgebliche Wirkung für Fischpopulationen, amphibisch lebende Insekten oder andere im Wasser lebende und wassergebundene Arten zu zeigen? Die Frage, inwieweit das Strahlwirkungs- und Trittsteinkonzept (LANUV NRW 2011) auch in den urbanen erheblich veränderten Gewässerkorridoren mit leitbildkonformen Ersatzstrukturen implementiert werden kann, bleibt noch weitgehend unerforscht.

2.2 Wasserkreisläufe und Synergien zu Zielen der Klimaanpassung

Regenwasserbewirtschaftung ist für die Städte im Klimawandel eine Zukunftsaufgabe mit Synergieeffekten auch zu anderen wichtigen Zielsetzungen. Für aquatische und andere Lebewesen sowie für Freizeit- und Erholungsmöglichkeiten an den urbanen Gewässern ist Wasserverschmutzung ein wesentlicher limitierender Faktor. Integrierte, sektorübergreifende Planungskonzepte zur Klimaanpassung könnten mit Lösungen zur Regenwasserbehandlung und -speicherung zu einer besseren Wasserqualität der urbanen Gewässer beitragen (BUKEA 2023; DWA 2022). Der Großteil des anfallenden Regenwassers aus Einzugsgebieten um die urbanen kanalisierten Gewässerkorridore wird heute in den Städten mittels Mischkanalisation, alternativ auch in der Trennkanalisation aufgefangen. Dadurch wird der Eintrag von Schadstoffen in die Oberflächengewässer vermieden. Durch Überlastung der Kanalisation gelangt aber bei Starkregen durch den sogenannten Spülstoßeffekt oder »First Flush« das Abwasser mitunter ungereinigt in die Umwelt beziehungsweise in die Gewässer (Lutz, Boller 2019; DWA 2022).

In bestimmten Fällen wird das belastete Niederschlagswasser von privaten Grundstücken, unter anderem von den Gewerbe- und Industrieflächen, unerlaubt direkt in die Oberflächengewässer eingeleitet oder findet über die Uferkante seinen Weg in die kanalisierten Gewässer. Eine der Hauptquellen für Schadstoffe in urbanen Gewässern ist jedoch das Straßenabwasser (BUKEA 2023). Die Gefahr eines solchen Eintrags von Schadstoffen wird in Zeiten des Klimawandels mit häufigeren Starkregenereignissen zunehmen (ebenda). Daher muss die Menge des zu klärenden Wassers in der Kanalisation künftig reduziert werden und alternative Lösungen zur direkten Einleitung von Niederschlagswasser in Oberflächengewässer in den Städten flächendeckend umgesetzt werden. Für dieses wichtige Handlungsfeld steht schon ein breites Spektrum unterschiedlicher technischer und baulicher Lösungen zur dezentralen oder zentralen Bewirtschaftung und stofflicher Behandlung von Niederschlagswasser zur Verfügung (DWA 2022; DWA 2019).

Welche Kombination dieser Behandlungsanlagen notwendig oder möglich ist, wird fallspezifisch mit einer Bewertung der Verschmutzung von Niederschlägen aus dem Bereich von bebauten oder befestigten Flächen festgestellt. Gering belastetes Niederschlagswasser kann über die Grünflächen ohne Behandlung in die Oberflächengewässer bzw. das Grundwasser eingeleitet werden, um nicht in der Kanalisation mit stärker belasteten Abflüssen vermischt zu werden.

Für mäßig und stark belastetes Niederschlagswasser sind grundsätzlich geeignete technische Behandlungen erforderlich (DWA 2022). Bei diesen Belastungskategorien muss deshalb geprüft werden, ob eine Behandlung mit nachfolgender Versickerung oder ortsnaher Einleitung in ein Oberflächengewässer möglich ist. Dabei bestimmen auch die Fläche der Regenwassereinzugsgebiete und die Menge des Niederschlagswassers die Ausführung solcher Anlagen, die an die örtlichen Gegebenheiten, die Flächenverfügbarkeit, entwässerungstechnische und andere Anforderungen grundsätzlich angepasst werden müssen. Die große Bandbreite an technischen Lösungen in Kombination miteinander sowie mit anderen architektonischen und landschaftlichen Elementen an der Uferzone und im Gewässer hat dennoch das Potenzial, so kombiniert zu werden, dass diese in der Summe einen attraktiven blau-grünen Korridor ergeben.

Dezentrale Anlagen wie Trummenfilter und Rinnenfilter sowie semidezentrale Anlagen wie Systeme mit Sedimentationsrohren werden in unmittelbarer Nähe zu den Flächen angeordnet, deren Niederschlagswasser zu behandeln ist. Semidezentrale Systeme können auch Wasser aus größeren Entwässerungsflächen eines Teilgebietes aufnehmen (BUKEA, 2023). Wegen der unterirdischen Bauweise haben diese Anlagen einen geringeren Flächenbedarf und sind für die dichten urbanen Gebiete deshalb von Vorteil. Eingebaute Fangbecken können beispielsweise den stärker verschmutzten Volumenanteil des Niederschlagswassers zu Beginn eines Regenereignisses zurückhalten und so den »First Flush«-Effekt vermeiden (Lutz, Boller 2019; DWA 2022). Den zentralen Behandlungsanlagen, zum Beispiel Retentionsbodenfilteranlagen, kann das Niederschlagswasser des gesamten Einzugsgebietes über Regenwasserkanäle zugeführt werden. Somit haben sie zwar einen großen Flächenbedarf, entfalten aber auch große Wirksamkeit und können als begrünte Flächen in der Stadt auch weitere positive Effekte entfalten. Im Vergleich zu dezentralen unterirdischen Anlagen mit geringerer Reinigungsleistung und höherem Unterhaltungs-

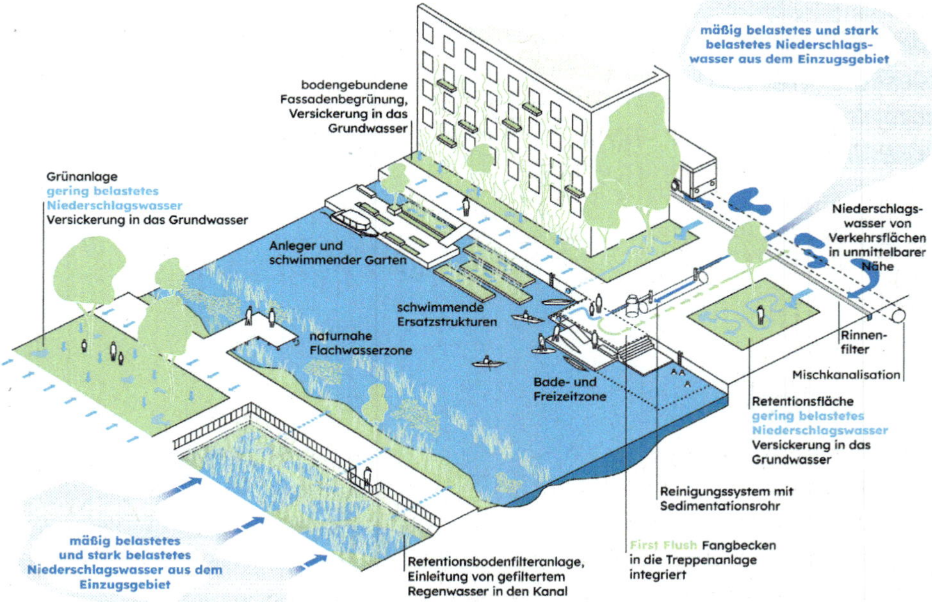

Abbildung 5: Schematische Darstellung der Bandbreite an baulichen Synergien zwischen Regenwasserbewirtschaftung und Erholung, Freizeit, Sport sowie Gewässerschutz. *Quelle: Katarina Bajc, Florian Carius.*

aufwand weisen zentrale Lösungen sehr hohe Reinigungsleistungen und einen geringeren Unterhaltungsaufwand auf (vgl. BUKEA 2023).

Maßnahmen zur Regenwasserbewirtschaftung, stofflichen Behandlung und Speicherung könnten als integrierte Elemente neue landschaftsarchitektonische und städtebauliche Projekte und Sanierungen auch gestalterisch anreichern. Synergieeffekte hinsichtlich des Naturhaushaltes und des Gewässerzustandes in Bezug auf andere Zielsetzungen der kommunalen Daseinsvorsorge, wie zum Beispiel Erholung, Freizeit, Sport, Klimaanpassung, Klimaschutz und Überflutungsvorsorge, sind bei unterschiedlichen Kombinationen dieser Elemente möglich. Planungsvarianten sollten nicht nur aus der wasserwirtschaftlichen Sicht, sondern einschließlich ihrer Ökosystemleistungen angemessen bewertet und ausgewählt werden. »Dies bedingt eine qualifizierte, fachlich fundierte Planung über alle Phasen der kommunalen und entwässerungsbezogenen Planungsprozesse. Die möglichst frühzeitige Einbindung der Anliegen und Erfordernisse zum zukunftsgerechten Umgang mit Niederschlagswasser in die berührten kommunalen Entwicklungsplanungen ist eine zentrale Voraussetzung zur Verwirklichung zielführender, effizienter und wirtschaftlicher Maßnahmen« (DWA 2022, S. 71).

2.3 Beteiligung privater Stakeholdergruppen an der Entwicklung der Gewässerkorridore

Entlang der kanalisierten Gewässerkorridore in den Städten befinden sich einige Flächen im Eigentum der privaten Stakeholdergruppen aus Gewerbe, Industrie sowie Wohnen. Anrainer und Mitarbeiter:innen haben neben den Erholungsuchenden deshalb ein besonderes Interesse an der ansprechenden gestalterischen Qualität der Gewässerkorridore und der angrenzenden Freiräume. Dieser Wunsch drückt sich häufig in der individuellen Gestaltung der privaten Gärten und der Aneignung der Uferzonen aus. So kann man beispielsweise in Hamburg an der Alster und den Kanälen eine sehr große Vielfalt an Zugängen, Treppen ins Wasser, Mobiliar und auch schwimmenden Anlagen und Anlegern beobachten. Jedoch wird dadurch ein einheitliches, zum Teil auch denkmalgeschütztes Stadt- und Landschaftsbild gefährdet, die Ufersicherung wird mangelhaft und mit ungeeigneten Materialien ausgeführt, in manchen Fällen werden auch Biotope an der Uferzone zerstört (Kern, Marquardt, Schwenkel 2022). Für Baumaßnahmen am Ufer besteht eine Genehmigungspflicht. Ab der Uferkante ist für die Planung und Unterhaltung der Gewässer grundsätzlich die Wasserbehörde zuständig. Dennoch ist die landschaftliche und ökologische Bedeutung der Gewässerufer und der angrenzenden Flächen nicht allen Eigentümer:innen der Privatflächen an Gewässern bewusst. Das gilt für naturnahe Uferstreifen wie auch für Kaimauern.

Für die Pflege und Gestaltung, aber auch für die Nutzung der Uferzonen sind deshalb einheitliche und verständliche Regeln, Hilfestellungen, Förderprogramme und Aktionspläne für die Eigentümer:innen der anliegenden Grundstücke wichtig. Private Eigentümer:innen müssen stärker motiviert werden, in enger Abstimmung oder Kooperation mit den zuständigen Behörden, wie

Wasseramt sowie Grünflächen- und Naturschutzamt, Maßnahmen auf eigenen Grundstücken umzusetzen, die Gewässer auch ökologisch aufwerten und schützen. Die Uferstreifensicherung und Gestaltung der Uferzonen landseitig, insbesondere durch Erhaltung und Neuanpflanzung standortgerechter Ufervegetation als Lebensraum für wild lebende Tiere, könnte so flächendeckend angegangen werden. Auch Hausboote oder andere private schwimmende Anlagen und dazugehörige Dalben bieten niederschwellige Möglichkeiten, begrünte Ober- und Unterwasserelemente oder Strukturanreicherungen wie Totholz- und Substratbehälter zu befestigen oder baulich zu integrieren. Eigentümer:innen oder Anrainer müssen in die Gestaltung der Anlagen einbezogen werden und können sich als Pat:innen an der Implementierung und Pflege auch finanziell beteiligen. Die Anlagen können als begehbare schwimmende Gärten oder als naturnahe Vegetationsinseln ausgeführt werden und sollen zur ästhetischen Aufwertung und Kühlung des Wohnumfeldes beitragen.

Ähnlich bieten Wasserlagen auch für die anliegenden Gewerbe- und Bürostandorte noch weitgehend ungenutzte Potenziale für die Umgestaltung des Arbeitsumfeldes als attraktive, naturnahe und kühle Orte für Mitarbeitende. Naturnah gestaltete Wasserflächen und Ufer können durch ökologische Aufwertung zudem als Imageträger für die Unternehmen einen Beitrag leisten. Das Bundesumweltministerium fördert bereits einige Projekte für die naturnahe Gestaltung von Firmengebäuden und -grundstücken, die sich an Unternehmen aller Branchen richten, zum Beispiel das Projekt »Naturnahe Firmengelände« (abgeschlossen in 2016) oder das Projekt »UBi – Unternehmen Biologische Vielfalt« (2021–2026). »Unternehmen Biologische Vielfalt« als gemeinsames Forum für Verbände aus Wirtschaft und Naturschutz (UBi o. J.) bietet Vernetzungsveranstaltungen sowie Fort- und Weiterbildung zum Thema. Für Standorte an den Gewässern sind jedoch noch kaum Beispiele vorhanden.

An Gewässerkorridoren wäre es daher besonders relevant, entsprechende Public-private-Partnerships bzw. Kooperationen zwischen öffentlicher Hand und privater Wirtschaft zu entwickeln. Bisher allein in staatlicher Verantwortung erbrachte öffentliche Leistungen der Gewässerentwicklung, Unterhaltung und Pflege könnten in der Planung, Finanzierung und Umsetzung durch Unternehmen unterstützt werden und so die attraktiven Wasserlagen der Grundstü-

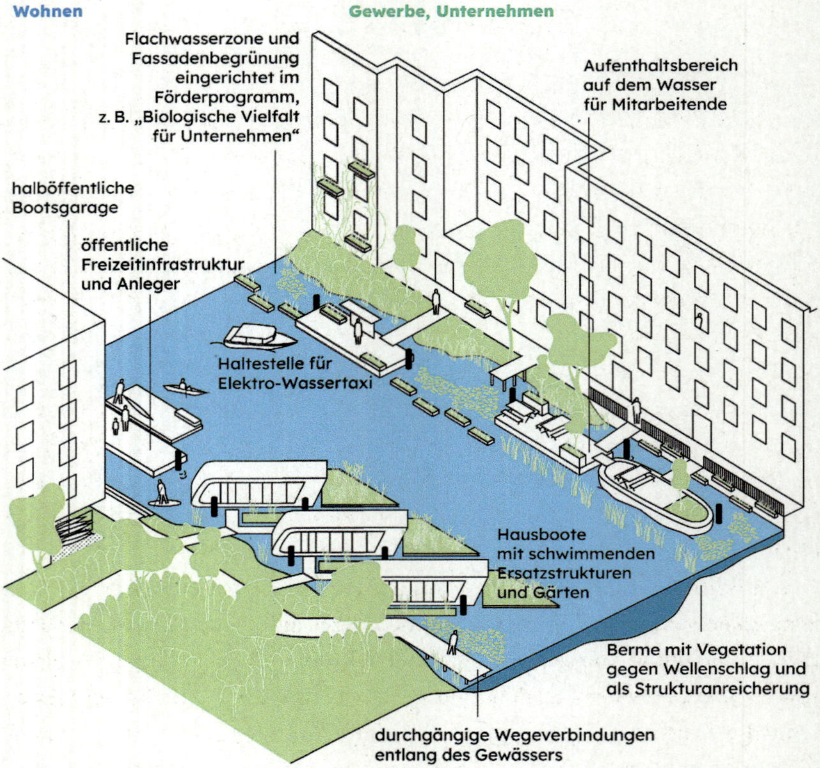

Abbildung 6: **Schematische Darstellung der baulichen Synergien, die sich durch Public-private-Partnerships bzw. Kooperationen zwischen öffentlicher Hand und privater Wirtschaft im Bereich Gewerbe und Wohnen an urbanen Gewässern ergeben können.** *Quelle: Katarina Bajc, Florian Carius.*

cke besser in Wert setzen. Nachhaltigkeitszertifikate oder Siegel mit dem Fokus auf die Gewässerstandorte, fachliche Netzwerke und speziell auf die urbanen Oberflächengewässer zugeschnittene Fördermöglichkeiten für Unternehmen und andere private Stakeholder wären dabei essenziell. Für kleine Anlieferungen oder als preiswerte und schnelle Alternative zu anderen Verkehrsformen für Mitarbeiter:innen könnten Wassertaxianleger an Firmengeländen eingerichtet und betrieben werden.

2.4 Die Vielfalt der gemeinnützigen Akteure als Ressource für die Gewässer

Die Rolle der gemeinnützigen Naturschutzakteure beim Gewässerschutz in urbanen Räumen ist bereits jetzt beachtlich. Naturschutzvereine und -verbände setzen an den Gewässerkorridoren umfassende Maßnahmen um. Mitmachaktionen in Städten bundesweit, wie zum Beispiel die NABU-Bachaktionstage, beziehen viele freiwillige Helfer ein, um gemeinsam Lebensräume an den Gewässern zu entwickeln und zu pflegen – mit Maßnahmen wie Anlage der Holzfaschinen, Baumstümpfe und Kies, Abflachung der Ufer, standortgerechter Bepflanzung oder Entfernung der invasiven Pflanzen (NABU o. J.). Citizen-Science-Monitoring der Gewässer kann die Begeisterung für Gewässerschutz bei den Bürger:innen noch weiter steigern und die offiziellen Messungen durch flächendeckende Beobachtungen unterstützen (Kasten, Jenkins, Christofoletti 2021). Diese Programme erreichen jedoch vor allem die bereits interessierte Öffentlichkeit.

Umweltbildungsprogramme der Naturschutzverbände für Bürger:innen und Schulen oder andere Bildungsinstitutionen setzen auf die Vermittlung der praktischen Handlungskompetenz bei der Gestaltung und dem Schutz der Natur sowie auf die Bewusstseinsbildung für die ökologische Bedeutung der Gewässer. An den urbanen Gewässerkorridoren sind aber auch viele andere gemeinnützige Akteure im Bereich Wassersport und Kultur aktiv sowie einige Kleingartenvereine, die über längere Uferzonen verfügen. Über ihre Mitglieder erreichen diese Organisationen zahlreiche Stadtbewohner:innen mit unterschiedlichem Milieuhintergrund und Interessen. Der Einfluss der gemeinnützigen Stakeholder, Klubs und Vereine auf die Gewässer in der Stadt ist somit bedeutend.

Einige Wassersportverbände setzen sich zum Beispiel für Gewässerschutz ein. Kanuvereine bieten Ökologiekurse für ihre Mitglieder an, die an bestimmten Gewässern als Grundvoraussetzung für die Befahrungsgenehmigung gelten. Neben der allgemeinen Umwelt- und Nachhaltigkeitsbildung werden in diesen Kursen auch klare Regeln vermittelt, wo Kanuten angelegen dürfen, welche Gebiete sie in der Brutzeit meiden sollen und Ähnliches. Solche Qualifikationsnachweise können noch stärker als Lenkungsinstrument eingesetzt werden, dass sich Kanuten sachgerecht in Schutzgebieten oder anderen empfindlichen Zonen bewegen. Diese funktionieren besser als Befahrungsverbote, nimmt der Deutsche Kanu-Verband an und appelliert deshalb an die zuständigen Naturschutz- und Wasserbehörden, dieses Instrument in den Fokus zu stellen. Eine Verknüpfung von Befahrungsmöglichkeiten mit Qualifikationsnachweisen würde die Umweltbildung bei den Mitgliedern der Vereine noch verstärken (DOSB Informationsdienst 2018).

Auch Sportbootverkehrspläne und Apps, die für die Fahrtenplanung wichtige Informationen zur Verfügung stellen, sind ein hilfreiches Instrument. Diese enthalten Gewässerkarten und -beschreibungen, aktuelle Befahrungsregelungen aus Naturschutzgründen und Hinweise zu Mindestpegeln. Sie können aber auch helfen, das Verhalten der Wassersportler:innen zu lenken und mit entsprechenden Informationen an verantwortungsvolles Verhalten zu appellieren. »Ein Sportbootverkehrsplan kann die Akteure sowie unterschiedlichen Träger der Infrastruktur dabei unterstützen, ihre Aktivitäten aufeinander abzustimmen und würde Vereinen, Hafenbetreibern und anliegenden Kommunen mehr Planungssicherheit für die Zukunft geben. Dabei ergeben sich auch Berührungspunkte zum bundesweiten Radwegenetz, zu deren attraktivsten Strecken die Betriebswege entlang der Wasserstraßen zählen« (DOSB Informationsdienst 2018, S. 14).

Zudem führen bereits jetzt einige Wassersportverbände und -vereine, wie der Deutsche Kanu-Verband, der Deutsche Ruderverband und der Deutsche Segler-Verband, Gewässerreinigungsaktionen durch. Auch Formate für Gewässerunterhaltung und -pflege können zum Teil durch die Vereine angeboten werden. Beim Projekt Chicago Wild Mile werden Kanuten beispielsweise eingesetzt, um invasive Vegetation am Ufer und an schwimmenden Vegetationsinseln zu beseitigen (Urban Rivers Project o. J). Manche Naturschutzverbände bieten in diesem Rahmen eine kostenlose Kajakvermietung. Dafür sammeln Paddler auf ihrer Tour Müll aus dem Wasser und verstauen diesen auf dem Kajak. Der gesammelte Müll wird im Anschluss gewogen, in die Statistik aufgenommen und der Fortschritt auf Social Media veröffentlicht (BUND, Canoe4nature). Durch solche Aktivitäten, die mit Sport, Freizeit, Teambuilding-Angeboten für Unternehmen oder Kulturveranstaltungen verbunden sind, erreicht der Gewässerschutz einen breiteren Kreis der Stadtgesellschaft und kann das Umweltbewusstsein stärken.

Zurzeit ist dieses Angebot nur sehr fragmentiert vorhanden und wird durch ehrenamtliche Organisationen je nach Verfügbarkeit der Ressourcen durchgeführt. Eine koordinierende Rolle der Stadtverwaltung und eine kontinuierliche finanzielle Unterstützung könnten helfen, dieses Angebot in unterschiedlichen Bereichen systematischer auszubauen und flächendeckend bereitzustellen, um durch einfache Vermittlung der relevanten Informationen umweltschonendes Verhalten zu fördern. Positive Kommunikation könnte eine wirksame Ergänzung zu den Verboten und Einschränkungen durch die Vorschriften darstellen. Die bestehenden Vereine sind als Träger und Gestalter der Wassersport- und Freizeitinfrastruktur prädestinierte Ansprechpartner:innen, um dieses Angebot zu verbessern, Besucherlenkung, umweltverträgliche Wasserzugänge und Anlegestellen mitzuentwickeln und sachgerechte Lagermöglichkeiten für Boote zu betreiben, die zurzeit mangels Alternativen in den Grünflächen gelagert werden. Die Infrastruktur der Vereine könnte auch baulich mit ökologischer Aufwertung der Spundwände, Kaimauern, schwimmenden Anlagen kombiniert werden, zum Beispiel mit künstlichen Nisthilfen und Brutröhren für Eisvögel oder Fledermäuse.

An Uferzonen, die nicht häufig befahren oder betreten werden, wären auch großräumliche ökologische Aufwertungen wie Flachwasserzonen, Anpflanzungen von Gehölzen, Röhrichtzonen und Schwimmblattpflanzen denkbar. Vor allem viele Kleingartenanlagen verfügen über ruhigere Wasserparzellen an der Uferzone. Mitglieder der Vereine sind angehalten, die Satzung des jeweiligen Vereins zu beachten. Die Parzelle der Kleingartenanlagen endet jedoch in der Regel an der Uferkante, deshalb sind diese in den Satzungen der Vereine häufig nicht enthalten. Im Merkblatt zur Nutzung von Kleingärten in Hamburg (2021) steht beispielsweise dazu: »Vorgesehen ist die Ausbildung einer flachen Böschung. […] Um bei Hochwasser einen zügigen Ablauf zu gewährleisten und eine Belastung (z. B. Eutrophierung, das heißt Überdüngung) des Gewässers zu verhindern, muss entlang der Böschung ein mindestens 2 m breiter Streifen von Gehölzen, Materiallagerungen, Baulichkeiten und Kompoststätten freigehalten werden.« Da gerade die Uferzonen für die Pächter:innen jedoch sehr attrak-

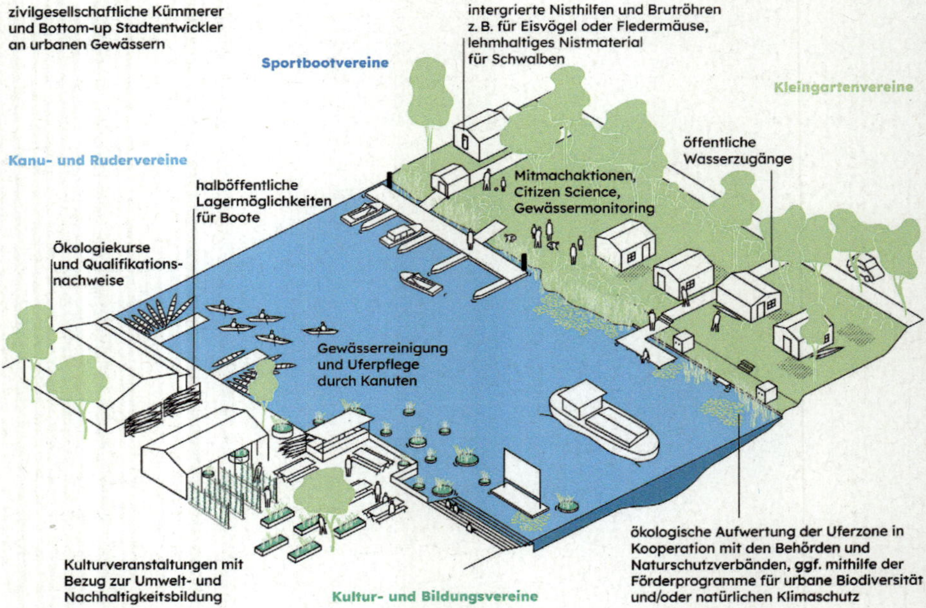

Abbildung 7: **Schematische Darstellung der Bandbreite an Möglichkeiten, die sich durch zivilgesellschaftliche und ehrenamtliche Initiativen mit einer systematischen Unterstützung und Koordination durch die öffentliche Hand entfalten können.**
Quelle: Katarina Bajc, Florian Carius.

tiv sind, wird diese Regel nicht konsequent eingehalten. Durch die Ufersicherung und privates Mobiliar werden Biotope an der Uferzone zum Teil gefährdet. Hilfestellungen, Einführungen und Pflichtschulungen für Mitglieder könnten diese Situation verbessern.

Für Kleingartenvereine besteht die Möglichkeit, Angaben zur Art und Häufigkeit von Uferpflegeeinsätzen in die Satzung aufzunehmen, sowohl für die einzelnen Parzellen als auch für die gemeinschaftlichen Flächen, und sich so viel stärker in Gewässerentwicklung und -schutz einzubringen. Nach dem Vorbild der Förderprogramme für urbane Biodiversität (Bundesprogramm Biologische Vielfalt o. J) könnte finanzielle Unterstützung gezielt für die Kleingartenvereine mit Gewässerlagen erweitert werden und investive Mittel für die ökologische Entwicklung der Uferzonen anbieten. Unter Einbeziehung der Naturschutzverbände mit entsprechenden fachlichen Kompetenzen und in Kooperation mit Wasserämtern besteht hier Potenzial, umfassende und großräumige Maßnahmen für die ökologische Entwicklung und Pflege der Gewässerparzellen von Kleingärten in der Stadt durchzuführen.

Auch Kultureinrichtungen und zivilgesellschaftliche Initiativen wenden sich zunehmend zum Wasser und beteiligen sich an der Entwicklung dieser Standorte in der Stadt. Auch deren Rolle als Kümmerer und Stadtentwickler an urbanen Gewässern darf nicht unterschätzt werden. In Hamburg sind hierfür wichtige Beispiele Kampnagel Internationale Kulturfabrik GmbH, Hallo: Verein zur Förderung raumöffnender Kultur e.V., Altstadt für Alle! e.V. und Park Fiction. Auch hier ergeben sich Möglichkeiten, die Umweltbewusstseinsbildung und nachhaltiges Handeln in die breitere Stadtgesellschaft unterschiedlicher Milieus zu tragen. Diese Initiativen sollten gestärkt und institutionell unterstützt werden, um deren bürgerschaftliches Engagement und kreatives Potenzial für die Transformation der Gewässerkorridore in der Stadt entfalten zu können.

2.5 Urbane Gewässer durch Besucherlenkung schützen und Umweltbewusstsein stärken

Urbane kanalisierte Gewässerkorridore in der Stadt werden zunehmend für Freizeit, Wassersport und Erholung in Anspruch genommen. Eine öffentlich zugängliche Infrastruktur für Wassersport ist jedoch in vielen deutschen Städten noch nicht flächendeckend vorhanden. Muskelbetriebene Boote werden deshalb häufig in Grünflächen und Schutzgebieten gelagert, Freizeitsuchende steigen an dafür nicht vorgesehenen Stellen ins Wasser oder legen dort an. Das führt zu Erosion an der Uferzone, Zerstörungen der letzten noch vorhandenen Wasserbiotope und bei privaten Flächen auch zu Konflikten mit den Eigentümer:innen (Kern, Marquardt, Schwenkel 2022). Große Kleingartenanlagen oder private Gärten an Gewässerlagen erschweren beispielsweise den Zugang zum Wasser für die Nichtmitglieder und bilden Lücken für Wassersport- und Freizeitinfrastruktur mit langen Strecken ohne Anleger oder Lagermöglichkeiten für Boote. Es ist daher wichtig, dass die Uferzone in den Städten sowohl wasserseitig als auch uferseitig an beliebten Strecken und wichtigen Freiraumachsen

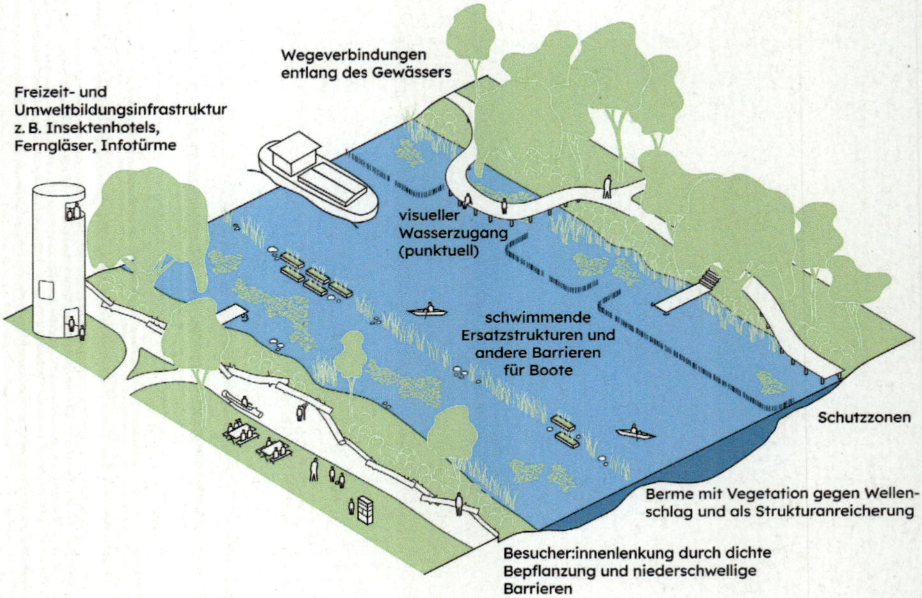

Abbildung 8: Schematische Darstellung der Möglichkeiten, naturnahe und sensible Gewässerabschnitte durch Besucherlenkung und Umweltbildung zu schützen.
Quelle: Katarina Bajc, Florian Carius.

öffentlich zugänglich bleibt – im Gegenzug aber auch, dass ökologisch wertvolle Zonen als Ausgleich durch deutliche und wirksame Besucherlenkung geschützt werden. Mit niederschwelligen Verleihangeboten kann der Besitz privater Boote unattraktiver gemacht werden, um die große Menge an Booten, die außerhalb der Saison in Grünanlagen gelagert werden, zu vermeiden.

Öffentliche Zugänge, land- und wasserseitig, sowie Anleger und Lagermöglichkeiten für nicht motorbetriebene Freizeitboote sollen im Gewässernetz ergänzt werden, um die sensiblen Zonen zu entlasten. Als Ausgleich müssen in den für einen funktionierenden Biotopverbund notwendigen Intervallen naturnahe Gewässerabschnitte an den Ufern für Sport und Freizeit unzugänglich bleiben und sowohl landseitig als auch wasserseitig an ausgewählten Strecken Elemente aufgestellt werden, die Zugang verhindern. Diese Abschnitte können stärker der Umweltbildung, Naturbeobachtung und anderen ruhigen Erholungsaktivitäten vorbehalten bleiben. In urbanen Bereichen ist es zudem wesentlich, dass naturnähere Gewässerabschnitte nicht verlassen erscheinen und zur Vermüllung oder zur Lagerung der Boote an der Uferzone einladen. Infrastrukturen wie Stege und Aussichtstürme können als Ergänzung zu besucherlenkenden Maßnahmen das Naturerleben unterstützen.

3 Der Gewässerkorridor als blau-grüne Infrastruktur für die nachhaltige Zukunft der Städte

In den vergangenen Jahrzehnten fand bereits ein gewaltiger Wandel in der Funktion, Nutzung und Bedeutung urbaner Fließgewässer statt. Die historisch enge ökonomische und produktionstechnische Verknüpfung von Siedlungen und Gewässern der europäischen Städte wurde aufgelockert, und das Bewusstsein für die Bedeutung der Gewässer als Lebensraum für Pflanzen und Tiere sowie für die Gesundheit und Erholung der Menschen rückt in den Vordergrund (DWA 2021; Hauser, Weingartner 2014). Zugleich wird die sozioökologische Transformation der städtischen Gewässerkorridore zunehmend als eines der strategischen Ziele für die nachhaltige Entwicklung der Städte formuliert – als Beitrag zur Anpassung an den Klimawandel, zur Förderung eines naturnahen Wasserkreislaufs, zur Steigerung der Biodiversität sowie zur Verbesserung der Lebensqualität (LILAS 2022). Die städtebauliche und landschaftsplanerische Relevanz der Wasserlagen ist somit für die Stadtentwicklung zunehmend präsent. Dieser Wandel spiegelt sich noch nicht in der aktuellen räumlichen Struktur der urbanen kanalisierten Gewässer wider, die baulich nach wie vor maßgeblich für technische Funktionen ausgelegt sind. Klimawandel, Artensterben und andere Treiber auf der globalen Umwelt- bzw. Makroebene erfordern eine Transformation des bestehenden soziotechnischen Regimes auch dieser städtischen Infrastrukturen (LILAS 2022). Attraktiv und nachhaltig gestaltete Gewässerabschnitte in deutschen Städten sind bislang jedoch auf einzelne Leuchtturmprojekte sowie kleinere innovative Pilotprojekte beschränkt. Aus diesen Nischen kann dennoch eine umfassendere Transformation hin zu multifunktionalen, sozioökologisch-technischen Infrastrukturen angestoßen werden (LILAS 2022).

Da der urbane Gewässerkorridor sowohl den ökologischen Funktionsraum als auch den soziotechnischen Funktionsraum vereint, stellt dessen Entwicklung eine gleichermaßen naturschutzfachliche, wasserwirtschaftliche und baukulturelle Aufgabe dar. Damit diese gelingen kann, sind wirksame integrierte planerische und administrative Verfahren, Planungsinstrumente und Methoden auf den Ebenen des Bundes, der Länder und Kommunen erforderlich. Sektorübergreifende koordinierende Stellen könnten ergänzend die Zusammenarbeit zwischen unterschiedlichen institutionellen und administrativen Zuständigkeiten an urbanen Gewässern unterstützen und eine vermittelnde Rolle bei gegensätzlichen Anforderungen der Gesetze und fachspezifischen Richtlinien übernehmen. Interdisziplinäre Fördermöglichkeiten für eine umfangreiche sozioökologische Entwicklung der städtischen Gewässerkorridore können diesen Prozess unterstützen und beschleunigen. Zudem sind interdisziplinäre Kooperationsformate und Zusammenschlüsse zwischen privaten, öffentlichen und zivilgesellschaftlichen Akteur:innen notwendig, um Synergien unterschiedlicher Belange an den urbanen Gewässern herauszuarbeiten und gemeinsam umzusetzen.

Dementsprechend ist eine konzeptionelle, gestalterische und verwaltungstechnische Weiterentwicklung des urbanen Gewässerentwicklungskorridors unerlässlich. Der urbane Gewässerkorridor hat als multifunktionale lineare Freiraumtypologie das Potenzial, einen wesentlichen Beitrag zur nachhaltigen Zukunft der Stadt zu leisten.

Literatur

Altermatt, F. (2020): Die ökologische Funktion der Gewässerräume. Umweltrecht in der Praxis. Vereinigung für Umweltrecht (VUR), S. 51–67, [https://www.altermattlab.ch/wp-content/uploads/2020/03/Altermatt_URP_2020.pdf].

Arbeitsgemeinschaft Fließgewässer (2022): Naturschutzgroßprojekt: »Hamburg, deine Flussnatur«. Übersichtserfassung des Makrozoobenthos in ausgewählten Kanälen im Bezirk Mitte. Stiftung Lebensraum Elbe.

Blaues Band Deutschland (o. J.): Bundesprogramm Blaues Band Deutschland, [https://www.blaues-band.bund.de/Projektseiten/Blaues_Band/DE/00_Home/home_node.html].

BMUV – Bundesministerium für Umwelt, Naturschutz, nukleare Sicherheit und Verbraucherschutz (2023): Nationale Wasserstrategie. Entwurf des Bundesumweltministeriums. Langfassung, [https://www.bmuv.de/download/bmuv-entwurf-nationale-wasserstrategie].

BMUV – Bundesministerium für Umwelt, Naturschutz, nukleare Sicherheit und Verbraucherschutz; UBA – Umweltbundesamt (Hrsg.) (2022): Die Wasserrahmenrichtlinie – Gewässer in Deutschland 2021. Fortschritte und Herausforderungen, [https://www.umweltbundesamt.de/sites/default/files/medien/1410/publikationen/221010_uba_fb_wasserrichtlinie_bf.pdf].

BSW – Behörde für Stadtentwicklung und Wohnen, Amt für Landesplanung und Stadtentwicklung (2020): Binnenalster Studie zur öffentlichen Nutzbarkeit der Uferbereiche, [https://www.hamburg.de/contentblob/13956056/a1cfb0a8262f5f9eca3fd0a066acedf6/data/2020-08-27-bsw-binnenalsterstudie.pdf].

BUKEA (2023): Konzept. Finanzierung, Herstellung und Unterhaltung von öffentlichen Behandlungsanlagen für belastetes Niederschlagswasser in Hamburg (Konzept Niederschlagswasserbehandlung). Amt Wasser, Abwasser und Geologie (W). Version Juni 2023, [https://www.hamburg.de/contentblob/17291042/b50ea1a86fdbc1850775eac1b5637159/data/konzept-nwab-final-1-0-230616-internet.pdf].

BUKEA (o. J.): Ämter Wasser, Abwasser und Geologie, [https://www.hamburg.de/bukea/wasser-abwasser-geologie/].

BUND (o. J.): [https://www.bund-hamburg.de/themen/umweltpolitik/plastik/canoe4nature/].

Bundesprogramm Biologische Vielfalt (o. J.): [https://www.bfn.de/thema/bundesprogramm-biologische-vielfalt].

Bürgerschaft der Freien und Hansestadt Hamburg (2020): Mitteilung des Senats an die Bürgerschaft Stellungnahme des Senats zu dem Ersuchen der Bürgerschaft vom 28. Oktober 2020. Hamburgs Kanäle und Flussläufe in ihrem Naturwert erhalten – und dennoch Spaß und Sport auf dem Wasser genießen. Drucksache 22/1794, [https://www.buergerschaft-hh.de/parldok/dokument/78201/stellungnahme_des_senats_zu_dem_ersuchen_der_buergerschaft_vom_28_oktober_2020_hamburgs_kanaele_und_flusslaeufe_in_ihrem_naturwert_erhalten_und_dennoc.pdf].

DOSB-Informationsdienst (2018): Im Fokus: Wassersport und Gewässerschutz. Ausgabe Nr. 125, [https://cdn.dosb.de/alter_Datenbestand/fm-dosb/arbeitsfelder/umwelt-sportstaetten/Informationsdienst/Informationsdienst_SSU_Nr125_INTERNET.pdf].

DWA – Deutsche Vereinigung für Wasserwirtschaft, Abwasser und Abfall e. V. (2019): Arbeitsblatt DWA-A 178 – Retentionsbodenfilteranlagen.

DWA – Deutsche Vereinigung für Wasserwirtschaft, Abwasser und Abfall e. V. (2021): DWA-Regelwerk Merkblatt DWA-M 609-1, Entwicklung urbaner Fließgewässer. Teil 1: Grundlagen, Planung und Umsetzung.

DWA – Deutsche Vereinigung für Wasserwirtschaft, Abwasser und Abfall e. V. (2022): DWA-Regelwerk Arbeitsblatt DWA-A 102-2, Grundsätze zur Bewirtschaftung und Behandlung von Regenwetterabflüssen zur Einleitung in Oberflächengewässer. Teil 2: Emissionsbezogene Bewertungen und Regelungen.

Gall, I. (2022): Neue Regeln für die Alster: Weniger Unfälle durch Bojen? Hamburger Abendblatt 08. 07. 2022, [https://www.abendblatt.de/hamburg/article235834323/alster-wie-bojen-kuenftig-unfaelle-vermeiden-sollen-wassersport-hamburg-aussenalster-kanu-rudern.html].

Geoportal Hamburg. Biotopverbund. ALKIS GDB: Freie und Hansestadt Hamburg, Landesbetrieb Geoinformation und Vermessung (Datenlizenz Deutschland – Namensnennung – Version 2.0).

Geoportal Hamburg. Denkmalkartierung. ALKIS GDB: Freie und Hansestadt Hamburg, Landesbetrieb Geoinformation und Vermessung (Datenlizenz Deutschland – Namensnennung – Version 2.0).

GreenKayak (o. J.): GreenKayak. Paddeln für die Umwelt, [https://www.moinzukunft.hamburg/alltags-tipps/freizeit-nachhaltig-gestalten/greenkayak-paddeln-fuer-die-umwelt-14226].

HafenCity Universität (2022): Ergebnisse des Seminars Theorie der Landschaftsplanung, Sommersemester 2022. Prof. Dipl.-Ing. Antje Stokman, Dipl.-Ing. Katarina Bajc, Emily Kern. Verfasser:innen: Lars Hartig, Steffen Hehn, Hoppenstedt Christoph, Thies Lübsen, Devis Bétrisey, Jan-Mathis Carstens, Thomas Chudoba, Hannes Gärke, Hendrik Schoenhof, Elsa Günther, Michél-Joan Castillo-Venialgo, Alexander Böttcher, Kira Wrigge, Heinrike Aue.

Hammer, W. (2022): Ergebnisse und Entwicklungen im Projekt Lebendige Alster. Vortrag auf Tagung Gewässer zwischen Licht und Schatten, Hamburg 16. Juni 2022, [https://www.lebendigealster.de/app/download/8166390364/Vortrag+W.+Hammer%2C+Lebendige+Alster.pdf?t=1656577345].

Hauser, F.; Weingartner, R. (2014): Oberflächengewässer im urbanen Raum. Aspekte und Entwicklungen am Beispiel der Stadt Bern. In: E. Bäschlin, H. Mayer und M. Hasler (Hrsg.), Bern. Stadt und Region. Die Entwicklung im Spiegel der Forschung. Jahrbuch Geographische Gesellschaft Bern. Band 64/2014.

Integrierter Bewirtschaftungsplan für das Elbeästuar (o. J.): Aktueller Stand, [https://www.natura2000-unterelbe.de/].

Kaiser, O. (2007): Bewertung und Entwicklung urbaner Fließgewässer unter aktiver Einbeziehung der Öffentlichkeit. Das Projekt StadtGewässer. Raumforschung und Raumordnung. Volume 65, S. 93–108, [https://doi.org/10.1007/BF03182999].

Kasten, P.; Jenkins, S. R.; Christofoletti, R. A. (2021): Participatory Monitoring – A Citizen Science Approach for Coastal Environments. Frontiers in Marine Science. Volume 8, S. 1–9, [https://doi.org/10.3389/fmars.2021.681969]

Kern, E.; Marquardt, Z.; Schwenkel, L. (2022): AlsterAtlas – oder: Wem gehört die Alster? HafenCity Universität Hamburg, [https://repos.hcu-hamburg.de/handle/hcu/651].

Landesamt für Natur, Umwelt und Verbraucherschutz Nordrhein-Westfalen (LANUV NRW) (Hrsg.). (2011): LANUV – Arbeitsblatt 16, Strahlwirkungs- und Trittsteinkonzept in der Planungspraxis. Recklinghausen, [https://www.lanuv.nrw.de/fileadmin/lanuvpubl/4_arbeitsblaetter/40016.pdf].

Landesbund der Gartenfreunde in Hamburg e. V. LGH (2021): Merkblatt zur Nutzung von Kleingärten in Hamburg, [https://www.gartenfreunde-hh.de/downloads/1326/Merkblatt%20zur%20Nutzung%20von%20Kleing%C3%A4rten%20in%20Hamburg%20012021.pdf?1613385560].

LAWA – Bund/Länder-Arbeitsgemeinschaft Wasser (2006): Leitlinien zur Gewässerentwicklung. Ziele und Strategien, [https://www.umweltministerkonferenz.de/umlbeschluesse/umlaufBericht2006_30.pdf].

LAWA – Bund/Länder-Arbeitsgemeinschaft Wasser (2015): Handbuch zur Bewertung und planerischen Bearbeitung von erheblich veränderten (HMWB) und künstlichen Wasserkörpern (AWB). Version 3.0.

Lebendige Alster (o. J.): Das Projekt »Lebendige Alster«, [https://www.lebendigealster.de/].

LfU – Bayerisches Landesamt für Umwelt (Hrsg.) (2004): Arbeitshilfe: Gewässerdynamik und Unterhaltung, [https://www.lfu.bayern.de/wasser/gewaessernachbarschaften/themen/gewaesserdynamik/doc/arbeitshilfe.pdf].

LfU – Bayerisches Landesamt für Umwelt (Hrsg.) (2014): Arbeitshilfe: Wege zu wirksamen Uferstreifen, [https://www.lfu.bayern.de/wasser/gewaessernachbarschaften/themen/uferstreifen/doc/arbeitshilfe.pdf].

LILAS (2022): Bajc, K.; Gollata, J.; Kreutz, S.; Matullat, J.; Meyer, C.; Quanz, J.; Stokman, A.; Dickhaut, W.; Gertz, C.; Knieling, J. (2022): Lineare Infrastrukturlandschaften im Wandel – Perspektiven für eine blau-grüne Transformation von Stadtstraßen und kanalisierten Gewässern. Herausgegeben von Stokman, A.; Dickhaut, W.; Gertz, C.; Knieling, J. Diskussionspapier/Working Paper entstanden im Rahmen des Forschungsverbundes LILAS, gefördert aus Mitteln der Landesforschungsförderung Hamburg von der Behörde für Wissenschaft, Forschung, Gleichstellung und Bezirke (BWFGB). Mai 2022, HafenCity Universität Hamburg, Hamburg, [https://doi.org/10.34712/142.31].

Linnenweber. C.; Koenzen, U.; Steinrücke, J. (2021): Gewässerentwicklungsflächen. In: Landesamt für Umwelt Rheinland-Pfalz (Hrsg.): Auenmagazin Heft 20/2021, S. 4–9, [https://www.auenzentrum-neuburg-ingolstadt.de/cms/upload/Dokumente/auenmagazin/AuenMagazin_20-2021_online.pdf].

Lutz, H. J.; Boller, M. (2019): First-Flush-Anlagen. Behandlung von Strassenabwasser. In: Aqua & Gas, 10, S. 52–61.

Meyer-Wellmann, J. (2022): Wie SPD und Gruene die Alster entlasten wollen. Hamburger Abendblatt 08. 08. 2022, [https://www.abendblatt.de/hamburg/article236097629/wie-spd-und-gruene-die-alster-entlasten-wollen-wassersport-hamburg-senat-freizeit.html].

NABU (o. J.): Die Bach-Aktionstage im Rückblick, [https://hamburg.nabu.de/natur-und-landschaft/gewaesser/bachaktionstage/17499.html].

PARKS (o. J.): Hallo: Verein zur Förderung raumöffnender Kultur e. V. [https://hallohallohallo.org/projects/parks/].

Projektbüro Lebendige Alster (2015): Lebendige Alster in der Hamburger Fleetstadt. Ideenstudie zur Aufwertung des Lebensraumkorridors Alster-Elbe, [https://www.lebendigealster.de/app/download/6562275264/150514_Lebendige+Alster-Broschu%CC%88re_Hamburger+Fleetstadt.pdf?t=1639738928].

UBi (o. J.): Unternehmen Biologische Vielfalt. [https://www.unternehmen-biologische-vielfalt.de/].

Umweltbundesamt (o. J.): Ökologischer Zustand der Fließgewässer. [https://www.umweltbundesamt.de/daten/wasser/fliessgewaesser/oekologischer-zustand-der-fliessgewaesser#methode].

Urban Rivers Project. (o. J.): What We Do, [https://www.urbanriv.org/?ss_source=sscampaigns&ss_campaign_id=64c9868bd98c2c76docdcbfo&ss_email_id=64dc0655893ca307f929ed44&ss_campaign_name=Islands%2C+Islands%2C+Everywhere&ss_campaign_sent_date=2023-08-15T23%3A12%3A33Z].

Weber, A.; Schomaker, C.; Wolter, C. (2011): Das fischökologische Potenzial urbaner Wasserstraßen. S. 235–249. In: Jähnig, S.; Hering, D.; Sommerhäuser, M. (Hrsg.): Fließgewässer-Renaturierung heute und morgen. Stuttgart, Schweitzerbart. Limnologie aktuell, Band 13.

Wolter, C.; Wiebe R. (2024): Trittsteinhabitate zur ökologischen Aufwertung urbaner Gewässer. In: Kreutz, S.; Stokman, A. (Hrsg.): Transformation urbaner linearer Infrastrukturlandschaften. Wie Straßen und Gewässer zu attraktiven und klimaangepassten Stadträumen werden können. S. 301–320, oekom, [https://doi.org/10.14512/9783987263187].

Hamburgs urbane Gewässer als flüssiger Freiraum für alle

Antje Stokman

Abstract

Insbesondere in Städten offenbaren Flussräume ihren hybriden Charakter: Sie sind künstlich und natürlich zugleich. Sie sind räumlich stark begrenzte, technisch gesteuerte wasserbauliche Infrastrukturen und Wasserverkehrswege. Sie sind wichtige Freizeit- und Erholungsräume in der Stadt. Sie sind Kulturdenkmäler und kunstvoll gestaltete städtebauliche und landschaftsarchitektonische Räume. Sie sind lineare Ökosysteme, die Städte und Regionen mit ihrem gesamten Fließgewässereinzugsgebiet verbinden und vielen Tier- und Pflanzenarten als Lebens- und Migrationsräume dienen. Die Frage beim aktuellen Umbau von Flusssystemen in der Stadt lautet deshalb, wie sich die vielfältigen funktionalen Anforderungen an die Gestaltung der urbanen Gewässer miteinander verbinden lassen. Am Beispiel der Stadt Hamburg, deren Stadtentwicklung als einzige »Marschengroßstadt« Deutschlands (Linde 1906, S. 210) schon immer stark vom Umgang mit den Gewässern geprägt war, werden die Potenziale und Herausforderungen der Entwicklung der urbanen Gewässer als flüssige Freiräume für alle menschlichen und nicht menschlichen Lebewesen im Wandel der Zeit nachgezeichnet und diskutiert. Aktuelle Projekte und Initiativen liefern Hinweise für eine zukünftige Gestaltung von Hamburgs Gewässern als flüssige Freiräume für alle.

Abbildungen 1:
Vielfältige Gewässer der Hamburger Wasserlandschaft.
Quelle: Antje Stokman.

Lebbin Beton

Hamburg – eine amphibische Stadt

Das von Hermann Hipp als »Amphibische Stadt« (Hipp 2004) beschriebene Zusammenspiel zwischen Wasser und Land, geprägt durch das tidebeeinflusste Stromspaltungsgebiet der Elbe mit den Mündungen der Nebenflüsse Alster und Bille, den Beeken und Fleeten sowie den Hafenbecken und Kanälen, ist für die Identität der Stadt Hamburg von elementarer Bedeutung. Die flüssigen Freiräume bilden ein eigenes Raumsystem in der Stadt: Rund acht Prozent der Gesamtfläche Hamburgs und 24 Prozent der Hamburger Innenstadt sind Wasserflächen. Hamburg hat die meisten Brücken in Europa: Mit 2.500 Brücken liegt die Hansestadt deutlich vor Wien (1.716) und Amsterdam (1.281) (Statista 2021). Die Nutzung des Wassers als Grundlage der Stadtentwicklung und -gestaltung liegt deshalb in der planerischen DNA der Stadt. Schon im Jahr 1906 beschrieb der Heimatforscher Richard Linde die Besonderheit des Hamburger Stadtbildes als Resultat des Zusammenspiels zwischen der charakteristischen Marschennatur mit Ebbe und Flut, dem Schlick, Watt und den Schilfufern und der Marschenkultur mit ihren Hafenbecken und Kanälen, der Vielzahl an Brücken, den Schuten und Ewern (Linde 1906, S. 210). Auch der Oberbaudirektor Fritz Schumacher beschrieb 1921 den Wassercharakter Hamburgs als menschengemachtes Kunstprodukt: »Alles, was heute an Elementen der Natur in die Wirkungen dieser Stadt hineinspielt, ist von ihr selbst künstlich geschaffen. Sie ist wie vielleicht keine andere Großstadt ganz und gar ein Produkt der technischen Energie ihrer Bewohner« (zitiert in Hipp 2004, S. 6).

Durch die kontinuierlichen technischen Überformungen hat sich eine äußerst vielgestaltige Wasserlandschaft gebildet, die aus sehr unterschiedlichen Elementen besteht: von den zunächst naturnahen und später kanalisierten Gewässerläufen der Alster und der Wandse im Hamburger Norden durch die Moore, wie den Duvenstedter Brook, und die tidegeprägten Auenwälder, wie das Heuckenlock, und die tidebeeinflussten Flüsse, wie die Este und die Luhe, die Buxtehude und Stade mit Hamburg verbinden und als Wasserstraßen alte historische (Handels-) Verbindungen darstellen, bis zu den verlassenen Industriewasserlandschaften am Holzhafen und an der Wasserinsel Kaltehofe im Hamburger Osten. Hinzu kommen die Kanäle, Aufweitungen und Kanalisierungen der Bille, die im Hamburger Osten ein weitgefächertes Wassertransportsystem parallel zu den Straßen bilden, und die abgeschnittenen Flussarme der Dove- und Goseelbe sowie der Alten Süderelbe, die heute für eine naturnahe Erholungslandschaft stehen und durch die Wiederanbindung an die Tide in ihrer aktuellen Erholungsfunktion bedroht wären. Die größte Bedeutung für die Stadtentwicklung Hamburgs haben jedoch die Elbe mit ihren Hafenanlagen, Seeschiffen und gewaltigen Tidenkräften und Sturmfluten sowie die erholungsgeprägte und zur Binnen- und Außenalster aufgestaute Alster mit ihrem angegliederten Netz an Alsterkanälen sowie den Alsterfleeten im Bereich der Altstadt. Beides sind vielfältig transformierte Gewässer, die im alten Hafen am immer noch tidebeeinflussten Mündungsarm der Alster, dem Nikolaifleet als Geburtsstätte der Stadt Hamburg, miteinander verbunden sind. Dass es diese Verbindungen der verschiedenen Gewässer zu einem Wasserkörper mit unterschiedlichen Erscheinungsformen gibt, kann man auch daran erkennen, dass die durch die Elbvertiefung begünstigte Verschlickung nicht nur die Hafenanlagen der Elbe bedroht, sondern auch die Attraktivität und Nutzbarkeit des Nikolaifleets. Das ist es, was Hipp (2004) meint und woraus die technisch geformte amphibische Landschaft besteht, die unterschiedlich stark integriert gedacht oder eben separiert wurde.

Hamburger Gewässer als integrierter Wirtschafts-, Verkehrs- und Erholungsraum

In der vorindustriellen Zeit existierte ein enges Zusammenspiel zwischen der wirtschaftlichen Nutzung der Gewässer als Verkehrsweg und Vorfluter, ihrer gesundheitlichen Funktion und der Erholungsnutzung der reichlich vorhandenen Hamburger Gewässer. Um den »wilden Badebetrieb« in Elbe, Alster und Bille zu reglementieren, entstand die älteste Hamburger Badeanstalt 1793 als schwimmendes Badehaus auf der Binnenalster und in den folgenden Jahren eine ganze Reihe weiterer Flussschwimmbäder (Schildt 1996, S. 120). 1855 wurde ergänzend eine der ersten öffentlichen »Warmbadeanstalten« Europas gegründet, woraufhin der Badebetrieb auch ganzjährig stattfinden konnte. In der Folge etablierte sich das Schwimmen als Sportart, der Schwimmunterricht wurde an den Schulen eingeführt, und das Baden verlagerte sich zunehmend in Hallen mit Schwimmbädern. Auch der erste Ruderverein Deutschlands wurde 1836 in der Hansestadt gegründet. Bereits 1844 fanden sich zur ersten Regatta Deutschlands Tausende Zuschauer an der Alster ein (Hamburger und Germania Ruder Club e. V. o. J.).

Jedoch nahmen mit dem zunehmenden Bevölkerungswachstum und der Verdichtung der Stadt seit dem Ende des 19. Jahrhunderts sowohl der »wilde Badebetrieb« wie auch die gesundheitsgefährdende Verschmutzung der Gewässer so stark zu, dass die Flussbäder ab den 1930er-Jahren zunehmend geschlossen und durch mit Leitungswasser gespeiste »Sommerbäder«, auch in den flussnahen Stadtteilen, ersetzt wurden (Schildt 1996, S. 126). Nach der Einführung des ersten unterirdischen Abwassernetzes auf dem europäischen Festland, das im Jahr 1913 bereits 555 Kilometer umfasste, dienten die Hamburger Flüsse und Kanäle im 20. Jahrhundert als Überlauf für die Mischwassersiele. Bei starken Regenfällen floss aus diesem Netz an bis zu 90 Überlaufbauwerken Mischwasser in die Gewässer (Freie und Hansestadt Hamburg 2006). Zusätzlich dienten die Gewässer vor allem als wichtige Verkehrswege: Binnenschiffe brachten die Rohstoffe zu den Fabriken und transportierten die fertigen Waren ab. Viele Betriebe entnahmen aus den Kanälen zudem Wasser für ihre Produktion. Noch bis in die 1960er-Jahre waren die Alster und ihre angrenzenden Kanäle auch für den öffentlichen Nahverkehr von Bedeutung. Zu Beginn des 20. Jahrhunderts verkehrten rund 30 Linienschiffe von der Innenstadt im 10- oder 20-Minuten-Takt bis zum Stadtpark und nach Ohlsdorf. Aufgrund von sinkenden Fahrgastzahlen durch die Konkurrenz von U-Bahnen und Bussen wurde die Linienschifffahrt im Jahr 1984 eingestellt. Heute verkehren auf und rund um die Alster nur noch Rundfahrts- und Ausflugsschiffe (NDR 2023).

Um neben ihrer Verkehrs- und Vorfluterfunktion auch dem zunehmenden Bedarf der Freizeitnutzung der Gewässer und ihrer Ufer gerecht zu werden, gelang es den großen Hamburger Stadtbaumeistern dem starken Stadtwachstum im 20. Jahrhundert zum Trotz den Grundstein für ihre dauerhafte öffentliche Zugänglichkeit und Nutzbarkeit zu legen: In den 1920er- und 1930er-Jahren schuf Fritz Schumacher als Hamburger Oberbaudirektor durch die Kanalisierung der Alster und die Anlage zahlreicher neuer Alsterkanäle und -becken mit gestalteten, teilweise öffentlichen Ufern eine zusammenhängende Wasserland-

Abbildung 2: **Mündung der Tarpenbek in die von Fritz Schumacher kanalisierte Alster bei Hayns Park in Eppendorf.** *Foto: Claus-Joachim Dickow (Wikimedia Commons, CC BY-SA 3.0).*

schaft im Hamburger Norden, die intensiv mit den umgebenden Stadtquartieren und Parks verknüpft ist. Seinem Altonaer Kollegen Gustav Oelsner gelang es, die privaten Elbparks entlang der Geestkante Altonas für die Öffentlichkeit zu erwerben und einen durchgehenden Elbuferweg mit eingestreuten Parkanlagen zu entwickeln. Sie legten damit einen wichtigen Grundstein für das Hamburger System der Landschaftsachsen als durchgehende öffentliche Grünverbindungen, insbesondere entlang von Gewässern und anderen naturräumlichen Gegebenheiten.

Hamburger Gewässer als separierter Verkehrsraum, Wirtschaftsraum und Waterfront

Nach dem Zweiten Weltkrieg führten die veränderten Paradigmen des auto- und funktionsgerechten Städtebaus in Verbindung mit der rasanten Ausdehnung von Hafen und Industrie zu einem Paradigmenwechsel im Umgang mit den Hamburger Gewässern. Viele Fleete und Kanäle wurden zugeschüttet und in Straßen umgewandelt, oder ihre Ufer wurden durch Straßen und Industrie für die Stadtbevölkerung unzugänglich und nicht mehr nutzbar. Die verbliebenen Gewässer, insbesondere die Elbe, wurden zu Wasserstraßen ausgebaut und infolge der Hochwasserkatastrophe 1962 durch immer höhere Deiche und Hochwasserschutzanlagen abgetrennt und ihre Ufer mit unzugänglichen Steinschüttungen befestigt. Dadurch verschwanden fast alle Vordeichflächen und Strände mit ihren freizeit- und erholungsbezogenen Ufernutzungen. Lediglich die Binnen- und Außenalster mit ihren angrenzenden Kanälen verblieben als großes Erholungs- und Freizeitgebiet für Wassersportler:innen, Jogger:innen und Spaziergänger:innen inmitten der Stadt. Trotz der zunehmend besseren Gewässerqualität aufgrund des Ausbaus der Kläranlage und der Einführung einer Trennkanalisation verschwand das öffentliche und kostenfreie Baden und Schwimmen in den Gewässern vollständig und verlagerte sich in privatisierte und kostenpflichtige Hallen- und Freibäder mit den entsprechenden sozial exkludierenden Effekten.

Im Jahr 1972 kritisierte der bekannte Hamburger Architekt Volkwin Marg (Marg 1972) das von verkehrsplanerischen und wirtschaftlichen Interessen getriebene Stadtwachstum um jeden Preis und den stadtplanerischen Umgang mit den Gewässern in einem Gastbeitrag für *DIE WELT* scharf: »Das Kunstwerk Hamburg darf nicht zerstört werden.« Aufgrund des zunehmenden bürgerschaftlichen Protests beschloss der Senat der Freien und Hansestadt im Jahr 1973, die Wasserflächen zu sichern und »die freie öffentliche generelle Zugänglichkeit, die Nutzung ohne Gefahr für die Gesundheit und den Ausbau der Böschungen und Kaianlagen im Sinne der Freizeitnutzungen« zu gewährleisten. Das daraufhin durch das Architekturbüro von Gerkan, Marg und Partner erstellte Gutachten »Hamburg, Bauen mit dem Wasser« (1973) propagierte ein neues stadtgestalterisches Leitbild für Hamburg als Wasserstadt, welches in der Folge jedoch kaum aufgegriffen wurde.

Jedoch wurden seit 1982, auf der Basis des Alster-Entlastungskonzeptes, erhebliche Investitionen (rund 600 Millionen Euro) zur Verbesserung der Gewässerqualität der innerstädtischen Gewässer durch die Sanierung und den Ausbau der historischen Mischkanalnetze getätigt. Im Zuge der 2005 und 2015 fertiggestellten Programme zur Entlastung von Alster, Elbe und Bille wurde das unterirdische Sielnetz in Teileinzugsgebiete gegliedert. Für jedes Teilgebiet wurden eine ausreichende Ableitungskapazität zum Klärwerk sowie ausreichender Speicherraum durch den Bau neuer Mischwassertransportsiele und die Anlage von Mischwasserrückhaltebecken zur Verfügung gestellt. Aufgrund dieser Maßnahmen wurden im Jahr 2022 nur noch rund 1,5 Prozent der Mischwassermenge aus dem Sielnetz in die Gewässer entlastet und in weiten Teilen Entlastungshäufigkeiten von einem Überlauf pro Jahr oder weniger erreicht (Freie und Hansestadt Hamburg 2023). Während noch 1982 zehn Prozent der mit Regenwasser vermischten Abwässer in die Gewässer eingeleitet wurden, verkündete die Geschäftsleitung der Hamburger Stadtentwässerung (heute Hamburg Wasser) bereits im Jahr 1999: »Die Alster hat schon heute wieder Badewasser-Qualität« (Zerbe 1999).

Durch die zunehmende Verlagerung des Hafens stromabwärts rückten am Ende des 20. Jahrhunderts die städtischen Wasserkanten der Elbe wieder in den Fokus der Stadtentwicklung. Auf die bauliche Entwicklung der sogenannten »Perlenkette« am Altonaer Elbufer in Verbindung mit einer neuen Elbufer-Promenade seit den 1990er-Jahren folgte die Entwicklung der HafenCity seit den 2000er-Jahren als neuer, außerhalb der Hochwasserschutzlinie gelegener Stadtteil auf Warften mit einer Vielzahl öffentlicher Stadträume aus hochwertigen neuen Promenaden, Plätzen, Terrassen und Parkanlagen – oft mit einem direkten Bezug zur Elbe. Mit dem 2014 eröffneten Elberadweg auf der öffentlichen Hochwasserschutzanlage entlang des Hamburger Großmarkts, der aktuell in Planung befindlichen Entwicklung des Kleinen Grasbrooks sowie den Rahmenplänen Stadteingang Elbbrücken und stromaufwärts an Elbe und Bille rücken weitere Wasserlagen in den Fokus der Stadtentwicklung. Während die verbliebenen Fragmente der amphibischen Stadtlandschaft in der Speicherstadt und den Innenstadtfleeten mit ihren denkmalgeschützten Wasserflächen zunehmend musealisiert wurden, entstanden entlang der Perlenkette an der Elbe moderne Architekturtypologien mit repräsentativen Büros, Luxuswohnungen, Edelgastronomie und dem aktuell im Bau befindlichen größten Hochhaus Hamburgs am Wasser: »Eine Mixtur, die sich nach Investoren-Kalkül am besten mit dem Flair des großen Flusses verträgt« (Hanselmann 2019). Dabei ermöglichen die neuen Waterfronts der HafenCity und entlang der Elbe zwar die Zugänglichkeit der Uferkanten, jedoch keine Nutzbarkeit des Wassers selber und keinen Austausch zwischen Wasser und Land (Meyhöfer 2020, S. 223).

Abbildungen 3: Waterfronts entlang der Perlenkette, der HafenCity und des Grasbrooks als exklusive Wasserkulisse, jedoch ohne Förderung der Nutzbarkeit des Wassers. *Quelle: Antje Stokman.*

STOP WAR PEACE NOW

Büroflächen
zu vermieten
UNSERE WELT SIEHT ANDERS AUS!

Neue Nutzungsansprüche an Hamburgs Gewässer im Spannungsfeld zwischen Ökologie, Privatisierung und Gemeingut

Biodiversitätsverlust, Extremwetterereignisse, Hitzewellen, steigende Meeresspiegel, mögliche Dürren und Trinkwasserknappheit sind nur einige der zu erwartenden Auswirkungen des Klimawandels und bewirken im Zusammenspiel mit dem zunehmenden Wachstum und der Verdichtung der Stadt einen erneuten Bedeutungswandel der Hamburger Gewässer im 21. Jahrhundert. Mit der im Jahr 2000 von der EU verabschiedeten Europäischen Wasserrahmenrichtlinie wurde ein verbindlicher Rechtsrahmen für den Gewässerschutz geschaffen. Dieser verlangt, dass bis spätestens 2027 in den Oberflächengewässern ein guter ökologischer und ein guter chemischer Zustand erreicht werden soll. Neben der Entwicklung der dafür erforderlichen Bewirtschaftungspläne und Maßnahmenprogramme schlug die Freie und Hansestadt Hamburg mit der Gründung der Stiftung Lebensraum Elbe im Jahr 2010 einen innovativen Weg ein, um den ökologischen Zustand der Tideelbe und ihrer Nebengewässer zu verbessern. Im Stiftungsrat treffen Vertreter:innen der Stadt, des Hafens und des Naturschutzes gemeinsame Entscheidungen über konkrete Maßnahmen zur ökologischen Aufwertung der Gewässer, die aufgrund der guten Ausstattung mit finanziellen Mitteln und der jährlichen Zuführungen der Hamburg

Abbildungen 4:
Die Grüne Schute, ein Pilotprojekt des verbändeübergreifenden Projekts »Lebendige Alster«.
Fotos: Antje Stokman.

Port Authority auch in substanziellem Umfang umgesetzt werden. Zusätzlich startete im Jahr 2012 das verbändeübergreifende Projekt »Lebendige Alster«, um den ökologischen Zustand der Alster zu verbessern. Dabei liegt seit dem Jahr 2018 ein Schwerpunkt auf der Entwicklung von integrierten Konzepten und der Umsetzung von Maßnahmen zur Schaffung neuer Trittsteinhabitate und Mikrolebensräume im Bereich der morphologisch stark veränderten Gewässerabschnitte der Fleet- und Außenalster durch die Schaffung von »Leitbildkonformen Ersatzstrukturen« (vgl. Bajc 2024). Auch für den Bereich des Hamburger Hafens plant die Stiftung Lebensraum Elbe erste Pilotprojekte zur Entwicklung schwimmender Landschaften, um ökologische Stützpunkte und neue Erlebnisorte zu schaffen, ohne die Nutzbarkeit des Hafens und die Sicherheit des Schiffsverkehrs zu gefährden.

Gleichzeitig haben die Hamburger:innen in den besonders warmen Sommern seit 2018 und verstärkt während der Coronapandemie ihre Erholungsräume nicht nur am, sondern auch auf bzw. im Wasser entdeckt. Hamburg ist nach wie vor die absolute Hochburg des organisierten Wassersports in Deutschland: Mehr als 20.000 Menschen sind Mitglied in einem der 67 Segel-, 22 Kanu- und 20 Rudervereine der Hansestadt (NDR 2014). Hinzu kommt in den heißen Sommermonaten eine wachsende Anzahl von Menschen mit ihren SUPs, Kanus, Schlauchbooten und Luftmatratzen. An heißen Tagen befinden sich so viele Menschen auf den Gewässern, dass die touristische Alsterschifffahrt und das Training der Segel- und Rudervereine zeitweise zum Erliegen kommen. Die Vielzahl von Nutzungen führt an der einen oder anderen Stelle zu Konflikten zwischen den Beteiligten, und auch die Tiere und Pflanzen im Uferbereich leiden.

Gleichzeitig gibt es viele Gewässer in Hamburg, insbesondere im industriell-gewerblich genutzten Hamburger Osten, die für die Freizeitnutzung noch weitestgehend unentdeckt und unerschlossen sind. Hier erschweren gewerbliche Ufernutzungen, die eingeschränkte Zugänglichkeit durch Betriebe und Kleingartenanlagen sowie Grundstücke ohne öffentlichen Wasserzugang die Nutzung dieser Gewässer. Im Gegensatz zu vielen anderen Metropolen am Wasser gibt es in Hamburg, obwohl die Gewässer mittlerweile wieder Badewasserqualität haben, nach wie vor kein Flussschwimmbad. Jedoch gibt es ein großes gesellschaftliches Interesse, selbstorganisierte Programme und neue Nutzungsmöglichkeiten auf, in und an den Gewässern zu entwickeln: Der Verein für mobile Machenschaften, der HALLO: Verein zur Förderung raumöffnender Kultur e.V., der Verein Hamburgs Wilder Osten, die Entenwerder Elbpiraten e.V. und die Künstlergruppe »Geheimagentur« schaffen offene Plattformen für die kollektive Selbstorganisation und Aneignung des Wasserraums durch Flussbadetage, Kulturflöße, schwimmende Konzerte, Ausstellungen und Festivals. Parallel wurde im gewässerreichsten Bezirk Hamburg-Mitte auf Basis eines bezirklichen Rahmenplans 2016 damit begonnen, Standorte und Konzepte für Hausboote zu prüfen und erste schwimmende Siedlungen zu entwickeln, wie die privaten Wohn- und Bürohausboote auf dem Eilbekkanal, im Mittelkanal und im Hochwasserbassin. Weitere Eignungsgebiete wurden in den durch Kanäle geprägten Bereichen der Stadtteile Hammerbrook, Hamm und Wilhelmsburg (Mittel-, Süd-, Sonnin-, Rückers- und Veringkanal sowie auf der Fläche des Hochwasserbassins und der Bille, inklusive Billebecken) ausgewiesen.

Blick zurück nach vorn – neue und integrierte Perspektiven auf die Zukunft der Hamburger Gewässer

Die historische Rolle und wichtige Bedeutung der urbanen Gewässer angesichts der aktuellen Zukunftsherausforderungen zu reflektieren, neu zu interpretieren und zu kultivieren stellt eine wichtige Zukunftsaufgabe Hamburgs dar, denn die Gestalt der Gewässer in der Stadt ist das »Produkt der technischen Energie ihrer Bewohner« (Fritz Schumacher nach Hipp 2004, S. 6). Und es ist der Mensch, der durch seine Nutzungen und Ansprüche an die Gewässer verpflichtet und gezwungen ist, diese zu bauen, zu gestalten und zu unterhalten. Auf einem nationalen Zukunftsworkshop zur Auen- und Fließgewässerentwicklung (BfN 2019) wurde festgestellt, dass eine stärkere Integration ökologischer Belange in fachübergreifende Planungsansätze und Prozesse, zum Beispiel mithilfe ökologischer Leitbilder (welche die städtischen Eigenheiten und Nutzungsbedarfe für Freizeit und Erholung berücksichtigen) bzw. urbaner Leitbilder (welche die biologische Vielfalt und die ökologischen Funktionen berücksichtigen), notwendig ist, um die Multifunktionalität urbaner Gewässer zu verbessern. Obwohl der Austausch zwischen den verschiedenen Fachdisziplinen in Planung und Forschung die Voraussetzung für die Erarbeitung gemeinsamer Zielvorstellungen ist, ist ein interdisziplinäres Vorgehen bei der Planung und Entwicklung von Gewässern derzeit nicht selbstverständlich. Das amphibische Erbe Hamburgs im Spannungsverhältnis von Ökologie, Erholung und Freizeit, Siedlungswasserwirtschaft und Hochwasserschutz sowie Stadt- und Wirtschaftsentwicklung in die Zukunft zu denken bedeutet, das Wasser als flüssigen Freiraum für alle, das heißt für Menschen wie auch für Tiere und Pflanzen, inmitten der gebauten Stadt neu zu erfinden (Meyhöfer 2021): Welche gestalteten Gewässerstrukturen erzeugen gleichermaßen einen ökologischen, sozialen, ökonomischen und ästhetischen Mehrwert im urbanen Raum?

Um Antworten auf diese Fragen zu finden, hat das Bundesamt für Naturschutz im Jahr 2022 gemeinsam mit der Freien und Hansestadt Hamburg sowie der Stiftung Lebensraum Elbe das Naturschutzgroßprojekt »Hamburg, deine Flussnatur« initiiert, welches sich mit einem Planungsraum von ca. 3.200 Hektar als erstes Vorhaben in Deutschland dem Thema der Aufwertung kanalisierter Gewässerkorridore im urbanen Raum gesamtstädtisch und umfassend widmet. Dabei wird neben den in der EU-Wasserrahmenrichtlinie formulierten Zielen des guten ökologischen und chemischen Potenzials die zusätzliche Zielebene des Kultur- und Nutzungspotenzials der urbanen Gewässer eingeführt, und es werden geeignete Methoden und Werkzeuge für die ökologische und kulturelle Aufwertung der Hamburger Gewässer entwickelt. Gleichzeitig werden seit 2023 von der Hamburger Behörde für Stadtentwicklung und Wohnen Eckpunkte für ein gesamtstädtisches räumliches Leitbild zur Entwicklung von Hamburgs Wasserlagen unter den Aspekten Sport, Freizeit, Natur und Erholung entwickelt, die in ein zu erarbeitendes neues gesamtstädtisches Leitbild einfließen sollen.

Gestaltete Wasserlandschaften müssen essenzielle Beiträge zum Erhalt der Biodiversität und zur Anpassung an den Klimawandel leisten und eine Vielzahl von Ökosystemdienstleistungen für die Stadtbevölkerung bereitstellen: ökologisch wertvolle Biotope, kühlende und nutzbare Wasserkörper zum Erfrischen, Schwimmen und Paddeln, bewegungsfördernde und ökologische Mobilitäts- und Erholungsräume und nicht zuletzt auch wassergeprägte Kultur-, Wirtschafts- und Siedlungsräume – vor allem gleichzeitig, also multifunktional nutzbar, ökologisch aufgewertet und als Teil des Stadtkörpers in der Stadt verankert. Die aktuellen Projekte, Planungsprozesse und neuen Akteurskonstellationen können dazu beitragen, die mentalen, organisatorischen, regulatorischen und räumlichen Barrieren zu überwinden und die verschiedenen zivilgesellschaftlichen und fachspezifischen Erfahrungs- und Wissensfelder in einem kooperativen Planungsprozess zu integrieren: die Gestaltung urbaner Gewässer als Wiederentdeckung und Rekultivierung einer wichtigen urbanen Sozialform und als Ausdruck einer neuen kulturellen Haltung zu den Gewässern als flüssige Freiräume für alle.

Literatur

Bajc, K. (2024): Transformation der urbanen Gewässerkorridore zur blau-grünen Infrastruktur der Stadt. In: Kreutz, S.; Stokman, A. (Hrsg.): Transformation urbaner linearer Infrastrukturlandschaften. Wie Straßen und Gewässer zu attraktiven und klimaangepassten Stadträumen werden können. S. 249–282, oekom, [https://doi.org/10.14512/9783987263187].

Bundesamt für Naturschutz BfN (2019): Zukunftsworkshop »Alles im Fluss – Auen- und Fließgewässerentwicklung als Zukunftsaufgaben für die Ressortforschung«. Ergebnisdokumentation der Veranstaltung am 13. und 14. Juni 2019, [https://www.bfn.de/sites/default/files/2021-05/Dokumentation_ZWS_2019.pdf].

Freie und Hansestadt Hamburg (2006): Beseitigung von kommunalem Abwasser in Hamburg: Lagebericht 2005/2006, [https://www.hamburg.de/contentblob/135072/47bcca2cae6feba7a37badca9fd1d381/data/lagebericht-2006.pdf], angerufen am 15. 11. 2023.

Freie und Hansestadt Hamburg (2023): Lagebericht Hamburg 2022: Beseitigung von kommunalem Abwasser, [https://www.hamburg.de/contentblob/17242764/5b6ac84994 5e5242eb2159d6f1f4c8c2/data/lagebericht-2022.pdf].

Gerkan, Marg von, und Partner (1973): Städtebauliches Gutachten Hamburg. Bauen am Wasser. Hamburg.

Hamburger und Germania Ruder Club e. V. (o. J.): Tradition & Historie, [https://der-club.de/der-club-2/historie-tradition].

Hanselmann, U. (2019): Probeläufe entlang der Perlenkette. In: Frankfurter Rundschau, 04. 02. 2019, [https://www.fr.de/kultur/probelaeufe-entlang-perlenkette-11731909.html].

Hipp, H. (2004): Amphibisches Hamburg. In: Werk, Bauen + Wohnen 91/2004, S. 6–15.

Linde, R. (1906): Die Niederelbe. Verlag von Velhagen & Klasing, Bielefeld und Leipzig.

Marg, V. (1972): Das Kunstwerk Hamburg darf nicht zerstört werden. In: Die Welt, Nr. 89, 17.04.1972, S. 17.

Melhop, W. (1932): Die Alster. Paul Hartung Verlag, Hamburg.

Meyhöfer, D. (2020): Vom Nicht-Ort zur Marke: Hamburgs Hafencity. Stadtentwicklung als Branding. Dissertation an der HafenCity Universität Hamburg, 2020, [https://doi.org/10.34712/142.11].

Meyhöfer, D. (2021): Stadt im Strom. Wege zu einer nachhaltigen amphibischen Hamburger Stadtentwicklung. In: Hamburgische Architektenkammer (Hrsg.): Architektur in Hamburg. Jahrbuch 2021/2022. Junius Verlag, Hamburg, S. 184–193.

NDR (2014): Heimatkunde: Segeln und Rudern. 04.01.2014, [https://www.ndr.de/geschichte/hamj31595.html], angerufen am 15.11.2023.

NDR (2023): Kanäle in Hamburg. Mit Schiff und Kanu die Stadt entdecken, [https://www.ndr.de/ratgeber/reise/hamburg/Kanaele-in-Hamburg-Mit-Schiff-und-Kanu-die-Stadt-entdecken,kanaelehamburg100.html].

Schildt, A. (1996): »Duschen ist gut, das Beste ist das Schwimmen«. Zur Entwicklung des Badewesens in Hamburg vom ausgehenden 19. Jahrhundert bis zum Wiederaufbau nach dem Zweiten Weltkrieg. In: Machule, D. et al. (1996): Macht Stadt krank? Vom Umgang mit Gesundheit und Krankheit. Dölling und Galitz Verlag, Hamburg.

Statista 2021: Anzahl der Brücken in Städten Europas, [https://de.statista.com/statistik/daten/studie/719519/umfrage/europaeische-staedte-mit-den-meisten-bruecken/].

Zerbe, P. (1999): Siele werden für 300 Millionen Mark saniert. In: DIE WELT, [https://www.welt.de/print-welt/article579719/Siele-werden-fuer-300-Millionen-Mark-saniert.html].

Trittsteinhabitate zur ökologischen Aufwertung urbaner Gewässer

Christian Wolter, Rosanna Wiebe

1 Fließgewässer als lineare Strukturen

Wie linear ist ein Fließgewässer? In vielerlei Hinsicht kann ein Fließgewässer als lineare Struktur verstanden werden, ähnlich einer Straße, die visuell und räumlich verbindet. Bei der Betrachtung einzelner Aspekte weist die auf den ersten Blick lineare Gestalt jedoch strukturell relevante Lücken auf. Beispielsweise ist die Durchwanderbarkeit eines Fließgewässers für Fische auch ohne offensichtliche Hindernisse wie Dämme oder Wehre nicht gegeben, wenn dieses im Verlauf über längere Abschnitte keine geeigneten Habitate aufweist. In dem Fall wird die lineare Struktur zu einzelnen voneinander isolierten Fragmenten, denn im Gegensatz zu terrestrischen Organismen, die ihre Teillebensräume aus unterschiedlichen Richtungen und auf verschiedenen Wegen aufsuchen können, steht aquatischen Organismen nur der direkte Weg über das Fließgewässer offen. Da viele Fischarten darauf angewiesen sind, zur Vollendung ihres Lebenszyklus entlang von Flussläufen zu wandern, haben stark veränderte Fließgewässerabschnitte zur Folge, dass diese Arten dort letzten Endes verschwinden. Dieser Beitrag beschreibt, inwiefern urbanisierte Fließgewässerabschnitte die Linearität aufbrechen und wie mit vorhandenen und zusätzlichen Trittsteinen die lineare Verbindung wiederherzustellen ist.

2 Urbane Gewässer

Die menschliche Entwicklung und Besiedelungsgeschichte verliefen entlang großer Fließgewässer und Seen (Davison et al. 2006; Meier 2021), die Zugang zu Nahrung, Trink- und Brauchwasser boten und als Vorflut, Handels- und Transportweg sowie dem Schutz der Siedlung dienten. Aus den ersten festen Ansiedlungen entwickelten sich die Städte und Metropolen unserer Tage, in denen heute mehr als 55 Prozent der Weltbevölkerung leben (UN 2019). Gleichzeitig leben mehr als die Hälfte der Weltbevölkerung näher als drei Kilometer bis zum nächsten Binnengewässer und nur zehn Prozent weiter als zehn Kilometer davon entfernt (Kummu et al. 2011), was einen Eindruck von der Bevölkerungsdichte entlang urbaner Gewässer vermittelt.

Im urbanen Raum entwickelte sich mit der Bevölkerungszunahme ein immenser Nutzungsdruck auf die Gewässer und deren Umland. Weltweit wurden im Zuge der Gewinnung städtischer Siedlungsflächen Klein- und Nebengewässer kanalisiert, verrohrt oder zugeschüttet, große Gewässer wurden begradigt und die Ufer befestigt. Wachsende Urbanisierung transformierte die Flüsse, an denen Städte einst gegründet wurden, zu linearen Infrastrukturen, die diese nun als Achsen durchziehen. Hinzu kommen zahlreiche seit der Antike gegrabene Kanäle zur Versorgung der Städte mit Trink- und Brauchwasser sowie als Transportweg (Lin et al. 2020). Diese künstlichen Gewässer haben einen besonders gestreckten, linearen Verlauf und sind heute ebenfalls Teil städtischer Infrastrukturnetzwerke.

Industrieanlagen, aber auch Wohnbebauung und Nachverdichtung von Flächen rückten zunehmend dichter an die Gewässer zulasten der Uferzonen, welche aus Platzgründen sehr steil bis senkrecht gestaltet und befestigt wurden. Dieser weitgehend irreversible Verlust von Flachuferbereichen ist neben der hohen Flächenversiegelung städtischer Einzugsgebiete ein Hauptcharakteristikum urbaner Fließgewässer (Paul, Meyer 2001). Der hohe Versiegelungsgrad urbaner Einzugsgebiete verringert den Wasserrückhalt in der Landschaft und erhöht den Oberflächenabfluss, welcher sich bereits bei 10 bis 20 Prozent Flächenversiegelung verdoppelt (Arnold, Gibbons 1996). Die veränderten physikalischen Eigenschaften der begradigten, kanalisierten Gewässer führen auch zu Beeinträchtigungen der Abflussdynamik, Fließgeschwindigkeit, Sedimentationsprozesse und des Temperaturregimes (Paul, Meyer 2001). Obgleich urbane Gewässer zu den weltweit am stärksten beeinträchtigten Ökosystemen zählen, deren natürliche Strukturen und Prozesse irreversibel verändert wurden, haben sich fundamentale Fließgewässeraspekte erhalten, ein longitudinaler permanent aquatischer Lebensraum mit potenzieller Biotopverbundfunktion.

Während sich die ökologische Forschung in der Vergangenheit vor allem auf Defizitanalysen beschränkt und die Verluste an Lebensräumen, Arten und Biodiversität infolge der urbanen Nutzungen beschrieben hat, rücken seit den 1990er-Jahren urbane Gewässer als sozioökologische Systeme und neuartige Ökosysteme zunehmend in den Fokus der Forschung (Francis 2012 und 2014). Besonderen Aufschwung nahmen die Untersuchung und Revitalisierung urbaner Gewässer nach Inkrafttreten der Europäischen Wasserrahmenrichtlinie (Richtlinie 2000/60/EG, kurz WRRL) im Dezember 2000. Ziel der Richtlinie ist das Erreichen eines guten ökologischen Zustands aller Oberflächengewässer in den Mitgliedsstaaten, was künstliche und erheblich veränderte, darunter auch urbane Gewässer einschließt. Aufgrund anhaltender Nutzungen und damit verbundener irreversibler Veränderungen der Gewässer lässt die WRRL für künstliche und erheblich veränderte Gewässer geringere Umweltziele zu, das gute ökologische Potenzial. Als Bewertungsmaßstab für den ökologischen Zustand dienen die biologischen Qualitätskomponenten Phytoplankton, Makrophyten, Makrozoobenthos und Fische.

Das gute ökologische Potenzial, das heißt das Umweltziel der meisten urbanen Wasserstraßen, definiert sich über die Auswahl und Umsetzung aller Maßnahmen, die den ausgewiesenen Nutzungen nicht entgegenstehen und zumindest in Kombination eine ökologische Verbesserung erwarten lassen. Damit stellt sich nicht die Frage, ob urbane Gewässer ökologisch aufgewertet werden sollen, sondern wie.

Nachfolgend werden kurz die ökologischen Defizite urbaner Gewässer am Beispiel der Berliner Wasserstraßen umrissen, ihr fischökologisches Potenzial ermittelt und daraus zielführende ökologische Aufwertungsmaßnahmen für urbane Gewässer abgeleitet.

3 Ökologische Defizite urbaner Gewässer

Die stark vereinfachte, weitgehend homogene Gerinnestruktur urbaner Fließgewässer und das Fehlen produktiver Flachwasserbereiche haben deren Lebensraumvielfalt und -verfügbarkeit für aquatische Organismen drastisch reduziert. Infolgedessen sind urbane Gewässer durch relativ artenarme, von wenigen umwelttoleranten Arten dominierte Lebensgemeinschaften gekennzeichnet (Wolter 2008; Weber, Schomaker, Wolter 2011). Aufgrund steiler Uferböschungen, großer Tiefen, Trübung und schiffsinduzierter Wellen und Strömungen sind die Lebensbedingungen für Wasser- und Uferpflanzen in urbanen Fließgewässern besonders prekär (Francis, Hoggart 2009). Dementsprechend artenarm und in räumlich begrenzter Ausdehnung sind die Pflanzenbestände urbaner Gewässer (Francis, Hoggart 2009; Weber, Lautenbach, Wolter 2012). Damit fehlen Pflanzenbestände auch als wichtiges Siedlungssubstrat für wirbellose Organismen und als Laichsubstrat und Schutzstruktur für Fische.

Fische sind mobile Organismen, die im Laufe ihres Lebens regelmäßige Wanderungen durchführen, wie zum Beispiel saisonale Wechsel zwischen Sommer- und Wintereinständen oder Ausbreitungswanderungen. Ein bislang wenig betrachteter Effekt ist die Beobachtung, dass lange, monotone, lineare Wasserstraßeninfrastrukturen für Fische eine Ausbreitungsbarriere darstellen, auch wenn sie nicht durch Wehre und ähnliche Barrieren fragmentiert sind (Wolter, Vilcinskas 1998). Ganz offenbar bieten monotone Uferstrukturen und sehr geringe Fließgeschwindigkeiten insbesondere typischen Flussfischarten zu wenig Anreize, um längere Kanalstrecken zu durchwandern. In den im nordostdeutschen Tiefland untersuchten Kanälen breiteten sich beispielsweise Steinbeißer nicht weiter als 0,5 Kilometer aus, einzelne Hasel bis 5 Kilometer, Rapfen bis 10 Kilometer, Döbel bis 12 Kilometer, Gründlinge bis 13 Kilometer und Alande bis 15 Kilometer, wobei auch bei diesen Arten die typischen Wanderdistanzen selten 6 bis 8 Kilometer überstiegen (Wolter, Vilcinskas 1998).

Die wirbellose Bodentierfauna, das sogenannte Makrozoobenthos urbaner Fließgewässer, ist ebenfalls vergleichsweise artenarm und wird von nicht einheimischen Taxa dominiert (Weber, Garcia, Wolter 2017). Hauptursache ist der Anteil versiegelter Fläche, wobei bereits ein relativ geringer Versiegelungsgrad von 10 bis 20 Prozent zu messbaren Schäden der Makrozoobenthos-Lebensgemeinschaft führt (Review in Paul, Meyer 2001; Kail, Wolter 2013). Zum Vergleich: Typische Bebauungspläne gestatten 25 Prozent Versiegelung in Einfamilienhaussiedlungen und noch höhere Anteile in städtischen Wohnquartieren.

Interessanterweise zitieren Paul und Meyer (2001) aus einem Bericht von Yoder et al. (1999) für Fische relativ ähnliche Anteile versiegelter Fläche als Urbanisierungseinfluss: Bereits bei 5 Prozent urbaner Landnutzung verschwinden sensitive Fischarten, bei 5 bis 15 Prozent führen die damit verbundenen Habitatbeeinträchtigungen zum Verschwinden bestimmter Ernährungstypen, wie zum Beispiel benthivorer (Bodentiere fressender) Arten, bei mehr als 15 Prozent versiegelter Fläche führen Toxizität und organische Verschmutzung infolge des Oberflächenabflusses zu erheblicher Degradation der Fischgemeinschaft (Yoder et al. 1999, zitiert in Paul, Meyer 2001). Im Gegensatz dazu fanden Kail und Wolter (2013) einen stärkeren negativen Einfluss der fehlenden Uferstrukturen, das heißt der strukturellen Degradation auf die Fischfauna.

Generell stimmen die Studien darin überein, dass infolge von Urbanisierung die Fischartendiversität abnimmt und die Häufigkeit umwelttoleranter, anpassungsfähiger Arten, darunter regional auch nicht einheimischer Arten, zunimmt (Wolter 2008). In Städten des zentraleuropäischen Flachlands dominieren zwei Arten die Fischgemeinschaften urbaner Fließgewässer: die umwelttolerante Plötze, die auch als Eutrophierungsanzeiger unter den Fischen gilt (Oberdorff, Hughes 1992), und der Barsch. Barsche leben nach dem Schlupf die ersten Monate im Freiwasser und gehören damit zu den wenigen einheimischen Fischarten, deren frühe Jungfischstadien nicht auf Flachuferbereiche angewiesen und damit auch nicht von deren Verlust oder Degradierung betroffen sind. Deshalb nimmt der Barsch gerade in stark degradierten Gewässern gegenüber anderen Fischarten relativ zu, weshalb er auch als Indikator für strukturelle Degradation gilt (Wolter, Vilcinskas 1997). Typische Fischgemeinschaften urbaner Fließgewässer sind artenärmer als die vergleichbarer Gewässerabschnitte im Umland, wobei nur insgesamt zwei bis vier Arten häufiger bis dominierend sind und die meisten Arten selten (Wolter 2008; Weber, Schomaker, Wolter 2011).

Zusammenfassend lassen sich einige wenige grundlegende Effekte der Urbanisierung auf aquatische Lebensgemeinschaften in urbanen Gewässern aufzeigen. Über alle taxonomischen Gruppen führen sie zum Verlust spezialisierter Arten, zur Verminderung von Artenzahl und Artendiversität sowie zur Zunahme toleranter Arten und Taxa und nicht einheimischer Arten. Besonders hervorzuheben ist, dass bereits geringe Anteile urbaner Landnutzung den ökologischen Zustand bestimmter Taxa im gesamten Einzugsgebiet beeinträchtigen können, durch Effekte der Flächenversiegelung und verminderte Durchwanderbarkeit. Allein aus den zu erwartenden übergeordneten Effekten für das gesamte Einzugsgebiet lässt sich die Notwendigkeit der ökologischen Aufwertung urbaner, linearer Gewässerinfrastrukturen ableiten.

4 Das ökologische Potenzial Berliner Wasserstraßen

4.1 Untersuchungsgebiet und Zielstellung

Die Gewässerlandschaft Berlins ist in die Norddeutsche Tiefebene eingebettet und wird durch die Flüsse Spree und Havel geprägt, die zusammen mit ihren seenartigen Erweiterungen annähernd zwei Drittel der insgesamt 5.952 Hektar (6,67 Prozent der Stadtfläche) umfassenden Berliner Gewässerfläche bilden. Dahme und Spree fließen von Südosten in das Berliner Urstromtal und durchfließen das Stadtgebiet von Ost nach West auf einer Länge von 16,4 Kilometern bzw. 45,1 Kilometern. Die Havel tritt von Norden in das Berliner Urstromtal ein und durchfließt es von Nord nach Süd auf 27,1 Kilometer Länge. Parallel durchziehen insgesamt 80,1 Kilometer schiffbare Kanäle das Stadtgebiet, überwiegend in Ost-West-Richtung. Die Berliner Fließgewässer und Kanäle sind staureguliert mit mittleren Fließgeschwindigkeiten weniger als 0,1 Meter pro Sekunde (Senatsverwaltung für Stadtentwicklung 2004).

Der aquatische Lebensraum der urbanen Wasserstraßen Berlins wird hochgradig von künstlichen Uferbefestigungen geprägt, die der bedeutendste Einflussfaktor auf die Fischgemeinschaftsstruktur sind (Wolter 2008; Kail, Wolter 2013). Das ökologische Aufwertungspotenzial ist begrenzt, da eine naturraumtypische Strukturvielfalt nicht zu revitalisieren ist, ohne bestehende Nutzungen signifikant einzuschränken bzw. aufzugeben. Deshalb konzentrierte sich die Ermittlung des fischökologischen Potenzials auf die Nutzung der verbliebenen Strukturen durch Fische: Welche wirken sich positiv auf die Fischartenvielfalt aus, und welche Schlussfolgerungen ergeben sich daraus für Maßnahmen in urbanen Kanälen?

Im Rahmen einer im Folgenden kurz vorgestellten Studie von Weber, Schomaker und Wolter (2011) wurde die Fischbesiedlung der Berliner Kanäle erfasst, um fischökologisch bedeutsame Ersatzlebensräume und Habitatstrukturen zu identifizieren, die sich als Vorbild für effiziente Restaurierungsmaßnahmen eignen, und darüber hinaus das mögliche fischfaunistische Entwicklungspotenzial urbaner Kanäle zu charakterisieren.

4.2 Datenerhebung

In den Jahren 2008 und 2009 wurden jeweils im Herbst in den Berliner Kanälen insgesamt 50 Probestrecken zum Teil mehrfach befischt. Eine Übersicht zur Lage der Probestrecken gibt Abbildung 1. Die Probenahmen erfolgten mittels Elektrobefischung, der Standardmethode für das Fischmonitoring in Fließgewässern. Die Befischungen erfolgten entlang der Kanalufer, jeweils tagsüber, vom Boot aus in einem Durchgang. In der Regel wurden je Probestrecke 500 Meter Uferlänge befischt. Hatten spezifische Habitatstrukturen eine geringere Länge, wie zum Beispiel kurze unbefestigte Uferabschnitte, Ausbuchtungen oder Sonderstrukturen, dann wurden diese vollständig befischt und die Länge im Anschluss mit einem Laserentfernungsmesser gemessen. Die Gesamtlänge der befischten Probestrecken entsprach 10 bis 42 Prozent der jeweiligen Kanallänge. Um den unterschiedlichen Befischungsstrecken Rechnung zu tragen, wurden die Fänge vor der Auswertung entsprechend der befischten Länge standardisiert und Einheitsfänge als Fische pro 100 Meter Uferlänge gebildet.

Diese standardisierten Einheitsfänge dienten der Ermittlung weiterer Populationsparameter, wie Artendiversität oder Gildenzusammensetzung (Tabelle 1). Dargestellt werden hier nur zwei ökologische Gilden, die in unmittelbarem Bezug zur Hydromorphologie und zum Fließgewässerlebensraum stehen: Strömungspräferenz und Laichsubstratpräferenz. In Bezug auf ihre Strömungspräferenz werden bei Fischen drei große Gruppen unterschieden: rheophil, das heißt Fließgewässer/Strömung bevorzugend, limnophil oder Stillwasser bevorzugend und eurytop oder indifferent für Arten, die Still- und Fließgewässer gleichermaßen nutzen. Indifferente Arten sind in Bezug auf die Strömung am anspruchslosesten und in urbanen Gewässern dementsprechend häufig. Bei der Wahl des Laichsubstrats werden insgesamt mehr als 20 Typen unterschieden, die aber nicht alle in Europa vorkommen und auch nicht alle einen direkten Bezug zur Gewässerstruktur haben. Ein Laichertyp mit sehr ausgeprägtem Strukturbezug sind lithophile Arten. Das sind Kieslaicher mit am Boden und im Kieslücken-

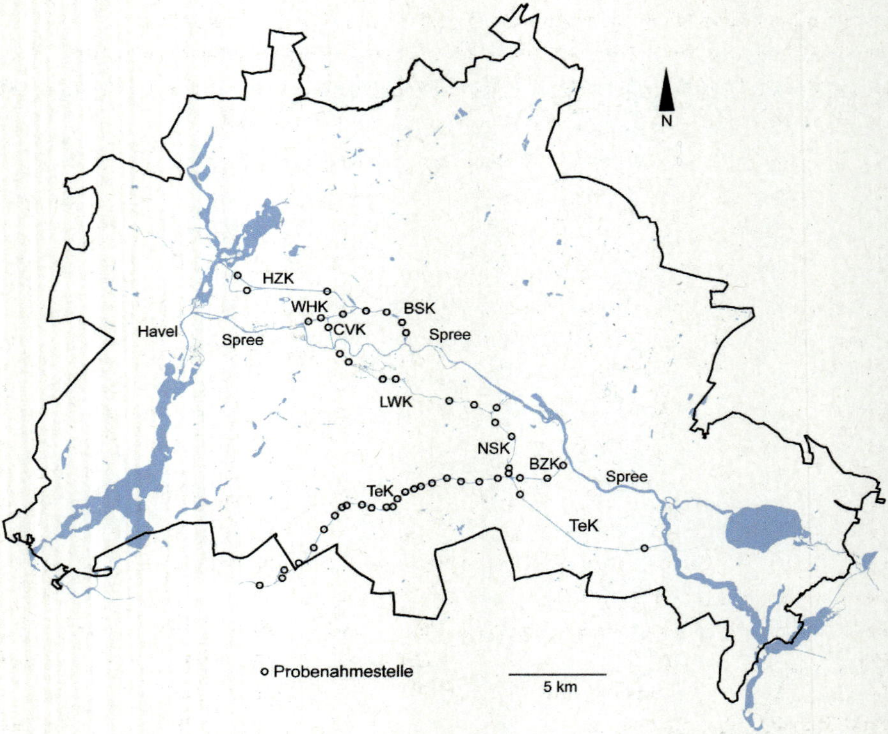

Abbildung 1: Berliner Wasserstraßennetz mit Lage der Probenahmestellen. BSK= Berlin-Spandauer Schifffahrtskanal, BZK= Britzer Zweigkanal, CVK= Charlottenburger Verbindungskanal, HZK= Hohenzollernkanal, LWK= Landwehrkanal, NSK= Neuköllner Schifffahrtskanal, TeK= Teltowkanal, WHK= Westhafenkanal. *Quelle: eigene Darstellung, verändert nach Weber, Schomaker, Wolter 2011.*

system lebenden Larven. Sie sind die anspruchsvollste Gruppe in Bezug auf Gewässerstrukturen, weil ihre erfolgreiche Reproduktion von gut durchströmten und mit Sauerstoff versorgten Kiesbänken abhängt, wie sie als Ergebnis funktionierender hydromorphologischer Prozesse entstehen. Nächst sensitiv sind psammophile Fische, auf Sand laichende Arten mit am Boden lebenden Larven. Phytophile Arten sind obligate Pflanzenlaicher, die ihren Laich an Wasserpflanzen heften. Viele limnophile, das heißt Stillwasser bevorzugende Arten sind Pflanzenlaicher. Die anpassungsfähigste Gruppe in Bezug auf das Laichsubstrat

Tabelle 1: Gesamtfang und ausgewählte Populationsparameter der Fischbestandserfassung in Berliner Kanälen. Kanalkürzel siehe Abbildung 1. Shannon H' = Artendiversität, CDI= Dominanzindex. *Quelle: eigene Darstellung, verändert nach Weber, Schomaker, Wolter 2011.*

Fischart	BSK	BZK	CVK	HZK	LWK	NSK	TeK	WHK	Gesamt
Probestellen befischte Länge (m)	6 950	3 1.100	1 230	3 1.500	7 2.750	4 1.730	24 11.420	2 320	50 20.000
Aal	5	9	3	29	35	24	234	12	**351**
Aland	147	7	2	9	120	23	221	80	**609**
Barsch	288	229	303	1635	385	681	7557	89	**11167**
Blei	3	24		7	12	1	64		**111**
Giebel							24		**24**
Gründling				1		3	207		**211**
Güster	1	3			9		15		**28**
Hasel						2			**2**
Hecht	9			13	1	1	17	1	**42**
Karpfen							1		**1**
Kaulbarsch		2		5	15	1	25		**48**
Moderlieschen					1				**1**
Plötze	3.625	1.781		3.298	12.514	1.271	18.012	140	**40.650**
Quappe							2		**2**
Rapfen	18	29		5	36	20	107	7	**222**
Rotfeder	8			6		35	437		**486**
Schleie				3		2	37		**42**
Dreistachl. Stichling	91						491		**582**
Ukelei				213	4	54	138		**409**
Zander	1	7	1			4	27		**40**
Individuenzahl	4.196	2.091	318	5.224	13.132	2.122	27.617	329	**55.029**
Artenzahl	11	9	5	12	11	14	18	6	**20**
Individuen pro 100 m	441,8	190,1	138,2	348,3	477,7	122,7	241,9	102,8	**275,2**
Shannon H'	0,58	0,57	0,24	0,88	0,25	1,03	0,99	1,28	**0,85**
Eveness	0,05	0,06	0,05	0,07	0,02	0,07	0,05	0,21	**0,04**
CDI	0,93	0,96	0,98	0,94	0,98	0,92	0,93	0,70	**0,94**
Eurytop (%)	95,88	98,28	99,37	99,54	98,80	96,00	96,34	73,56	**97,14**
Rheophil (%)	3,93	1,72	0,63	0,29	1,19	2,26	1,94	26,44	**1,90**
Limnophil (%)	0,19	0	0	0,17	0,01	1,74	1,58	0	**0,96**
Phytophil (%)	2,57	0	0	0,42	0,02	1,79	3,42	0,30	**2,10**
Phyto-lithophil (%)	96,88	98,18	99,06	98,91	99,44	95,90	94,45	93,92	**96,47**
Psammophil (%)	0	0	0	0,02	0	0,14	0,75	0	**0,38**
Lithophil (%)	0,43	1,39	0	0,10	0,27	1,04	0,39	2,13	**0,41**

sind die phyto-lithophilen Fische. Diese bevorzugen Pflanzen zur Eiablage, können aber auch auf jedes beliebige Hartsubstrat ausweichen. In strukturarmen Gewässern dominieren typischerweise phyto-lithophile Fische.

Als Maß für die Fischartendiversität wurde der allgemein gebräuchliche Shannon-Index gewählt, welcher mit der Anzahl der Arten und ihrer Gleichverteilung zunimmt. Er ist maximal, wenn alle Arten einer Stichprobe exakt gleich häufig sind. Deshalb muss er mit der Evenness zusammen verwendet werden, welche den prozentualen Anteil des Shannon-Wertes am maximal möglichen Diversitätsindex bei gegebener Artenzahl beschreibt. Als drittes Diversitätsmaß wurde der Dominanzindex CDI (Community Dominance Index) berechnet, als Anteil der beiden häufigsten Fischarten in einer Stichprobe. Ein hoher CDI gilt als Abwertungskriterium, da die Dominanz sehr weniger Arten innerhalb einer Artengemeinschaft auf Extrembedingungen bzw. Degradationen hindeutet. Für weitere Details der Befischungen und der statistischen Datenauswertung sei auf die Originalarbeit verwiesen (Weber, Schomaker, Wolter 2011).

Die Beurteilung der fischökologisch relevanten Uferstrukturen erfolgte visuell unmittelbar im Anschluss an die jeweilige Befischung. Unterschieden wurden neben dem Kanalprofil (Rechteck, Trapez, kombiniertes Rechteck-Trapez-Profil, Aufweitungen) die Art der Uferbefestigung (Spundwand, Wasserbausteine, unbefestigt/verfallenes Deckwerk, Sonderstruktur) und für Fische relevante Strukturelemente (überhängende Büsche und Bäume, aquatische Vegetation, Holz). Als Sonderstruktur wurden gezielt angelegte wellenschlagberuhigte Flachwasserbereiche erfasst. Dabei handelt es sich um kleinräumige Kanalabschnitte, in denen fünf bis zehn Meter vor der eigentlichen Uferböschung eine zweite Stahlspundwand als Wellenbrecher gerammt wurde. Dahinter befinden sich etwa 0,5 Meter tiefe Flachwasserbereiche, die durch für Fische und andere aquatische Organismen passierbare Unterwasseröffnungen mit dem Kanalwasserkörper im Austausch stehen. Diese alternativen Ufersicherungen formen hydrodynamisch beruhigte, vor Wellenschlag geschützte Flachwasserbereiche, welche Wasserpflanzen geeignete Besiedlungsflächen, Fischen Brutaufwuchsgebiete und wirbellosen Bodentieren strömungsberuhigten Lebensraum und Siedlungssubstrat bieten (Weber, Lautenbach, Wolter 2012; Weber, Garcia, Wolter 2017; Weber, Wolter 2017).

4.3 Ergebnisse

Bei den 2008/09 insgesamt durchgeführten 63 Befischungen wurden 55.029 Fische gefangen, die 20 einheimische Fischarten repräsentierten. Mehr als 94 Prozent des Gesamtfanges bildeten allerdings nur zwei Arten: Plötze (73,9 Prozent) und Barsch (20,3 Prozent). Daneben wiesen nur noch zwei Arten Individuenanteile von mehr als einem Prozent des Gesamtfanges auf: Aland (1,11 Prozent) und Dreistachliger Stichling (1,06 Prozent). Die übrigen 16 nachgewiesenen Arten waren selten.

Zwischen den Kanälen variierte die Anzahl nachgewiesener Fischarten zwischen fünf im Charlottenburger Verbindungskanal und 18 im Teltowkanal, wobei auch in den einzelnen Kanälen jeweils Plötze und Barsch mit mehr als 90 Prozent aller gefangenen Fische dominierten. Lediglich im eher fisch- und artenarmen Westhafenkanal stellten Plötze und Barsch nur 70 Prozent der insgesamt dort gefangenen 329 Fische (Tabelle 1).

Die Fischgemeinschaft der Berliner Wasserstraßen wurde in höchstem Maße von sehr anpassungsfähigen, umwelttoleranten Fischarten dominiert, was die hohen Anteile eurytoper Fische und generalistischer Laicher (phyto-lithophil) mit 97,1 bzw. 96,5 Prozent aller gefangenen Fische unterstreichen. Dementsprechend hoch war auch der Dominanzindex in den untersuchten Kanälen, das heißt der Anteil der beiden häufigsten Arten an der gesamten Fischgemeinschaft. Die Dominanz weniger Arten führt auch dazu, dass der Diversitätsindex (Shannon H') in allen Kanälen sehr gering ist und die Evenness nur in einem einzigen Fall 21 Prozent erreicht, das heißt rund ein Fünftel der möglichen Artendiversität, und ansonsten deutlich unter 10 Prozent liegt (Tabelle 1).

Bezogen auf die verschiedenen Uferstrukturen, fiel auf, dass Fischartenzahl und Artendiversität an den Strecken mit defekten Deckwerken (unbefestigte Uferabschnitte) signifikant am höchsten war. Die Sonderstrukturen wiesen zusammen mit den Abschnitten überhängender Vegetation und defekter Deckwerke die höchsten Fischdichten auf, allerdings waren hier Fischartenzahl und Artendiversität eher gering. Beides deutet darauf hin, dass diese Strukturen nur ausgewählte Arten besonders fördern. Erwartungsgemäß am geringsten waren Fischartenzahl und Fischdichte an den Spundwänden.

Übereinstimmend mit den Ergebnissen früherer Untersuchungen wurden seltenere Fischarten nahezu ausschließlich an den besonderen, kaum vorhandenen Uferstrukturen festgestellt, die strukturell von den monotonen, strukturarmen Standarduferprofilen abwichen, wie zum Beispiel Naturufer, verfallene oder stark durchwachsene Deckwerke und Einmündungen von Nebengewässern. An diesen Uferstrukturen wurde auch allgemein eine höhere Fischdichte, Fischartenzahl und Artendiversität festgestellt (Wolter 2008; Weber, Schomaker, Wolter 2011), was darauf hindeutet, dass in künstlichen und erheblich veränderten Wasserstraßen bereits eine unterlassene Unterhaltung der Uferbefestigungen zu einer ökologischen Aufwertung führen kann.

5 Schlussfolgerungen für die ökologische Aufwertung linearer Gewässerinfrastrukturen

Der Begriff linearer Gewässerinfrastruktur wird hier bewusst verwendet, weil er ein Hauptergebnis der hier dargestellten und weiterer Studien zur Fischartenzusammensetzung urbaner Gewässer (Wolter 2008, 2010) illustriert: Je extremer und monotoner der jeweilige Gewässerabschnitt war, desto auffälliger wurden selbst kleine strukturelle Unregelmäßigkeiten im Hinblick auf die lokale Fischartenzusammensetzung. Seltene Arten wurden fast ausschließlich an solchen strukturellen Auffälligkeiten nachgewiesen, wenn auch nur in wenigen Exemplaren. Allerdings belegt die Stetigkeit der Nachweise selbst einzelner Individuen, dass die Struktur genutzt wird, für die jeweilige Art relevant ist und das Gewässer zumindest regelmäßig aufgesucht wird.

Neben der Erkenntnis, dass selbst relativ kleinräumige Strukturelemente von verschiedenen Fischarten genutzt werden und einen messbaren Einfluss auf die Fischverteilung haben, zeigen die Ergebnisse aber auch, dass prinzipiell nur Arten profitieren können, die sich unter den stark beeinträchtigten Lebensraumbedingungen urbaner Fließgewässer fortpflanzen. Das sind vor allem anspruchslose und umwelttolerante Arten. Wenn es keine Möglichkeiten gibt, ausgedehnte funktionale Einheiten von Laich- und Brutaufwuchsgebieten für anspruchsvollere Arten zu schaffen, was allein aus Platzgründen entlang urbaner Wasserstraßen meistens ausgeschlossen ist, wird jede ökologische Aufwertung vor allem ubiquitäre, umwelttolerante Arten bedienen. Bei der Ableitung fischfaunistischer Ziele im Sinne des guten ökologischen Potenzials gemäß WRRL sollten deshalb weniger historische Referenzen betrachtet werden, sondern vielmehr gegebene Entwicklungsmöglichkeiten im neuartigen Lebensraum des urbanen Gewässers (Francis 2014).

Der exklusive Nachweis seltener Arten und höherer Artendiversität an strukturellen Besonderheiten und unbefestigten Uferabschnitten zeigt auch, dass Fische das Gewässer zumindest temporär nutzen und dabei diese speziellen Habitate gezielt aufsuchen. Letztere fungieren offensichtlich als Trittsteine entlang der Wasserstraßen.

Urbane Wasserstraßen sind nicht nur strukturell degradiert. Die monotonen, simplifizierten Kanalstrecken werden mit zunehmender Länge zu Wanderhindernissen für Fische und beeinträchtigen damit den Individuenaustausch zwischen und die Erreichbarkeit von potenziell besser geeigneten Flussabschnitten. Ein regelmäßiges Aufbrechen der monotonen Uferverläufe durch Trittsteinhabitate würde die Durchwanderbarkeit und damit den Biotopverbund fördern.

6 Trittsteine zur ökologischen Aufwertung

Lange und gerade, durch senkrechten Uferverbau besonders monotone Kanäle haben die höchste Barrierewirkung für die Ausbreitung von Fischen. Hier ist die Schaffung von Trittsteinhabitaten besonders wichtig, und gleichzeitig sind die Randbedingungen für die Ufergestaltung besonders restriktiv. Die intensive urbane Flächennutzung reicht hier oft bis unmittelbar an die Spundwandoberkante, Wasserwechselzonen oder Flachwasserbereiche fehlen. Es bleibt nur die Möglichkeit, unmittelbar vor der Spundwand Minimalhabitate zu gestalten, soweit es das aquatische Raumentwicklungspotenzial zulässt, das heißt der Bereich zwischen Spundwand und ausgewiesener Fahrrinne für die Schifffahrt.

Wie die Einzelbefischungen verschiedener Gewässerstrukturen im urbanen Raum zeigten, bieten bereits einfachste Horizontalstrukturen aus Holz oder Metall Sichtschutz und Unterstandfunktion für Fische (Abbildung 2A). Die Unterstände sollten mindestens 10 bis 20 Quadratmeter Fläche haben, das heißt, je schmaler sie nur gestaltet werden können, desto länger sollten sie sein. Sofern

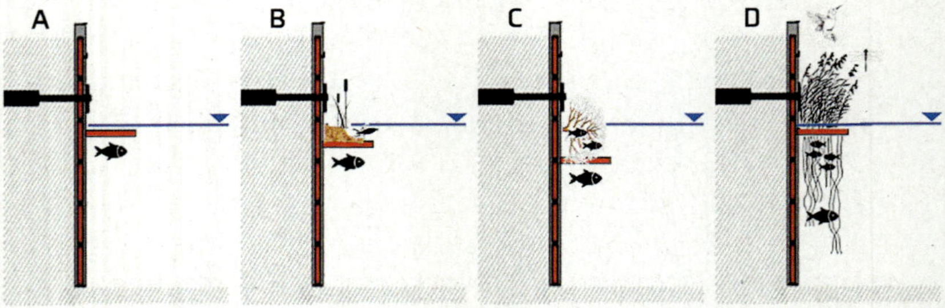

Abbildung 2: Gestaltungsvarianten von Minimalhabitaten an Spundwänden von Kanälen: A) einfacher Unterstand, B) mit Sediment zur spontanen Besiedlung, C) mit Totholzstruktur und D) mit Röhrichtbepflanzung und Unterwasserwurzelstruktur. *Quelle: Christian Wolter.*

die Wellenschlagbelastung es zulässt, können die Unterstände mit Sedimenten für eine Spontanbesiedlung durch Pflanzen und Makrozoobenthos versehen werden. So entsteht eine minimale Ersatz-Wasserwechselzone, und die Unterstandsfunktion für Fische bleibt erhalten (Abbildung 2B).

Komplexere Strukturen können auch durch Totholz, zum Beispiel Baumkronen- und Strauchschnitt, gestaltet werden (Abbildung 2C). Diese sind widerstandsfähiger gegenüber Wellenschlag und bieten zusätzliches Siedlungssubstrat für Aufwuchsalgen und Wirbellose. Letztlich lassen sich mit etwas aufwendiger gestalteten Vorsatzelementen auch unter höherer Wellenschlagbelastung durch Pflanzen besiedelbare Substrate anbieten, die dann schmale Vegetationsstreifen vor der Spundwand bilden (Abbildung 2D). Die Wurzeln bieten zusätzliche Unterwasserstrukturen für Fische.

Hier nicht dargestellt sind verschiedene weitere Gestaltungs- und Kombinationsmöglichkeiten. So können horizontal entlang des Spundwandufers bepflanzte Trittsteinstrukturen mit Totholz und unbepflanzten Substraten verschiedener Körnung im Wechsel angeboten werden, die dann insgesamt eine höhere Strukturvielfalt bieten und weitere Artengruppen ansprechen. Vertikal können bereits beim Einbau Unterwasserstrukturen gestaltet werden, die dann unmittelbar wirksam werden und so beispielsweise die Zeit bis zur Ausprägung von Unterwasserwurzeln verkürzen. Bei Pflanzmodulen kann auch die Höhe über der Wasseroberfläche variiert werden, zum Beispiel durch unterschiedlich hohe Zielvegetation.

Ganz allgemein gilt, je größer und vielfältiger die Trittsteinhabitate gestaltet werden, desto wirkungsvoller sind sie. Je weiter sie in die Wasserstraße reichen, desto größer werden die Gestaltungsmöglichkeiten der Uferstrukturen, und desto wirkungsvoller ist auch ihre Funktion als Fischunterstand. Aber selbst größere Bepflanzungsmodule können keine Flachwasserzonen und die für Fische wichtige funktionale Konnektivität zwischen Teillebensräumen wie Laich- und Brutaufwuchshabitat ersetzen. Es sind sogenannte leitbildkonforme Ersatzstrukturen, die natürlichen Uferstrukturen nachempfunden sind, aber nur Teilfunktionen eines Naturufers ersetzen. In erster Linie bieten sie Schutzstruktur und Unterstände, gelegentlich auch Nahrungsressourcen und in geringem Maße Brut- und Jungfischhabitate. Sie werden deshalb als attraktive Trittsteine für mehr und seltene Arten inmitten homogener urbaner Wasserstraßen auch nur eine geringe bestandsverändernde (Zu- oder Abnahme bestimmter Arten) Wirkung haben, sondern vielmehr die Fischverteilung beeinflussen.

Zur Förderung der Durchwanderbarkeit urbaner Gewässer und zur Vernetzung/Schaffung des Biotopverbundes zwischen Teillebensräumen für Fische sind attraktive Strukturen und Trittsteine in regelmäßigen Abständen erforderlich. Nach gegenwärtigem Kenntnisstand sollte die Distanz zwischen zwei Trittsteinen drei bis fünf Kilometer nicht übersteigen (Wolter, Vilcinskas 1998), wobei davon auszugehen ist, dass bei großen Trittsteinen die Entfernung zwischen diesen eher größer sein kann und bei sehr kleinen Strukturen eher geringer.

7 »Vertical Wetlands«

Eine Förderung im Berliner Programm für Nachhaltige Entwicklung (BENE) aus Mitteln des Europäischen Fonds für Regionale Entwicklung und des Landes Berlin (Förderkennzeichen 1341-B5-O) ermöglichte es, im Rahmen des Vorhabens »Vertical Wetlands – Begrünte Spundwände als ökologische Potenzialflächen an innerstädtischen Wasserwegen« eine Spundwandbegrünung in Anlehnung an die Gestaltungsvariante in Abbildung 2D im Berlin-Spandauer Schifffahrtskanal probeweise umzusetzen. Die Pilotanlage besteht aus bepflanzten Modu-

Abbildung 3: **»Vertical Wetlands« Pilotanlage am Berlin-Spandauer Schifffahrtskanal in Berlin.** *Quelle: Rosanna Wiebe.*

len, welche auf Höhe der Wasseroberfläche an der Stahlspundwand installiert wurden (Abbildung 3). Der rund 40 Meter lange, etwa einen Meter breite Trittstein wurde im April 2023 fertiggestellt und wird im Rahmen des Projektes evaluiert.

Das Pilotprojekt soll Minimalhabitate im Sinne leitbildkonformer Ersatzstrukturen bieten und die Durchwanderbarkeit urbaner Kanäle fördern. Es ist der Röhrichtzone natürlicher Gewässer nachempfunden und überwiegend mit Schilf sowie einigen Weiden bepflanzt. Durch die Installation der Pflanzmodule an der Wasseroberfläche bieten sie eine minimale Wasserwechselzone, und das sandige Pflanzsubstrat kann sowohl von terrestrischen als auch von aquatischen Organismen genutzt werden. Mit zunehmender Durchwurzelung der Module wird erwartet, dass die Wurzeln in tiefere Wasserschichten wachsen und dort zusätzliche Strukturen für Fische und andere Organismen bieten (vgl. Abbildung 2D). Schilf und Wurzelsystem bieten nicht nur Fischen Trittsteinhabitate, sondern auch Wasservögeln, Insekten und semiaquatischen Säugetieren.

Erwartet werden positive Auswirkungen auf Fische und Wirbellose, aber auch auf wassergebundene Vögel und Säugetiere, die die vertikale Begrünung als ökologischen Trittstein im Biotopverbund bzw. als leitbildkonforme Ersatzstrukturen nutzen. Als Trittsteinstruktur hilft die Vertikalbegrünung wandernden Organismen, strukturarme, monotone Kanalabschnitte zu überwinden und so neue Gewässerabschnitte oder die oberhalb Berlins gelegenen Einzugsgebiete von Havel und Spree zu besiedeln.

Neben der ökologischen Aufwertung zielt das Projekt »Vertical Wetlands« speziell darauf ab, dass Temperaturregime innerstädtischer Kanäle positiv zu beeinflussen. Die senkrechten Uferwände nicht nur urbaner Kanäle bestehen vielerorts aus Stahlspundwand, deren korrodierte, braune Oberfläche Sonnenlicht absorbiert und die Wärme in das Gewässer ableitet. Stahl ist ein sehr guter Wärmeleiter, der sich bei Sonne auch schnell aufheizt und dann zur Gewässererwärmung beiträgt. Hohe Wassertemperaturen wiederum beeinflussen dessen Sauerstoffbindevermögen, welches mit zunehmender Temperatur abnimmt. Gleichzeitig steigen bei Fischen und anderen wechselwarmen Organismen mit der Temperatur auch Aktivität, Stoffwechsel und Atmung an, sodass der Sauerstoffbedarf genau dann am höchsten ist, wenn dessen Gehalt im Wasser abnimmt. Es entsteht Temperaturstress, der durch zusätzliche Wärmeeinleitungen und die prognostizierten Auswirkungen des Klimawandels verstärkt wird. Sauerstoffmangel ist auch die primäre Ursache, wenn nach sommerlichen Gewitterregen in innerstädtischen Gewässern lokale Fischsterben auftreten: Wenn bei hohen Temperaturen infolge von zum Beispiel Mischwasserüberläufen schlagartig große Mengen organischen Materials in ein Gewässer gelangen, dann wird dieses rasant mikrobiell abgebaut und dabei der ohnehin im Minimum vorhandene im Wasser gelöste Sauerstoff ebenso schnell verbraucht.

Deshalb ist es ein Ziel des Pilotprojektes, zusätzlichen Wärmeeintrag in das Gewässer durch Stahlspundwände zu verringern. Aus diesem Grund wurden hochwüchsige Röhrichtpflanzen und Weiden für die Module ausgewählt, um mit der Zielvegetation eine möglichst vollständige Beschattung der Stahlspundwände zu erzielen. Dadurch wird deren Absorption der Sonnenenergie und Wärmeableitung in das Gewässer verringert, mit erwartet positiven Effekten für dessen Temperatur- und Sauerstoffhaushalt. Darüber hinaus wird erwartet, dass begrünte Spundwände auch von der urbanen Bevölkerung als ästhetischer empfunden und positiv aufgenommen werden, sodass mit der Maßnahme weitere soziale Nutzen sowie Aufmerksamkeit und Akzeptanz generiert werden, ohne den wichtigen Aspekt der öffentlichen Wahrnehmung hier weiter zu vertiefen.

Nach Fertigstellung im April 2023 begannen umfangreiche Untersuchungen zur Evaluierung der Pilotmaßnahme, die aber noch nicht abgeschlossen sind, sodass an dieser Stelle nur ein kleines Zwischenfazit gegeben wird.

Gut drei Monate nach Fertigstellung hat sich das Substrat in den Pflanzmodulen so verdichtet, dass die Befüllung stabil ist. Probleme mit Wellenschlag traten nicht und Substratauswaschungen nur sehr gering an drei Modulen auf. Das Schilf wächst sehr gut und vermehrt sich vegetativ. Schäden durch Tierfraß wurden ebenfalls nicht beobachtet, sehr wohl aber die Nutzung durch ganz unterschiedliche Arten. So wurde mithilfe von Unterwasserkameras die Nutzung des Trittsteinbiotops als Fischunterstand dokumentiert, insbesondere durch Barsche. Ein Modul wurde sogar unterseitig belaicht, höchstwahrscheinlich ebenfalls von Barschen.

Die Überwasserstrukturen wurden bislang vorwiegend durch Käfer und Insekten, darunter die Blauflügelige Prachtlibelle, sowie einige Wasservogelarten genutzt. Neben einer versuchten Stockentenbrut nutzten Blessrallen die Struktur als Fraßplatz. Mit zunehmender Wuchshöhe und Halmdichte werden weitere Arten die Überwasserstrukturen nutzen.

Insgesamt bestätigen die seit ihrer Installation durchgeführten Beobachtungen die Erwartungen in das neu geschaffene Trittsteinhabitat – sowohl in Bezug auf Stabilität und Wartungsaufwand als auch im Hinblick auf die ökologische Aufwertung des urbanen Gewässers.

Literatur

Arnold, C. L.; Gibbons, C. J. (1996): Impervious Surface Coverage: The Emergence of a Key Environmental Indicator. Journal of the American Planning Association, Volume 62, Issue 2, S. 243–258, [https://doi.org/10.1080/01944369608975688].

Davison, K.; Dolukhanov, P.; Sarson, G. R.; Shukurov, A. (2006): The role of waterways in the spread of the Neolithic. Journal of Archaeological Science, Volume 33, Issue 5, S. 641–652, [https://doi.org/10.1016/j.jas.2005.09.017].

Francis, R. A. (2012): Positioning urban rivers within urban ecology. Urban Ecosystems, Volume 15, Issue 2, S. 285–291, [https://doi.org/10.1007/s11252-012-0227-6].

Francis, R. A. (2014): Urban rivers: novel ecosystems, new challenges. Wiley Interdisciplinary Reviews: Water, Volume 1, Issue 1, S. 19–29, [https://doi.org/10.1002/wat2.1007].

Francis, R. A.; Hoggart, S. P. (2009): Urban river wall habitat and vegetation: observations from the River Thames through central London. Urban Ecosystems, Volume 12, Issue 4, S. 465–485, [https://doi.org/10.1007/s11252-009-0096-9].

Kail, J.; Wolter, C. (2013): Pressures at larger spatial scales strongly influence the ecological status of heavily modified river water bodies in Germany. Science of The Total Environment, Volumes 454–455, S. 40–50, [http://dx.doi.org/10.1016/j.scitotenv.2013.02.096].

Kummu, M.; Moel, H. de; Ward, P. J.; Varis, O. (2011): How close do we live to water? A global analysis of population distance to freshwater bodies. PLoS ONE, Volume 6, Issue 6, e20578, 13 S., [https://doi.org/10.1371/journal.pone.0020578].

Lin, H.-Y.; Cooke, S. J.; Wolter, C.; Young, N.; Bennett, J. R. (2020): On the conservation value of historic canals for aquatic ecosystems. Biological Conservation, Volume 251, 108764, 33 S., [https://doi.org/10.1016/j.biocon.2020.108764].

Meier, M. (2021): Geschichte der Völkerwanderung. Europa, Asien und Afrika vom 3. bis zum 8. Jahrhundert n. Chr., 8. Aufl., C.H. Beck, München.

Oberdorff, T.; Hughes, R. M. (1992): Modification of an index of biotic integrity based on fish assemblages to characterize rivers of the Seine Basin, France. Hydrobiologia, Volume 228, Issue 2, S. 117–130, [https://doi.org/10.1007/bf00006200].

Paul, M. J.; Meyer, J. L. (2001): Streams in the Urban Landscape. Annual Review of Ecology and Systematics, Volume 32, Issue 1, S. 333–365, [https://doi.org/10.1146/annurev.ecolsys.32.081501.114040].

Senatsverwaltung für Stadtentwicklung (2004): Dokumentation der Umsetzung der EG-Wasserrahmenrichtlinie in Berlin (Länderbericht). Berlin, [https://nbn-resolving.de/urn:nbn:de:kobv:109-opus-71694].

UN (2019): United Nations, Department of Economic and Social Affairs, Population Division (2019). World Urbanization Prospects: The 2018 Revision (ST/ESA/SER.A/420). New York: United Nations.

Weber, A.; Wolter, C. (2016): Habitat rehabilitation for juvenile fish in urban waterways: A case study from Berlin, Germany. Journal of Applied Ichthyology, Volume 33, Issue 1, S. 136–143, [https://doi.org/10.1111/jai.13212].

Weber, A.; Garcia, X.-F.; Wolter, C. (2017): Habitat rehabilitation in urban waterways: the ecological potential of bank protection structures for benthic invertebrates. Urban Ecosystems, Volume 20, Issue 4, S. 759–773, [https://doi.org/10.1007/s11252-017-0647-4].

Weber, A.; Lautenbach, S.; Wolter, C. (2012): Improvement of aquatic vegetation in urban waterways using protected artificial shallows. Ecological Engineering, Volume 42, S. 160–167, [https://doi.org/10.1016/j.ecoleng.2012.01.007].

Weber, A.; Schomaker, C.; Wolter, C. (2011): Das fischökologische Potential urbaner Wasserstraßen. S. 235–249. In: Jähnig, S.; Hering, D.; Sommerhäuser, M. (Hrsg.): Fließgewässer-Renaturierung heute und morgen. Stuttgart: Schweitzerbart, Limnologie aktuell, Band 13.

Wolter, C. (2008): Towards a mechanistic understanding of urbanization's impacts on fish. S. 425–436. In: Marzluff, J.; Shulenberger, E.; Endlicher, W.; Alberti, M.; Bradley, G.; Ryan, C.; Simon, U.; ZumBrunnen, C. (eds.): Urban Ecology. An International Perspective on the Interaction Between Humans and Nature. Springer, New York.

Wolter, C. (2010): Functional vs scenic restoration – challenges to improve fish and fisheries in urban waters. Fisheries Management and Ecology, Volume 17, Issue 2, S. 176–185, [https://doi.org/10.1111/j.1365-2400.2009.00725.x].

Wolter, C.; Vilcinskas, A. (1997): Perch (Perca fluviatilis) as an indicator species for structural degradation in regulated rivers and canals in the lowlands of Germany. Ecology of Freshwater Fish, Volume 6, Issue 3, S. 174–181, [https://doi.org/10.1111/j.1600-0633.1997.tb00160.x].

Wolter, C.; Vilcinskas, A. (1998): Effects of canalization on fish migrations in canals and regulated rivers. Polskie Archiwum Hydrobiologii, Volume 45, Issue 1, S. 91–101.

Danksagung

Die Fischerfassungen wurde anteilig durch das Fischereiamt Berlin aus Mitteln der Fischereiabgabe und vom Bundesministerium für Bildung und Forschung im Rahmen des IWRM.NET-Projektes FORECASTER (02WM1031) gefördert. Die konzeptionelle Entwicklung der Trittsteine entstand im Rahmen des von der Senatskanzlei Wissenschaft und Forschung, Berlin, geförderten interdisziplinären Forschungsverbunds »Urbane Gewässer«. Das Vorhaben »Vertical Wetlands – Begrünte Spundwände als ökologische Potenzialflächen an innerstädtischen Wasserwegen« (Projektlaufzeit: 04/21 bis 10/23) wird im Berliner Programm für Nachhaltige Entwicklung (BENE) gefördert aus Mitteln des Europäischen Fonds für Regionale Entwicklung und des Landes Berlin (Förderkennzeichen 1341-B5-O).

fluss.land

Ein Beispiel für die Rückeroberung von Flüssen und ihren Ufern

Ute Meyer, Andreas Krüger

Flüsse sind Leben – in Bewegung, verändern ihren Zustand, überschreiten Grenzen. Sie nähren, erhalten und zerstören, sind Lebensraum, Natur, Kultur und Infrastruktur. Flüsse beschreiben die großen Linien in einer Landschaft. Sie weisen den Weg, verbinden und trennen zugleich. Flüsse sind Territorien, Kraftfelder und mehr als nur eine Linie. Sie überschreiten Grenzen, sie verraten Grenzen, sind Ströme, versteckte Ströme, Feuchtigkeit. Flüsse sind transitorisch, sie verkörpern die Gegenwart und die Zukunft, sind Anfang und Ende. Ihre Ufer sind Ankunftszonen oder Rückseiten, sie bieten Anlandepunkte und Brückenköpfe auf die andere Seite.

1 Einführung

Innerhalb der Region Stuttgart ist der Neckar geprägt von seiner Aufgabe als Bundeswasserstraße. Angrenzende graue Infrastrukturen – Eisenbahn und Bundesstraßen –, der Hafen und Gewerbeflächen addieren sich zu einer breiten Zäsur im Gefüge einer polyzentrischen Siedlungsstruktur. Die Stadtteile und Quartiere an den Ufern sind weder auf den Fluss noch über ihn hinweg bezogen, Landschaftsräume sind fragmentiert. Das Projekt fluss.land stellt die Frage, wie die Teilräume am Neckar kurz- und mittelfristig wieder so in Wert gesetzt werden können, dass sie die Zugänglichkeit der Landschaftsräume entlang des Gewässers für viele langfristig sichern und eine produktiv-inklusive Entwicklung angrenzender Stadtquartiere unterstützen.

fluss.land wird seit 2022 in Kooperation von urbanes.land und Belius mit der Wüstenrot Stiftung und dem Anspruch durchgeführt, den Fluss in seiner Bedeutung als blaue Infrastruktur neu und ganzheitlich zu lesen. Die eindimensionale

Abbildung 1: **Der Neckar in der Region Stuttgart: ein urban geprägtes Gewässer.**
Quelle: urbanes.land gGmbH.

Definition als funktionale Wasserstraße prägt gegenwärtige Nutzungen und Verwaltungsvorgänge ebenso wie künftige Planungen und die öffentliche Wahrnehmung. Gleichzeitig werden aus der Zivilgesellschaft Stimmen lauter, den Fluss als Freizeit- und Naherholungsraum besser zu erschließen oder zu renaturieren. Am Beginn von fluss.land steht die Beobachtung, dass keine dieser unterschiedlichen Perspektiven allein den Zukunftspotenzialen des Neckars gerecht werden kann. Isoliert verpassen sie, den Fluss als Rückgrat in einem dynamischen urbanen Entwicklungsraum zu verstehen, ihn als wesentliches Element einer Adaptionsstrategie im Klimawandel zu nutzen und schließlich als möglichen Anker einer vorausschauenden sozialgeografischen Integrationspolitik zur Geltung zu bringen. fluss.land hat zum Ziel, im doppelten Sinn einen neuen Zugang zum

Fluss zu schaffen: im intellektuellen Erkennen von Möglichkeiten wie praktisch im realen Öffnen als Lebensraum. Ziel des Projektes ist die Vorbereitung von neuen Planungs- und Gestaltungsstrategien für eine sozioökologisch-technisch basierte Transformation eines urban geprägten Flusses in einer vielfältig produktiven und naturräumlich herausgeforderten Landschaft.

2 Methoden

Die Vorgehensweise verbindet unterschiedliche Analyse- und Interventionsmethoden.

Inventur: Über den gesamten Projektverlauf wird Bestand aufgenommen. Zu Projektbeginn wird ein grobes Bild gezeichnet, das sich im dreijährigen Verlauf verfeinert, ergänzt, diversifiziert und korrigiert. Unter Anwendung von Geoinformationssystemsoftware, Onlinerecherche, ausgewählter Literatur und Vor-Ort-Begehungen werden Hypothesekarten erstellt. Aus ihnen lassen sich evidenzbasiert strategische Entwicklungspotenziale ableiten. Ein Fokus der Arbeit liegt auf den Themen Arbeit, Produktion und Migration. Ergänzt wird das Bild durch sozial-infrastrukturelle Kartierung auf Basis von Spaziergangs- und Feldforschung vor Ort, teilnehmender Beobachtung und Stakeholderanalysen.

Mobile Forschung: Begleitet wird die kontinuierliche Analyse durch punktuelle Aktion und Intervention. Hier werden temporär Orte am Fluss verwandelt und umgedeutet. Ziel ist, Anreize zu einem Perspektivwechsel zu setzen: Was können Begriffe wie Lebensraum, Gemeinschaft, Selbstwirksamkeit in den diversen Stadtlandschaftsrealitäten entlang des Flusses bedeuten? fluss.land lädt gezielt Akteure am Fluss ein oder findet Kompliz:innen über die Aktion und bindet sie ein. Parallel bespielt das Projekt Niemandsorte, um soziale Prozesse zu verstehen und zu stärken. Die Aktionen finden in unregelmäßigen Abständen über den gesamten Projektverlauf statt und verknüpfen das Projekt mit anderen Initiativen, unter anderem dem Projekt regionaler Landschaftspark des Verbands Region Stuttgart (VRS), der IBA'27 StadtRegion Stuttgart und den Agenden unterschiedlicher Stadtmacher:innen. Dabei spiegeln die Einzelinterventionen den Projektstand und das Projektwissen. Die Formate werden aus dem sich kontinuierlich schärfenden Bild über Raum und Akteurspotenziale konzipiert und umgesetzt.

Passagen: Im Rahmen des Projektes wird versucht, an zwei bis drei strategisch gelegenen Querungen, an Brückenköpfen, reale Ankerprojekte zu initiieren. In der Region Stuttgart sind noch keine Leitgedanken formuliert, wie sich der Wandel im Automotive-Sektor in veränderten Flächennutzungen niederschlagen soll. Daher wird in fluss.land beispielhaft ermutigt, das künftige Leitbild einer Stadtregion am Fluss jenseits hochpreisiger Wohnungsbauentwicklungen zu suchen. In Kooperation mit veränderungsbereiten Partner:innen wird dieser Projektbaustein als Mischung aus performativen (Experience Camp), dialogischen (Werkstatt) und projektentwickelnden Elementen (werte- und gemeinwohlgetriebene Projektentwicklungsstrategie) umgesetzt. Nach dem ersten Drittel des Projektverlaufs wurde im Sommer 2023 mit der Baugenossenschaft Münster am Neckar eG ein Partner für den ersten Ortsanker im direkten Bezugsraum des Neckars gefunden.

Schaufenster: Parallel zur abschließenden Fachpublikation erfolgt die Kommunikation von Teilergebnissen, Aktionen und kollaborativen Praktiken in der Region über eine Projektwebsite und Social Media. Diese richtet sich an ein breites Publikum.

3 Hintergrund

Neben der methodisch forschenden Arbeit ist der hybride Charakter des Neckars Inspiration des Projektes: In europäischen Ballungsräumen sind Flüsse ein Konzentrat funktionaler und infrastruktureller Verflechtung und Ergebnis wachstumsorientierter Siedlungs- und Entwicklungspolitik. Dies gilt für große ebenso wie für kleinere Nebenflüsse. Während jedoch große Flüsse historische Entwicklungsachsen mit hervorgerufen und definiert haben, sind kleinere Flüsse oft dienend in das funktionale Gefüge der Ballungsräume eingebettet und versorgen es stillschweigend. Sie sind Motoren des Wachstums, eingezwängt in Betonbetten, so kontrolliert wie jede andere Maschine des Industriezeitalters. Gleichzeitig führen diese sekundären Flüsse eine Art Doppelleben: Im Verborgenen sind sie Lebensraum und Rückzugsgebiet geblieben, ermöglichen und verbergen allerart Lebenspraktiken – menschlich wie nicht-menschlich – jenseits der unmittelbaren Wahrnehmung.

Besonders ausgeprägt ist dieses Flusserbe entlang der sogenannten Blauen Banane, Europas polyzentrischem urbanen Netz von England über die Beneluxländer, entlang von Rhein und Ruhr, durch die Schweiz bis in den Norden Italiens. Schon früh war hier der Schauplatz industrieller Entwicklungen. Historische Handels- und Transportwege, Zugriff auf Rohstoffe und Städte als Märkte dienten als wichtige materielle Basis. Der resolute Einsatz jeweils neuester Technologie – Mechanisierung, Elektrifizierung, Digitalisierung – bestimmte das Tempo wirtschaftsgetriebener Entwicklungsphasen. In dem engmaschigen Netz aus großen, kleinen und mittleren Städten war der Unterschied zwischen Stadt und Land weniger ausgeprägt als zwischen großen urbanen Magneten wie Berlin oder Paris und ihrem bäuerlichen Umland. Industrielle und agrarische Produktion blieben nebeneinander bestehen, Menschen kamen und gingen, Infrastrukturen bestimmten die Siedlungslogik unabhängig von wechselnden Leitbildern der Raumordnung. Europas Wirtschaftskorridor ist in Wahrheit ein Wirtschaftsflickenteppich, der von Kanten, ausfransenden Rändern, Löchern und situativer Ästhetik geprägt ist. Im Kontrast zum Gründungsgedanken der europäischen Wirtschaftsgemeinschaft, die eine gemeinsame Steuerung von ökonomischen Interessen ins Zentrum dieses Korridors stellte, ist das räumliche Ergebnis vielfach ein ungeordnetes, zumindest unkoordiniert gewordenes. Doch auch was den baukulturellen Ansprüchen nicht immer genügt, muss als Reservoir für zirkulär resiliente Weiterentwicklung begriffen werden, dessen Potenziale durch Neuverknüpfen, Inbezugsetzen und Reparatur des Bestehenden in Wert gesetzt werden muss.

Topografie und Siedlungsstruktur, Wohlstand und ökonomische Agilität im Neckarraum sind typisch für die »Blaue Banane«: Das urbanisiert produktive Netz aus Kreisstädten und Ortschaften in den Flusstälern ist ein fraktales Abbild des großen Teppichs. Und weil dieser an manchen Stellen ein wenig abgetreten ist, setzt auch die Internationale Bauausstellung IBA'27 zur Generalüberholung an: Veränderte Produktionsweisen, Digitalisierung, neue Mobilitätskonzepte und regionale Ökonomien sollen Herstellungsprozesse in die Stadt zurückbringen. Die Stadt soll so weitergedacht und entwickelt werden, dass Orte entstehen, an denen Wohnen und Produktion sich gegenseitig inspirieren und der Zusammenhang zwischen Arbeit und Stadt neu gedacht werden kann. Neue Ausdrucksformen des Städtischen ebenso wie des Ländlichen profitieren von Interdependenzen, von gemischten und hybriden Bedingungen – so das Credo. Wenn ein Ort zirkuläre und gleichberechtigte Handels-, Arbeits- und Lebenssysteme ermöglicht, einen Knotenpunkt für Logistik und Datenaustausch bereitstellt, gleichzeitig »grüne Lunge« mit Aufenthaltsqualität für ein Stadtquartier und Modell nachhaltiger Entwicklung im Energie- und Lebensmittelsektor ist, bleibt wenig zu wünschen übrig. Dass dabei im Rahmen des Sonderformates einer IBA der Blick auf neue Gebäudetypologien und Infrastrukturen fällt, ist selbstverständlich. Dass zusätzlich auch der Fluss neu ins Blickfeld gerät, ist überraschend und ein fruchtbarer Hintergrund für ein Forschungsprojekt wie fluss.land. Dasselbe gilt für die Arbeit des Verbands Region Stuttgart. Im Unterschied zu anderen regionalen Vereinigungen ist er seit 1994 als Körperschaft des öffentlichen Rechts verfasst. Die Regionalversammlung nimmt politisch Einfluss und kann gerade im Bereich der Landschaftsrahmenplanung Themen anstoßen und mit verhandeln helfen. Auch der VRS ist daher wichtiger und kontinuierlicher Sparringspartner im Projekt.

4 Projekt

Am Neckar und an seinen Zuflüssen leben nicht nur penibel sparsame Bilderbuchschwaben, sondern eine gemischte Stadt-Land-Gesellschaft mit Pässen aus 180 Staaten und einem Migrationshintergrund von über 40 Prozent. Das ist eine Ressource, die in der Region lange Tradition hat, aber wenig besprochen wird und nicht sofort sichtbar ist. Geteilt wird eine Identität der Arbeit und des Machens – und doch teilt sich die Gesellschaft der Region in dominante und unterrepräsentierte Milieus. Gerade in den sogenannten Neckarvororten – ursprünglich Obst- und Weinbaudörfer im und an den Hängen des Tals – haben die Migrationswellen der vergangenen 50 Jahre häufig Heimat gefunden. Die eingewanderten Menschen und Kulturen haben sich am Fluss mit den Einheimischen vermengt. Mehr nebeneinander als gemeinsam sind sie die eigentlichen Einwohner:innen der Stadtregion am Fluss, während die dominanten Narrative des zentralen Stuttgarter Kessels (»inmitten von Wald und Reben«) und der potent weltmarktführenden (Auto-)Industrie das Zentrum der Wahrnehmung besetzen. Fester Bestandteil dieser Lesart ist die Behauptung, in der Region Stuttgart gebe es weder Flächen für die bauliche noch für eine naturräumliche Weiterentwicklung. Gleichzeitig gibt es für die anstehenden Umstrukturierungsprozesse ebendieser Industrie wenig Leitmotive. Es existiert kaum ein Bewusstsein dafür, welche räumlichen Veränderungen mit einem prognostizierbar disruptiven Wandel einhergehen können. Dieser »blinde Fleck« in einer wohlstandsverwöhnten Region verbirgt nicht nur anstehende Risiken, er verpasst auch die Chance auf systemische Anpassungen und Änderungen in der Flächennutzung im Hinblick auf blau-grün-graue Infrastrukturen und Siedlungsflächen. Vor dem Hintergrund der oben aufgezeigten Fragestellung setzt fluss.land daher wichtige Akzente in den Themenfeldern Arbeit, Produktion und Migration.

Im Folgenden wird beispielhaft aus dem laufenden Prozess aufgezeigt, wie die oben benannte Methodenmischung Anwendung findet.

Suchen

Um den Neckar als Alltags-, Arbeits- und Lebensraum zu verstehen, werden in fluss.land zwei grundsätzlich verschiedene Methoden der Beobachtung und Raumanalyse verbunden. Zum einen werden wiederholt langsame Erkundungsgänge entlang des Flusses durchgeführt, die sich an der kulturwissenschaftlichen Praxis orientieren, die von Lucius Burckhardt unter dem Begriff »Promenadologie« (»Spaziergangswissenschaft«) als soziologische Methode unterrichtet und beschrieben wurde (Burckhardt 2006). Die forschenden Spaziergänge sind offen und suchend angelegt.

Vorab werden keine thematischen Schwerpunkte oder konkreten Fragestellungen formuliert. Beobachtungen und Fundstücke werden gesammelt, Alltagsbegegnungen und Gebrauchsspuren werden dokumentiert, versteckte Orte und unerwartete Aktivitäten werden in ihrer Lage rückverfolgt. Erst im Anschluss

Abbildung 2: **Alltagsort am Fluss.** *Quelle: urbanes.land gGmbH.*

Abbildung 3: **Sit-in in einem der Neckar-Vororte.** *Quelle: urbanes.land gGmbH.*

an ausführliches und uneingeschränktes Wandern erfolgen die Gliederung und Kategorisierung des Gefundenen. Im zweiten Schritt wird es möglich, in der Summe der Fundstücke Logiken zu erkennen, sich an ein Verstehen des Flusses und seiner Ufer anzunähern und über vorhandene oder fehlende Beziehungen ins Hinterland informiert zu spekulieren.

Ergänzend wird das Projekt mit Aktionen temporär sichtbar, verändert Orte und entnimmt Information aus den vielfältigen Reaktionen auf diese Veränderung. Zum Auftakt von fluss.land wurden im Herbst 2022 unterschiedliche Wissensträger:innen zu einem diskursiven Dinner an einer langen Tafel auf einem Boot eingeladen. Im Sommer 2023 wanderte das Projektteam mit 20 roten Stühlen durch die Neckarvororte, lud ein, Platz zu nehmen, führte Interviews, beobachtete. Abbildung 3 entstammt dieser als »Sit-in« am Neckar auch im Rahmen der IBA'27 angekündigten Aktion. Im Lauf einer Woche wurden in sieben Stadtteilen jeweils mehrere Standorte besetzt. Mehrheitlich sind die Quartiere durch Infrastrukturen vom Fluss getrennt. Besser zu verstehen, ob die Menschen gleichwohl zum Fluss eine Beziehung haben, und wenn ja, welche, war Hauptfragestellung der Aktion. Die Stimmen von Berufsberatern und Quellenexperten, Schulmädchen und Hausmeistern, älteren Damen, Leerstandsmanagern, Studentinnen und Winzern, Marktfrauen, Bezirksvorstehern, Omas und Enkeln, Drachenbootfahrerinnen, Musikern und Verkäuferinnen, Filmemachern, Berufskraftfahrern, Kulturschaffenden, Modellbaubootsbauern und Raumfahrtexperten zeichnen ein reiches Bild der unterschiedlichen Alltagsorte und definieren sie neu.

Erzählen

Eine andere wichtige Basis bildet die Kartografie. Beispielhaft kann dies an der Abbildung 4 aufgezeigt werden. Die Karte zeigt eine Überlagerung von Geoinformationsdaten aus Onlinequellen, Luftbildauswertungen und extensiven Bereichsbegehungen. Gewässer und Topografie bilden das reale Territorium ab, die abgebildeten Gewerbe- und Industrieflächen sind geodatenbasiert. Auf Basis einer individuellen Betrachtung (Luftbild und/oder vor Ort) werden einzelne Gewerbe- und Industrieflächen hervorgehoben, die faktenbasiert die Vermutung künftiger Veränderung zulassen. Dies gilt für sämtliche Flächen der Auto-

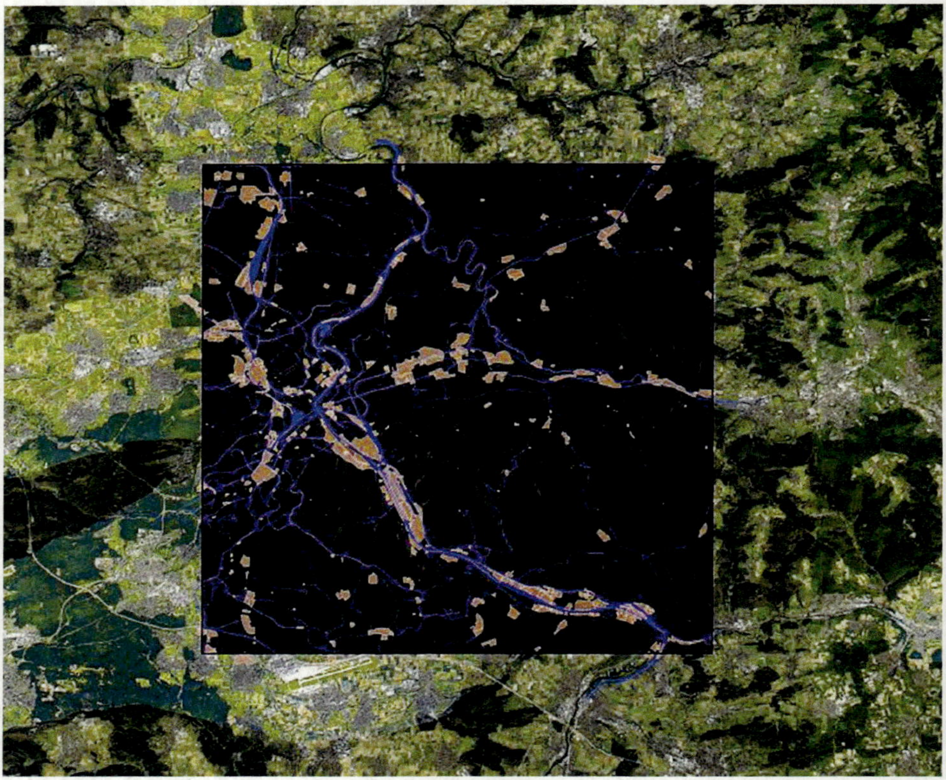

Abbildung 4: **Hypothesekarte: Veränderungspotenziale Automotive und Gewerbeflächen.** *Quelle: urbanes.land gGmbH.*

mobilindustrie (z. B. Produktion, Zulieferindustrie, Vertrieb) ebenso wie für deutlich untergenutzte Gewerbegebiete (z. B. Autowaschanlagen, Recyclingbetriebe, Leerstände, Brachen). Zusätzlich in die Karte aufgenommen werden die Flächen, die für ruhenden Automobilverkehr genutzt werden. Sie werden über ein Punkteraster quantitativ, nicht flächengetreu abgebildet.

Die Zuweisung des Veränderungspotenzials erfolgt individuell im Projekt, die gezeigte Abbildung bildet daher lediglich den Projektwissensstand im Sommer 2023 ab. Gleichzeitig wird bereits in der noch rohen Hypothesekarte deutlich, in welcher Größenordnung künftige Flächennutzungen entlang des Neckars überdacht werden können. Diese Neuordnung kann und muss die Produktivi-

Abbildung 5: Untergenutzte Fläche in einem der Neckarvororte.
Quelle: urbanes.land gGmbH.

tät der Stadt auf gewerblichen wie agrarischen Flächen im Blick haben. Sie kann und muss aber auch Anpassungen an den Klimawandel im dichten Siedlungsgebiet einbetten (z. B. sommerliche Kühlung, Puffer bei Starkregenereignissen, regionale Naherholung) und anstehende Flächenkonkurrenzen mit bedenken (z. B. dezentrale Energieversorgung, bezahlbare Wohnraumversorgung). Mit der Karte wird sichtbar, dass das bisherige Narrativ von der Stadt im Kessel und der Arbeit am Fluss der Erneuerung bedarf, weil es die Möglichkeiten einer urbanen Entwicklung entlang stadtklimatisch wirksamer, biotopvernetzender und siedlungsflächenordnender blau-grüner Infrastruktur nicht in den Blick nimmt.

Ergänzend zur strukturellen Darstellung in Karten werden im Projekt auch Einzelorte porträtiert. Gemeinsam zeigen diese auf, dass auch die Vorstellung, in der Region gebe es keinerlei Zukunftsflächen, hinterfragt werden muss. Richtig ist, dass es wenig zusammenhängende Flächen im Besitz der öffentlichen Hand gibt, die mit etablierten Planungswerkzeugen entwickelt werden könnten. fluss.land legt daher einen Filter über diejenigen Potenzialflächen, die entlang des Flusses ihre besondere strategische Bedeutung in der Zusammenschau zeigen.

Zuhören

Karten und neue Bilder sind wichtig, um neue oder fehlende Bezüge zu zeigen, dadurch Blockaden zu lockern und einen neuen Zugang zum Fluss vorzubereiten und zu ermöglichen. Mit gleichem Gewicht auf der Projektagenda steht, fehlende Beziehungen zwischen Menschen mit einer »Neckar Agenda« zu entdecken. Ziel ist dabei, Einzelne und Netzwerke in Kontakt zu bringen und einen gemeinsamen Diskurs aus Anlass des Forschungsprojektes zu beginnen, um ihn dann zu verstetigen. Bereits in der Anfangsphase des Projektes wird deutlich, dass es zahlreiche individuelle, institutionelle und entlang gemeinsamer Interessen organisierte Akteur:innen gibt, die nicht miteinander in Kontakt, viel weniger miteinander im Gespräch sind. Häufig wissen die Menschen mit einer

Abbildung 6:
Diskursive Auftakttafel.
Quelle: urbanes.land gGmbH.

Abbildung 7: Quellbrief – der erste fluss.land-Brief. *Quelle: urbanes.land gGmbH.*

»Neckar Agenda« voneinander, ohne sich je gesprochen zu haben. Fast ebenso häufig ist dieses Wissen an ungeprüfte Annahmen über die Motivationen, Ziele, Handlungsspielräume und Prioritäten der jeweils anderen geknüpft. Ein wichtiger Projektbaustein in fluss.land ist daher, diejenigen Menschen miteinander ins Gespräch zu bringen, die im sprichwörtlichen Sinn »reden müssen«.

An der abgebildeten Auftakttafel (Abbildung 6) kamen Vertreter:innen des Verbands Region Stuttgart sowie der Stadt Stuttgart, des Hafens, des Wasserstraßen- und Schifffahrtsamts, Kunst- und Kulturschaffende, Stadt- und Theatermacher:innen und Unternehmensvorstände, Soziologen, ein Philosoph, ein Bioökonom, Vertreter:innen der IBA'27 wie des Energiesektors zusammen. Sie aßen gemeinsam Fisch und hörten sich zu. Nach einem Jahr Projektlaufzeit ist das neue Netzwerk auf über sechzig Personen angewachsen, die sich aus Anlass von fluss.land-Aktivitäten wiedertreffen und immer besser kennenlernen. In unregelmäßigen Abständen erhalten alle Netzwerkpartner:innen einen fluss.land-Brief.

Überzeugen

Ein Erfolg von fluss.land misst sich daran, ob im Rahmen des Projektes oder in dessen Anschluss ein neuer Zugang zum Neckar möglich wird. In Anbetracht des gezeigten Umfangs möglicher Flächennutzungsfragen, aber auch des Einflussrahmens etlicher beteiligter Akteur:innen sieht das Projekt einen weiteren Baustein vor.

Noch während der Projektlaufzeit soll an strategisch wichtigen Querpassagen über den Fluss beispielhaft aufgezeigt werden, wie eine gemeinwohlorientierte Projektentwicklung aussehen kann. Damit soll verhindert werden, dass die Flussufer, kaum wiederentdeckt, unmittelbar einer bestmöglichen ökonomischen Verwertung zugeführt und die Wirksamkeit blau-grüner Infrastrukturen für an Resilienz orientierte Stadtentwicklungspolitik übersehen wird. Die als Ankerprojekte konzipierten »Passagen« folgen dem Anspruch, gleichzeitig das Selbstbild einer divers-urbanen Stadtgesellschaft im Flussland als mögliche Identität sichtbar und plausibel zu machen.

Immobilienentwicklungen, die sich auf den Bau von erschwinglichem Wohnraum, Gewerbeflächen, Gemeinschaftseinrichtungen und anderen sozialen Einrichtungen konzentrieren, stehen oft vor massiven Finanzierungsproblemen. Da traditionelle Banken zögern, sich an den Projekten zu beteiligen, müssen bislang ergänzende oder alternative Finanzierungen gefunden werden. Diese Notwendigkeit befähigt fluss.land als kooperatives und stiftungsunterstütztes Projekt, in dieser Lücke einen wesentlichen Beitrag zu leisten. Aus dem Projekt heraus können in der entscheidenden Anfangsphase die Programmierung, das Vernetzen der Träger und schließlich die Finanzierung (mit-)konzipiert und ihre Umsetzung geplant werden.

Im Sommer 2023 wurde nach einem Jahr Projektlaufzeit eine erste Kooperation mit der Baugenossenschaft Münster am Neckar vereinbart. In Münster wird ein unmittelbar am Neckar gelegenes Wohnquartier aus den 1950er-Jahren in den kommenden 25 Jahren um- und neu gebaut. Konzepte für gemischte Wohnungsangebote und Umzugsszenarien für die bisherigen Mieter:innen während und nach der Bauphase existieren bereits. Unklar ist, wer neben den betagten Altmieter:innen in dem umgebauten Quartier in Zukunft leben wird, wie Gemeinschaft entstehen kann, welche Nutzungs- und Raumangebote notwendig sind, wie sie getragen und finanziert werden. Hier wird fluss.land einen Beitrag leisten und gleichzeitig die Veränderungen im Quartier für neue Zugänge zum Fluss und das Leben mit ihm nutzen.

5 Ausblick

Im weiteren Projektverlauf ist geplant, an zwei weiteren prägnanten und künftig prägenden Orten entlang des Neckars gemeinwohlorientierte Projekte anzustoßen. Das sich kontinuierlich weiter verzweigende Netzwerk der Neckarakteur:innen erlaubt eine hoffnungsvolle Prognose. Auch wenn es zur Mitte der Projektlaufzeit zu früh ist, Rückschlüsse auf die Wirksamkeit der dargestellten Methodenmischung zu ziehen, hat sich die kontinuierliche Fortschreibung, Verzweigung und Vertiefung des diversen Stakeholder:innen-Netzwerks bereits in mehrfacher Hinsicht als wertvoll erwiesen. Innerhalb des Projektes finden sich Menschen mit »Neckar Agenda«, können gegenseitig Vertrauen fassen, neue Kommunikationswege eröffnen, Kooperation üben und sich gemeinsame Ziele stecken.

In der Projektphase von fluss.land erfolgt eine aktive Hilfestellung, dass sich das entstehende Netzwerk schnell verdichtet, weil stets neue potenzielle, »natürliche« Partner:innen aus Gesellschaft, Politik, Verwaltung, Wirtschaft, Industrie, Kultur, Stadt- und Regionalentwicklung angesprochen und eingebunden werden. Daneben wächst mit der Gruppe auch die Wahrscheinlichkeit, Partner:innen für die gemeinwohlorientierten Projektentwicklungen am Fluss zu finden.

Für das Jahr 2024 sind weitere temporäre Aktionen im Charakter der oben beschriebenen Sit-ins geplant, um insbesondere in den Neckarvororten Menschen anzusprechen und einzubinden. Viele der dortigen Milieus sind in der Stuttgarter Stadtpolitik unterrepräsentiert. Gleichzeitig haben dort die bisherigen Suchbewegungen am Fluss bereits eine Vielfalt unterschiedlicher Flussnutzungen nachgewiesen oder ahnen lassen. Ebenfalls in 2024 ist eine Neckar-Konferenz geplant, die regionales und internationales Flusswissen auf der Ebene von Entscheidungsträger:innen versammelt.

Auch in der zweiten Hälfte der Projektlaufzeit wird fluss.land darauf angewiesen sein, dass sich neben den Ergebnissen sorgfältiger Arbeit auch glückliche Zufälle ergeben.

»Es scheint hier nötig, sich zurückzuhalten, endgültige Beziehungen zu definieren, gegen das Offensichtliche, das Streben nach Vereinfachung anzukämpfen und stattdessen das Paradoxe, die Enthierarchisierung, das Plurale oder den Zufall zu kultivieren.« (Deleuze, Guattari 1977)

Literatur

Burckhardt, L. (2006): Warum ist Landschaft schön? Die Spaziergangswissenschaft. Martin Schmitz Verlag, Berlin.

Deleuze, G.; Guattari, F. (1977): Rhizom. Merve Verlag, Berlin.

Danksagung

Wir danken dem gesamten flussland.Team: Michael Schmölz, Marie-Lise Hofstetter, Lorenza Manfredi, Leon Beu, Martin Spalek und Oskar Schmieg

Zusammenfassung und Ausblick

Transformation urbaner linearer Infrastrukturlandschaften

Erfahrungen, Herausforderungen und Forschungsbedarf

Wolfgang Dickhaut, Carsten Gertz, Jörg Knieling, Stefan Kreutz, Antje Stokman

Die Ergebnisse der interdisziplinären Zusammenarbeit im LILAS-Forschungsverbund »Lineare Infrastrukturlandschaften im Wandel« zeigen, dass bereits vielfältige Ansätze und Erfahrungen zur Transformation linearer Infrastrukturen in unterschiedlichen Fachdisziplinen existieren, darunter auch zahlreiche Pilotvorhaben und Modellprojekte. Weiterführende Schritte in Richtung einer systematischen und flächendeckenden Transformation von Stadtstraßen und kanalisierten Gewässern hin zu multifunktionalen, blau-grünen Infrastrukturen bleiben aber eine Herausforderung und eine komplexe Zukunftsaufgabe für Wissenschaft und Praxis.

Bereits das Diskussionspapier »Lineare Infrastrukturlandschaften im Wandel – Perspektiven für eine blau-grüne Transformation von Stadtstraßen und kanalisierten Gewässern« des Forschungsverbundes (LILAS 2022) beschreibt folgende handlungsleitenden Annahmen für die Notwendigkeit einer grundlegenden Transformation linearer Infrastrukturen:

- Der Transformationsdruck auf die städtischen Flächennutzungen wächst, insbesondere wegen zunehmender Flächennutzungskonkurrenzen, unter anderem durch Wohnungsbau und Gewerbeentwicklung, Mobilitätswende, Energiewende, Klimaschutz und Klimaanpassung sowie Freiraumschutz.
- Lineare Infrastrukturen sind aufgrund ihrer räumlichen Struktur und ihrer Eigentumsverhältnisse für integrierte Transformationsprozesse besonders geeignet, sie sind aber zugleich sehr komplex.

- Interdisziplinäre und integrierte Zielsetzungen sind in den Regelwerken und Richtlinien für die Infrastrukturplanung noch nicht ausreichend berücksichtigt.

Das Diskussionspapier beinhaltet zudem eine übergreifende »Typologisierung urbaner Infrastrukturkorridore« und beschreibt deren zentrale Funktionen sowie die Teilräume mit ihren spezifischen Kernaufgaben. Auf dieser Grundlage werden drei mögliche räumliche Transformationsansätze für Stadtstraßen und kanalisierte urbane Gewässer identifiziert, die unterschieden werden in (1) punktuelle Einzelmaßnahmen, (2) veränderte Raumaufteilungen im Infrastrukturkorridor sowie (3) eine grundlegende Veränderung der Hauptfunktion (vgl. hierzu Bajc et al. 2024).

Diese Annahmen und die entwickelten Ansätze zur Typologisierung werden auch in vielen Beiträgen dieses Sammelbandes aufgegriffen. Im Folgenden werden die Erkenntnisse der Beiträge in einer Synthese zusammengeführt, die abschließend in weiterführende Überlegungen mündet, wie Forschung und Praxis zu einer nachhaltigen Transformation linearer Infrastrukturen und der sie umgebenden städtischen bzw. stadt-regionalen Räume beitragen können.

Herausforderungen für die Transformation linearer Infrastrukturen

Herausforderungen bei der Transformation bestehen insbesondere aufgrund der Pfadabhängigkeiten und der Dauerhaftigkeit von linearen Infrastrukturen in Bezug auf ihre gebauten Strukturen und Nutzungsweisen, aber auch der institutionellen Strukturen und Prozesse von Planung, Bau und Unterhaltung. Hinzu kommt die Beständigkeit der an den vorhandenen Infrastrukturen orientierten Lebensstile. »Sie realisieren gesellschaftspolitische Vorstellungen. Und sie verfestigen diese, denn Infrastrukturen sind teuer und generieren Abhängigkeiten – und schreiben damit Entwicklungspfade fest« (Borries, Kasten 2021, S. 77). Die Transformation erfordert daher nicht nur Akzeptanz in Bevölkerung, Politik und Verwaltung, sondern gelingt umso eher mit dem Wandel von Einstellungen und Verhaltensweisen, zum Beispiel in Hinblick auf die Verkehrsmittelnutzung, oder der Neubewertung von Freiräumen, etwa im Kontext von Klimawandel und Stadtgesundheit.

Eine weitere grundlegende Herausforderung stellen das erforderliche Fachwissen und dessen Anwendung in der Praxis dar. Das Fachwissen für Fragestellungen der nachhaltigen Transformation linearer Infrastrukturen, zu multifunktionalen Stadträumen oder zu entsprechenden integrativen Planungsprozessen ist disziplinär größtenteils bereits vorhanden, aber vielfach noch nicht weit genug in den Planungs- und Baudisziplinen (z. B. Stadtplanung, Verkehrsplanung, Wasserwirtschaft) verbreitet. Allerdings bestehen auch nach wie vor Wissenslücken, etwa nicht ausreichende Datengrundlagen zu kleinräumigen mikroklimatischen Analysen, zur Grundwasserneubildung durch Entsiegelung, zur ökologischen Diversität oder zum positiven Einfluss von Baumerhalt und Neupflanzungen auf das urbane Mikroklima und den Wasserhaushalt. Hier braucht es eine zielgerichtete und noch intensivere Wissensgenerierung, Wissensvermittlung und Kooperation zwischen den Disziplinen.

Herausforderungen der Governance- und Planungsprozesse

Auf der Ebene der Strukturen, Prozesse und Instrumente für die Planung und Gestaltung sowie den Bau und die Unterhaltung linearer Infrastrukturen ist die nach wie vor vorherrschende sektorale und institutionelle Trennung der Fachdisziplinen und -planungen im politisch-administrativen System herausfordernd (Mayntz 2009). Für lineare Infrastrukturen bezieht sich dies insbesondere auf Stadtplanung, Verkehrsplanung, Landschaftsplanung, Umweltplanung und die Wasserwirtschaft. Gleichzeitig erstrecken sich lineare Infrastrukturen oftmals über bestehende Verwaltungsgrenzen hinweg, was zusätzliche Koordinationserfordernisse aufwirft, für die zumeist keine geeigneten institutionellen Strukturen, etwa eine bezirksübergreifende oder interkommunale Kooperation, vorhanden sind (Fürst et al. 2003). Problemstellungen ergeben sich teilweise insbesondere durch die großräumige Verknüpfung der linearen Infrastrukturen, wenn etwa bei Hochwassergefahren im Unterlauf von Gewässern der Umgang mit Überschwemmungsflächen im Oberlauf dazu beiträgt, welche Spielräume für Transformation bestehen, oder wenn die Verkehrsmengen unter anderem auf Pendlerströme aus dem Umland zurückgehen, ohne eine Verkehrsmengenreduzierung aber keine grundlegende Transformation des Straßenraums möglich ist.

Die räumliche Komplexität linearer Infrastrukturen ist aber nicht nur eine administrative Herausforderung, sondern sie kann auch die Bereitschaft der Politik verringern, Transformationsprozesse anzugehen, da einem vergleichsweise hohen Aufwand (aufwendige Kooperation, Beharrungsvermögen bestehender Nutzungen, differenzierte Zuständigkeiten etc.) ein unkalkulierbarer politischer Ertrag gegenübersteht.

Hinzu kommen fehlende bzw. zu geringe finanzielle und personelle Ressourcen zur flächendeckenden Umsetzung weitgehender politischer Zielstellungen, zum Beispiel der Verkehrs- und Mobilitätswende oder auch von Maßnahmen zur Klimaanpassung (Gollata, Knieling 2024). Vielen Planungsinstrumenten, die zur Vorbereitung und Durchführung der Transformation genutzt werden sollen, mangelt es zudem an rechtlicher Verbindlichkeit. Stattdessen liegt ein großer Fokus nach wie vor auf informellen Instrumenten, wie Verkehrsentwicklungsplänen, Masterplänen oder stadtplanerischen Gutachten. Diese informellen Instrumente haben ihre Stärken in der Phase der Konzeptentwicklung oder der Integration von Stakeholdern und der örtlichen Bevölkerung, benötigen aber in der Folge das Zusammenspiel mit formellen Instrumenten, etwa der Bauleitplanung, um die gefundenen Lösungsansätze für die Umsetzung abzusichern und die erforderliche politische Legitimation herzustellen.

In der Konsequenz der genannten Restriktionen fehlt vielfach eine integrierte, langfristige und politisch verbindlich beschlossene Visions- und Zielformulierung für die nachhaltige Transformation linearer Infrastrukturen in der Stadt bzw. der Stadtregion. Eine strategische Verortung der relevanten integrativen Ansätze auf gesamtstädtischer Ebene findet bislang nicht oder nur in Ansätzen statt. Kleinräumlich werden Pilotprojekte und Modellvorhaben umgesetzt, aber diese münden bislang nur selten in ein Upscaling oder Mainstreaming der erprobten Lösungen und Verfahren (Bajc et al. 2022). Dazu trägt auch bei, dass die jeweiligen lokalspezifischen Umsetzungskontexte voneinander abweichen und Pilotprojekte oder Modellvorhaben oftmals nur mit großem Aufwand und unter Sonderkonditionen realisiert werden können, was eine spätere Übertragbarkeit der Lösungen erschwert. Die Integration grün-blauer Elemente in lineare Infrastrukturen ist daher bislang überwiegend noch ein akademischer Diskurs mit nur punktuellen Einzelprojekten in der Planungspraxis.

Herausforderung Klimawandel und Klimafolgenanpassung

Bezogen auf den Klimawandel, gibt es bereits zahlreiche technisch sehr weit entwickelte Instrumente, um Wirkungen, zum Beispiel Änderungen des Mikroklimas, thermischer Komfort, Änderungen der Wasserkreislaufparameter Abfluss, Verdunstung, Versickerung oder Überflutung, mit ausreichender Genauigkeit und räumlicher Auflösung zu simulieren (vgl. Quanz, Dickhaut; Kluge, Wessolek; Rehfeldt et al. im Teil »Anpassung linearer städtischer Infrastrukturlandschaften an den Klimawandel und extreme Wetterereignisse« in diesem Sammelband). Mit diesen Instrumenten lassen sich der Istzustand und die Wirkungen einer (fast beliebigen) Anzahl und Qualität von Zukunftsszenarien miteinander vergleichen. Die hiermit erzeugten Daten können in einer hohen Darstellungsqualität aufgearbeitet und in Planungs- und Entscheidungsprozessen genutzt werden. Dies geschieht auch bereits ansatzweise in der Planungspraxis. Die so ermittelten und dargestellten Wirkungen der Einbeziehung blau-grüner (linearer) Infrastruktur zeigen in der Regel das Potenzial, das für eine nachhaltige Transformation der Städte an den Klimawandel besteht.

Die Bereitstellung der genannten Daten erfordert jedoch einen hohen Ressourceneinsatz, der – insbesondere für kleinere Kommunen – zu aufwendig und kaum finanzierbar ist. Auch bei der Überprüfung von Entwurfskonzepten in städtebaulichen Wettbewerben spielen diese Instrumente bei der notwendigen Abwägung von Entscheidungen bisher keine Rolle. Deshalb ist eine systematische Integration in viele (besser in alle) städtische Planungsentscheidungen bislang wenig realistisch. In der Konsequenz dürften entsprechende Daten und Studien auf Planungsentscheidungen in der Praxis bisher keinen besonders großen Einfluss haben.

Herausforderung urbaner Straßenraum

Wie beschrieben, erfolgt die Integration grün-blauer Elemente in lineare Infrastrukturen bislang überwiegend nur in punktuellen Einzelprojekten, es findet jedoch noch keine umfassende Diffusion in die Straßenplanung statt. Daneben gibt es bislang auch keine strategische Verortung der relevanten integrierten Ansätze auf gesamtstädtischer Ebene. Hier besteht folglich Handlungsbedarf, was auch dadurch unterstrichen werden kann, dass im Straßenraum ein letztes großes Flächenpotenzial für entsprechende Maßnahmen im verdichteten urbanen Raum besteht.

Innerhalb der Straßenräume sind wiederum die öffentlichen Stellplätze für private Pkw die Hauptoption für eine Flächengenerierung zugunsten anderer Nutzungen, da Pkw sehr ineffizient genutzt werden (Matullat 2024). Zudem gilt die meist kostenlose Inanspruchnahme von öffentlichem Raum für diesen Zweck angesichts der Erfordernisse der Mobilitätswende als nicht mehr zeitgemäß. Obwohl die Verkehrsleistung teilweise zurückgeht, steigt die Gesamtzahl der Pkw in Deutschland weiterhin an. Dieser Trend ist seit Jahrzehnten ungebrochen. Der Wegfall von Stellplätzen im Straßenraum ist daher für die Kommunalpolitik vor Ort eine herausfordernde Diskussion, da dies zumindest von Teilen der Bevölkerung abgelehnt wird. Kommunale Carsharing-Strategien, die parallel die persönliche Abschaffung eines eigenen Autos erleichtern können, werden zudem häufig nicht konsequent genug verfolgt.

Der Abschied von der vor allem auf Leistungsfähigkeit ausgerichteten Straßenplanung hat zumindest bei den Stadtstraßen schon lange begonnen. Bislang steht aber die Neuverteilung von Verkehrsflächen zugunsten des Umweltverbundes im Vordergrund. Dabei wird insbesondere angestrebt, mehr Flächen für Radverkehr, Fußverkehr und teilweise auch den öffentlichen Verkehr (z. B. im Rahmen von Busbeschleunigung) zu gewinnen. Hinzu kommt, dass auch neuere Mobilitätslösungen in Form von Ladeinfrastruktur, Leihsystemen und Lieferzonen den Druck auf die Randbereiche der Fahrbahnen bis zur Bordsteinkante (den sogenannten Curb) erhöhen und mehr Flächen beanspruchen (Nadkarni 2020). Wenn es also gelingen sollte, Stellplätze zu reduzieren oder die Zahl an Fahrspuren für den Kraftfahrzeugverkehr zu verringern, gibt es alleine innerhalb des Verkehrssektors bereits genug andere Flächenbedarfe, die mit dem Stichwort Verkehrs- bzw. Mobilitätswende legitimiert werden können.

Hieraus ergibt sich bei Stadtstraßen die Flächenkonkurrenz zwischen dem Umweltverbund und der blau-grünen Infrastruktur. Die Herausforderung für den Verkehr ist somit eine doppelte: Es gilt, einerseits die Neuaufteilung der Verkehrsfläche zugunsten des Umweltverbundes zu organisieren und andererseits Flächen für blau-grüne Infrastruktur zu integrieren. Die hier neu entstehende Schnittstelle zwischen Verkehrsplanung, Freiraumplanung und Wasserwirtschaft ist sowohl in der Ausbildung als auch den Strukturen der kommunalen Planungspraxis oftmals nicht weit genug herausgebildet. In diesem Zusammenhang wird auch der künftigen Ausgestaltung und Anwendung von Richtlinien (etwa Ersatz der bisherigen Richtlinie zur Anlage von Stadtstraßen 2006 der Forschungsgesellschaft für Straßen und Verkehrswesen) eine große Bedeutung zukommen. Hilfreich sind hierfür aber auf jeden Fall eine wachsende Zahl von Beispielprojekten, die Lernprozesse zwischen den Disziplinen ermöglichen, damit auch bei der Abwägung zwischen unterschiedlichen fachlichen Anforderungen mehr Erfahrung gesammelt wird. Gleichzeitig wird deutlich, dass die Mobilitätswende mit noch mehr Konsequenz umgesetzt werden muss, um überhaupt die notwendigen Flächen bereitstellen zu können.

Herausforderung urbane Gewässerräume

Entlang von innerstädtischen Flüssen und Kanälen gibt es kaum naturähnliche, flache Ufer. Urbane Gewässer sind häufig monotone, strukturlose Korridore, in denen sich nur wenige, umwelttolerante Tier- und Pflanzenarten aufhalten und etablieren können. Auch Erholung auf und am Wasser findet in diesen Räumen sehr selten statt. Dabei unterliegen Gewässer im urbanen Raum einem drastischen Funktions- und Bedeutungswandel (Kummu et al. 2011).

Die Raumverfügbarkeit sowohl im Gewässer als auch im Uferbereich ist sehr gering und verteilt auf unterschiedliche Zuständigkeitsbereiche. Dennoch stellt sich die dringliche Frage, wie die vielfältigen neuen und die bestehenden Nutzungen sowie die dazugehörigen Infrastrukturen zur verbesserten Integration der Gewässer in das Lebensumfeld der Menschen künftig stärker mit umweltrelevanten Zielsetzungen zur Erfüllung der Anforderungen der Europäischen Wasserrahmenrichtlinie und der Hochwasserrisikomanagement-Richtlinie sowie der zunehmenden öffentlichen Erwartungshaltung in Bezug auf die Freizeitnutzung und Erholung verknüpft werden können. Dabei dient die Multifunktionalität der linearen Gewässer als Leitlinie, um die verschiedenen Zielsetzungen miteinander zu verknüpfen. Dies führt in der Praxis jedoch häufig zu gravierenden Zielkonflikten. Im Kontext der Auen- und Fließgewässerentwicklung zeigt sich, dass eine stärkere Integration ökologischer Belange in fachübergreifende Planungsansätze und Prozesse, zum Beispiel mithilfe »ökologischer Leitbilder« (welche die städtischen Eigenheiten berücksichtigen) bzw. »urbaner Leitbilder« (welche die biologische Vielfalt und die ökologischen Funktionen berücksichtigen), notwendig ist, um die Multifunktionalität urbaner Gewässer zu verbessern (BfN 2019).

Zukünftige Ziele und Anforderungen für die Entwicklung urbaner Gewässerräume müssen sich also gleichermaßen aus Städtebau, Wasserwirtschaft, Landschaftsgestaltung und Ökologie ableiten, aber auch ihre Restriktionen müssen beachtet werden. Dies ist im Planungsalltag weiterhin überwiegend nicht der Fall. Häufig konkurrieren intensivere Nutzungen der Gewässer zu Erholungs- und Freizeitzwecken mit den Anforderungen an die ökologische Aufwertung und die Rückführung der Gewässer in ihr naturräumliches System. Auch im Bereich der urbanen Gewässerräume führt die sektorale Aufteilung der bestehenden planerischen Instrumente und Prozesse für die Unterhaltung und den Ausbau der kanalisierten Gewässer dazu, dass interdisziplinäre und sektorübergreifende Projektansätze schwer umsetzbar sind.

Strategien und Lösungsansätze: Nachhaltige Transformation linearer Infrastrukturen

Die Transformation von Infrastrukturen ist eine Generationenaufgabe, wie das Beispiel der Emscher-Renaturierung im Ruhrgebiet eindrucksvoll zeigt (vgl. Treuke 2024). Entsprechend sind verbindliche und stabile Strukturen sowie langfristig angelegte Prozesse erforderlich. Wichtig ist also, Prozesse auszulösen bzw. zu fördern, die von der ausschließlichen Realisierung einzelner Pilotprojekte hin zu einer systematischen Integration in den Planungsalltag der Städte führen. Hierzu passen durchaus zahlreiche aktuelle Überarbeitungen von Regelwerken in den Fachverbänden (z. B. Deutsche Vereinigung für Wasserwirtschaft, Abwasser und Abfall e.V. DWA zur wasserbewussten Stadtentwicklung) sowie politische Vereinbarungen, die bereits deutlich machen, dass das Handlungsfeld an Bedeutung gewinnt und langsam aus der Forschung auch in der praktischen Umsetzung ankommt. So hat sich beispielsweise auch die Bundesstiftung Baukultur des Themas der Infrastrukturen angekommen und widmet sich in ihrem nächsten Baukulturbericht 2024/25 den Chancen und Herausforderungen von »Infrastruktur und Lebensraum«.

Um die genannten strukturellen, politischen und auch planerischen Hemmnisse und Herausforderungen zu überwinden, muss eine blau-grüne Transformation linearer Infrastrukturen als langfristige und dauerhafte Gemeinschaftsaufgabe verstanden und mit weiteren Zielen und Prozessen der Stadtentwicklung eng verknüpft werden, zum Beispiel Verkehrsentwicklung, Grünentwicklung, Wohnungsbau oder Quartiersentwicklung. Eine fachübergreifende Zusammenarbeit muss dabei genauso selbstverständlich sein wie eine möglichst frühzeitige Beteiligung der relevanten Akteure für Planung, Gestaltung, Bau und Unterhaltung, um planerische Ziele verbindlich abzustimmen und eine gemeinsame Vision zu entwickeln. Ressortübergreifende Steuerungsrunden und Prozessbegleitungen können hierbei unterstützen. Erforderlich sind zudem stabile und langfristige Finanzierungsmöglichkeiten, die beispielsweise durch Einbindung in Programmstrukturen und Förderkulissen geschaffen werden können.

Es braucht zudem ein Bewusstsein dafür, dass der aktuelle Zustand nicht dauerhaft ist und dass Infrastrukturen grundlegend transformiert werden können – nicht nur punktuell und kleinteilig, sondern auch sehr grundsätzlich. Positive Zukunftsbilder können hier genauso motivierend wirken wie gute Beispiele aus der Praxis. Um ins Handeln und Umsetzen von derartigen Projekten zu kommen, braucht es natürlich auch Mut und die Bereitschaft der Verantwortlichen in Politik und Verwaltung, sich auf den Weg zu machen, auch wenn noch nicht immer alle Fragen abschließend geklärt oder verbindlich in Regelwerken fixiert sind.

Aber auch kleine Maßnahmen und punktuelle, kleinräumige Projekte sind nach wie vor wichtig, um eine systematische Vorgehensweise vorzubereiten und die Veränderungsmöglichkeiten in der praktischen Anwendung und im Rahmen des Machbaren aufzuzeigen. Hierzu zählen Trittsteinhabitate in urbanen Fließgewässern (Wolter, Wiebe 2024) genauso wie Umgestaltungen von Teilbereichen im Straßenraum bzw. dessen Randbereichen durch Straßenexperimente und temporäre Interventionen (März 2024). Ergänzend zu solchen Trittsteinen können Brückenprojekte das verbinden, was schon da ist.

Fazit und Ausblick auf weiteren Forschungsbedarf

Lineare Infrastrukturen sind in den vergangenen Jahren zunehmend in den Blickpunkt der Stadt- und Raumentwicklung gerückt. Hintergrund sind vermehrte neue Flächenansprüche, die sich vor allem in wachsenden Stadträumen zeigen. Dazu tragen insbesondere der Wohnungsbau und die Gewerbeentwicklung sowie der Umbau der Verkehrsinfrastruktur in Richtung Mobilitätswende, aber auch Fragen von Freiraumschutz, Klimaanpassung und Stadtgesundheit bei. In der Konsequenz kommt es zu Nutzungskonkurrenzen auf bestehenden Flächen und zur Suche nach Flächenreserven, die bislang weniger intensiv bzw. monofunktional genutzt werden. Hier werden lineare Infrastrukturen als Potenzialräume eingeschätzt, insbesondere wenn sie durch eine starke Verkehrsbelastung geprägt sind.

Die Erkenntnisse des LILAS-Forschungsvorhabens verdeutlichen die Vielgestaltigkeit linearer Infrastrukturen, die Herausforderungen der unterschiedlichen Flächennutzungen sowie die Komplexität der Akteure und Interessen sowie ihrer Regelungsregime. Vor diesem Hintergrund ergeben sich eine Reihe weiterführender Forschungsfragen, die zum besseren Verständnis linearer Infrastrukturen, zu einer nachhaltigen Entwicklung dieser Stadträume und ihrer Integration in die laufenden und zu erwartenden kommunalen Transformationsprozesse – etwa mit Bezug auf Klimaneutralität, Energiewende, Mobilitätswende, Klimaanpassung und Biodiversität – beitragen sollen.

Eine besondere Herausforderung von Stadtstraßen und insbesondere von Ausfallstraßen ist die Verkehrsbelastung, die aus großräumigen Verkehrsströmen resultiert und damit kleinräumige Planungslösungen erschwert. Da die Zuständigkeiten auf verschiedenen Ebenen liegen, sodass in Hamburg beispielsweise Bezirk, Stadt und Stadtumland gleichermaßen betroffen sind, sollten vertiefende Untersuchungen dieses Zuständigkeits- und Interessenfeld weiter ausleuchten. Teilweise besteht eine unterschiedliche Betroffenheit, und Interessen weichen voneinander ab, was Transformationsprozesse behindern kann. Mit Blick auf transformationstheoretische Konzepte wäre außerdem zu analysieren, wer Transformationspioniere sein können und wie sich diese mit ihren neuen Überlegungen in die bestehenden Routinen einbringen und gegenüber Widerständen durchsetzen könnten.

Als Konsequenz der Mehrebenenstruktur linearer Infrastrukturen stößt das bestehende Institutionengefüge mit seinen Zuständigkeiten und Prozeduren bei der Transformation an Grenzen. Folglich stellt sich die Frage, wie institutionelle Arrangements aussehen können, die – gegebenenfalls zeitlich befristet und flexibel – den Transformationsprozess begleiten und befördern. Öffentlich getragene Sonderorganisationen, in Hamburg etwa die IBA GmbH oder die HafenCity GmbH, könnten Lösungsansätze andeuten, müssten aber im Hinblick auf ihre Vor- und Nachteile beleuchtet werden. Eine besondere Herausforderung linearer Infrastrukturen ist zudem die interkommunale Dimension dieser Stadträume, wenn Ausfallstraßen in das Umland hineinreichen oder Flüsse Stadt- und Ländergrenzen überqueren und somit Planungskompetenzen der benachbarten Kommunen, Kreise und Bundesländer berühren. Wie können hier passfähige interkommunale oder stadt-regionale Arrangements aussehen, und wie könnten diese mit den bestehenden regionalen Zuständigkeiten zusammenspielen?

Zugleich könnten aber Lösungen, die auf kleinräumiger Ebene im Quartier oder Stadtteil gefunden werden, auf größere lineare Infrastrukturen übertragen werden. Die Analyse kleinräumiger Transformationsprozesse könnte Aufschluss geben, wie Transformationshindernisse überwunden, Transformationspioniere identifiziert und integriert sowie gefundene Lösungen umgesetzt und in bestehende administrative Planungsroutinen überführt werden können. Dazu liegen in verschiedenen Städten Referenzfälle vor, in Hamburg etwa die Verlegung der Bundesstraße Wilhelmsburger Reichsstraße, die für eine Analyse herangezogen werden können.

Auf der kleinräumigen Handlungsebene lassen sich auch sektorübergreifende Lösungen einfacher erproben, sodass Stadtentwicklung, Verkehrsplanung, Grünplanung und Wasserwirtschaft zu integrativen Lösungsansätzen zusammenfinden können. Dies ist insbesondere eine Herausforderung, wenn multifunktionale Flächennutzungen erforderlich sind, die in die bestehenden Regelungswerke der Fachressorts eingreifen und Flexibilität verlangen. Kreative Forschungsmethoden, wie experimentelle Planung in Reallaboren, taktischer Urbanismus oder Design Thinking, bieten Möglichkeiten, neue Varianten zu simulieren und beispielhaft zu erproben. Eine Herausforderung stellen allerdings noch die Anwendung und Umsetzung solcher Vorgehensweisen auf der großräumigeren Ebene von Ausfallstraßen dar, sodass hier methodische Kreativität gefordert ist. Auch die interdisziplinäre Erarbeitung und Aufbereitung von Instrumenten und Werkzeugen für die Planung und Gestaltung, wie zum Beispiel die Toolbox im BMBF-Verbundprojekt BlueGreenStreets (BGS 2023) oder der Prozess- und Maßnahmenkatalog im ExWoSt-Forschungsprojekt Stadt am Blauen Band (Bajc et al. 2023), bieten anwendungsbezogene Lösungsansätze für die Praxis.

Veränderungsprozesse im konkreten Fall sind allerdings nicht nur Ergebnis konkreter kleinteiliger Transformationen, sondern stehen zugleich immer auch im unmittelbaren Zusammenhang mit übergeordneten Rahmensetzungen der Stadtentwicklungs-, Infrastruktur- und Wohnungspolitik einer Stadt. Vertiefende Untersuchungen sollten diesen Zusammenhang aufnehmen und analysieren, inwiefern sich lokalspezifische Entwicklungspfade in den genannten Politikfeldern erkennen lassen und wie sich diese auf Raumkonzepte linearer Infrastrukturen auswirken. Dazu zählen sicherlich auch Veränderungen der Stadtentwicklung infolge demografischer Verschiebungen, ob also ein Bevölkerungswachstum vorliegt oder die Stadt stagniert oder schrumpft, woraus sich entsprechende Konsequenzen für Flächennutzungskonkurrenzen ergeben.

Und schließlich bleibt auch die Identifizierung von weiteren Flächenpotenzialen für blaue und grüne Elemente entlang linearer Infrastrukturen von großer Relevanz. Auch hierzu arbeiten Mitglieder des LILAS-Forschungsverbundes über das Projektende hinaus in unterschiedlichen Forschungsprojekten weiter.

Wolfgang Dickhaut, Carsten Gertz, Jörg Knieling, Stefan Kreutz, Antje Stokman

Literatur

Bajc, K.; Gollata, J.; Kreutz, S.; Meyer, C.; Quanz, J. A. (2024): Interdisziplinäre Perspektiven auf lineare Infrastrukturen: das LILAS-Forschungsvorhaben. In: Kreutz, S.; Stokman, A. (Hrsg.): Transformation urbaner linearer Infrastrukturlandschaften. Wie Straßen und Gewässer zu attraktiven und klimaangepassten Stadträumen werden können. S. 19–30, oekom, [https://doi.org/10.14512/9783987263187].

Bajc, K.; Becker, C.; Hübner, S.; Kreutz, S.; Lindschulte, K.; Stokman, A. (2023): Stadt am Blauen Band. Gewässerentwicklungskorridore an Bundeswasserstraßen als Freiraumpotenziale für die urbane grün-blaue Infrastruktur. Herausgeber: BBSR – Bundesinstitut für Bau-, Stadt- und Raumforschung. BBSR-Online-Publikation 54/2023, Bonn.

BlueGreenStreets (BGS) (Hrsg.) (2022): BlueGreen-Streets Toolbox – Teil A. Multifunktionale Straßenraumgestaltung urbaner Quartiere, März 2022, Hamburg. Erstellt im Rahmen der BMBF-Fördermaßnahme »Ressourceneffiziente Stadtquartiere für die Zukunft« (RES:Z), [https://repos.hcu-hamburg.de/handle/hcu/638].

Borries, F.; Kasten, B. (2021): Stadt der Zukunft. Wege in die Globalopolis. Originalausgabe, 3. Auflage. Frankfurt am Main: Fischer Taschenbuch (Forum für Verantwortung).

Bundesamt für Naturschutz BfN (2019): Zukunftsworkshop »Alles im Fluss – Auen- und Fließgewässerentwicklung als Zukunftsaufgaben für die Ressortforschung«. Ergebnisdokumentation der Veranstaltung am 13. und 14. Juni 2019, [https://www.bfn.de/sites/default/files/2021-05/Dokumentation_ZWS_2019.pdf].

Fürst, D.; Rudolph, A.; Zimmermann, K. (2003): Koordination in der Regionalplanung. Opladen: Springer VS.

Gollata, J.; Knieling, J. (2024): Von Hauptverkehrsstraßen zu neuen Stadträumen. Eine Governance-Analyse der Hamburger Magistralenentwicklung 2017–2023. In: Kreutz, S. Stokman, A. (Hrsg.): Transformation urbaner linearer Infrastrukturlandschaften. Wie Straßen und Gewässer zu attraktiven und klimaangepassten Stadträumen werden können. S. 33–50, oekom, [https://doi.org/10.14512/9783987263187].

Kummu, M.; Moel, H. de; Ward, P. J.; Varis, O. (2011): How close do we live to water? A global analysis of population distance to freshwater bodies. PLoS ONE, Volume 6, Issue 6, e20578, [https://doi.org/10.1371/journal.pone.0020578].

LILAS 2022: Bajc, K.; Gollata, J.; Kreutz, S.; Matullat, J.; Meyer, C.; Quanz, J.; Stokman, A.; Dickhaut, W.; Gertz, C.; Knieling, J. (2022): Lineare Infrastrukturlandschaften im Wandel. Perspektiven für eine blau-grüne Transformation von Stadtstraßen und kanalisierten Gewässern. Herausgegeben von Stokman, A.; Dickhaut, W.; Gertz, C.; Knieling, J. Diskussionspapier/Working Paper, entstanden im Rahmen des Forschungsverbundes LILAS, gefördert aus Mitteln der Landesforschungsförderung Hamburg von der Behörde für Wissenschaft, Forschung, Gleichstellung und Bezirke (BWFGB). Mai 2022, HafenCity Universität Hamburg, Hamburg, [https://doi.org/10.34712/142.31].

März, S. (2024): Die Rolle von Zukunftsbildern und Straßenexperimenten für eine kollaborative Planung und Transformation urbaner Quartiersstraßen. In: Kreutz, S.; Stokman, A. (Hrsg.): Transformation urbaner linearer Infrastrukturlandschaften. Wie Straßen und Gewässer zu attraktiven und klimaangepassten Stadträumen werden können. S. 181–197, oekom, [https://doi.org/10.14512/9783987263187].

Matullat, J. (2024): Vom Parkplatz zum Mobilitätsspeicher. Vorschlag zur Transformation einer monofunktionalen Nutzung linearer Infrastrukturen. In: Kreutz, S.; Stokman, A. (Hrsg.): Transformation urbaner linearer Infrastrukturlandschaften. Wie Straßen und Gewässer zu attraktiven und klimaangepassten Stadträumen werden können. S. 225–246, oekom, [https://doi.org/10.14512/9783987263187].

Mayntz, R. (2009): The changing governance of large technical infrastructure systems. In: Mayntz, R. (Hrsg.): Über Governance. Institutionen und Prozesse politischer Regelung, Schriften aus dem Max-Planck-Institut für Gesellschaftsforschung (62), Frankfurt am Main, New York: Campus, S. 121–150.

Nadkarni, R. (2020): The Multimodal Future of On-Street Parking. A Strategic Approach to Curbside Management. Deutsches Institut für Urbanistik difu, Berlin.

Treuke, S. (2024): Der Emscher-Umbau als Impulsgeber für die ökologische und sozioökonomische Transformation des Ruhrgebietes. In: Kreutz, S.; Stokman, A. (Hrsg.): Transformation urbaner linearer Infrastrukturlandschaften. Wie Straßen und Gewässer zu attraktiven und klimaangepassten Stadträumen werden können. S. 65–79, oekom, [https://doi.org/10.14512/9783987263187].

Wolter C.; Wiebe, R. (2024): Trittsteinhabitate zur ökologischen Aufwertung urbaner Gewässer. In: Kreutz, S.; Stokman, A. (Hrsg.): Transformation urbaner linearer Infrastrukturlandschaften. Wie Straßen und Gewässer zu attraktiven und klimaangepassten Stadträumen werden können. S. 301–320, oekom, [https://doi.org/10.14512/9783987263187].

Verzeichnis der Autorinnen und Autoren

Katarina Bajc ist wissenschaftliche Mitarbeiterin am Fachgebiet »Landschaftsarchitektur und Landschaftsplanung« an der HafenCity Universität Hamburg. Ihre Forschungsschwerpunkte sind naturbasierte Strategien und blau-grüne Infrastruktur, Entwicklung urbaner Oberflächengewässer und prozessorientierte Entwurfsmethoden in der Landschaftsarchitektur. Sie war Mitglied im LILAS-Forschungsverbund.
Kontakt: katarina.bajc@hcu-hamburg.de

Dr.-Ing. Susanne Bieker ist als Wissenschaftlerin und Projektleiterin am Competence Center »Nachhaltigkeit und Infrastruktursysteme« am Fraunhofer-Institut für System- und Innovationsforschung ISI tätig. Ihre Arbeitsschwerpunkte liegen in den Bereichen urbaner Wassersysteme, Schnittstellen zwischen verschiedenen technischen Infrastruktursystemen mit Fokus auf urbane Kontexte, Einsatzmöglichkeiten blauer und grüner Infrastrukturen in urbanen Kontexten sowie urbaner Innovations- und Transformationsprozesse.
Kontakt: susanne.bieker@isi.fraunhofer.de

Prof. Dr.-Ing. Wolfgang Dickhaut leitet das Fachgebiet »Umweltgerechte Stadt- und Infrastrukturplanung« an der HafenCity Universität Hamburg mit Forschungen an den Schnittstellen zwischen der technischen Infrastrukturplanung mit der Stadt-, Landschafts- und Freiraumplanung. Im Zentrum stehen Forschungen für zukunftsfähige Wasserwirtschaft, Gewässerrenaturierungen und Gründächer. Er war Mitglied im LILAS-Forschungsverbund.
Kontakt: wolfgang.dickhaut@hcu-hamburg.de

Dr. Sabrina Erlwein hat Geographie und Umweltplanung an Universitäten in Marburg, München und Utrecht studiert. Während ihrer Promotion an der TU München hat sie Möglichkeiten zur Klimawandelanpassung von wachsenden Städten durch grüne Infrastruktur untersucht. Seit Februar 2023 ist sie wissenschaftliche Mitarbeiterin im Stadtplanungsamt Nürnberg.
Kontakt: sabrina.erlwein@stadt.nuernberg.de

Jürgen Furchtlehner ist Lehrender und wissenschaftlicher Mitarbeiter am Institut für Landschaftsarchitektur an der Universität für Bodenkultur BOKU Wien. Seine Forschungsschwerpunkte liegen in den Bereichen öffentlicher Raum, insbesondere Straßenraum, Parks, fußgängerfreundliche Quartiersgestaltung und aktive Mobilität.
Kontakt: juergen.furchtlehner@boku.ac.at

Prof. Dr.-Ing. Carsten Gertz ist Professor für Siedlungsstruktur und Verkehrsplanung an der Technischen Universität Hamburg. Dort leitet er seit 2004 das Institut für Verkehrsplanung und Logistik. In der Forschung beschäftigt er sich unter anderem mit den Zusammenhängen zwischen Stadtentwicklung und Mobilität, der Entwicklung von multimodalen Mobilitätskonzepten sowie Innovationsprozessen in der Verkehrsplanung. Er lehrt an der TUHH und der HCU. Er war Mitglied im LILAS-Forschungsverbund.
Kontakt: gertz@tuhh.de

Judith Gollata war bis Dezember 2023 wissenschaftliche Mitarbeiterin im Fachgebiet »Stadtplanung und Regionalentwicklung« an der HafenCity Universität Hamburg. Ihre Schwerpunkte liegen auf der Analyse von Governance- und Planungsprozessen, der Umsetzung umweltplanerischer Belange auf kommunaler Ebene sowie der Planung klimaangepasster Stadtentwicklung. Sie war Mitglied im LILAS-Forschungsverbund.
Kontakt: judith.gollata@yahoo.com

Claudia Hohmann ist wissenschaftliche Mitarbeiterin am Fraunhofer-Institut für System- und Innovationsforschung ISI am Competence Center »Nachhaltigkeit und Infrastruktursysteme« im Geschäftsfeld »Wasserwirtschaft«. Sie untersucht den Wandel der städtischen Siedlungswasserwirtschaft und des Abwassermanagements durch die Brille von Geschäfts- und Organisationsmodellen und nimmt dabei insbesondere die Rollen der Akteurinnen und Akteure in den Fokus.
Kontakt: claudia.hohmann@isi.fraunhofer.de

Dr.-Ing. Björn Kluge ist gelernter Gärtner, diplomierter Landschaftsplaner und promovierter Ingenieur. Er arbeitet als Wissenschaftler im Fachgebiet »Ökohydrologie« der TU Berlin. Er beschäftigt sich seit vielen Jahren unter anderem mit den Themen der wassersensiblen und klimaangepassten Stadtentwicklung wie der dezentralen Regenwasserversickerung und -nutzung, Verdunstung und Wasserverbrauch von Bäumen und Fassadengrün sowie blau-grünen Systemen und Infrastrukturen und deren Implementation in den Stadtraum.
Kontakt: bjoern.kluge@tu-berlin.de

Prof. Dr.-Ing. Jörg Knieling ist Leiter des Fachgebietes »Stadtplanung und Regionalentwicklung« an der HafenCity Universität Hamburg. Sein Forschungsschwerpunkte sind Leitbilder und Strategien nachhaltiger Stadt- und Regionalentwicklung, Klimawandel und Raumentwicklung sowie entsprechende Governance- und Transformationsarrangements. Er ist Mitglied der Akademie für Raumentwicklung (ARL) und Co-Vorsitzender des Beirats für Raumentwicklung beim Bundesministerium für Wohnen, Stadtentwicklung und Bauwesen (BMWSB). Er war Mitglied im LILAS-Forschungsverbund.
Kontakt: joerg.knieling@hcu-hamburg.de

Stefan Kreutz hat Städtebau/Stadtplanung an der TU Hamburg-Harburg studiert. Er ist seit 2007 Stadtforscher an der HafenCity Universität Hamburg und seit 2020 Mitarbeiter im Fachgebiet »Landschaftsarchitektur und Landschaftsplanung«. Er forscht unter anderem zu urbanen Freiräumen, blau-grünen Infrastrukturen und der Transformation linearer Infrastrukturlandschaften. Im LILAS-Forschungsverbund war er verantwortlich für die Projektkoordination.
Kontakt: stefan.kreutz@hcu-hamburg.de

Andreas Krüger ist gelernter Boots- und Architekturmodellbauer, Stadt- und Regionalplaner sowie Kommunikationsberater. Er ist ehemaliger Geschäftsführer von Modulor Berlin. Zu seinen vielfältigen Aktivitäten gehören Quartiersentwicklungen mit der Belius GmbH sowie Kunst und Stadt mit der Belius Stiftung und gemeinwohlorientierte Projektentwicklung mit der WirWerk eG. Er ist engagiert in vielen Projekten, zum Beispiel Berliner Moritzplatz mit Modulor, Prinzessinnengarten, BetaHaus, Radbahn, Flussbad, Haus der Statistik, IBA Thüringen und IBA Stuttgart.
Kontakt: krueger@belius.de

Daniela Lehner ist Landschaftsarchitektin und wissenschaftliche Projektmitarbeiterin am Institut für Landschaftsarchitektur an der Universität für Bodenkultur BOKU Wien. Sie untersucht räumliche Qualitäten, Gestaltung und Nutzung des öffentlichen Raums und beschäftigt sich mit Veränderungsprozessen, die in ihm stattfinden.
Kontakt: daniela.lehner@boku.ac.at

Prof. Lilli Lička ist Landschaftsarchitektin und Leiterin des Instituts für Landschaftsarchitektur an der Universität für Bodenkultur BOKU Wien. Von 1992 bis 2017 koselička Landschaftsarchitektur, seit 2017 LL-L. Sie befasst sich in Forschung, Lehre und Entwurfspraxis mit der Geschichte, Gegenwart und Zukunft des öffentlichen Raums und städtischem Grün.
Kontakt: lilli.licka@boku.ac.at

Dr. Simone Linke hat Landschaftsarchitektur an der HSWT und Urban Design an der TU Berlin studiert und anschließend in Geographie an der Eberhardt-Karls-Universität in Tübingen promoviert. Bereits während und auch nach den beiden Studiengängen hat sie in verschiedenen Landschaftsarchitektur- und Stadtplanungsbüros gearbeitet. Seit 2014 ist die Stadtplanerin an der TU München am Lehrstuhl für energieeffizientes und nachhaltiges Planen und Bauen (Prof. Dr.-Ing. Lang) tätig und forscht zu grüner und klimaangepasster Stadt- und Freiraumplanung. Seit August 2023 ist sie Professorin für Stadtplanung und Landschaft an der Hochschule Weihenstephan-Triesdorf in Freising.
Kontakt: simone.linke@hswt.de

Dr. Steven März studierte Geographie an der MLU Halle-Wittenberg und promovierte an der Universität Duisburg-Essen. Er arbeitet seit über zehn Jahren im Forschungsbereich »Stadtwandel« beim Wuppertal Institut und beschäftigt sich mit Fragen der nachhaltigen Stadtentwicklung hin zu lebenswerten und nachhaltigen Orten für Menschen.
Kontakt: steven.maerz@wupperinst.org

Julia Matullat war von 2020 bis 2022 Mitglied im Forschungsverbund LILAS. Sie forscht als wissenschaftliche Mitarbeiterin im Institut für Verkehrsplanung und Logistik an der Technischen Universität Hamburg zu den Themen Pkw-Besitz, Parken, Mobilitätskonzepte und Straßenraumgestaltung theoretisch sowie mit quantitativen Methoden und Modellen.
Kontakt: julia.matullat@tuhh.de

Christoph Meyer ist Geograph und wissenschaftlicher Mitarbeiter am Institut für Verkehrsplanung und Logistik an der Technischen Universität Hamburg. Sein Forschungsschwerpunkt liegt auf der raumbezogenen Analyse von Transitionsprozessen mit Bezug auf mobilitätsbezogene Infrastruktursysteme und den daraus hervorgehenden Entwicklungspotenzialen für umweltfreundliche Mobilitätsformen und Klimaanpassungsmaßnahmen in urbanen Kontexten. Er war Mitglied im LILAS-Forschungsverbund.
Kontakt: christoph.meyer.vpl@tuhh.de

Prof. Ute Margarete Meyer ist Urbanistin, Professorin für Städtebau an der Hochschule Biberach und Mitgründerin der urbanes.land gGmbH (Stuttgart/Berlin/Zürich). Sie verbindet Forschung und innovative Praxis für Metropolenränder, periphere Räume und Flüsse und gehört dem Urban Age Network der LSE an.
Kontakt: ute.meyer@urbanes.land

Prof. Dr.-Ing. Stephan Pauleit hat sich in nationalen und internationalen Forschungsprojekten mit städtischer grüner Infrastruktur für eine nachhaltige und klimawandelangepasste Stadtentwicklung beschäftigt. Er leitet das Zentrum für Stadtnatur und Klimaanpassung und ist Sprecher des DFG-geförderten Graduiertenkollegs »Urbane Grüne Infrastruktur«.
Kontakt: pauleit@tum.de

Justus Alexander Quanz war bis September 2023 wissenschaftlicher Mitarbeiter am Fachgebiet »Umweltgerechte Stadt- und Infrastrukturplanung« an der HafenCity Universität Hamburg und Mitglied im LILAS-Forschungsverbund. Sein Schwerpunkt liegt auf der Stadtökologie und der Implementierung von naturbasierten Lösungen in der Stadt. Sein Forschungsinteresse liegt auf Klimaanpassungen des Mikro- und Lokalklimas in der bestehenden Stadt, um diese als Lebensort für alle Lebewesen zu erhalten.
Kontakt: j.quanz@posteo.de

Kira Rehfeldt arbeitet im Sachgebiet »Stadtklima, Grundwasser und Klimaanpassung« im Referat für Klima- und Umweltschutz (RKU) der Landeshauptstadt München. Sie arbeitet im Forschungsprojekt »Grüne Stadt der Zukunft II« und beschäftigt sich mit städtischer grüner und blauer Infrastruktur. Sie hat Geographie an der LMU München sowie Umweltprozesse und Naturgefahren an der KU Eichstätt studiert.
Kontakt: kira.rehfeldt@muenchen.de

Prof. Antje Stokman leitet das Fachgebiet »Landschaftsarchitektur und Landschaftsplanung« an der HafenCity Universität Hamburg. In Forschung, Lehre und Praxis beschäftigt sie sich mit der klimaangepassten Transformation von Gebäuden, Gewässern und Infrastrukturbauwerken zu lebenswerten Stadt- und Landschaftsräumen. Sie war Projektleiterin des LILAS-Forschungsverbundes.
Kontakt: antje.stokman@hcu-hamburg.de

Dr. Stephan Treuke hat ein »Diplom in Neuere Fremdsprachen und Geographie« der Universität Gießen und hat an der Bundesuniversität Salvador da Bahia, Brasilien zum Thema Nachbarschaftseffekte, soziale Ungleichheit und Städtebaupolitik promoviert. Seit 2020 ist er bei der Emschergenossenschaft als Projektgesamtkoordinator von Emscher 2020, Emscherland und IGA 2027 tätig. Seit 2021 hat er Lehraufträge an der Technischen Universität Dortmund und an der Ruhr-Universität Bochum.
Kontakt: Treuke.Stephan@eglv.de

Prof. Dr. Gerd Wessolek studierte Bodenkunde, Philosophie und Kunst in Göttingen und Kassel. Nach vielen Auslandsaufenthalten und Zwischenstationen wurde er 1995 als Professor für Standortkunde und Bodenschutz an die TU Berlin berufen. Hier befasste er sich unter anderem mit der Entwicklung und Anwendung von mathematischen Modellen zur Beschreibung des Wasserhaushalts und Stofftransports in Böden, welche heutzutage in vielen Regelungen und Normen verankert sind. Zudem führte er das Genre »Kunst & Boden« in die internationale Bodenkundeszene ein und leiste somit Pionierarbeit in der Wissenschaftskommunikation. Auch nach seiner Emeritierung beschäftigt er sich neben der Kunst weiterhin mit diversen Forschungsfragen rund um das Thema Boden und Pflanze.
Kontakt: wessolekgerd@gmail.com

Rosanna Wiebe ist Geographin und Projektkoordinatorin von »Vertical Wetlands«. Als Mitarbeiterin im Leibniz-Institut für Gewässerökologie und Binnenfischerei gilt ihr Interesse der Ökologie urbaner Gewässer sowie der Vereinbarkeit von Naturschutz und Freizeitnutzung von Gewässern.
Kontakt: rosanna.wiebe@igb-berlin.de

Dr. Christian Wolter ist Fischökologe und Leiter der Arbeitsgruppe »Fließgewässer-Revitalisierung« am Leibniz-Institut für Gewässerökologie und Binnenfischerei. Sein Forschungsinteresse gilt den Fischgemeinschaften großer Flüsse, urbaner Gewässer und Wasserstraßen, ihrem prozessbasierten Verständnis, fischbasierter Gewässerbewertung und der Umweltgeschichte.
Kontakt: christian.wolter@igb-berlin.de

Dr. Teresa Zölch arbeitet im Sachgebiet »Stadtklima, Grundwasser & Klimaanpassung« des Referats für Klima- und Umweltschutz der Landeshauptstadt München. Ihre Arbeitsschwerpunkte sind das Stadtklima und das Niederschlagsmanagement in der Planung sowie Klimaanpassung durch grüne Infrastruktur.
Kontakt: teresa.zoelch@muenchen.de